福祉社会の価値意識

社会政策と社会意識の計量分析

武川正吾 編

東京大学出版会

Social Values in the Welfare Society:
Quantitative Sociology of Social Attitudes to Social Policy
Shogo TAKEGAWA, Editor
University of Tokyo Press, 2006
ISBN 4-13-056061-1

目　次

序章　調査の目的と概要──────武川正吾・小渕高志・上村泰裕　1
　　1．問題の所在　1
　　2．概念の規定　4
　　3．SPSC 調査の課題　9
　　4．SPSC 調査の概要　11
　　5．本書の構成と残された課題　16
　　補論──国際比較からみた日本の位置　17

第 I 部　社会政策と社会意識

1 章　医療格差への反対理由──────田村　誠　29
　　1．はじめに　29
　　2．一般市民・患者と医療従事者の意識　31
　　3．一般市民による医療格差導入への反対　33
　　4．まとめ　37

2 章　高齢者介護と介護サービスに関する意識──────高野　和良　41
　　1．問題の所在　41
　　2．高齢化と介護サービス　42
　　3．高齢者介護サービスに対する意識　48
　　4．高齢者介護意識の現状と課題　57

3 章　住宅の所有形態と生活意識──────祐成　保志　63
　　1．はじめに　63
　　2．住宅所有形態の規定要因　65
　　3．住宅所有形態と生活意識　71
　　4．結論　76

4章　地域格差と社会政策────────────────平岡　公一　79
　　1. 課題と分析視角　79
　　2. 分析で用いる主要な変数　80
　　3. 地域格差是正策への意見の分析(1)──属性要因等とのクロス集計結果　81
　　4. 地域格差是正策への意見の分析(2)　83
　　　　──三重クロス集計およびロジスティック回帰分析の結果
　　5. 地域格差是正／政府責任態度パタンの分析　88
　　6. まとめ　92

第II部　福祉社会における価値意識の諸相

5章　ジェンダーからみた福祉国家────────白波瀬佐和子　97
　　　政府への責任期待と家庭内性別役割分業観に着目して
　　1. はじめに　97
　　2. 福祉国家のあり様に関する意識のジェンダー差　99
　　3. ジェンダー観を決定する要因　105
　　4. 考　察　109

6章　高齢者扶養と家族責任────────────田渕　六郎　113
　　1. はじめに　113
　　2. 先行研究との関連　114
　　3. 家族意識の規定要因　118
　　4. 高齢者扶養をめぐる意識の規定要因　123
　　5. 育児支援施策への態度──家族責任　128
　　6. 議論と結論　133

7章　家族形態と福祉意識─────────────山田　昌弘　139
　　1. はじめに──「家族主義の失敗」　139
　　2. 家族に関する諸リスク認知の分析　142
　　3. 家族リスク認知と福祉への期待意識　146
　　4. まとめと今後の課題　148

8章　リスク認知と不安の増幅　──────────藤村　正之　151

1. 問題の所在　151
2. リスク認知の動向と内部関連　153
3. リスク認知を規定する諸要因　154
4. リスク認知がもたらす社会観　160
5. 要約と展望　165

9章　階層化社会における平等・格差意識　──────三重野　卓　167

1. 階層化をめぐる状況　167
2. 平等・格差意識をめぐる意識連関　169
3. 平等・格差意識の規定要因　172
4. 平等・格差意識をめぐる包括的な関連図式　177
5. おわりに　178

第III部　福祉国家の価値意識

10章　福祉国家を支える価値意識　──────────武川　正吾　185

1. 価値と社会政策の媒介原理　185
2. 媒介原理に対する態度　189
3. 媒介原理の規定要因　192
4. 媒介原理と再分類類型　196
5. 要約とまとめ　199

11章　「高福祉民営化」志向の分析　─────────神山　英紀　207

1. 問　題　207
2. モデルの構築　210
3. モデルの検証　215
4. 結　論　217

12章　ポスト・マテリアリズムによる社会政策意識の変化
　　　　イングルハート指標による社会政策意識の計測―――小渕　高志　223
　　1.　はじめに　223
　　2.　社会政策における政府の責任　225
　　3.　ポスト・マテリアリズムと政府責任　229
　　4.　政府費用の支出水準の増減をめぐる意識　234
　　5.　おわりに　238

13章　日本のなかの「3つの世界」―――――――上村　泰裕　243
　　　　地方分権と社会政策
　　1.　はじめに――地方分権をめぐる問題状況　243
　　2.　福祉意識に基づく地方類型　245
　　3.　地方類型と政策選好　252
　　4.　おわりに――地方分権は何をもたらすか　258

終章　要約と結論――――――――――――――武川　正吾　263

付　録　275
　　調査票　277
　　単純集計表　293
索　引　323
あとがき　327

序章　調査の目的と概要

武川正吾・小渕高志・上村泰裕

1. 問題の所在

　これまでの日本の国内政治のなかでは福祉そのものが争点となることは少なかった．福祉に関する政策は各政党によって異なるが，福祉という言葉それ自体は与野党から好意的に受けとられてきた．このため日本では福祉か反福祉かといった政治的な対立軸は存在しない．争われるのはどちらが真の福祉かということであって，福祉そのものの是非ではない．また，これまでの日本の福祉に関する諸制度の創設や変更が国家官僚制の主導権の下に遂行されてきたため，各政党間の福祉に関する政策の相違は決定的なもの——たとえば，医療保険か公共医療サービスか——というよりは，ニュアンスの違い——たとえば，保険料率の水準を何パーセントとするか——に近いものが多かった．このため各政党の政策は，国家官僚制が設定した枠組みから逸脱することは少なかった．社会保障の問題は安全保障の問題に比べると各政党間でそれほど深刻な対立を生まなかった．

　ところが近年こうした状況にも変化のきざしが見え始めた．2004年の参議院選挙では年金の問題が大きな争点となった．そして選挙の直前に成立した年金改革法に対する有権者の不満がこのときの選挙結果に表れた．比例代表の得票数は自民党が1,679万7,686票であったのに対し，野党の民主党は2,113万7,457票を獲得した．選挙当時は，小泉純一郎首相の個人的人気に加えて，日朝外交の進展や経済回復など政府与党に有利な材料が揃っていた．それにもかかわらず，これだけ多くの得票差が出たということは，それだけ2004年の年金改革に対する有権者の不満が大きかったことを意味する．また翌2005年に

は，郵政民営化法案が参議院で否決されたために，小泉首相は郵政民営化の是非を問うため衆議院の解散総選挙に打って出た．政府与党はこのときの選挙の争点を「郵政民営化」に絞ったが，年金に対する国民の関心の大きさは郵政民営化に勝るとも劣らなかった．世論調査の結果でも「投票に当たっての政策のポイント」として「年金対策」を指摘するひとの割合が最も多かった[1]．

このように年金をはじめとする社会保障への国民の間での関心が，現在，これまで以上に高まっている．また上記の世論調査でも「年金対策」以外の「医療・福祉」に対する関心も「行財政改革」や「景気対策」に次いで高くなっている．こうした世論の動向に対応して各政党や諸団体が，それぞれの立場から社会保障に関する様々な政策を打ち出している．公的年金に限ってみても，いろいろな争点が出されている．たとえば「年金制度の一元化」についても賛否両論があり，賛成の立場の場合も厚生年金と共済年金の統合を先行すべきか，国民年金を含む全制度の一元化を進めるべきかといった点で意見が分かれる．財源についても社会保険料を重視すべきか税を重視すべきかで意見が異なってくる．社会保険料に財源を期待する場合でも事業主負担の割合についての意見が異なり，税を重視する場合でも目的税か一般財源か，また消費税の税率をどれくらいにするかなどといった点でも意見が分かれる．

このような社会保障に対する意見の相違は，現実の政治のなかでは，利益集団間や政党間の交渉をつうじて合意が形成されるか，交渉が決裂した場合には多数派の意見が採用されることによって，最終的には何らかの形で決着がつく．しかも現実政治のなかでは，早急に結論を出さなければならないこともあって，「合理的討論」(rational discourse) というよりは，利害や権力の要因が重要な役割を果たしがちである．しかし公共政策は何らかの目的の実現をはかるためのものであるから，そこには一定の価値や規範が前提とされている．社会保障に関する国民の意見の相違や政党間の政策の相違は，突き詰めていくと，こうした価値や規範の相違にまでたどりつくことになる．ところが現実政治のなかでは，こうした価値や規範が公共政策との関係で正面から論じられることは少ない．時間的制約といった問題もあるが，政策決定を技術的な問題に変換して価値や規範の問題から切り離してしまおうとする，ある種のシニシズムも見受けられる．しかし純粋に技術的な決定を行っているように見える場合であっ

ても，実際には，暗黙のうちに重大な価値判断を下していることには注意しなければならない．

　価値や規範を明示的に取り上げて検討するのは，通常，哲学や倫理学の仕事であると考えられている．正義に関する基準を精緻化し，そこから公共政策に関する公準を演繹的に導き出す作業は倫理学の独擅場である．じっさい臨床哲学，公共哲学，応用倫理などといった形で，近年，価値や規範の問題と現実の政策的課題とを結びつけるための試みが多くなされるようになってきている．こうした仕事はもっと追究されてよいだろう．しかし価値や規範の問題に対しては別のアプローチも存在する．それは，人びとにとって何が望ましいかということを思索するのではなくて，人びとは何を望ましいと考えているのか，あるいは，人びとが望んでいるのは何か，といったことがらを経験的に明らかにするアプローチである．これは社会学が得意とするアプローチである．社会学者が価値や規範の問題を演繹的に取り上げることはあるが，それは倫理学者もやっていることであるから，社会学に固有の仕事であるとはいえない．これに対して価値や規範に関する経験的調査は，社会学に固有の仕事である．

　本書の研究は，以上のような問題意識から，公共政策（そのうちのとりわけ社会政策）とそれが前提とする価値や規範との関係を経験社会学的に検討することを目的として始められた．人びとが何を望ましいと考え，何を望んでいるかということは社会意識の一部であるから社会政策と社会意識との関連を明らかにすることを目的とした研究だとも言える．人びとは社会政策に関してどのような意見の相違をもっているのか，そうした意見の相違の背後にはどのような価値・規範が潜んでいるのか，社会政策に関する社会意識はどのような要因によって規定されるのか．これらの問いに答えようというのが本書の諸章を貫く基本的問題意識である．もちろん本書がこれらの問いのすべてに対して完璧な答えを出すことはできない．ここで提出されるのは部分的かつ暫定的な答えにすぎない．しかし，この種の問いに対して社会学がこれまで十分な探求を行ってきたとはいえないことから，部分的かつ暫定的な回答であっても，研究の出発点としては重要な意味をもつと思われる．戦後日本の社会学のなかでは，社会意識は1つの重要な研究領域だった．しかし，そこで取り上げられたのは日常生活における社会意識であることが多かった．それは国民性であったり，

生きがいであったり，余暇であったり，生活満足度であったり，消費生活であったり，階層帰属であった．もちろん社会意識の研究が私生活に限定されていたわけではなく，公共的な場面に関する研究も行われてきた．しかしその場合もせいぜい支持政党や有効性感覚であって，社会政策をはじめとする公共政策に関する社会意識が取り上げられることはまれだったと言わねばならない．他方，福祉社会学の研究の方も，福祉の現場や政策の実態に関する分析が行われることは多かったが，社会政策の背後にある社会意識の存在に研究の関心が向かうことが少なく，社会政策のなかで社会意識がどのような位置にあるかといった問いがたてられることはほとんどなかった．その意味で，福祉社会学と社会意識論の交錯する領域を扱う本書は，これまでの社会学における研究の欠落を補おうとするものである．

2. 概念の規定

このような研究目的を達成するため，私たちの研究グループは，文部科学省の科学研究費[2]によって，「福祉と生活に関する意識調査」という大規模な全国調査を2000年に実施した．この調査のことを本書では，社会政策（Social Policy）と社会意識（Social Consciousness）にちなんで，SPSC調査という略称で呼んでいる．SPSC調査の概要は以下で述べたいが，その前に，社会政策と社会意識に関する最小限の定義を示しておきたい（各章の執筆者によって若干の用語法のズレはあるが，それは本質的な相違ではない）．本書は，社会政策と社会政策に関する理論的研究ではなく，両者の関連に関する経験的研究であるから，社会政策や社会意識の本質や機能に関する議論を行う必要はないが，対象をまったく無規定のままに研究を進めることもできないからである．

(1) 社会政策

ここで社会政策とは，政府（government）によって，策定（making）ないし実施（implementation）される公共政策（public policy）のうち，市民生活の安定や向上を直接の目的とするもののことを指している．それぞれについて若干補足しておこう（武川，2001）．

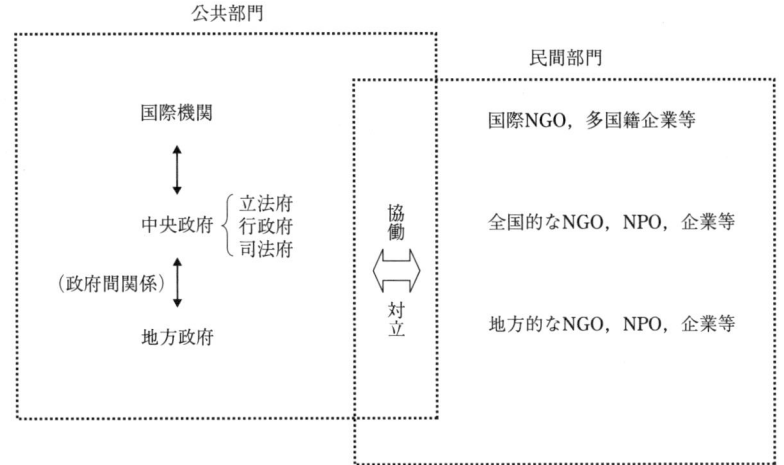

図 0-1　政府体系とその環境

　政策（policy）とは，何らかの問題を解決するために示される指針や，この指針にもとづいて作成される問題解決の手順のことを意味する．この場合の政策の主体は個人であってもかまわないし集団や組織などの集合的主体であってもかまわない．後者の主体は公共部門に属するもの（政府）と，民間部門に属するもの（非政府）に分けて考えることができるが，このうち政府による政策のことをここでは公共政策と呼ぶことにする．
　公共政策の主体である政府の範囲と水準については注釈が必要である（図 0-1 参照）．
　日常言語のなかで，政府とは，国（中央政府）の行政府のことをさすことが多い．しかし政府を行政府の範囲に限る必要はない．政府（government）とは統治（governance）を行うための機関であるが，立法府や司法府もまた統治に関係しているからである．裁判所の判決や議会の決定は行政事務と同様に政府の統治の一環である．また政府の水準についても，中央政府に限定する必然性はない．政府間関係論の考え方によれば，市町村などの基礎自治体は住民にとっての「最初の政府」である．他方，グローバル化した世界のなかでは，国際機関も政府の一種と考えるべきである．こんにちでは国際機関（国連やWTOなど）によるグローバルな公共政策（人権規約やILO条約など）が，各

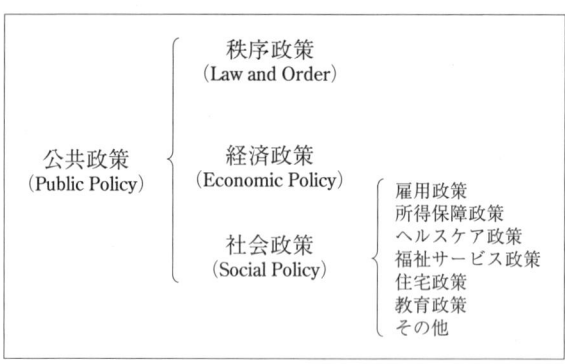

図 0-2　公共政策の分類

国民の生活に直接的な影響を及ぼしている[3]．

　現代社会の公共政策は非常に多岐に及んでいるが，それらは目的によって大きく3つに分類することができる（図0-2）．1つは，社会の安全や秩序を維持することを直接の目的とする公共政策であり，「秩序政策」と呼ぶことができる．軍隊，警察，裁判所，等々がこれに該当する．19世紀の自由放任の時代であっても，これらの公共政策は存在していたし，最も小さな政府を主張する論者であっても，これらの公共政策の正当性を否定することはない．2つめは，経済システムの安定や成長を直接の目的とする公共政策であり，「経済政策」と呼ぶことができる．金融政策，財政政策，産業政策などは現代の経済政策の重要な柱であり，現代の政府はこれらに積極的に取り組んでいる．3つめは，市民生活の安定や向上を直接の目的とする公共政策であり，「社会政策」と呼ぶことができる．各国の政府は，雇用，所得保障，ヘルスケア，福祉サービス，住宅，教育などの社会政策に取り組んでいる．

　以上の3種の公共政策の分類をあまり厳格に考えるのは適当ではない．というのは個々の政策は直接の目的とは別に多様な機能を果たしているからである．たとえば経済政策が社会政策の機能を果たすことはあるし（たとえば所得の増加による生活水準の上昇），反対に，社会政策が経済政策の機能を果たすことはある（たとえば社会保障による有効需要の創出）．また経済政策や社会政策が失敗すると，社会秩序の維持ができなくなるかもしれない．

　公共政策は，狭い意味では，問題解決の指針やプログラムのことだけをさす．

この場合，政策の決定と実行は別問題である．しかし，通常，公共政策への関心は政策の決定だけでなく，それらの実施とその効果や評価にまで及ぶ．したがって公共政策に関する言及は，これら全体のプロセスを含めて考えた方が生産的である．

(2) 社会意識

社会政策が，以上のように規定される公共政策の一分野であるとして，社会政策も他の公共政策と同様，一定の目的を実現するために策定・実施されるから，そこには，当然，価値や規範が前提される．人びとが社会政策に関する価値や規範についてどのような考えを抱いているかを探ることが本書の課題である．そこで次に，価値および社会意識に関して，既存の社会意識論の成果を踏まえて規定しておきたい．

見田宗介は，社会意識に関して，次のように述べている．

社会意識とは，さまざまな階級・階層・民族・世代その他の社会集団が，それぞれの存在諸条件に規定されつつ形成し，それぞれの存在諸条件を維持し，あるいは変革するための力として作用するものとしての，精神的諸過程と諸形象である．社会意識（論）は，このような社会意識の構造と機能，その形成と展開と止揚の過程を，経験的かつ理論的に研究することをその課題としている（見田，1979：101）．

以上を要約的に表現すると，「社会意識とは，〈ある社会集団の成員に共有されている意識〉」ということになるが，本書でも，この規定を用いる．

社会意識はその抽象性，体系性，可塑性などの点において多様性をはらんでおり，斉一的なものとしてとらえることはできない．社会意識とは重層的な存在である．この点について，同じく見田（1979）は，社会意識を大きく「社会心理」の層と「イデオロギー」の層に区分している．見田のいう「社会心理」とは「観念諸形態として自覚的に結晶化し体系化される以前の，日常的な心理の層」であり，「イデオロギー」とは「社会規範や科学や芸術，宗教の教義や哲学思想，政治的イデオロギー等々として体系化し，結晶化した意識の形態」

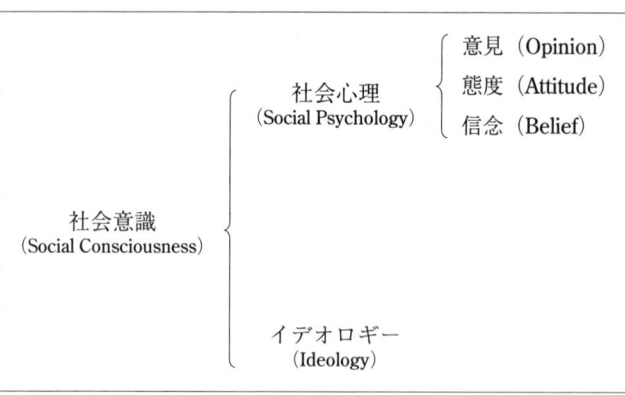

図 0-3 社会意識の構成

である．本書で扱うのは，こうした社会意識のうち「イデオロギー」ではなくて「社会心理」の部分である．

とはいえ，ここでいう「社会心理」も，抽象性，体系性，可塑性などの点において多様であり，重層的な構成をとっている．このうち最も表層の位置にあるものを「意見」，最も深層の位置にあるものを「信念」，それらの中間の位置にあるものを「態度」と呼ぶことができるだろう（**図 0-3**）．本書が取り上げるのは，社会政策に関係する意見・態度・信念のすべてであるが，とりわけ態度や信念に力点を置いている．

同じく見田宗介は，価値に関連する諸概念——すなわち価値主体，価値客体，価値判断，価値意識，社会的価値，価値空間——について，別のところで次のように規定している．

　ある主体がある客体の価値を判断するという情況において，その主体が〈価値主体〉（ないし評価者），その客体が〈価値客体〉（ないし価値体），その判断が〈価値判断〉とよばれることはいうまでもない．

　個々の価値主体は，多くの価値客体について，さまざまな価値判断を下す．また逆に，個々の価値客体は，多くの価値主体によって，さまざまな価値判断を下される．個々の主体の，多くの客体にたいする，明示的もしくは黙示的な価値判断の総体によって，その主体の〈価値意識〉が構成される．また

逆に個々の客体が，多くの主体によって下される，明示的もしくは黙示的な価値判断の総体によって，その客体の〈社会的価値〉が構成される．そして，個々の価値判断において，価値主体が考慮にいれる諸要因の総体が，〈価値空間〉を構成する（見田，1966：23）．

以上の定義に従えば，「個々の主体の，多くの客体にたいする，明示的もしくは黙示的な価値判断の総体」が「価値意識」であり，反対に，「個々の客体が，多くの主体によって下される，明示的もしくは黙示的な価値判断の総体」が「社会的価値」ということになる．したがって本書で扱うことになるのは，社会意識のうち価値意識（の総体）と社会的価値である．

以上の諸規定を踏まえて言えば，本書で取り上げることになる対象は，現代日本社会における社会政策と関係する社会意識のうち，社会心理の層（意見，態度，信念，とりわけ後二者）に属する価値意識と社会的価値である．

3. SPSC 調査の課題

上記対象を把握するため私たちの研究グループは，上述のように，2000 年に SPSC 調査（「福祉と生活に関する意識調査」）を実施した．これまでの日本では社会政策と社会意識に関する大規模な質問紙調査が実施されることが少なかったため，SPSC 調査として，私たちが新たに調査を実施したことそれ自体に大きな意味があると思われる．しかし，それだけではなく，既存調査との相違を出すため，この調査では以下のような点を心がけた．

第 1 に，SPSC 調査ではアカデミック・リサーチであることをめざした．従来，わが国で実施されてきた社会政策に関する意識調査の多くは，研究者によって学術目的のために実施されるというよりは，国や自治体などによって行政施策の需要や必要を知るために実施されるものであるか，新聞社などのマスメディアによって世論の動向を知るために行われるものであることが多かった．前者の場合はいわば「ご用聞き」的な質問項目や概念的に未整理な選択肢が並べられることが多く，後者の場合にも一般の関心を惹く時事的なトピックが取り上げられることが多かった．いずれの場合も，社会学的な概念を測定するた

めの質問項目が採用されることは少なかったし，職業をはじめとするフェースシート項目についても，社会学的な検討が加えられることは少なかった．これに対してSPSC調査では，社会学的な変数や尺度を測定するための質問項目を多数採用することをめざした．また調査結果の分析においても，単純集計の記述にとどまるのではなく，なるべく多変量解析の手法を用いて要因分析を行うことにしている．

第2に，SPSC調査では，社会政策に関する社会心理の深層構造を明らかにすることをめざした．従来の行政目的の調査は，その目的からして，社会政策に関する意見の分布を知ることに関心が集中した．このため社会意識の内的構成（図 0-3 参照）に照らしていうと，社会心理の表層部分——たとえば，消費税率の引き上げに賛成であるか反対であるかといったような意見——への接近が中心であり，より深層の部分——たとえば，人びとがどのような公正感を抱いているかといったような信念——への探究は疎かにされた．SPSC調査では，社会政策に関する意見を取り上げるのはもちろんのことだが，それだけでなく，より深層の部分に属する態度や信念についての状態把握を試みている．

第3に，SPSC調査では国際比較が可能なデータの提供を試みた．欧米諸国では，ISSP調査（International Social Survey Programme）をはじめとして，社会政策や福祉国家に対する人びとの社会心理を知るための調査が，各国共通のフォーマットで実施されており，これによって国際比較が可能となっている．ところが，これまでの日本では，国際比較を視野に入れた調査が行われることが少なかった．このため，これまで行われてきた福祉国家の国際比較分析のなかでも日本に関するデータは含まれることが少なく，社会政策に関する社会意識に関して，先進社会における日本の位置が不明だった[4]．SPSC調査では，欧米諸国で実施されてきている類似調査と共通の変数を採用することによって，欧米諸国との国際比較が可能となるように試みた．

第4に，SPSC調査では質問項目のオリジナリティにも注意を払った．重要な項目については，国や自治体による行政調査，マスメディアによる世論調査，海外における類似の学術調査との比較可能性の確保にもつとめたが，SPSC調査では，これまで行われたことのない独自の質問項目を可能な限り採用することにした．

4. SPSC調査の概要

(1) 変数の選定と調査票の設計

以上の諸点を心がけながら，SPSC調査では以下の諸変数を採用した．具体的な質問項目と単純集計については，巻末付録を参照してほしい．

I　高齢者の介護
　問1　介護経験
　問2　介護を受ける場所
　問3　介護サービス利用の決定者
　問4　高齢者の介護に関する考え
　　(1)　福祉サービスの有効性に関する評価
　　(2)　家族の介護力低下に関する認知
　　(3)　在宅サービス利用のスティグマ感
　　(4)　施設サービス利用のスティグマ感
II　生活上の困難
　問5　貧困の認知
　問6　貧困の原因
　問7　生活上のリスク
　　(1)　生活費の工面
　　(2)　要介護
　　(3)　失　業
　　(4)　病気やけが
　　(5)　住宅ローンの破綻
　　(6)　離　婚
III　雇用と職業
　問8　失業経験
　問9　政府の失業対策
　問10　政府が引き下げるべき失業率の水準
　問11　雇用に関する企業の措置

Ⅳ 教　育
　　問12　人権が保障されるために必要な教育水準
　　問13　政府が保障すべき教育水準
　　問14　平等か多様化か
　　問15　高等教育の費用負担のありかた
Ⅴ 医　療
　　問16　日本の医療の質に対する評価
　　問17　医療費の抑制に対する賛否
　　問18　医療の格差に対する是非
　　問19　医療資源の配分に関する原則
Ⅵ 政府の役割と社会保障のありかた
　　問20　支出を増やすべき政策分野
　　　(1)　環　境
　　　(2)　保健・医療
　　　(3)　犯罪の取締りや予防
　　　(4)　教　育
　　　(5)　国　防
　　　(6)　高齢者の年金
　　　(7)　失業手当
　　　(8)　育児支援
　　　(9)　高齢者介護
　　　(10)　住　宅
　　　(11)　文化・芸術
　　問21　政府に責任のある分野
　　　(1)　雇用の確保
　　　(2)　物価の安定
　　　(3)　医療の提供
　　　(4)　高齢者の生活保障
　　　(5)　産業の成長
　　　(6)　失業者の生活保障

(7)　所得格差の是正
　　(8)　高等教育の保障
　　(9)　住宅保障
　　(10)　環境破壊の法的規制
　　(11)　育児への支援
　問22　社会保障のありかた
　　(1)　高福祉高負担と低福祉低負担
　　(2)　選別主義と普遍主義
　　(3)　必要原則と貢献原則
　　(4)　世代間連帯への賛否
　　(5)　公共部門と民間部門
　　(6)　生活保護の権利性
　問23　地域間再分配の是非
　問24　脱物質主義尺度
VII　家族や結婚のありかた
　問25　ジェンダー観
　　(1)　女性の就労
　　(2)　家事と育児
　　(3)　専業主婦の評価
　　(4)　3歳児神話
　　(5)　男女役割の教育
　問26　女性にとって望ましい働き方
　　(1)　子どもがいない場合
　　(2)　未就学児がいる場合
　　(3)　末子が小学生の場合
　　(4)　子どもが成人した場合
　問27　結婚観・家族観
　　(1)　家族への犠牲
　　(2)　離婚の容認
　　(3)　貞節の規範

(4)　子どもの養育には父母がそろっている方がよいという規範

　(5)　子どもをもつべきだという規範

　(6)　親は子どもに尽くすべきだという規範

　(7)　老親の扶養

VIII　生活や生き方

　問28　利他主義

　(1)　困っているひとへの援助

　(2)　ボランティア活動

　(3)　寄　付

　(4)　地域活動への参加

　問29　階層帰属意識

　問30　生活満足

　問31　日本社会の現状と将来に関する評価，生活観

　(1)　社会の公平性

　(2)　所得の不平等の大きさ

　(3)　所得格差の将来

　(4)　勤勉な生き方への賛否

　(5)　刹那的な生き方への賛否

　問32　生活にとって重要なもの

　問33　虚無感

　問34　支持政党

IX　フェースシート

　F1　性　別

　F2　年　齢

　F3　健康状態

　F4　婚姻状況

　F5　自分の親との同居

　F6　配偶者の親との同居

　F7　同居家族の人数

　F8　住居形態

F9　居住年数
F10　子どもの数，年齢，同居状況
F11　15歳時の暮らし向き
F12　職　業
F13　従業上の地位
F14　最終学歴
F15　個人収入
F16　世帯収入

(2)　調査の概要と対象者の特性

上記の変数を含む調査票を，今回は，以下の要領で実施した．

［調査地域］　　全　国
［調査対象］　　満20歳以上の男女個人 5,000人
［抽出方法］　　層化二段無作為抽出法
［調査方法］　　留め置き法（訪問配布と訪問回収）
［有効回収数］　3,991（回収率79.8％）
［調査実施］　　中央調査社

なお，調査対象者のプロファイルは以下のとおりである（数字は％．詳細は巻末単純集計表を参照）．

［性別］　男性　47.9　　女性　52.1
［年齢］　20代　13.2　　60代　16.7
　　　　　30代　15.9　　70代　 8.8
　　　　　40代　20.6　　80代　 2.2
　　　　　50代　22.3　　90代　 0.3
［婚姻］　未婚　15.4　　離別　 3.1
　　　　　既婚　75.0　　死別　 6.5
［職業（現職または過去の最長職）］

	専門的技術的職業	13.1	技能労働者	9.9
	管理的職業	7.3	一般作業員	12.9
	事務的職業	16.9	農林漁業	4.9
	販売的職業	12.1	就労経験なし	4.9
	サービス的・保安的職業	11.8	その他・不明	1.9
	運輸・通信的職業	4.3		
［学歴］	義務教育卒業	23.4	大学卒業	15.3
	高等学校卒業	45.3	大学院卒業	0.6
	短大・専門学校卒業	13.8		
［収入］	世帯収入の最頻値　400万円位			

5. 本書の構成と残された課題

　本書は上述の問題意識にもとづいて，以下で，SPSC調査のデータ分析を行っていくことになるが，最後に，その構成を記しておこう．

　第Ⅰ部「社会政策と社会意識」では，個々の領域の社会政策に対して人びとがどのような意見や態度を抱いているかについての探索を試みている．取り上げられる政策領域は，医療，介護サービス，住宅，地域間格差是正の4つである．社会政策の全領域をカバーしているわけではないが，最も重要な争点のいくつかについてピンポイントで迫っている．所得保障のうちの公的扶助，雇用，教育などについては手がつけられていないが（ただし所得保障一般については第Ⅲ部で扱われている），これらの領域についての分析は今後の課題としたい．

　次に，第Ⅱ部「福祉社会における価値意識の諸相」では，個々の社会政策に通底する価値や規範について人びとがどのような態度や信念を抱いているのか，また，社会政策のありかたに関係してどのような社会認識をもっているのか，などの点についての分析を試みる．取り上げるのはジェンダー，家族規範，リスク，格差意識などであり，家族規範については扶養の家族責任と，家族形態と福祉意識の関係に分かれる．これらは通常の価値意識の研究においても取り上げられる可能性があるが，本書では，とくに社会政策という切り口から迫

っているところに特徴がある．ここで「福祉社会における」という限定は，社会政策に関係するといった程度の意味である[5]．

さらに，第III部「福祉国家の価値意識」では，個別的な社会政策というよりは，社会政策全般のありかたに関係する価値意識や社会的価値の分析を行っている．一定水準の社会政策を制度化したのが福祉国家だとすると，まさに福祉国家のありかたについて人びとがどのような態度・信念を抱いているかということが検討の課題である．福祉国家を支える価値意識，一見すると矛盾してみえる「高福祉民営志向」の存在とその指摘，Inglehart（1977）によって提起されたポスト・マテリアリズムと社会政策との関係，福祉国家のありかたに関する地域的な相違などについての分析が行われる．

SPSC調査は膨大な情報量を含んでいるが，それらがまだ十分には分析されていないのが実情である．すでにふれたように，社会政策のうちでも貧困と公的扶助に関する部分，教育政策に関する部分，雇用政策に関する部分については本書に収録されていない（ただし学会報告などで部分的に公表されている）．国際比較についても同様である．しかしSPSC調査は東京大学社会科学研究所のSSJデータアーカイブ（Social Science Japan Data Archive）に寄託して一般に公開の予定であるから，これら未着手の分野についても，本研究の成果を踏み台にして，順次分析が進められていくものと思われる．

補論——国際比較からみた日本の位置

以下，第1章以下で，データの分析に入っていくことになるが，その前に，SPSC調査以外の既存のデータを用いながら，国際比較のなかでみた日本の福祉国家とこれに関係する価値意識について簡単にふれておきたい[6]．

(1) 福祉国家の規模

最初に，日本の福祉国家の規模を社会保障支出の対GDP比によって確認しておこう．

図0-4は，GDPに占める社会保障支出を縦軸にとり，横軸には高齢化率をとったものである[7]．この図から，高齢化が進んだ国ほど社会保障支出も多く

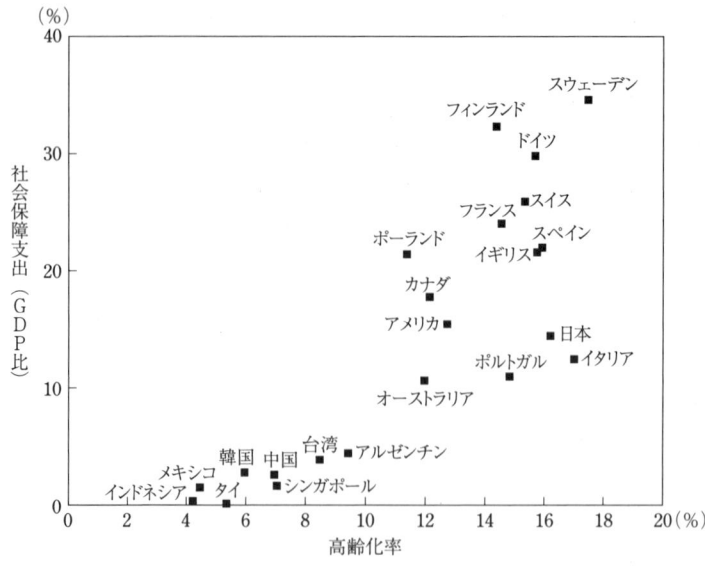

図 0-4　社会保障支出の対 GDP 比と高齢化

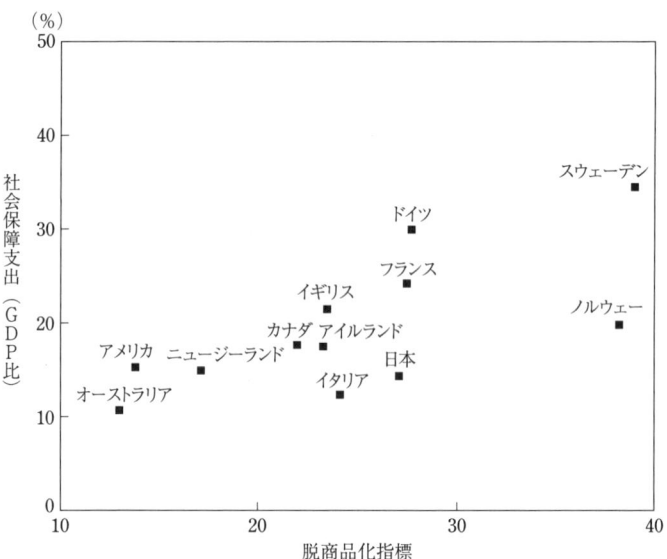

図 0-5　社会保障支出の対 GDP 比と脱商品化指標

表 0-1　各国別にみた公共政策に対する「政府の責任」

	完全雇用	物価安定	保健医療	高齢者の生活	失業者の生活	所得格差是正	低所得学生支援	住宅政策	政府責任指標
アイルランド	1.87	2.39	2.74	2.76	2.30	2.12	2.53	2.40	79.6
イタリア	2.08	2.49	2.79	2.73	1.96	2.05	2.51	2.30	78.8
ノルウェー	2.24	2.40	2.86	2.85	2.32	2.06	2.06	1.90	77.9
イギリス	1.87	2.26	2.80	2.71	2.01	1.93	2.26	2.23	75.3
スウェーデン	1.90	2.26	2.66	2.66	2.26	2.04	2.10	2.04	74.7
フランス	1.93	2.06	2.37	2.42	2.10	2.11	2.50	2.28	74.0
西ドイツ	1.98	1.87	2.47	2.44	1.93	1.77	2.11	1.94	68.8
日　本	**1.71**	**2.61**	**2.36**	**2.37**	**1.89**	**1.78**	**1.72**	**1.60**	**66.9**
ニュージーランド	1.55	1.94	2.68	2.52	1.68	1.42	2.16	1.96	66.3
オーストラリア	1.46	2.00	2.36	2.31	1.70	1.58	2.11	1.84	64.0
カナダ	1.17	1.72	2.54	2.36	1.73	1.48	2.15	1.87	62.6
アメリカ	1.25	1.82	2.19	2.22	1.41	1.40	2.16	1.78	59.3
平　均	1.75	2.15	2.57	2.53	1.94	1.81	2.20	2.01	70.7

なっていることがわかる．しかし，高齢化が進んだ先進諸国の間では，社会保障支出の大きさにかなり差があるのも事実である．日本はイタリアやポルトガルとともに，高齢化が進んでいるわりに社会保障支出が少ない．

図 0-5 は，ISSP に参加している 12 カ国を取り出して，縦軸に GDP に占める社会保障支出を，横軸に Esping-Andersen（1990）の脱商品化指標をとって作成した散布図である．これを見ると，先進諸国のなかでも，脱商品化の程度によって社会保障支出の大きさが異なっていることがわかる．日本はイタリアとともに，脱商品化は中位にあるが社会保障支出はそれほど大きくない．

(2) 政府の責任

次に，公共政策に対する人びとの考えをみておこう．

表 0-1 は，福祉国家に関連するさまざまな政策が「政府の責任」だと思うかどうかを訊ねたものである．数字が大きいほど，「政府の責任」と思われている度合いが強いことを表わしている[8]．これをみると，最も政府に期待されているのは，「病気の人びとに必要な医療を施すこと」（保健医療，2.57），「高齢者がそれなりの生活水準を維持できるようにすること」（高齢者の生活，2.53），「収入の少ない家庭の大学生に経済的な援助を与えること」（低所得学生支援，2.20）などである．逆に，「働く意志のあるすべての人に仕事を提供

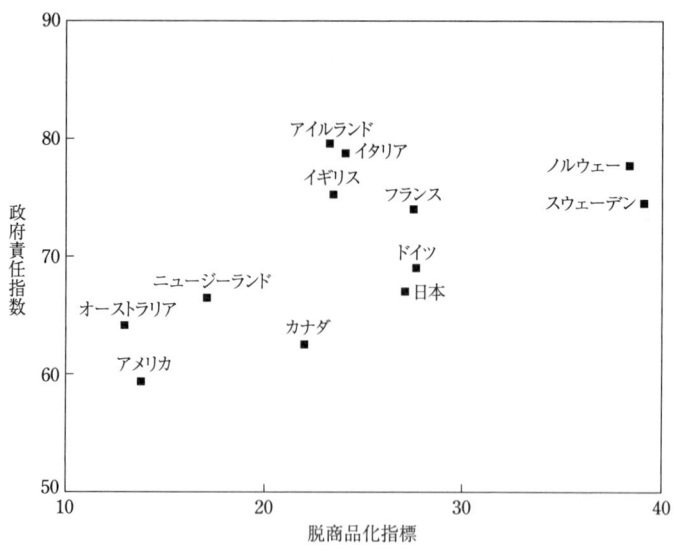

図 0-6 政府責任指標と脱商品化指標

すること」(完全雇用, 1.75),「富む者と貧しい者のあいだの所得の格差を少なくすること」(所得格差是正, 1.81),「失業者がそれなりの生活水準を維持できるようにすること」(失業者の生活, 1.94) については, 相対的に政府への期待が小さい.

この表のなかで日本の特徴に注目すると,「高齢者の生活水準維持」や「保健医療」に加えて,「物価を安定させること」に対する期待が大きい. 一方,「家を持てない人にそれなりの住居を提供すること」(住宅政策) や「低所得学生支援」については, 他の国々に比べて政府への期待が著しく小さい. 総じて, 階層間の再分配に関わる政策に対する期待が小さいのが日本の特徴と言える.

図 0-6 は, 表 0-1 の各項目を平均した各国の「政府責任指標」(福祉国家に対する期待の大きさを表わす) を縦軸にとり, 横軸には前述の脱商品化指標をとったものである. これをみると, 脱商品化が高位の北欧の国々で福祉国家に対する期待も大きいことがわかるが, それだけでなく, 脱商品化が中位の欧州諸国でも同程度に期待が大きいこともわかる. この点は注目に値する. ただしドイツは日本と同じく政府責任指標が低い. また, 脱商品化が低位のアングロサクソン諸国では, 福祉国家に対する期待も小さい.

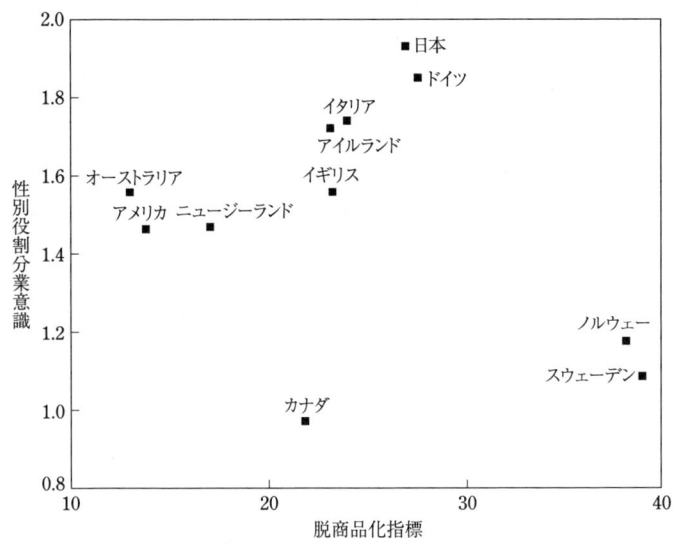

図 0-7　性別役割分業意識と脱商品化指標

(3) 福祉国家と家族

最後に，福祉国家と家族との関連についてみておこう．Esping-Andersen (1999) によれば，脱商品化が中位の保守主義諸国では「家族主義」の傾向が顕著である．人びとの家族観は，福祉国家の種類ごとに異なっているだろうか．

図 0-7 は，各国の性別役割分業意識[9]を縦軸にとり，横軸に脱商品化指標をとったものである．これをみると，Esping-Andersen の指摘するとおり，日本をはじめとして，脱商品化が中位の国々で伝統的な家族観がやや強い（とはいえ，縦軸の 2 点は「どちらともいえない」を表わしている）．一方，脱商品化が低位の自由主義諸国では性別役割分業意識がやや弱くなり，さらに脱商品化が高位の社民主義諸国では性別役割分業はほぼ否定されている．ここで，カナダが例外的な位置にあることも興味深い．

図 0-7 からも示唆されるように，日本では伝統的家族観が強い．また日本の福祉国家については，強力な「家族主義」と結びつけて論じられることが多かった（たとえば，Wilensky（1975）の日本語版序文）．しかし，実際に家族の絆はそれほど強固なものだろうか．図 0-8 は，各国の 50-69 歳の人が別居している母親を訪問する頻度[10]を縦軸にとり，横軸に 50-69 歳の人の母親との

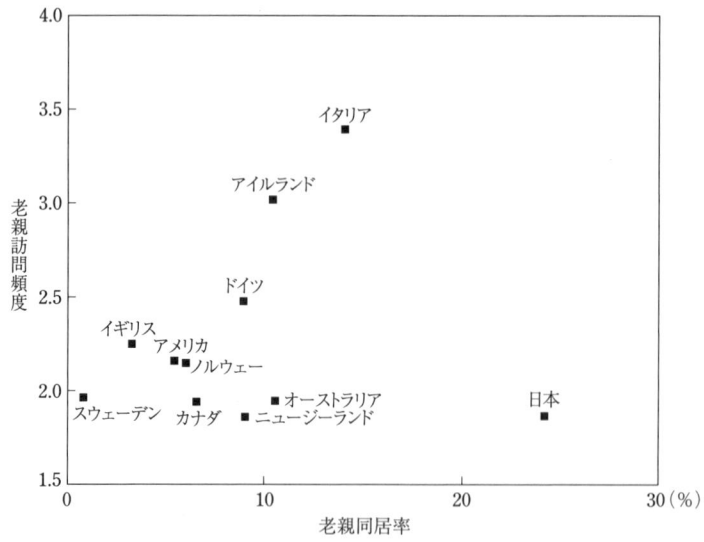

図 0-8 老親訪問頻度と老親同居率

同居率[11]を横軸にとったものである．これをみると，イタリアやアイルランドでは同居率も比較的高く，息子や娘が老親を訪ねる機会も多い．スウェーデンやアメリカに比べて，家族の絆が強いと言ってよいだろう．ところが日本の場合は，同居率は群を抜いて高いものの，老親訪問の頻度は最低に近い（ちなみに，縦軸の2点は「月に1回以上」である）．日本の社会福祉研究者のあいだで従来から言われてきたことが，ここでも再確認された[12]．

(4) まとめ

以上の分析の結果から，国際比較でみた日本の福祉国家の特徴は次のようにまとめることができるだろう．

- 日本の福祉国家は，先進諸国のなかでは相対的に小さい．
- 日本では，階層間の再分配に関わる政策に対する期待が小さい．
- 政府の福祉国家的介入に対する期待は，アングロサクソン諸国なみに低い．
- 伝統的家族観の強さという点で，日本は保守主義諸国と似通っている．
- 少子化の進展について，日本はドイツやイタリアと問題を共有している．

・日本の家族主義は，イタリアなどとは違って，同居家族に偏在している．

1) http://research.rakuten.co.jp/release/05090502/（2005年9月6日）．
2) 平成11-13年度文部科学省科学研究費補助金（課題番号11301006）．
3) さらにまた，現在では政府と非政府の相互浸透が進んでおり，政府についても，両者の相互作用のもとに形成される政府体系の一環として考えられるべきである（研究チーム「政府体系の研究」，1995；今村，2002）．しかし政府体系の観点から公共政策をどう規定するか——この点はガバナンス論における公共政策の位置づけともかかわる——については，今後の検討課題としたい．
4) ただし1993年からNHK放送文化研究所がこのプロジェクトに参加し，1996年に「政府の役割」に関する日本語版を実施している（小野寺，1996）．このデータは本章の補論のなかでも用いて分析している．
5) 福祉社会という概念については論争の余地のあるところであるが，その定義のいかんによって，本書の内容が大きく変わってくるということもないので，ここではこの概念の詳細な検討は行わない．ただ簡単にふれておけば，福祉社会には，(1)福祉的な社会という意味と，(2)社会による福祉といった二重の意味があり，福祉と社会をそれぞれどのように規定するかによって，福祉社会の意味する内容が変わってくるということである（武川，1999）．
6) この補論は上村が草稿を執筆したが，最終的には，武川がその責任でまとめた．
   なお，ここで分析に用いたデータファイルは，ISSP（国際社会調査プログラム）：1996年「政府の役割」と1994年「家族と変わりゆくジェンダー役割」である．また本章で取り上げる国々は，OECD主要加盟国のうちISSPに参加している12カ国である．なお，ドイツのISSPデータについては，旧西ドイツ部分のみを取り上げる．ドイツでは，東西で社会意識が大きく異なっているからである．
7) 社会保障支出については，ILO, Cost of Social Security 1990-96による（http://www.ilo.org/public/english/protection/socsec/publ/css/cssindex.htm）．高齢化率については，UN, *Demographic Yearbook 1997*による．ただし台湾については，行政院主計処, *Statistical Yearbook of the Republic of China 2000*にもとづいている．
8) 「政府の責任である」を3点，「どちらかといえば政府の責任である」を2点，「どちらかといえば政府の責任ではない」を1点，「政府の責任ではない」を0点として，有効回答の平均を計算した．ただし，質問文の表現は国によって多少異なっている．この方法と「政府介入指標」の計算法は，福祉意識の国際比較研究をリードしているスウェーデンの社会学者（Svallfors, 2002）のアイディアを踏襲したものである．
9) ISSPの1994年データによる．「男性の仕事は収入を得ること，女性の仕事は家庭と家族の面倒をみることだ」という考え方に対して，「そう思う」を4点，「どちらか

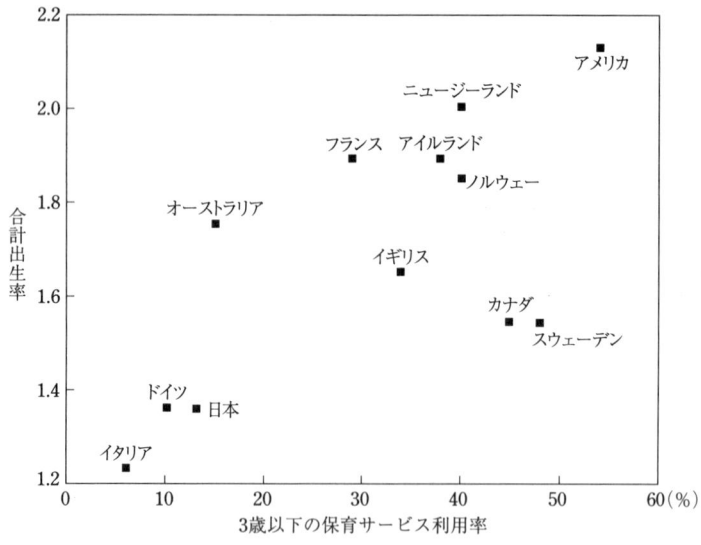

図 0-9 合計特殊出生率と保育サービス利用率

といえばそう思う」を3点,「どちらともいえない」を2点,「どちらかといえばそう思わない」を1点,「そう思わない」を0点として,有効回答の平均を計算した.ただし質問文の表現は国によって多少異なっている.
10) ISSPの1994年データによる.本人が50-69歳,かつ母親が別居で健在の人に限定し,「お母さんとどの程度お会いになっていますか」という質問に対して,「毎日」を5点,「週に数回」を4点,「週に1回以上」を3点,「月に1回以上」を2点,「年に数回」を1点,「あまり会わない」を0点として,有効回答の平均を計算した.
11) 同じくISSPの1994年データによる.本人が50-69歳,かつ母親が健在の人に限定し,母親と「一緒に住んでいる」と答えた人の割合.
12) なお,福祉国家のあり方は,近年の少子化傾向の現われ方とも関連している.

図 0-9 は,各国の合計出生率(2000年のデータ.ただしカナダのみは1998年.OECD (2003) から引用した)を縦軸にとり,横軸に3歳以下の幼児の保育サービス利用率(1998-1999年のデータ.OECDの2001年版雇用白書に掲載された数字であり,OECD (2003) から引用)をとったものである.これをみると,幼児を抱えた母親が働きつづけられる環境を整備した国ほど出生率が高いことがわかる.

【文献】

Esping-Andersen, G., 1990, *The Three Worlds of Welfare Capitalism*, Cambridge, Polity(岡沢憲芙・宮本太郎監訳, 2001, 『福祉資本主義の三つの世界——比較福祉

国家の理論と動態』ミネルヴァ書房).
Esping-Andersen, G., 1999, *Social foundations of postindustrial economies*, Oxford, Oxford University Press(渡辺雅男・渡辺景子訳, 2000, 『ポスト工業経済の社会的基礎——市場・福祉国家・家族の政治経済学』桜井書店).
今村都南雄編著, 2002, 『日本の政府体系——改革の過程と方向』成文堂.
Inglehart, R., 1977, *The silent revolution: changing values and political styles among Western publics*, Princeton, N.J., Princeton University Press(三宅一郎ほか訳, 1978, 『静かなる革命——政治意識と行動様式の変化』東洋経済新報社).
上村泰裕, 2000, 「福祉国家は今なお支持されているか——ISSP調査による分析」佐藤博樹・石田浩・池田謙一編『社会調査の公開データ——2次分析への招待』東京大学出版会.
研究チーム「政府体系の研究」, 1995, 『政府体系の研究』中央大学社会科学研究所.
見田宗介, 1966, 『価値意識の理論』弘文堂.
見田宗介, 1979, 『現代社会の社会意識』弘文堂.
OECD, 2003, *Society at a Glance 2002*, OECD.
小野寺典子, 1996, 「政府への期待とかかわり——ISSP国際共同調査『政府の役割』日本調査から」『放送研究と調査』46巻11号: 48-55.
Svallfors, S., 2002, "Political trust and support for the welfare state: Unpacking a supposed relationship," B. Rothstein and S. Steinmo, eds., *Restructuring the Welfare State: Political Institutions and Policy Change*, Palgrave.
武川正吾, 1999, 『福祉社会の社会政策——続・福祉国家と市民社会』法律文化社.
武川正吾, 2001, 『福祉社会——社会政策とその考え方』有斐閣.
Wilensky, H. L., 1975, *The Welfare State and Equality: Structural and Ideological Roots of Public Expenditures*, Berkley, University of California Press(下平好博訳, 1984, 『福祉国家と平等——公共支出の構造的・イデオロギー的起源』木鐸社).

第Ⅰ部　社会政策と社会意識

1章 医療格差への反対理由

田村　誠

1. はじめに

　近年,混合診療導入や特定療養費拡大など,患者の「支払能力・意思」の大きさによる医療格差導入を進める政策についての議論が盛んになされてきた[1].
　経済界からは混合診療の解禁への強い要請があり（経済財政諮問会議,2001；総合規制改革会議,2002）,小泉総理大臣が2004年9月の経済財政諮問会議で混合診療について年内中に検討するように指示をした.その結果,同年12月には厚生労働大臣と規制改革担当大臣との間で合意がなされ,いわゆる「混合診療」問題に決着がついた.しかし,決着の内容は,特定療養費制度を中心とした現行制度の拡大・改善による問題解決であり,患者の「支払能力・意思」の大きさによる医療格差導入を本格的に進める改革とはならなかった.具体的には,(1)国内未承認薬の早期承認を促す仕組みの導入,(2)先進医療の特定療養費への積極導入,(3)制限回数を超える医療行為の自己負担化,などであった.

(1) 医療界の意向

　経済界だけでなく,東京大,京都大,大阪大の3大学医学部付属病院長が連名で混合診療の大幅拡大を要望するなど,医療界でも混合診療導入をはじめとした医療格差導入に前向きな意見が聞かれていた.厚生労働省は混合診療解禁に対して反対の立場をとっていたが,特定療養費の拡大により（厚生労働省,2001）,医療格差の導入を実質的には推進しようとしていたとみられる.日本医師会は混合診療解禁に強く反対をしてきたが,自立投資という提案もあり,

さまざまな意見が出てきていた場面もある（坪井，2001：119-126,『ばんぶう』特集記事，2003）．その背景には，患者ニーズの多様化への対応や，公的医療保険の財政逼迫化に伴う新たな財源追求などがある．

　筆者も，いくつかの前提をおけば，医療格差導入は積極的に検討してもよいのではないかとかつて論じた（田村，1997）．その論拠として，①医療が生死に関わるために平等が重要といっても，生死（平均余命）に影響を及ぼすのは医療よりもむしろ生活環境であり，生活環境はわが国では平等でないこと，②平等を追求する制度のために人々の医療に対する期待が抑制され（ディス・エンパワメント），結果として国全体の医療の質の低下を招いている可能性が高いこと，などをあげた．

(2) 一般市民の否定的な意見

　しかしながら，先に述べたとおり，実際には患者の「支払能力・意思」の大きさによる医療格差導入を進める改革とは異なるものとなった．その背景の1つには，一般市民には患者の支払能力・意思の大きさによる医療格差導入に対して否定的な意見を持つ人が多いためではないかと考えられる．

　2002年秋に実施された日医総研の調査で，「所得の高低に関係なく誰もが同じ水準の医療を受けることができる仕組み」(A)，「追加料金を払えば保険で給付される以上のサービスが受けられる仕組み」(B)，「AとBの中間」のうち，どれが望ましいかを尋ねたところ，(A)すなわち同じ水準の医療を受けられるほうがよいという国民，患者が7割を超えている（日医総研，2003）．

　また，それに先立つ2000年に行った筆者らの調査や，その他の調査でもほぼ同様の傾向がみられている．

(3) 本章の目的

　そこで本章は，一般市民が医療格差導入になぜ否定的なのかを，筆者がこれまで行った調査も含めた既存研究から，可能な限りデータ・事実に基づいて探ろうとするものである．

　なお，本章では「一般市民」の意識や価値観に関する調査結果について基本的に論じていくが，医療の受け手という意味では同様と考え，調査データのあ

るものについては,「患者」に対する調査結果も一部取り上げる.

2. 一般市民・患者と医療従事者の意識

まずは,医療格差導入に関して近年行われた主要な調査結果を整理する.

表1-1に示したとおり,北海道医師会(中川,2001),本書のベースとなった調査である「福祉社会のあり方に関する研究会」,全国保険医団体連合会(田辺,2002),日本病院会(日本病院会医療制度委員会,2001),日本経済新聞社(日本経済新聞社,2002),日医総研が一般市民や患者を対象にして,医療格差導入に関して過去3年間に調査を行っている.いずれも調査対象数が2,000を超える大規模調査である.また,「福祉社会のあり方に関する研究会」と日医総研の調査は,全国民を母集団としたサンプリングをしており,有効回答率も2/3を超え,一般市民の調査に関しては,調査対象の代表性の問題はあまりない.

各調査で質問の仕方は異なっているが,「多くの自己負担を支払う人がよりよい医療を受けられる」という医療格差導入に関して否定的な意見の人(一般市民・患者)が多い,という結果は全ての調査に一貫してみられている.

医療格差導入に反対する人が最も多い結果となった「福祉社会のあり方に関する研究会」の調査では,「国民全員が同じ質の医療(治療や検査)をうけることができる」を支持した人が76.2%にものぼり,「現行程度の医療は国民全員に保証するが,高い自己負担を払う人はより質の高い医療を受けられる制度を導入する」を支持した人18.2%と大きな差があった.

(1) 医療従事者の医療格差導入に対する積極性

ここで注目すべきは,医療従事者と一般市民・患者の意識の違いである.一般市民・患者よりも医療従事者の方が,医療格差導入に賛成の人が多い傾向がみられるのである.

これは**表1-1**の調査結果全体から言えることであるが,医療従事者と一般市民・患者に対して同時に調査を行った全国保険医団体連合会調査(2001年)と日医総研調査(2002年)で明確である.

表 1-1　医療格差導入に関する主な調査結果

調査主体 (調査時期)	調査対象	調査結果
北海道医師会 (2000)	北海道医師会所属の873医療機関の外来通院患者8,435人	・医療格差導入の一般論(お金持ちと,そうでない人との間で,受ける医療の内容が異なるようになる)に対しては,63.5%が「反対」し,「賛成」と「やむをえない」が21.0% ・混合診療の導入(健康保険による診療が制限され,自費による診療が同時に併用されるようになる)については,72.8%が「反対」で,「賛成」と「やむをえない」が16.9%
福祉社会のあり方に関する研究会(本書調査) (2000)	全国の満20歳以上の住民5,000人(有効回答数は3,991人)	・「国民全員が同じ質の医療(治療や検査)をうけることができる」を支持した人が76.2%,「現行程度の医療は国民全員に保証するが,高い自己負担を払う人はより質の高い医療を受けられる制度を導入する」を支持した人が18.2%
全国保険医団体連合会 (2001)	会員(医師)とその患者,それぞれ9,500人ずつ(回答は医師3,395人,患者2,584人)	・高度先進医療にかかる医療費を「ある程度の自己負担はやむを得ない」と答えた人は,医師では44.3%,患者では34.5% ・「全医療費を健康保険でまかなうべき」と答えた人が,医師では14.2%,患者では25.7%
日本病院会 (2001)	会員2,625医療機関(回答は821医療機関)	・混合診療については賛成23.9%,一部を混合診療の対象とする場合は賛成42.3%,特定療養費として適用するなら賛成20.9%,反対は8%
日本経済新聞社 (2002)	三大都市の地域住民2,400人(有効回答数1,657人)	・「政府は病院が差額ベッドを増やしやすくするなど,患者がより良い医療を受けるにはより多くの料金を支払う必要がある方向の改革」を「よいと思う」は22.3%,「よいと思わない」は60.2%
日医総研 (2002)	①全国の満20歳以上の住民3,000人(2,084人回答),②全国50の対象医療機関を訪れた満20歳以上の患者968人,③全国の医師2,000人(614人回答)	・「所得の高低に関係なく誰もが同じ水準の医療を受けることができる仕組み」(A),「追加料金を払えば保険で給付される以上のサービスが受けられる仕組み」(B),「AとBの中間」のうち,どれが望ましいかを尋ねたところ,以下のような結果となった | | 国民 | 患者 | 医師 | |---|---|---|---| | A | 71.4% | 73.9% | 47.2% | | 中間 | 7.4% | 11.3% | 12.4% | | B | 17.9% | 12.2% | 37.9% |

日医総研の調査では,「追加料金を払えば保険で給付される以上のサービスが受けられる仕組み」,すなわち医療格差導入に賛成する人は,一般市民・患者は10%台の人しか賛成していなかったが,医師では47.2%の人が賛成し,一方「所得の高低に関係なく誰もが同じ水準の医療を受けることができる仕組み」という意見に賛成する人は,一般市民・患者は7割を超えていたにもかかわらず,医師では47.2%の人しか賛成していない.

(2) 医療従事者の市場志向

このように医療従事者の方が,いわば市場志向であるのは,筆者らが以前に行った調査でもみられている(田村ほか,1995).「痛みが極めて少ない治療法」や「ガン治療に効果のある特殊な治療法」などの保健医療サービスが,需要に比べて提供できるサービス量が少ない場合に,どのようにして患者に配分すべきと考えるかを尋ねたところ,一般市民では「抽選方式」を選択する人が多かったのに対し,医療従事者には相対的に「自由経済方式(多くのお金を払おうとする人に配分する)」を選択する人が多くみられた.

こうした調査結果について,医療現場を熟知している医療従事者に対して,一般市民・患者が現状を理解していないことを反映している,というような解釈もあろうが,事実として,一般市民・患者との間に乖離があることは認識しておく必要があるであろう.

3. 一般市民による医療格差導入への反対

次に,本章の中心である「なぜ医療格差導入に反対する一般市民が多いか」という問題の検討に入る.

この検討にあたっては,主に「福祉社会のあり方に関する研究会」が2000年に実施した調査のより詳細な分析結果を用いる[2].医療格差導入には,どのような属性,価値観を持つ人が賛成しているのか,あるいは反対しているのかを分析した.具体的には,医療格差導入の是非を目的変数とし,回答者の属性や価値観を説明変数とした階層的回帰分析を行った.その結果が**表1-2**である.

表 1-2 医療格差導入に対する意識に関連する要因

	モデル A		モデル B		モデル C		モデル D	
	標準化係数	有意確率	標準化係数	有意確率	標準化係数	有意確率	標準化係数	有意確率
年齢	−0.018		0.010		0.002		−0.018	
最終学歴	0.095	$p<0.001$	0.084	$p<0.001$	0.075	$p<0.001$	0.073	$p<0.001$
年収	0.075	$p<0.001$	0.076	$p<0.001$	0.067	$p<0.001$	0.065	$p<0.001$
地域（市郡規模）	−0.027		−0.036	$p<0.05$	−0.030		−0.032	
主観的健康観			−0.058	$p<0.001$	−0.050	$p<0.01$	−0.041	$p<0.05$
わが国の医療の質に対する認識			0.010		0.008		0.014	
再分配に対する態度								
高福祉 vs 低福祉					−0.023		−0.016	
選別 vs 普遍					−0.020		0.002	
必要 vs 貢献					0.090	$p<0.001$	0.077	$p<0.001$
世代間格差容認 vs 否定					0.040	$p<0.05$	0.041	$p<0.05$
民間 vs 公共					−0.079	$p<0.001$	−0.074	$p<0.001$
政府支出への態度							0.066	$p<0.001$
医療資源配分への態度							−0.141	$p<0.001$
R^2	0.015		0.018		0.035		0.068	
F 値	12.185 ($p<0.001$)		8.704 ($p<0.001$)		9.573 ($p<0.001$)		15.049 ($p<0.001$)	
分析対象数	3,150		2,901		2,901		2,687	

この結果を読むと，医療格差導入に否定的な人は，次のような特性・意見を持つ．

- 学歴が（相対的に）低い
- 年収が低い
- 自分を健康だと感じていない
- 再分配に対する態度では必要志向，世代間格差容認志向，公共（民間よりも）志向[3]
- 保健医療への政府支出を増やすべき
- 医療資源は平等配分をすべき

これをまとめると，医療格差の導入に否定的な人は，相対的には低学歴，低年収など，いわゆる「社会的弱者」であり，再分配に対する態度では，「社会の連帯を肯定的にとらえ」，保健医療への「政府支出増加を望み」，そして医療資源配分への態度は「平等を望む」ということである．

(1)「医療資源配分への態度」への着目

ここでとくに着目したいのは，「医療資源配分への態度」である．表 1-2 にあるとおり，他のさまざまな変数の影響をコントロールしても，標準化偏回帰係数が−0.141 と，医療格差導入意識との関係が最も強くみられている．

この「医療資源配分への態度」とは，次の問によった．

> 今，生死に関わるような重病の患者が 100 人いるとします．その中には助かる可能性の高い患者 20 人と，可能性の低い患者 80 人がいるとします．患者 100 人全員に同じ医療を同じようにおこなうよりも，助かる可能性の高い患者 20 人に医療を重点的におこなった方が，全体として助かる患者の数は多いものとします．このとき，以下の 2 つの選択肢しかありませんが，あなたはどちらがよいとお考えですか？
> A：助かる可能性の高い患者 20 人に重点的に医療をおこなう
> B：患者 100 人全員に，平等に医療をおこなう

1章 医療格差への反対理由 35

この問への回答結果は,「20人に重点的におこなう(重点配分)」と答えた人が37.0%,「100人に平等におこなう(平等配分)」とした人が51.9%と平等配分を支持する人のほうが多かった.

(2) 「功利主義」が絶対ではない医療資源配分

「最大多数の最大幸福」を是と考える功利主義の観点からみると,助かる患者の人数が少ない平等配分を選択する人が半数以上にもなるのは理解しがたいことであろう.日本の行き過ぎた平等志向の表れと考えられるかもしれない.

しかしこれと同様な傾向は諸外国でもみられている.

例えば,Nordら(1995)のオーストラリアにおける調査でも,回復がほとんど期待できない集団よりも,大きな回復が期待できる集団に重点的に資源配分すべきと考える人はあまり多くなく,平等主義的な人が多いという結果になっている.

Ubelら(1996)の米国での調査では,臓器移植したときに高い確率で生存できる集団と低い確率で生存できる集団のどちらに,一定数の臓器を分配すべきかを一般市民に尋ねたところ,高い確率で生存できる集団に全ての臓器を分配すべきであると回答した人は,22%に過ぎなかった.

なお,Ubelらは平等配分を選択した調査対象者に,その理由を尋ねている.それによると,平等配分を選ぶ理由としては,「チャンスは誰にでも与えられるべき」「どの位の確率で生存できるかを予測するのは難しい(データを信用していない)」「生存できる人の数はさほど大きな差ではない」などの回答がみられていた.

(3) 「医療資源配分への態度」と「医療格差導入への意識」の相関関係の解釈

さて,この「医療資源配分への態度」と「医療格差導入への意識」が上の回帰分析で強い相関をみせることはどのように解釈ができるであろうか.以下のとおり,大きく2つ考えられる.

1つはごく単純なことである.医療を平等に配分すべきと考えている人(すなわち平等配分を支持する人)は,資源配分の結果,少ない人数の人しか助けられなくても平等を重視するのである.それが,一部の人が自分のニーズを満

たすために余計にお金を支払うくらいで，平等配分を否定することを是認はしないであろう．その結果が相関として表れていると考えられる．

2つめはもう少し複雑な議論である．医療格差導入には，一部の人のニーズを満たすことよりも，医療格差導入の波及効果として，医療システム全体の質向上が期待できるという考え方がある[4]．医療格差導入により，医療者間の競争が激しくなって医療の質が向上したり，市民・患者の医療への期待が高まる結果，公的医療保険の給付が充実するのではないかというものである．

しかし，医療資源配分の調査結果は，この考えも真っ向から否定する．平等配分を崩す場合は，医療システム全体の質向上も是認されないとみられる[5]．そうであるならば，医療格差導入の波及効果が大きいと予測・期待する人も，医療格差導入に反対する結果になり，「医療資源配分への態度」と「医療格差導入への意識」との相関関係につながると考えられる[6]．

このようにデータを解釈してくると，多くの一般市民が医療格差導入に反対するのも理解できるようになる．端的にいえば，平等絶対主義であり，それに反する制度改革は，少々のプラス効果があっても反対するということである．池上は，普遍平等性，すなわち国民全員に医療を普遍平等に提供することが強く求められており，医療政策を考える上で考慮すべき重要な点であると述べたが（池上，1992：3-4），本章ではその普遍平等性への一般市民の期待の強さをあらためて確認したことになる．

4. まとめ

本章では，医療格差導入をめぐる一般市民の意識について，各種調査結果をもとに探った．

本章で取り上げた調査結果をみる限り，多くのお金を支払った人がよりよい医療が受けられるというような医療格差導入には一般市民は一貫して反対していた．さらに，医療格差導入により医療システム全体の質向上が期待される場合でも，一般市民は医療格差導入に反対する可能性があった．また，医療格差導入に反対するのは，わが国の一般市民にのみ見られることではなく，諸外国でも同様の結果が見られた．

2004年後半に起こった医療格差導入への政治的動きは非常に強烈であった．しかしそれでも，医療格差導入を本格的に導入することにならなかったのは，この一般市民の医療格差導入への強い反対意識も1つの要因として影響を及ぼしたのではないであろうか．

1) 例えば，『病院』（2003年7月号）で「特定療養費制度の拡大と病院の対応」という特集が組まれたのをはじめ，多くの論文が発表されている．
2) 本調査の概要は，以下のとおりである．調査対象は，全国の満20歳以上の男女5,000人で，対象選定は層化2段無作為抽出法によった．調査は自記式質問紙による郵送留め置き法（訪問回収）とした（調査実施は2000年3-5月）．有効回収数は3,991（回収率79.8％）であった．有効回収された3,991人の基本属性等の概要は，以下のとおりである．性比は男性47.9％，女性52.1％で，平均年齢は49.5歳であった．既婚者が75.0％，未婚者が15.4％で，就業状況は有職者が67.0％，以前仕事をしていたが現在働いていない人が27.9％，働いた経験のない人が4.9％であった．前年の年収（本人）は，250万円未満が48.8％，250-550万円未満が24.1％，550-850万円未満が10.7％，850万円以上が14.2％であった．
　また，過去3ヵ月間の健康状態（主観的健康感）は，「健康である」「まあ健康である」があわせて73.4％，「あまり健康でない」「健康でない」が16.2％であった．本書序章参照．
3) 具体的な項目は，本書283ページを参照．
4) 例えば，福田浩三ほか（2001）や，前出の田村（1997）など．
5) 調査では，多くの人の生命を助けることになっているのを，ここでは医療全体の質向上と読み替えた．
6) データも十分でなく筆者の推測に過ぎないが，医療格差導入に関する医療関係者と一般市民・患者との意識の差も，「医療資源配分への態度」と「医療格差導入への意識」との相関関係の議論と密接に関係すると考えられる．医療現場にいる医療従事者は，個々の患者もさることながら，1人でも多くの患者を助けたいと考えていることであろう．それゆえ，医療システム全体の質向上を果たすために，多くの医療従事者が医療格差導入はやむを得ないものと考えるようになっているのではないだろうか．

【文献】

『ばんぶう』特集記事，2003，「混合診療問題で燻り始めた医師会分裂の危機」『ばんぶう』2月号：113-117．
福田浩三ほか，2001，「病院医療における受益者負担を巡って」（座談会）『病院』60(11)．
池上直己，1992，『医療の政策選択』勁草書房．

経済財政諮問会議, 2001, 「今後の経済財政運営及び経済社会の構造改革に関する基本方針」(2001年6月21日).

厚生労働省, 2001, 「医療制度改革試案——少子高齢社会に対応した医療制度の構築」(2001年9月25日).

中川俊男, 2001, 「痛みを知っていますか, 賛成できますか——外来通院患者アンケート調査」『北海道医報』984: 2-8.

日医総研, 2003, 「第1回医療に関する国民の意識調査」.

日本病院会医療制度委員会, 2001, 「会員への意識調査結果」(2001年12月).

日本経済新聞社, 2002, 「市民医療アンケート」(2002年3月).

Nord, E., J. Richardson and A. Street *et al.*, 1995, "Maximizing health benefits vs egalitarianism: an Australian survey of health issues," *Social Science & Medicine*, 41 (10): 1429-1437.

総合規制改革会議(内閣府), 2002, 「規制改革推進3か年計画(改定)」(2002年4月).

田村誠ほか, 1995, 「稀少な保健・医療資源配分の選好に関する実証研究」『医療経済研究』2: 55-70.

田村誠, 1997, 「医療の階層化の再検討」『医療経済研究』4: 35-50.

田辺隆, 2002, 「2001年医療意識調査——医者の思い, 患者の思い」『月刊保団連』(臨時増刊号): 28-37.

坪井栄孝, 2001, 『我が医療革命論』東洋経済新報社.

Ubel, P. and G. Loewenstein, 1996, "Distributing scarce livers: the moral reasoning of the general public," *Social Science & Medicine*, 42 (7): 1049-1055.

(付記) 本稿は, 『社会保険旬報』(No. 2192, 2003年12月11日号)に初出した論文を, 加筆修正したものである. また, 本稿は, 筆者個人の考えに基づくものであり, 筆者が所属する日本ガイダント株式会社の考えではない.

2章　高齢者介護と介護サービスに関する意識

高　野　和　良

1. 問題の所在

　日本社会における高齢化の急速な進行は，高齢者を短期間のうちに社会的少数者から多数者へと変貌させた．いまや，全人口の約5人に1人が65歳以上の高齢者となり，高齢化率が5割を超える地域すら出現している．そして，これにともなって介護を必要とする高齢者も増加しつつあり，介護問題への対応が課題となっている．高齢者介護は，日々途切れることなく濃密に継続されなければならないことや，それが長期間に及ぶ可能性もあって，高齢者自身のみならず，その家族にとっても大きな関心事となっているのである．確かに1990年代後半以降の社会福祉基礎構造改革や介護保険制度の導入などによって，介護サービス[1]の社会化が進められてきており，様々な介護サービスを利用しながら高齢期の生活を送ることは，かつてと比較してごくありふれた光景になりつつある．しかし，不安定な状況のなかで生活を送らざるを得ない高齢者も依然として少なくない．

　高齢者介護は，同居子や別居子等の支援によって実現される家族単独による介護から，1人暮らしのように親族からのサポートが期待できない場合に行われる外部の介護サービスを全面的に利用する介護まで，実に様々な形態で行われており，きわめて個別性が高い行為である．とはいえ，家族に全面的に依存する介護の継続には，かなりの困難が伴うことは広く知られており，適切な介護サービスの利用を通じた介護負担の軽減が求められている．

　しかし，介護サービスが適切な時期に利用されるかどうかは，高齢者や家族の介護に対する態度によって影響を受ける．そのため，介護サービス利用をは

じめとする高齢者介護についての人々の意識を明らかにすることが必要となる．

高齢者介護には，時系列的にみれば加齢等にともなう高齢者自身の身体状態の変化に応じて介護準備期，介護開始期，介護期，介護終了期といったいくつかの段階がある．高齢者介護は，介護サービスに関する情報収集，家族内での協議，サービスの試用などの介護準備期を経て，高齢者の状態悪化を契機として家族による介護や，介護保険の要介護認定等によって介護サービスの利用が開始され，その後，保健医療サービスの利用もともないながら継続されているのである．したがって，高齢者介護意識の全体像を把握するためには，これらの各段階における高齢者自身や家族，介護サービス提供者等の意識を明らかにすることが必要となる．しかし，これまでの介護意識研究は，介護期における家族や介護専門職の介護負担感に焦点をあてたものが多く，介護準備期から介護開始期にかけての介護接触段階におけるサービス利用に関する意識研究は必ずしも充分に蓄積されているわけではない．

そこで，本章ではまず高齢者介護の現状を簡単に整理し，家族による高齢者介護について，それが以前と同様に維持されていると思われているかどうかを確認したうえで，介護サービス利用にあたっての抵抗感，さらに介護サービス利用は高齢者自身，家族親族，専門家のいずれが最終的に判断すべきかといった介護サービス利用の意思決定に対する意識などをもとに，介護準備期から介護開始期にかけての介護との接触段階における人々の意識状況について記述することとしたい．

2. 高齢化と介護サービス

(1) 高齢者介護の社会化

長寿化にともなって要介護高齢者も増加傾向にある．介護保険制度において要支援以上の要介護認定を受けた高齢者の割合は，2005年6月時点で65歳以上の高齢者全体の約17%[2]であり，増加傾向にある．また，要介護認定者を介護度別にみた場合，加齢とともに重介護を要する者の割合は高まっている．さらに，要介護のなかでも寝たきり状態は，高齢者自身はもとより家族にとっても深刻な問題をもたらしているが，「手助けや見守りを要する」高齢者のなか

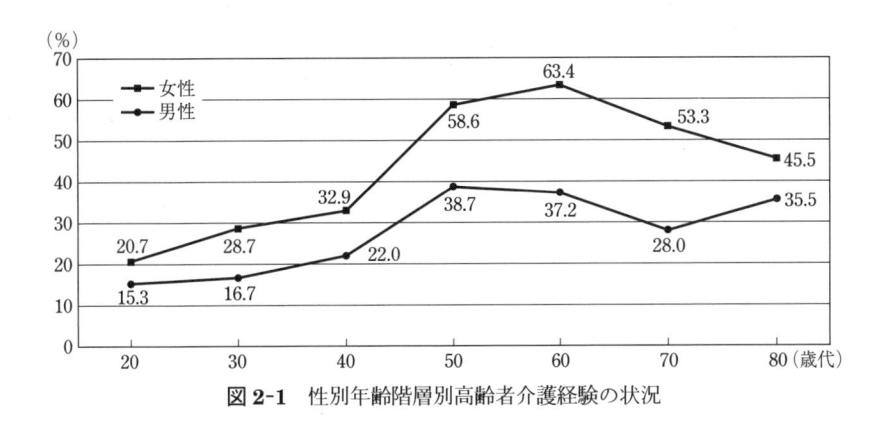

図 2-1 性別年齢階層別高齢者介護経験の状況

で，より濃密な介助を必要とする者の割合は，85歳以上で急増している．このように，要介護高齢者の量的な増加とともに，より手厚い介護を必要とする高齢者の増加も同時に進行しているのである．

こうした事態を，高齢者に介護を提供する側から捉えれば，介護経験を有する人々の増加を意味している．実際に本調査で介護経験の有無をみると，介護を現在行っているものは7.9％，過去にしたことがあるものは27.9％であった．介護経験を有するものは全体の35.8％，およそ3人に1人の割合であり，介護経験が少数の限られた人々のものではないことが示されている．

しかし，普遍化しているようにみえる高齢者介護がすべての人びとに一様に経験されているわけではない．性別，年齢階層別に介護経験をみてみると，介護経験を持つ者の割合は50-60歳代で急増しており，同年齢階層の男性で4割程度，女性では実に6割前後に達していることがわかる（図2-1）．高齢者介護が性別役割分業の観点から問題視されているように，高齢者介護は男性よりも女性によって担われており，とりわけ50-60歳代の女性にとっては日常的な経験となっている．

高齢者介護は多くの場合，家族による介護と外部の介護サービス利用との調整を図りつつ行われているが，家族介護は，進行しつつある家族の小規模化，とりわけ高齢家族の極小化によって，その基礎的条件が揺らいでいる．

高齢者の1人暮らし世帯（単独世帯）は，2003年時点で，65歳以上の者のいる世帯の19.7％を占めており，その内のおよそ8割は女性である．また，

夫婦のみで暮らす世帯も65歳以上の者のいる世帯の28.1％を占めている．1人暮らし世帯と合わせると，65歳以上の者のいる世帯の約半数は，2人以下で生活している状況にある（厚生労働省，2004）．さらに，国立社会保障・人口問題研究所による将来推計（2003年10月）によれば，高齢世帯（世帯主が65歳以上の世帯）に占める単独世帯の割合は，2025年には36.9％に達するとされ，高齢者の1人暮らし世帯の増加が予測されている．

高齢世帯の極小化の進行によって，家族介護を高齢者やその家族が仮に望むとしても，それを実現する条件はすでに崩れている．1人暮らし世帯では，別居子等からのサポートが得られなければ家族内での介護はそもそも不可能であるし，夫婦のみ世帯であっても高齢の配偶者だけで介護を行うことは，「老老介護」として過重な負担を介護者に強いている．

(2) 家族による高齢者介護の持続と変化

家族による高齢者介護負担は大きくなりつつあるが，一方で高齢者自身はもとより，高齢者を抱える家族も介護を家族が行うことを望ましいと考えている．介護役割期待をめぐる各種調査結果をみれば，男性高齢者が妻である配偶者からの介護を強く希望しており，女性高齢者との対比を指摘される場合が多いが，夫からの介護を希望する女性高齢者も決して少なくない．もちろん，先に指摘したように，現実には女性の介護負担は大きい．そのため，自らが被介護者となる場合，施設入所や在宅福祉サービスの利用を希望する女性高齢者の割合は高く，実際に配偶者からの介護を受けている者は1割程度に過ぎない．しかし，家族介護を期待する女性高齢者は少なくないのである．

家族による介護が現実的に困難となるなかで，家族介護の現状を，人々はどのようにみているのであろうか．このことを，「家族は昔と比べて，高齢者に対する介護を進んで行わなくなった」という意見に対する回答から確認することとしたい（表2-1）．

その結果，「そう思う」，すなわち家族による介護の衰退を意識している者は全体の25.6％，「どちらかというとそう思う」者は40.3％であった（家族介護衰退層65.9％）．一方，「どちらかといえばそう思わない」（19.1％），「そう思わない」（14.8％）といった家族介護維持層は33.9％となり，家族介護が衰

表 2-1 属性と家族介護の衰退感との関連

		そう思う	どちらかといえばそう思う	どちらかといえばそう思わない	そう思わない	無回答
全体		25.6	40.3	19.1	14.8	0.2
性別	男性	27.6	41.2	17.3	13.8	0.1
**	女性	23.8	39.5	20.7	15.7	0.2
世帯内高齢者	いる	25.9	40.6	17.1	16.1	0.3
**	いない	25.4	40.2	20.7	13.6	0.1
高齢者介護体験	現在している	29.8	34.6	18.4	16.8	0.3
**	過去にある	28.0	41.0	15.3	15.4	0.1
	ない	24.0	40.8	20.8	14.3	0.2
学歴	義務教育	30.9	38.8	13.7	16.3	0.3
**	高校	24.9	41.1	19.8	14.2	0.1
	短大・高専	22.5	37.4	24.1	15.8	0.2
	大学・大学院	22.9	44.9	19.7	12.5	—
世帯年収	-300万円位	32.1	37.8	15.3	14.9	—
**	400-500万円位	27.2	41.9	18.5	12.2	0.3
	600-700万円位	24.4	38.6	22.5	14.6	—
	800-900万円位	26.9	40.6	19.2	13.1	0.2
	1000万円以上	22.3	47.7	16.3	13.8	—
都市規模	13大都市	24.4	41.0	21.5	13.0	0.1
	人口20万以上の市	24.3	40.2	20.9	14.6	0.1
	人口10万以上の市	27.0	41.7	17.9	12.9	0.4
	人口10万未満の市	25.7	37.7	19.4	16.9	0.3
	町村	27.2	41.4	15.5	15.8	0.1

注：**$p<0.01$．端数処理のため合計に誤差がある．

退しているという捉え方が6割を超え優位を占めていることがわかる．

各属性とのクロス集計結果を，強く衰退を意識する回答（「そう思う」）に注目してみると，性別では男性の割合が高く，高齢者介護体験を持つ者の方が高い割合となっている．さらに，学歴，世帯年収という社会階層変数との関連では，義務教育，300万円位以下といったより低い階層で高い割合となっている．

さらに年齢10歳区分でみると（図2-2），家族介護衰退層の割合は20歳代から60歳代にかけて増加し，それ以上の年齢階層では再びその割合が減少する．実際に介護を受ける可能性の高い80歳以上では，家族介護衰退層の割合が他の年齢層よりも低くなっており，高齢者に対する介護提供側と考えられる50-60歳代で，家族介護衰退層の割合が高くなっている．

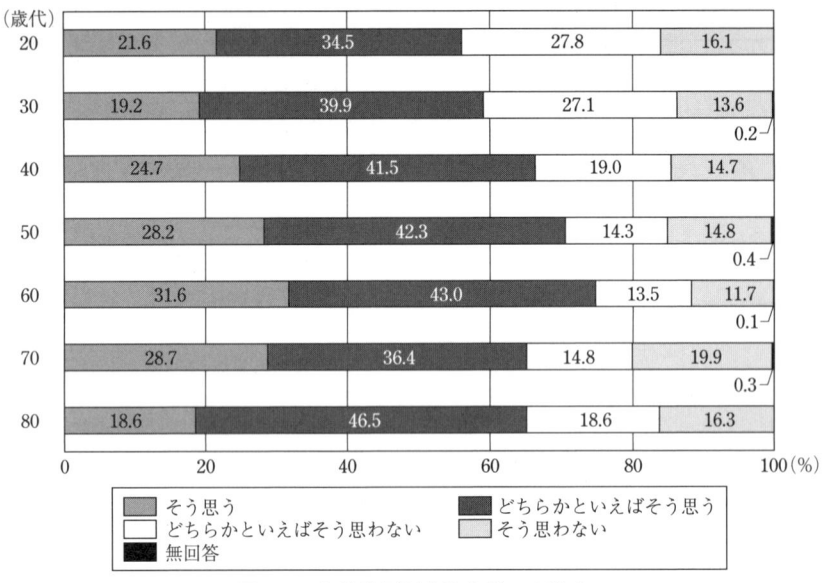

図 2-2　年齢階層別家族介護の衰退感

(歳代)	そう思う	どちらかといえばそう思う	どちらかといえばそう思わない	そう思わない	無回答
20	21.6	34.5	27.8	16.1	
30	19.2	39.9	27.1	13.6	0.2
40	24.7	41.5	19.0	14.7	
50	28.2	42.3	14.3	14.8	0.4
60	31.6	43.0	13.5	11.7	0.1
70	28.7	36.4	14.8	19.9	0.3
80	18.6	46.5	18.6	16.3	

　こうした傾向は，家族による介護を今後期待できると考えている人々の方が，そうではない人々よりも衰退感を意識することからもたらされたものかもしれない[3]．50-60歳代は，親の介護問題が浮上する世代であるが，この世代はかつて高齢者介護が家族介護中心であった時期を青壮年期に経験し，先に述べたように実際に親の介護を行っている場合も多い．しかし，家族の小規模化などによって自らが担う家族内扶養の条件は弱体化しつつあり，介護負担が増大し充分な家族介護を提供し得ないこと，さらに自分達自身は子世代からの介護を期待できないと感じていることなどから，家族内での介護の衰退を意識しているとも考えられる．

　そこで家族による高齢者介護の衰退感を被説明変数とする重回帰分析を試みた（**表2-2**）．説明変数として，性別，年齢，高齢者同居，高齢者介護経験，学歴，世帯収入，都市規模を用い，加えて再分配に対する意識との関連をみるために再分配の規模（低負担志向・高福祉志向），再分配の回路（民間志向・公共志向），老親扶養義務感を用いることとした[4]．

表 2-2　家族介護の衰退感に関する重回帰分析

	標準偏回帰係数
性　別	0.054**
年　齢	0.090**
高齢者同居	−0.040
介護経験	0.024
学　歴	−0.019
世帯収入	0.005
都市規模	−0.018
再分配の規模（低負担・高福祉）	−0.036*
再分配の回路（民間・公共）	0.018
老親扶養義務感	0.007
決定係数	0.115

注：** $p<0.01$, * $p<0.05$.

　結果をみると，決定係数が小さく説明力はきわめて弱いが，家族介護の衰退感に有意な影響を示したのは性別，年齢，再分配の規模であった．家族が高齢者介護を以前と比較してあまり行わなくなったと感じている人々は，男性で年齢が高く，再分配の規模について低負担を志向しているといえそうである．しかし，実際に介護を行った経験があるかどうか，年老いた親は子どもが面倒をみるべきだと思うか否かといった老親扶養義務感は，家族介護の衰退感に有意な影響を与えていない．

　低負担志向という再分配の規模についての意識によって，家族による高齢者介護の衰退感は影響を受けてはいるが，老親扶養義務感という介護に関する直接的な意識や介護経験といった行動ではなく，性別や年齢などの属性要因によって判断が異なっていることがわかる．このことは，性別，年齢といった構造的な状況のなかで人々が介護衰退感に対する判断を行っており，依然として男女間に認められる不平等状況によって判断が影響を受けていることをうかがわせている．

　以上，家族内扶養を担い得る基礎的条件が，家族の小規模化などによって揺らぎつつあること，また，多くの人々が以前と比較して家族が高齢者介護を担わなくなったと認めていることなどを示した．こうしたなかで，増大する介護ニーズに応えるためには，介護の社会化を円滑に実現する必要がある．以下ではそのための条件を介護サービスに対する抵抗感の実態から確認しておきたい．

3. 高齢者介護サービスに対する意識

(1) 介護サービス利用の抵抗感

　介護サービスには一般的に次のような特徴がある．まず利用者側からみると，利用者の身体機能や判断能力が充分ではない場合が多く，また個人差が大きいためにサービスの個別性が高いこと，そのためサービスの質や効果を明確に評価しにくいこと，措置制度下でサービスが提供されてきた結果，利用者が費用負担に馴染んでいないこと，利用にあたっての抵抗感が存在することなどである．さらに，サービス供給側からみても，対人サービスであるために効率化が容易ではないこと，サービスの担い手の資質向上が不可欠であることなどが挙げられる．

　なかでも介護サービスに認められる特有の特徴として，利用者のおぼえる抵抗感の存在がある．ホームヘルパーなどの外部のサービス供給者が高齢者の生活の場に入ることにともなうプライバシーの侵害への嫌悪感などが経験的にも知られており，老人ホームなどの施設入所に対する忌避感についての研究も行われてきた．

　それは，福祉施設と家族のどちらからの介護を希望するかを東京都在住の一方が70歳を超える夫婦世帯に対して確認したもので，夫の33％，妻の41％が福祉施設に「絶対に入りたくない」と回答ている．このことは，施設入所に対する抵抗感が存在し，とくに妻（女性）に抵抗感が大きいことを示している．さらに，子どもに頼れると考える者の方が施設入所に抵抗を示し，とりわけ夫にその傾向が強くなっていることも指摘されている（直井，2001：181-182）．

　このように大都市地域居住の高齢者の施設入所型サービスに対する抵抗感の実態が明らかにされる一方で，抵抗感は農村地域でより強く残存すること，すなわち農村地域ではサービス利用に対する抵抗感が依然として強く（光岡，1996），農村高齢者は自宅で同居している子どもからの介護を期待しており，これが実現できない場合にはじめて特別養護老人ホームなどの施設入所型サービスが選択されるという指摘もある（相川，2000）．また，過疎農村における在宅サービスと施設入所型サービスに対する抵抗感が家族形態との関連から比較され，在宅サービスよりも施設入所型サービスに対する抵抗感の方が強く，

さらに1人暮らしよりも多世代同居の高齢者に抵抗感が強く認められることが明らかにされている．家族形態との関連でいえば，1人暮らし高齢者はサービスを利用しなければ生活維持が困難となるために，仮に抵抗感があったとしても利用せざるを得ず，結果として抵抗感がないと回答する傾向があるのに対して，多世代同居では1人暮らし世帯と比較して家族内扶養が可能であるだけに，同居家族の意向が利用を抑制する方向に働き，高齢者自身の抵抗感と家族に対する遠慮，さらに家族がもつ忌避感とが複合された状況にあるとされている（高野，2003）．

これらの先行研究によれば，介護サービスに対する抵抗感は一定程度存在すると考えられるが，いずれも限定された地域調査によるものであり，高齢層を対象とするものであった．そこで，在宅福祉サービスと施設入所型サービスとに区分したうえで，高齢層だけではなく青壮年層の抵抗感も含めて確認することとし，在宅サービスに対する抵抗感を「ホームヘルプなどの在宅福祉サービスを利用することは世間体の悪いことだ」，施設入所型サービスに対する抵抗感を「特別養護老人ホームなどの社会福祉施設に入ることは世間体の悪いことだ」といった設問から把握した．世間体の有無を問うことによって，回答者個人の直接的な抵抗感ではなく，高齢者と家族との関係のなかから形成される対人関係性に基づいた抵抗感の把握を意図した．

結果をみると，全体で在宅サービスに抵抗感をおぼえる者は，わずか4.8%（「そう思う」者と「どちらかというとそう思う」者との合計）に留まった．抵抗感をおぼえない者は8割（78.8%）に迫り，大半の人々が抵抗感を持ってはいないことが明らかとなった．また，施設入所型サービスについてもほぼ同様の傾向にあったが，在宅サービスに対する抵抗感よりもわずかに高く，抵抗感をおぼえる者は6.8%であった．

さらに，介護サービスを利用する可能性の高い高齢層（65歳以上）と青壮年層（65歳未満）との間で比較したところ（図2-3，図2-4），もちろん大多数は抵抗感がないと回答しているのであるが，在宅サービス，施設入所型サービスともに，抵抗感をおぼえる者の割合は高齢層の方が若干大きくなった．また，「そう思わない」として抵抗感を強く否定する者の割合は，高齢層で減少していることもわかる．また，在宅サービスよりも施設入所型サービス利用に

```
65歳未満  14.7    81.2
         2.9              0.1
         1.1

65歳以上  5.1  22.9    69.2
              2.5              0.4
         0   10  20  30  40  50  60  70  80  90  100(%)
```

　　そう思う　　　　　　　　　　どちらかといえばそう思う
　　どちらかといえばそう思わない　そう思わない
　　無回答

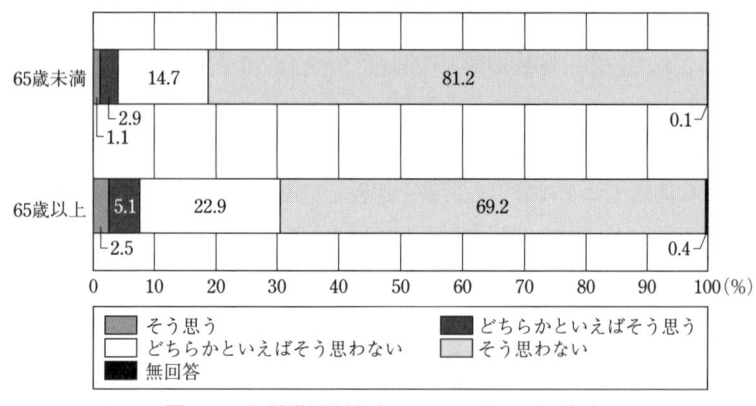

図 2-3　年齢階層別在宅サービス利用の抵抗感

```
65歳未満  4.9  17.3      76.4
              1.3              0.1

65歳以上  6.3  22.7    67.8
              2.7              0.5
         0   10  20  30  40  50  60  70  80  90  100(%)
```

　　そう思う　　　　　　　　　　どちらかといえばそう思う
　　どちらかといえばそう思わない　そう思わない
　　無回答

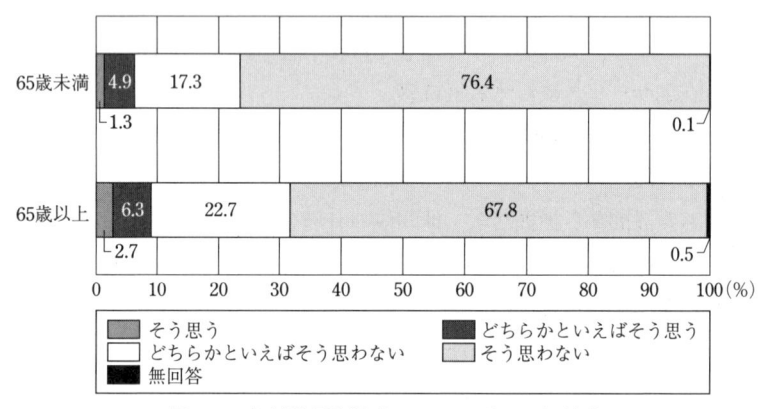

図 2-4　年齢階層別施設サービス利用の抵抗感

抵抗感をおぼえる者の割合がわずかながら大きい．

　高齢層で抵抗感が高いことについては，介護サービスの利用を開始する際に誰の意志が強く反映されるかによって，その意味が異なってくる．青壮年層での抵抗感が消失し，福祉サービス利用が受け入れられる傾向にあるとしても，介護の一方の当事者である高齢者が福祉サービスの利用を拒めば，介護サービスの利用をともなった，家族による介護が円滑に行われる条件が阻害される可能性がある．介護サービス利用を誰が判断すべきと思われているかをめぐってのこうした問題は次節で検討することとしたい．

　以上から，介護サービス利用の抵抗感が，大多数の人々にとって意識されて

はいないことがわかった．地域差はあるとしても，抵抗感を感じる者は少なく，この結果をみる限りでは介護の社会化を阻む要因は解消されているとも考えられる．しかし，「どちらかといえばそう思わない」という消極的な抵抗感とも考えられる回答まで含めると，在宅サービス，施設入所型サービスともに高齢層の3割程度に達することには注意しておいてもよいであろう．

　こうした抵抗感の軽減は，要介護高齢者の増加にともなう介護経験を有する人々の増加によって，必然的に介護サービスの可視化が促され，人々が介護サービスと接触する機会が増大することによって促進された可能性がある．また，介護サービスの可視化は，現在のところ介護サービスを利用していない人々に対しても，将来的な介護サービス利用を自覚させ，介護をいかに行うかについて事前の検討を促すであろう．

　しかし，例えば公的介護保険制度導入時に全国の市町村で実施された介護保険事業計画策定のための介護サービスニーズに関する調査結果では，各種の介護サービスに対して，利用したい，またはしたくないといった明確な判断ではなく，「分からない」として様子をみる，あるいは判断できない状況にある判断保留層が少なくない割合で認められた．多くの人々がいわば消極的な抵抗感の表明ともとれる「分からない」とした要因として，判断を下すための材料に乏しかったことが指摘されている．高齢者あるいは家族は，自立した状態から要介護状態に移行する介護準備期で介護サービスを利用するかどうかを決定し，サービス利用経験のない状態から利用に踏み切る決断を行うが，これら一連の過程を円滑に進めるためには，介護サービスの具体的な内容や効果についての情報が，各段階で適切に提供されることが必要である．さらにいえば，得られた情報をもとに高齢者の状態に応じた適切な判断が下されているかどうかも問われなければならない．それでは，介護サービス利用にあたっての判断は誰が行うべきだと考えられているのであろうか．以下では，この点について検討することとしたい．

(2) 介護サービス利用判断の自立と依存

　介護サービス利用に踏み出すにあたって誰の判断がもっとも重視されるべきなのかといった問いは，青壮年層の多くにとっては問題とはなりにくい．彼ら

は自身の選好に基づくサービス利用の判断を支持すると思われるからである。しかし，要介護状態に移行しつつある高齢者にとって，自身の判断が必ずしも保証されるとは限らない。家族が高齢者以外の家族内だけで，あるいは専門家の意見を求めながらサービス利用の判断を下すことは決して稀なことではないのである。

そこで，介護サービス利用判断を誰が行うことが望ましいと考えられているかを，「高齢者に対する施設や在宅での介護サービス利用については，最終的にだれが決めるべきだと思いますか」という設問によって確認する。選択肢は，「家族・親せきや親しい友人」「高齢者自身」「介護サービスを提供する人や機関」「医師などの専門家」などからの択一回答である。高齢者自身からみた場合，介護サービスの利用判断を自ら決定することを自立的判断志向[5]とするならば，高齢者自身ではなく，むしろ家族や親族，親しい友人などの判断に委ねる立場は依存的判断志向と便宜的に呼ぶことができよう。さらに，医師をはじめとする医療従事者や，介護サービス供給者，機関などといった専門職の判断を重視する立場は専門的判断志向と考えておきたい。

単純集計結果をみると，最も大きな支持を集めたのは「家族・親せきや親しい友人」(42.0%)および「高齢者自身」(40.1%)であった。これに対して，「医師などの専門家」(6.8%)，「介護サービスを提供する人や機関」(3.6%)などはごくわずかな割合にとどまった[6]。依存的判断志向と自立的判断志向がそれぞれ4割近い高い水準で拮抗しており，一方で，専門的判断志向は，きわめて低い割合にとどまっている。

先にも述べたように，高齢者が介護サービス利用を決断する過程には次のような特徴が認められる[7]。まず，介護サービス利用の判断は，要介護状態になってはじめて行われる場合が一般的であり，高齢者や家族が事前に将来に備えてサービスの情報を収集し，積極的に準備を図る例は依然として稀である[8]。そして，実際に要介護状態に移行した場合，当事者である高齢者自身が介護サービス利用の判断を下すことは困難な場合が多く，家族の判断に委ねられる場合も多くなる。

また，介護サービスを提供する専門職の判断に対する支持は低いが，これは介護サービス利用が，専門家による意見をふまえて最終的に高齢者自身や家族

などによって判断されていると考えれば，不自然ではないかもしれない．しかし，専門家の判断が利用者に適切に伝えられているかどうかについては改善すべき課題が多い．公的介護保険制度における介護支援専門員や，社会福祉士などによって福祉専門職の存在は認知されつつあり，情報伝達機能を果たすことが期待されてはいるが，自立的な判断が容易ではない認知症の高齢者を例にあげるまでもなく，情報をもっとも必要としている人々への情報提供やそのための手段，方法の整備は今後とも大きな課題となる．

　各属性とのクロス集計結果からは，次のような関連が認められた（**表 2-3**）．まず，性別による差異は大きなものではなかった．年齢10歳区分でみると，20歳代で依存的判断志向が相対的に少なく自立的判断志向が多くなり，依存的判断志向の割合は50歳代にいたるまで緩やかに増加しており，それより上の年齢区分で低くなる結果となった．一方，自立的判断志向は50歳代で落ち込みが認められる．

　また，身近な高齢者の存在や介護体験の有無との関連をみると，まず世帯内高齢者が「いる」，すなわち同居している場合，依存的判断志向の割合が高くなり，自立的判断志向が低くなった．また，高齢者介護を「現在している」場合も同様に依存的判断志向が高くなり，自立的判断志向が低くなる結果となった．

　さらに階層的要因との関連を，まず学歴についてみると，依存的判断志向は学歴間で大きな差はあまり認められないが，自立的判断志向は高学歴ほど割合が高くなる．一方，学歴とは異なり，世帯年収との関連は有意な差は認められなかった．一般的に，町村部では都市地域と比較して家族内扶養規範が濃厚であり，介護に関して家族の判断が影響を及ぼす程度が大きいと考えられているが，人口規模に基づく都市規模による差異は認められなかった．また，家族構成との関連を，拡大家族とそれ以外でみると，拡大家族のなかで生活している人々の方が，それ以外の場合よりも依存的判断志向が高い割合を占めていることがわかる．

　以上をふまえて，性別といくつかの属性要因との3重クロス集計結果をみると（**表 2-4**），年齢階層別では男性の依存的判断志向は50歳代（50.7％）を境として，それよりも低年齢層では女性よりも低く，80歳代を除く高年齢層で

表 2-3 属性と介護サービス利用の判断者との関連

		家族・親せきや親しい友人	高齢者自身	介護サービスを提供する人や機関	医師などの専門家	その他	わからない
全体		42.0	40.1	3.6	6.8	2.0	5.5
性別	男性	41.8	39.4	4.4	8.8	1.5	4.2
**	女性	42.1	40.8	2.9	5.0	2.5	6.6
年齢10歳区分	20歳代	32.4	49.8	2.8	5.9	2.7	6.4
**	30歳代	42.9	40.9	1.9	6.0	1.4	6.9
	40歳代	43.1	38.6	2.9	7.3	2.8	5.2
	50歳代	49.0	33.9	4.4	6.5	1.9	4.3
	60歳代	40.2	42.0	4.2	7.0	1.3	5.2
	70歳代	36.9	40.3	6.3	8.8	1.4	6.3
	80歳代	43.9	38.8	5.1	8.2	2.0	2.0
家族構成	拡大家族	48.8	33.1	3.7	6.8	2.1	5.5
**	非拡大家族	39.2	42.9	3.6	6.8	1.9	5.6
世帯内高齢者	いる	44.0	37.8	4.2	7.3	1.9	4.9
**	いない	40.4	42.0	3.2	6.5	2.1	5.9
高齢者介護体験	現在している	49.5	35.9	4.1	2.9	3.8	3.8
**	過去にある	44.3	38.5	3.0	7.3	2.5	4.5
	ない	40.0	41.4	3.9	7.1	1.5	6.1
学歴	義務教育	41.3	35.7	6.4	8.5	0.9	7.3
**	高校	43.7	39.8	3.3	6.3	1.9	5.1
	短大・高専	41.7	41.7	2.5	5.1	3.6	5.3
	大学・大学院	39.2	46.0	1.9	7.6	2.2	3.2
世帯年収	-300万円位	37.8	43.4	4.1	8.1	1.3	5.3
	400-500万円位	43.1	40.3	3.8	6.3	1.7	4.8
	600-700万円位	43.2	41.2	3.0	6.0	1.2	5.4
	800-900万円位	44.6	38.7	3.4	6.7	2.5	4.2
	1000万円-	45.5	40.7	4.3	5.4	2.1	1.9
都市規模	13大都市	43.8	40.0	2.1	6.5	2.5	5.0
	人口20万以上	40.1	41.3	4.5	7.1	2.2	4.9
	人口10万以上	41.0	41.4	1.8	8.0	2.6	5.4
	人口10万未満	44.7	37.7	4.4	6.3	1.4	5.4
	町村	40.7	40.3	4.4	6.6	1.4	6.5

注：** $p<0.01$．端数処理のため合計に誤差がある．

は女性よりも高くなる．一方，自立的判断志向は，男女とも20歳代で高く，50歳代がもっとも低くなっている．専門的判断志向のなかでも，医師などの専門家の判断を重視するものは，80歳代での逆転を除いて，男性の方が各年齢層において女性よりもわずかに多いことがわかる．介護サービス提供者の判断を重視する立場は，他の年齢層と比較して80歳代男性でやや高い割合を占

表2-4 属性と介護サービス利用の判断者との関連（性別）

		家族・親せきや親しい友人	高齢者自身	介護サービスを提供する人や機関	医師などの専門家	その他	わからない
年齢10歳区分							
20歳代	男性	30.5	51.5	2.7	6.9	2.7	5.7
	女性	34.2	48.1	3.0	4.9	2.6	7.1
30歳代	男性	40.9	40.9	1.9	9.7	0.7	5.9
	女性	44.4	40.8	1.9	3.3	1.9	7.7
40歳代	男性	41.2	39.6	4.3	9.3	1.5	4.0
	女性	44.9	37.6	1.6	5.4	4.0	6.4
50歳代	男性	50.7	31.7	4.9	7.4	1.6	3.7
	女性	47.5	35.9	3.9	5.7	2.2	4.8
60歳代	男性	42.2	39.8	4.9	9.6	0.3	3.2
	女性	38.1	44.3	3.4	4.3	2.5	7.4
70歳代	男性	38.1	36.3	7.7	11.9	2.4	3.6
	女性	35.9	44.0	4.9	6.0	0.5	8.7
80歳代	男性	43.6	38.5	10.3	5.1	2.6	0.0
	女性	44.1	39.0	1.7	10.2	1.7	3.4
高齢者介護体験							
現在している	男性	58.9	26.8	6.3	4.5	1.8	1.8
	女性	44.3	40.9	3.0	2.0	4.9	4.9
過去にある	男性	44.2	38.5	3.4	8.4	2.4	3.1
	女性	44.3	38.5	2.7	6.6	2.6	5.3
ない	男性	39.7	40.7	4.6	9.3	1.2	4.7
	女性	40.5	42.2	3.0	4.7	1.9	7.7
学歴							
義務教育	男性	38.7	37.4	7.5	11.3	0.9	4.2
	女性	43.7	34.1	5.4	5.8	0.8	10.2
高校	男性	44.0	37.3	4.3	8.2	1.7	4.5
	女性	43.4	41.9	2.4	4.7	2.0	5.6
短大・高専	男性	44.0	40.0	2.7	6.7	2.7	4.0
	女性	40.9	42.4	2.5	4.5	4.0	5.7
大学・大学院	男性	40.7	44.4	2.2	8.2	1.1	3.3
	女性	35.5	49.7	1.1	6.0	4.9	2.7

めており，総じて男性の割合が高くなっている．実際に介護サービスを必要とする可能性が高い高年齢層の女性が，サービス提供者の判断をあまり重視していないようである．学歴についてみると，女性は高学歴ほど自立的判断志向の割合が高くなることがわかる．こうした傾向は男性にも認められるが，女性ほど顕著ではない．

さらに，介護体験との関連をみると，介護体験による差異はもっぱら男性にもたらされている．実際には介護は女性によって担われている場合が多いにもかかわらず，女性では介護体験の有無による差はほとんど認められず，自立的判断志向と依存的判断志向がどちらも4割程度存在するのに対して，男性では「現在している」ものの依存的判断志向は高く（58.9％），逆に自立的判断志向は低くなる（26.8％）．介護体験を持つ男性が，高齢者に対して抱く保護的意識の反映であるのか，あるいは介護体験を通して高齢者自身と家族との関係がより親密となったことに由来するのかは判断できないが，パターナリズム的な意識の反映であることを推測させる．

　このような性別による相違は，高齢者介護に認められる性別役割分業に起因するものであろう．家族介護は，家族という私的領域において女性に不平等に配分された無償労働であることをジェンダー研究は指摘しているが，この点に関連して，大都市圏の要介護高齢者は，彼らが必要とするサポートを，夫婦間のインフォーマルサポートに強く依存しており，行政，社協などによるフォーマルサポートの利用が少ないこと，高齢配偶者が自らひとりで配偶者の介護を担うことは困難であるにもかかわらず，実際に介護が必要になってはじめてフォーマルサポートの利用が検討されることなどが明らかにされている（直井，2001）．さらに，フォーマルサポート利用に抵抗感をもたらす家意識は衰退しつつあるが，その衰退の影響が妻に対してはフォーマルサポートの利用といった介護の社会化の受容を促し，夫に対しては性別役割意識の解消を通じて妻の介護を行う方向に働いているという．しかし，家族介護の担い手の変化は，男性介護者の増大の方向ではなく，女性内部での担い手の変化にとどまっている．かつて介護の中心であった息子の妻＝嫁の負担が軽くなり，妻と娘の負担が増大しているのである（春日，2001）．

　介護経験を有する男性に依存的判断志向を支持する割合が大きかったことは，実際の介護行為を通じて，介護サービスの利用判断についての意識が影響を受けることを示唆している．しかし男性に認められるその変化は，高齢者の判断を重視する自立的判断志向ではなく，家族判断に重きを置く依存的判断志向の増加であった．

　介護を経験した場合，その負担が大きければ，いかに高齢者自身がサービス

利用を躊躇し，抵抗感を示したとしても，家族介護で対応し得ないのであるから，高齢者自身ではなく，介護を担う家族の判断によってサービス利用が促されるであろう．介護経験を有する男性で依存的判断志向が優位を占めていることは，高齢者の意見で介護サービスを受けないことによる家族の負担増に対する危機感に起因すると考えられる．性別役割分業社会において仕事役割を持ってきた男性が，役割義務として介護を担うのではなく自己の選択意志で介護役割を選択してきたのだとすれば（春日，2001：22），役割義務として介護を担ってきた女性と比較して，自らが担う介護負担の大きさに敏感になると考えられる．その結果，介護経験の有無によって判断に大きな相違が認められなかった女性と比較して，介護負担を回避するためのサービス利用につながる依存的判断志向が支持されたとの解釈も可能であろう．

このように考えれば，サービス利用の判断にあたって高齢者の自立的判断が尊重されるためには，介護サービスの充実というセーフティネットの整備，すなわち構造的な対応があってはじめて，高齢者自身の自己決定に基づき，家族による介護との連携が図られた自立が実現できると考えられる．このような指摘は決して目新しいものではないが，介護の社会化が必要であればこそ，こうした課題があらためて問われているといえよう．

いずれにせよ，介護労働が女性によって担われている状態を，性別に関わりなく担われる方向へ変化させること，すなわち家族介護を規定していた家族内扶養規範，ジェンダー関係を弱体化し，変化させることが必要である．そのためには，意識面における平等化を図ることと同時に，構造的な対応も必要である．

4. 高齢者介護意識の現状と課題

本章では介護サービス利用に関する意識の実態を記述してきた．本章で得られた知見を簡単に整理しておきたい．

まず，家族による介護の現状認識について，家族介護がかつてと比較して衰退していると判断した人々は全体の6割程度であったが，衰退を意識する者の割合は50-60歳代で高くなっていた．次に介護サービス利用の抵抗感は，在宅

サービス，施設入所型サービスともに大きなものではなかった．介護の普遍化もあって，少なくとも意識面での介護サービス利用抑制は解消されていることが明らかとなった．

　また，介護サービス利用の最終的な判断者としては，家族判断重視の依存的判断志向と高齢者自身による自立的判断志向とが全体として4割程度の高い割合で拮抗する一方で，専門的判断志向はきわめて少なく，とりわけ介護サービス提供者に対する支持はわずかであった．介護サービスの利用が現実問題として浮上する可能性の高い高齢女性であっても，介護サービス提供者の判断はほとんど意味を持っていなかった．さらに，介護を実際に行っている男性の方が女性よりも依存的判断志向を支持する割合が高く，このことは介護における性別役割分業の影響を示唆するものであった．

　高齢者介護は家族依存的な側面を依然として濃厚に持っている．しかし，すでに指摘したように家族の小規模化などの構造的な変化によって，家族介護を支持するとしても，これを実現する条件は崩れ始めている．こうした状況は，外部の介護サービスの利用ニーズを増大させ，介護の社会化を促すことを予測させる．外部サービスを導入することとしての社会化はさらに進められる必要がある．しかし，家族という私的領域で介護者から被介護者への一方的な支援提供として展開されてきたきわめて私的な行為である介護を通じて，家族が外部へと開放される圧力にさらされているのだとすれば，介護の社会化は，高齢者やその家族に微妙な葛藤をもたらすこととなる．当事者である高齢者と家族との間で，介護サービスの利用に対する意向が異なることは，まま認められることであり，介護サービスの最終的な利用判断も自立的判断と依存的判断が拮抗していた．確かに，本章では介護サービス利用に対する強い抵抗感の存在は認められなかったが，介護の社会化は，こうした意識の差異に対応して進められなければならない．

　また，家族内扶養規範が維持されている限り，外部サービスを利用することは，家族で行うべき介護を担うことのできない家族であるという負い目を，実際に介護を担っている人々，すなわち女性に強いることとなる．したがって，介護の社会化は，単なる私的な家族領域における外部サービス利用の問題としてだけではなく，男女間に認められる不平等の解消を図ることが同時に行われ

てこそ円滑に実現されるものと思われる.

1) 本章でいう介護サービスとは，高齢者に対する在宅サービスと施設サービスとを包括的に含むものである．日本社会における公私意識を見るまでもなく，介護サービスの供給主体の属性が行政等の公的供給主体かシルバービジネス等の民間供給主体かによって，高齢者や家族の利用にあたっての態度は異なると思われるが，本章では両者を一括して検討する．
2) このことから高齢者の大多数が介護を必要としない状態にあるとして，支援対象としての高齢者像の変更の必要性が指摘されている．しかし，介護保険制度は申請主義であり，また一定の自己負担もあるために，介護サービスが必要であるにもかかわらず利用を控える実態もあることを考慮に入れる必要がある．
3) 家族による介護を望ましく思うか否かによって，衰退に対する評価は異なる．家族介護を肯定すれば衰退は好ましくないし，否定するならば好ましい状況として認知されるであろう．
4) 性別（女性＝0，男性＝1），高齢者同居（非同居＝0，同居＝1），介護経験（無＝0，有＝1）は2値の名義尺度とし，学歴（義務教育卒業＝1，高等学校卒業＝2，短期大学・高等専門学校卒業＝3，大学卒業＝4，大学院卒業＝5），世帯収入（-300万円位＝1，400-500万円位＝2，600-700万円位＝3，800-900万円位＝4，1000万円以上＝5），人口規模（町村＝0，非町村＝1）は順位尺度とした．また，再分配の規模は高福祉志向（税金や社会保険料などを引き上げても，国や自治体は社会保障を充実すべきだ）と低負担志向（社会保障の水準がよくならなくとも，国や自治体は，税金や社会保険料を引き下げるべきだ）への（低負担＝0，高福祉＝1），また，再分配の回路は公共志向（年金や医療や社会福祉サービスなどは，なるべく公共部門（国や自治体）が責任をもって供給したり運営したりすべきだ）と民間志向（年金や医療や社会福祉サービスなども，なるべく民間部門（企業や民間非営利団体など）が供給したり運営したりすべきだ）への同調傾向である（民間＝0，公共＝1）．最後に，老親扶養義務感は「子どもは，自分の幸福を犠牲にしても年老いた親の面倒をみるべきだ」（反対＝0，賛成＝1）である．
5) 社会福祉領域における自立概念は，身体的，精神的，経済的に他者に依存することなく生活すること，といったきわめて包括的で広義なものとならざるを得ない．これは身体的側面，精神的側面といった個人の生活領域の状態が独立的に存在するのではなく，相互依存的であることや，さらに，いかなる状態を自立とみなすかについても確固とした基準が設けにくいことに起因する．こうした多義的な概念であるにもかかわらず，自立概念は一連の社会福祉改革のなかで高齢者施策の目標として多用され，自立支援の重要性も指摘されてきた．政策目標としての自立の強調に対して，「『自立』を強制する文化とそれに納得できない高齢者との間で想像力が貧困化」（畠中，

2000：19-20) することが，エイジズム（辻，2000)，虐待の原因となる可能性も指摘されている．
6) 介護サービス利用の最終判断者については，高野 (2003) において分析を試みており，以下の分析には一部内容上の重複がある．
7) 山口県内の在宅介護支援センターに所属する介護支援専門員などの職員，自治体の介護保険担当者などからの聴取結果による．
8) 高齢者の介護サービスに対する姿勢には地域的な条件も影響している．例えば，過疎化の進行する集落では，他出した別居子からの手段的サポートが期待できない高齢者にとって介護サービスの利用は切実な問題である．そのため，高齢者は介護が必要な状態になる前にあらかじめデイサービスなどを利用し，予行演習としてサービス利用の経験を重ねることで，実際に要介護状態になった際に円滑に介護サービスを利用できるように試みている．

【文献】

相川良彦，2000，『農村にみる高齢者介護――在宅介護の実態と地域福祉の展開』川島書店．
藤崎宏子，1998，『高齢者・家族・社会的ネットワーク』培風館．
畠中宗一，2000，『家族臨床の社会学』世界思想社．
Hochschild, Arlie R., 1973, *The Managed Heart: Commercialization of Human Feeling*, University California Press（石川准・室伏亜希訳，2000，『管理される心』世界思想社）．
加来和典・高野和良，1999，「世帯の地域性について――『平成4年国民生活基礎調査』の再集計による」『下関市立大学論集』43(2)：53-78．
春日キスヨ，2001，『介護問題の社会学』岩波書店．
厚生労働省，2004，『国民生活基礎調査』厚生統計協会．
光岡浩二，1996，『農村家族の結婚難と高齢者問題』ミネルヴァ書房．
森岡清美，1993，『現代家族変動論』ミネルヴァ書房．
直井道子，2001，『幸福に老いるために』勁草書房．
高橋勇悦・和田修一編，2001，『生きがいの社会学――高齢社会における幸福とは何か』弘文堂．
高野和良，2002，「ボランティア活動の地域性」金子勇編『講座・社会変動8　高齢化と少子社会』ミネルヴァ書房：229-255．
高野和良，2003，「高齢者介護と福祉意識」辻正二・船津衛編著『エイジングの社会心理学』北樹出版：126-148．
東京都老人総合研究所社会福祉部門編，1996，『高齢者の家族介護と介護サービスニーズ』光生館．

辻正二,2000,『高齢者ラベリングの社会学』恒星社厚生閣.
Walker, Alan and Tony Maltby, 1997, *Ageing Europe*, Buckingham : Open University Press.

3章　住宅の所有形態と生活意識

祐成　保志

1. はじめに

　このたびの調査では，さまざまな公共政策に対する政府費用増減についてたずねた（問20）．その回答によると，住宅への支出の増加を容認する人々は17.6％であり，「文化・芸術」への支出の増加を容認する人々の14.7％に次いで少ない．また，一般的な政府責任についてたずねた問21において，「家の持てない人々に世間並みの住居を提供すること」を政府の責任と捉える人々は34.0％と，最も少ない．このように，他の公共政策と比べてとりわけ住宅政策が必要とされないのはどうしてであろうか．

　まず，住宅がそれほど生活に影響を与えない，いわば些末な財と認識されているという可能性がある．もし，住宅が比較的容易に入手できる財で，その種類を自由に選択することができ，どのような住宅に住むかが個人の好みの問題にすぎないならば，そのように考えてもよいだろう．逆に，住宅の種類が個人的な選択というよりは構造的な要因によって規定されており，住宅がそこに住む人々の生活や意識に大きな影響を与えるとすれば，その不平等を是正する政策的な調整の根拠はあるといえる．それでもなお，政府の支出が望まれていないとすれば，住宅には，政策の介入が不適切と見なされる何らかの性質があるということになる．本章ではこのような関心から，住宅という財の性質について考察したい．具体的な手順としては，住宅の種類がどのような要因によって規定されているか，さらに，住宅の種類がどのような生活意識と関連しているかを分析する．

　ここで問題にする住宅の種類とは，住宅の建て方や面積ではなく所有形態で

ある．まず，フェイスシート項目から「住居形態」（自分の持家／親の持家／借家・賃貸住宅／社宅・官舎・寮）が明らかになる．さらに「自分の持家」と答えた人に対する付問からは，住宅取得時の親・親族からの土地や資金の援助（相続を含む）の有無と援助元（主に自分の親・親族から／主に配偶者の親・親族から／自分と配偶者の両方の親・親族から／親・親族の援助は受けなかった）を知ることができる．この2つの回答を組み合わせると，「自分の持家」を親・親族から援助を受けた持家と援助を受けなかった持家に二分できる．こうして，持家か否か，および取得経緯によって，回答者の住宅が四分された．構成比は，親持家725（18.5％）／援助持家1,118（28.5％）／自力持家1,211（30.9％）／賃貸・社宅865（21.7％）となった．当初の四分類において58.8％という大きな割合を占めていた「自分の持家」がほぼ等分割されたことになる．

　本章の分析においては，もっぱらこの変数（以下，「住宅所有形態」と呼ぶ）を用いる．親・親族の援助を受けたか受けなかったか，というのは住宅取得に至る過程の多様なあり方を捉える上ではきわめて簡易な分類にすぎないが，より詳細な分析の前提となる議論のためには手ごろなものであろう．

　住宅所有と意識の関連については，1995年SSM調査データを用いた高田洋による研究がある[1]．高田は客観的階層変数としての住宅所有の階層意識への規定力が価値志向という条件によってどのように変化するのかを分析している．本章では「持家」内部での差異に着目し，階層帰属意識に限らず，多様な意識項目との関連を検討することに重点を置いた．

　以下，2節では回答者の属性や回答者が居住する地域に関する指標を用いながら住宅所有形態の規定要因を分析し，3節では，いくつかの基本的な変数とともに住宅所有形態を投入した多変量解析を通じて，住宅所有形態と諸意識変数との関連について述べる．

図3-1　年齢別の住宅所有形態

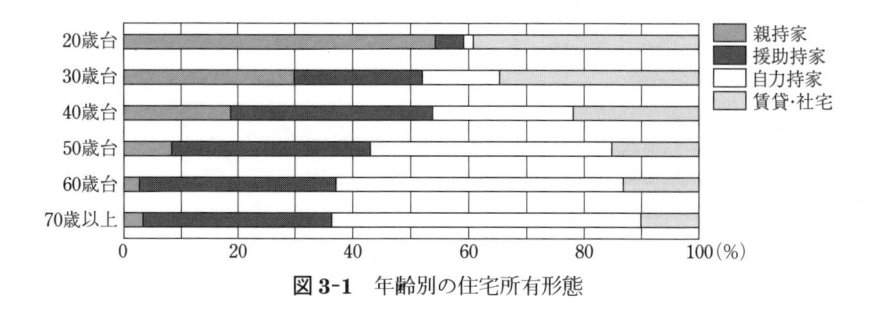

2. 住宅所有形態の規定要因

(1) 基本的属性との関連

① 年　齢

年齢が上がるにつれて，親持家と賃貸・社宅（以下「賃貸」）の割合が小さく，逆に自分の持家，とくに自力持家の割合が大きい．若いうちは親と同居，または賃貸で暮らし，中年以降に持家を取得，というパターンが想定できる．

また，居住年数では，年数が増えるごとに賃貸の割合が減り，持家の割合が高くなる．賃貸居住の流動的傾向，持家居住の定着的傾向を示しているが，自力持家は，比較的居住年数の少ない層にも多くみられる（図3-1）．

② 婚姻状態および親との同居

未婚者においては親持家が3分の2を占め，賃貸がそれに続く．自分の持家を持つ者は1割弱である．既婚者では援助持家，自力持家がそれぞれ3分の1程度を占める．性別とクロスしてもこの傾向は変わらない．一方，離別者では賃貸が圧倒的に多い．死別者においては年齢の効果もあって自力持家が多い．

性別との関連では，未婚男性が収入にあまり関係なく親持家が6-7割，賃貸・借家が2割強であるのに対して，未婚女性では高所得層で援助持家がやや多くなる．また，離別者では性別とクロスすると男女差が大きい．男女別に離死別者の状況を見ると，離別女性の約6割が賃貸に住んでいるが，離別男性のうちで賃貸に住んでいるのは約4割である．さらに付問により，未婚者における親との同居の有無，既婚者（離別・死別含む）における本人・配偶者の親との同居の有無，さらに存命でない場合の生前における同居の有無を知ることが

3章　住宅の所有形態と生活意識

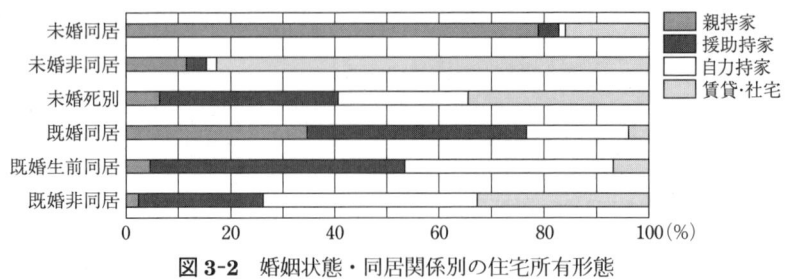

図 3-2　婚姻状態・同居関係別の住宅所有形態

できる．これらを組み合わせて簡略化し，未婚同居（未婚で親と同居している）／未婚非同居（未婚で親と同居していない）／未婚死別（未婚で親と死別した）／既婚同居（本人・配偶者いずれかの親と同居している）／既婚生前同居（現在は同居していないが生前は本人・配偶者いずれかの親と同居していた）／既婚非同居（存命だが非同居，存命でない場合でも同居経験なし）という 6 つのカテゴリーに再構成した．

　未婚者のなかでも，親と同居している人は圧倒的に親持家が多い．これに対して，未婚で親と同居していない人の大半は賃貸である．未婚で親と死別した人では持家が多い．既婚者を見ると，現に本人・配偶者の親と同居している層では，親持家が 3 分の 1 以上，援助持家が 4 割以上を占めている．この 2 つの所有形態だけで 8 割近くになる．一方，現に同居していない人では親持家の割合は極めて少ない．生前同居と完全非同居の違いに着目すると，援助持家の割合が 5 割弱／2 割強と大きく異なっている．親と同居していた場合，住宅を相続することが多いためであると考えられる．他方で，自力持家の割合はほとんど変わらず，同居経験の有無そのものは自力持家と関連が弱いことが分かる．その分，賃貸の割合が 1 割弱／3 割弱と大きく開いている．

　このように，存命している親との同居，および，存命していない親との同居経験の有無と，援助持家への居住には強い結びつきがある．子世代は，相続可能性のある住宅を持った親世代，あるいは援助してくれるだけの資力を持った親と同居する傾向がある，と考えることもできるだろう（図 3-2）．

③　収入と職業

　全体では世帯収入が増えるほど親持家と援助持家が増え，賃貸が減る傾向が見られる．自力持家は 300 万円以下の低収入層でも 3 分の 1 以上を占めるが，

図 3-3 世帯収入別の住宅所有形態（40-59歳のみ）

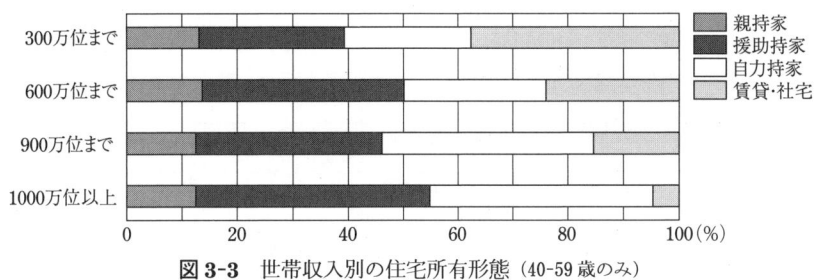

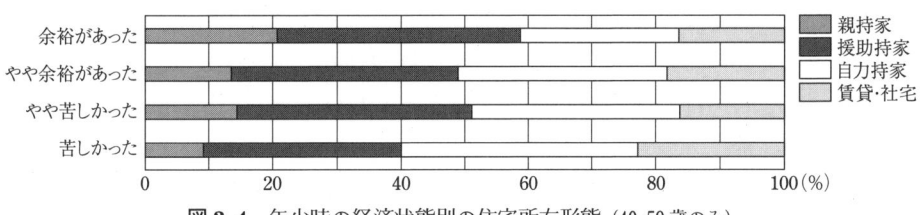

図 3-4 年少時の経済状態別の住宅所有形態（40-59歳のみ）

これは高齢者世帯に低収入層が多いためである．世帯収入には年齢が大きく影響しているので，中年層だけで集計すると，収入が上がるにつれて賃貸の割合が小さくなり，自力持家の割合が大きくなるという傾向が現れる．なお，300-600万円の層を600-900万円の層と比べると，前者では自力持家がかなり少なく，援助持家が多い．自力では取得が難しいので援助に頼るか賃貸にとどまる，といった事情が表れているのかもしれない（**図 3-3**）．

次に，本人の職業との関連では，下層ホワイトカラー（事務的職業，販売的職業，サービス的・保安的職業，運輸・通信的職業）で賃貸が多く，上層ホワイトカラー（専門的・技術的職業，管理的職業）と熟練ブルーカラーで自力持家が多い．一方，非熟練ブルーカラー（一般作業員，農林漁業）では援助持家が多く，自力持家が少ない．企業規模についてみると，1,000人以上の大企業では賃貸が多いが，これは社宅が多いためで，社宅を除いた賃貸だけでみると最も割合が小さい．また，大企業では自力持家の割合が大きい．

④ 年少時の経済状態

年少時に「苦しかった」と答えた人では，親持家と援助持家が少ない．その分賃貸の割合が大きくなるというわけではなく，自力持家が多くなる．これもまた，歴史の効果から年齢と関連の強い変数であるが，中年層（40-50代）だ

図 3-5 学歴別の住宅所有形態（40-59歳のみ）

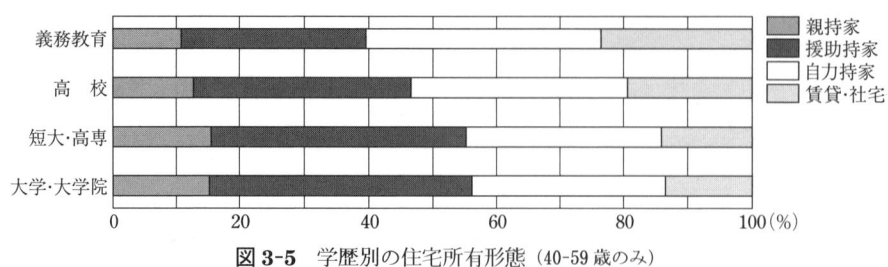

けで集計してもこの傾向は変わらない．とりわけ，「余裕があった」と答えた人と「苦しかった」と答えた人では，親持家と援助持家の割合が大きく異なり，援助持家と自力持家の割合が逆転している（図 3-4）．

⑤ 学　歴

高学歴層には親持家・援助持家が多い．これに対して，低学歴層では親持家が少なく，自力持家が多い．援助持家にはそれほど差はない．学歴構成は年齢ごとに大きく異なるが，中年層（40-50代）についてのみ集計しても，自力・援助の分布の偏りが明瞭に観察できる．低学歴層には自力持家・賃貸が多く，高学歴層では格段に援助持家が多い（図 3-5）．

このような偏りは学歴と直接に関連しているというよりは，親世代の経済状態が基本的な要因として作用していると考えられる．例えば，中年・義務教育層において自力持家と賃貸が多いという傾向は，先に見た年少時の経済状態とも対応する．つまり，親世代の資産所有や教育への支出の格差が，子世代における〈親持家・援助持家〉と〈自力持家・賃貸〉の分解と学歴の違いをもたらしている，といえるのではないだろうか．

(2) 地域特性との関連

① 三大都市圏とそれ以外

東京圏（東京・埼玉・神奈川・千葉），大阪圏（京都・大阪・兵庫・奈良），名古屋圏（愛知・三重・岐阜），三大都市圏以外の順に賃貸の割合が小さくなる．援助持家の比率には，ほぼ逆の傾向が見られる．大阪圏は他のどの地域よりも自力持家が多く，どの地域よりも親持家が少ない．東京圏と大阪圏を比べると，援助持家の割合にはほとんど差がないが，前者では賃貸，後者では自力

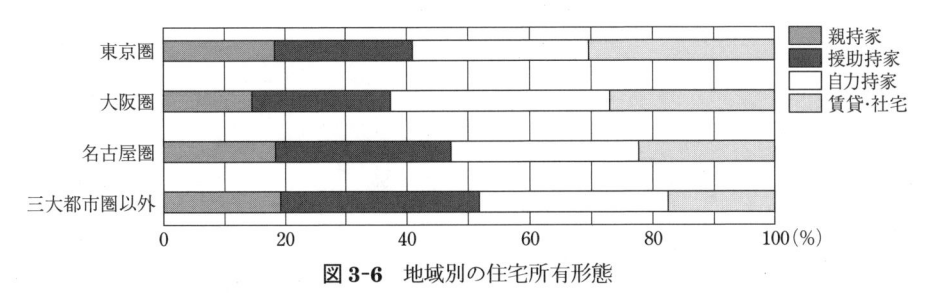

図 3-6 地域別の住宅所有形態

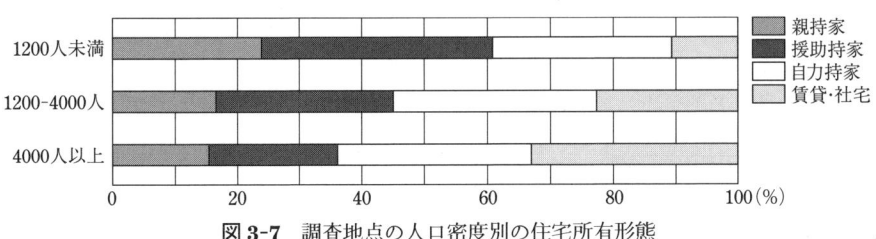

図 3-7 調査地点の人口密度別の住宅所有形態

持家の割合が大きい（図 3-6）．

② 調査地点の人口密度・地価

地域を区分する際，同じ人口規模の自治体であっても大都市の衛星都市と県庁所在地では性質が大きく異なるといった問題があり，回答者が居住する自治体の人口のみを指標とした変数では不十分である．そこで，既存の行政統計を用いて調査地点（市町村単位）の人口密度を算出し，1,200人未満／1,200-4,000人未満／4,000人以上と三分した（図 3-7）．

人口密度が高くなるにつれて賃貸の割合が大きくなり，親持家・援助持家の割合が小さい．ただし，自力持家にはそうした傾向が見られない．同様にして地価による三分類（1m²あたり70,000円未満／70,000-150,000円未満／150,000円以上）も作成したが，ほとんど同じ結果となった．人口密度や地価によって，援助持家は3分の1以上から2割程度まで変化するにもかかわらず，自力持家は3割前後を保ち，それほど影響を受けない．地域的には，親持家・援助持家は「偏在的」，自力持家は「遍在的」に分布しているといえる．

(3) 賃貸／持家，自力持家／援助持家の分化要因

ここまでのクロス表分析で得られた知見を整理する意味で，「賃貸か持家か」，

3章 住宅の所有形態と生活意識 69

表 3-1　住宅所有形態の規定要因

		持家か賃貸（社宅を除く）か（持家＝1）		自力持家か援助持家か（自力持家＝1）	
		係 数	オッズ比	係 数	オッズ比
性　別	女性＝1	−0.097	0.907	0.163	1.177
年　齢		0.066	1.068**	0.037	1.038**
婚姻と同居	未　婚		**		**
	既婚同居	1.608	4.992**	−0.315	0.729
	既婚生前同居	0.385	1.470	−0.098	0.907
	既婚非同居	−0.891	0.410**	0.949	2.583*
世帯収入		0.288	1.334**	0.024	1.025
地　域	三大都市圏＝1	−0.834	0.434**	0.316	1.372**
学　歴	義務教育		**		
	高　校	−0.007	0.993	−0.066	0.936
	短大・高専	0.663	1.941**	−0.145	0.865
	大学・大学院	0.493	1.636*	−0.444	0.641*
年少時	余　裕				**
	やや余裕	0.351	1.420	0.281	1.325
	やや苦しかった	0.309	1.362	0.183	1.201
	苦しかった	0.106	1.112	0.581	1.789*
ケース数		3,783	欠損960	2,329	欠損516
モデルの適合度（Negelkerke R^2）		0.363		0.163	

注：**は1％水準，*は5％水準で有意.

　そして，持家のなかでも「自力か援助か」の差が何によってもたらされるのかを分析するために，構造的変数を投入したロジスティック回帰分析を行った．前者については社宅を除いたケース，後者については親持家・賃貸・社宅を除いたケースを用いた（**表3-1**）．

　賃貸／持家については年齢，婚姻と同居，地域，学歴，世帯収入と有意な関連があるが，オッズ比と係数からは，既婚同居者，高学歴者では持家となる傾向が，逆に三大都市圏，既婚非同居者では賃貸となる傾向が見られた．

　自力持家／援助持家については，年齢，婚姻と同居，年少時の経済状態，学歴，居住地域で関連が見られた．オッズ比と係数に着目すると，クロス表分析からも見出すことができた傾向がより鮮明となる．すなわち，既婚で親と同居しておらず，生前も同居経験がない人，また，年少時の経済状態では苦しかったと答えた人で自力持家となる傾向がある．逆に，大学以上の高学歴者では援助持家となる傾向がある．

3. 住宅所有形態と生活意識

(1) 分析で用いた変数

この節では，住宅所有形態と生活意識の関連について分析する．前節で見たように，住宅所有形態（どのような住宅に住むか）は，さまざまな構造的変数によって異なる．このため，住宅所有形態と意識が関連しているからといって，ただちに両変数間の関係について論じることはできない．そこで，住宅所有形態を組み込んだ多変量解析を行う必要がある．ここでは，意識変数を2値に変換し，ロジスティック回帰分析を適用する．

被説明変数として用いた意識項目は，F3（健康状態），問4（福祉サービスについての考え），問5（生活困難者の割合），問6（生活困難の原因），問7（生活上のリスク），問20（政府費用増減），問21（政府責任），問22（社会保障についての意見），問23（地域間格差の是正），問27（家族観），問28（ボランティア・地域活動），問29（階層帰属意識），問30（生活満足度），問31（不公平感・生活態度），問33（厭世観）である．

まず，賃貸（社宅を除く）とそれ以外の差を見るために，以下の変数を投入した（モデルA）．性別・年齢・学歴（義務教育＝参照カテゴリ／高校／短大・高専／大学・大学院）・三大都市圏・居住年数・世帯収入・既婚と同居の有無（未婚＝参照カテゴリ／既婚同居／既婚生前同居／既婚非同居）・賃貸（社宅を除く）．続いて，賃貸の代わりに住宅所有形態（賃貸＝参照カテゴリ／親持家／援助持家／自力持家）を投入した（モデルB）．以下，住宅所有形態に関わる変数と，モデルAとモデルBのいずれかで5％水準で有意な関連を示した意識項目を検討する．

(2) 生活上のリスクに関する意識

まず，生活リスクに対応する福祉サービスについての考え方，貧困の分布と原因についての意識，自分自身の生活上のリスクについての認識との関連は以下の通りである（**表 3-2**）．

① 健康状態（F3）
厳密には意識項目ではないが，客観的な状態というよりは自己の健康状態に

表 3-2　住宅所有形態と生活意識の関連(1)

	モデルA	係数	オッズ比	モデルB	係数	オッズ比	1に変換した変数
F3　健康状態	賃貸	−0.273	0.761*	親 援助 自力	0.093 0.318 0.299	1.098 1.374* 1.349*	1（健康）・2（まあ健康）
問4　(4)施設入所は世間体悪い	賃貸	−0.660	0.517*	親 援助 自力	0.476 0.898 0.460	1.610 2.455** 1.583	1（そう思う）・2（どちらかといえばそう思う）
問5　生活に困っている人の割合	賃貸	−0.307	0.736*	親 援助 自力	0.106 0.238 0.084	1.111 1.269 1.088	1（ほとんどいない）・2（2％未満）・3（2-5％未満）
問6　生活困難の原因＝社会	賃貸	0.294	1.342*	親 援助 自力	−0.120 −0.306 −0.248	0.887 0.737* 0.781	3（不公正な社会のため）
問7　(1)生活費の工面	賃貸	0.474	1.606**	親 援助 自力	−0.327 −0.260 −0.376	0.721* 0.771 0.687**	1（あると思う）・2（あるかもしれない）・4（いまがその状態）
問7　(5)住宅ローンが払えなくなる	賃貸	0.079	1.082	親 援助 自力	−0.457 0.026 0.195	0.633* 1.026 1.215	
問7　(6)離婚による生活の困難	賃貸	0.348	1.417**	親 援助 自力	−0.272 −0.364 −0.285	0.762 0.695* 0.752	

についての認識と捉えることができることから，ここで取り上げた．年齢や収入と並んで，住宅所有形態がこの回答に影響を与えており，援助・自力持家居住者は健康であると答える傾向，賃貸居住者はその逆の傾向を示している．

② 福祉サービスについての意識（問4）

5％水準では有意ではないが，(1)公的社会保障に対する信頼感では賃貸居住者がマイナス，(2)家族による高齢者介護の後退では援助・自力持家居住者でプラスの傾向が見られた．違いがはっきりと現れたのは，(4)施設入所についての問いで，賃貸居住者は施設入所への抵抗感が弱く，援助持家居住者では強い傾向がある．

③ 生活困難者の割合（問5）・生活困難の原因（問6）

賃貸居住者では生活困難者を多く捉えない傾向がある．援助持家居住者は逆

の傾向を示している．こうした違いは生活困難の原因（第1の原因）についての認識でより明瞭になる．賃貸居住者は生活困難を社会の不公正に起因すると答える傾向，援助持家居住者には逆の傾向がある．また，自力持家居住者では生活困難の原因を個人の努力や意志と捉える傾向が見られた（オッズ比＝1.286, $p=0.056$）．

④ 生活リスク認識（問7）

賃貸居住者は生活費について悲観的である．持家居住者は全体的に差し迫った危機を捉えていないが，なかでも，自力持家居住者ではその傾向が強い．ただし，住宅ローンの項目については，自力持家居住者も楽観的とは言えない．おそらく支払う必要がないであろう親持家居住者でだけ有意な差が出ている．離婚による生活難については，賃貸居住者に不安が強く，援助持家居住者は弱い[2]．

(3) 社会保障政策に関する意識

次に，政府支出の増減についての意識，政府責任の範囲についての意識，社会保障についての対立する考え方に対する態度との関連は以下の通りである（**表3-3**）．

① 政府費用増減（問20）

賃貸居住者と持家居住者で，住宅政策についての考えは全く逆である．自力持家，援助持家，親持家の順に，費用増大に否定的になる．他の項目を見ると，賃貸居住者は保健・医療，失業手当の充実を求める傾向がある．先に見た健康状態と失業への不安と対応している．持家居住者には，住宅以外でこれといった傾向は見られないが，援助持家居住者が育児・子育て支援への費用増大に対して否定的である（オッズ比＝0.8, $p=0.073$）．

② 政府責任の有無（問21）

貧困層に対する住宅提供について，賃貸居住者で政府責任と捉える強い傾向があり，持家層ではいずれも逆の傾向がある．係数とオッズ比をみると，援助持家と自力持家において特にはなはだしい．他の項目では，親持家居住者に，育児・子育て支援を政府責任と捉える傾向がある．

表 3-3　住宅所有形態と生活意識の関連(2)

	モデルA	係数	オッズ比	モデルB	係数	オッズ比	1に変換した変数
問20　(2)政府費用：保健・医療	賃貸	0.226	1.253*	親	−0.208	0.812	
				援助	−0.199	0.819	
				自力	−0.155	0.856	
問20　(7)政府費用：失業手当	賃貸	0.324	1.382*	親	−0.070	0.932	1（大幅に増やすべき）・2（増やすべき）
				援助	−0.215	0.807	
				自力	−0.174	0.840	
問20　(10)政府費用：住宅	賃貸	0.558	1.747**	親	−0.823	0.439**	
				援助	−0.625	0.535**	
				自力	−0.448	0.639**	
問21　(9)政府責任：住宅提供	賃貸	0.796	2.217**	親	−0.560	0.571**	1（明らかにある）・2（どちらかといえばある）
				援助	−0.672	0.511**	
				自力	−0.819	0.441**	
問21　(11)政府責任：育児支援	賃貸	0.049	1.051	親	0.343	1.409*	
				援助	0.133	1.142	
				自力	−0.097	0.907	
問22　(1)増税して社会保障充実	賃貸	−0.252	0.777*	親	0.191	1.210	1（Aに近い）・2（どちらかといえばAに近い）
				援助	0.188	1.207	
				自力	0.085	1.089	
問22　(3)必要に応じて給付	賃貸	0.292	1.339**	親	−0.067	0.935	
				援助	−0.231	0.794	
				自力	−0.269	0.764*	
問22　(6)生活保護もらうべき	賃貸	0.326	1.385**	親	−0.215	0.806	
				援助	−0.188	0.829	
				自力	−0.436	0.646**	

③　社会保障についての意見（問22）

社会保障について対立する意見のどちらに賛同するかを見ると，賃貸居住者は増税による社会保障の充実には否定的で，拠出ではなく必要に応じた給付を求めている．実際，貧困層の生活保護の受給に肯定的である．これに対し，持家居住者に共通した傾向はない．そのなかでひときわ目立つのが自力持家居住者の反応である．賃貸居住者とはまったく逆に，自力持家居住者は社会保障給付の必要原則に否定的で，生活保護にも厳しい目を向けている．

(4)　日常生活に関する意識

さらに，家族関係，ボランティア・地域活動といった日常生活についての意

表3-4 住宅所有形態と生活意識の関連(3)

	モデルA	係数	オッズ比	モデルB	係数	オッズ比	1に変換した変数
問27 (5)子どもは持つべき	賃貸	−0.140	0.869	親 援助 自力	0.108 0.282 0.226	1.114 1.325* 1.253	1（賛成）・2（どちらかといえば賛成）
問28 (4)地域活動に参加	賃貸	−0.551	0.577	親 援助 自力	0.585 0.707 0.597	1.794** 2.028** 1.817**	1（あてはまる）・2（どちらかといえばあてはまる）
問29 階層帰属意識	賃貸	−0.553	0.575**	親 援助 自力	0.068 0.428 0.466	1.070 1.534** 1.593**	1（上）・2（中の上）・3（中の中）
問30 生活満足度	賃貸	−0.587	0.556**	親 援助 自力	0.307 0.427 0.462	1.359* 1.532** 1.588**	1（満足している）・2（どちらかといえば満足している）
問31 (4)高い地位や評価を得たい	賃貸	−0.195	0.822	親 援助 自力	0.064 0.261 0.246	1.066 1.299* 1.279*	1（そう思う）・2（どちらかといえばそう思う）
問33 厭世観	賃貸	0.380	1.463**	親 援助 自力	−0.222 −0.255 −0.346	0.801 0.775* 0.708**	1（よくある）・2（ときどきある）

識・態度, および生活に対する自己認識についての項目との関連は以下の通りである（**表3-4**）．

① 家族観（問27）・社会的活動（問28）・社会観（問31）

家族への意識については，賃貸居住者には目立った特色はない．持家居住者に保守的な規範に賛同する傾向が見られる．地域活動は，持家居住者ではいずれも熱心に参加する傾向がかなり強い（特に援助持家）．社会観で関連が見られたのは高い地位や評価に対する項目で，援助持家と自力持家が似た傾向を示している．賃貸には逆の傾向がある．

② 階層帰属意識（問29）・生活満足度（問30）・厭世観（問33）

賃貸居住者は，帰属階層を低く捉え，生活満足度が低く，厭世観が強いという傾向がある．援助・自力持家居住者には逆の傾向が見られる．特に，自力持家居住者では生活満足度が高く，厭世観が弱い．

4. 結 論

　本章では住宅所有形態を親持家／援助持家／自力持家／賃貸と四分した．自己所有の持家を，援助有りと援助無し（自力）に分割したところにこの分類の特色がある．住宅は，世代間で受け継がれうるストックであり，賃貸と持家の違いはもとより，同じ持家でも親族から相続や援助を受けて取得したものか否かでその社会的性質は大きく異なる．実際にその分布をみると，援助持家には親との同居，あるいは同居経験が大きく作用するが，自力持家にはあまり影響を与えない．また，援助持家は年少時の経済状態の良好さや学歴の高さとの関連が強いが，自力持家は学歴が低い層に多い．さらに，援助持家は地域的格差が激しいのに対して，自力持家は比較的遍在的である．親持家や援助持家と比較した場合，自力持家には賃貸との共通点が多いことに注意したい．

　こうした所有形態の規定要因を念頭に置いて，住宅所有形態と諸生活意識の関連を分析すると，確かに，賃貸居住者が一貫性のある傾向をもった集団として浮かび上がってくる．すなわち，ごく簡略化していえば，彼らは社会保障への信頼が薄く，自己や社会の現状や将来に関して悲観的で，地域とのつながりが弱く，保守的な規範に対して懐疑的である．また，住宅政策をはじめとして広範囲な政府の役割の増強を求める傾向がある．その場合も，単純な負担増ではなく，分配の是正を求めている．

　持家居住者は全体において賃貸居住者と正反対の傾向を示す．生活満足度が高く，不安が小さく，住宅政策に対しては否定的である．持家のなかでの差に着目すると，親持家が独自の傾向を示しにくいのに対して，援助・自力持家は明瞭な傾向を示す．**表3-5**に示したように両者が同様の傾向となる項目も多い．つまり，帰属階層が高く，厭世観が弱い．

　援助持家居住者に特徴的なのは保守的な家族規範への親和性である．家族に対する信頼が住宅の相続や資金援助という具体的な形をとっているためか，逆に政府支出や政府責任に対しては冷ややかな態度をとる．生活困難者の存在を小さく捉え，その原因の社会的な側面を重視しない傾向がある．一方，自力持家居住者から観察することができるのは，応分原則への支持である．それは，拠出ではなく必要に応じた社会保障給付や生活保護への否定的意識に現れてい

表 3-5 関連がみられた項目

	賃貸	全持家	援・自	親のみ	援のみ	自のみ
F3　健康状態	○		○			
問4　(4)施設入所は世間体悪い	○				○	
問5　生活に困っている人の割合	○				○	
問6　生活困難者の原因＝社会	○				○	
問7　(1)生活費の工面	○	○				
問7　(5)住宅ローンが払えなくなる				○		
問7　(6)離婚による生活の困難					○	
問20　(2)政府費用：保健・医療	○					
問20　(7)政府費用：失業手当	○					
問20　(10)政府費用：住宅	○	○				
問21　(9)政府責任：住宅提供	○	○				
問21　(11)政府責任：育児・子育て支援				○		
問22　(1)増税して社会保障充実	○					
問22　(3)必要に応じて社会保障給付	○					○
問22　(6)生活保護もらうべき	○					○
問27　(5)子どもは持つべき					○	
問28　(4)地域活動に参加		○				
問29　階層帰属意識	○		○			
問30　生活満足度		○				
問31　(4)高い地位や評価を得たい			○			
問33　厭世観	○		○			

る.

　このように，意識項目のなかには，住宅所有形態との関連を示すものが少なくない．「はじめに」で述べた問題意識に立ち戻れば，各層の意識の差異は，住宅に対する利害や態度の分裂を示している．とくに重要と思われるのは，規定要因においてかなり性質の異なっている援助持家と自力持家の居住者が，意識においては近接した態度を示している点，そして，規定要因においてはある程度共通性を持っていた賃貸居住者と自力持家居住者が，意識の面では対称的な位置にあるという点である．

　リスク認識や厭世観との関連を見る限り，住宅は些末どころか生活への構えを左右するような財である．賃貸居住者にとって，住宅政策のゆくえは切実な問題である．しかし，持家居住者にとって，少なくとも現在はそうではない．注目すべきは賃貸居住者と自力持家居住者の意識における分解である．それは，持家取得の支援を基本とする戦後住宅政策[3]の1つの帰結であろう．そして，

政策の現状は，まさにこの分解それ自体によって下支えされているといえるのではないだろうか．

1) 高田（2003）参照．なお英語圏では，住宅が与える心理的・社会的影響や健康の不平等との関連についての実証的研究が盛んである．Cairney and Boyle（2004）は，住宅所有形態を細分化した上で，心理的苦悩が賃貸住宅居住者においてもっとも強く，住宅ローンのない持家居住者でもっとも弱いことを明らかにした．住宅と「存在論的安心」との関係に着目した Kearns et al. (2000) は，住まいがもつ重要な意味として，安全，自律性，地位の3つを挙げる．また Marsh et al. (2000) は，物理的条件だけではなく主観的要素も含めた住宅の質が生涯にわたって健康に与える効果を分析している．
2) 問7(6)のモデルBに関して，Hosmer と Lemeshow の適合度検定を行うと有意確率が0.012となる．モデルBについては表3-3に挙げた問22(1)においても有意確率が0.047となっており，当てはまりが悪い．その他の項目については，モデルA，Bともに有意確率は0.05を上回った．ただし，どの意識項目を見ても Negelkerke の R^2 は概ね小さく，問7(1)，問28(4)，問29でモデルA，Bともに0.1を超えたほかは，0.1未満となった．
3) 大本（1991），本間（2004）参照．

【文献】

Cairney, John and Michael H. Boyle, 2004, "Home ownership, mortgages and psychological distress," *Housing Studies*, Vol. 19, No. 2 : 161-174.

本間義人，2004，『戦後住宅政策の検証』信山社．

Kearns, Ade, Rosemary Hiscock, Anne Ellaway and Sally MaCintyre, 2000, "'Beyond Four Walls'. The Psycho-social Benefits of Home : Evidence from West Central Scotland," *Housing Studies*, Vol. 15, No. 3 : 387-410.

Marsh, Alex, David Gorden, Pauline Heslop and Christina Pantazis, 2000, "Housing Deprivation and Health : A Longitudinal Analysis," *Housing Studies*, Vol. 15, No. 3 : 411-428.

大本圭野，1991，『[証言] 日本の住宅政策』日本評論社．

高田洋，2003，「『家を持つこと』による階層意識と価値志向の関連性の変化」『人文学報』第339号，東京都立大学人文学部 : 95-113.

4章　地域格差と社会政策

平　岡　公　一

1. 課題と分析視角

　本章の分析のテーマは，農山村と大都市の間の格差是正策をさらに推進すべきかどうかという政策争点に関する意見である．

　この点は，社会政策もしくは福祉国家に対する態度に関するこれまでの研究では，あまり重視されてこなかった．この分野の研究で，平等化に対する態度を取り上げる場合も，最も多く取り上げられたのは，階層間の平等の問題であり，近年ではジェンダー平等の問題がよく取り上げられるようになったが，地域間の平等の問題は，まだあまり取り上げられていないといってよい．

　その一方で，日本では，ここ10年から20年ほどの間に，農業補助金や公共事業などが果たしている地域間格差の是正機能について，さまざまな立場から，その行き過ぎを批判する論調が強まってきている．そのような論調は，新自由主義的な観点からの福祉国家批判に結びつくことが多いが，他方では，補助金・公共事業などを通した地域間の格差是正に過剰な予算が使われていることが，社会保障・社会福祉の財源を圧迫しているという見方も成り立つのであり，そのような観点に立てば，福祉国家の再構築のためにこそ，過剰もしくは不適切な地域間の格差是正策が見直される必要があるということになる．

　本章の分析の目的は，このような状況をふまえつつ，農山村と大都市の間の格差是正策に対する政策意見の規定要因を分析するとともに，この政策意見と，経済社会政策に関する政府責任の範囲（政府の大きさ）に関する態度とがどのように関連しているのかを分析することである．

2. 分析で用いる主要な変数

この調査では,地域間の格差是正策について次のような内容・形式の質問を設けている.

> 問23. 過疎地域などの農山村の住民と大都市の住民の間で,収入や生活の水準に差が出ないように,政府は積極的な対策をとるべきだと思いますか? 次のA,B2つの意見のうち,しいて言うと,あなたはどちらの意見に賛成でしょうか?(○は1つ)
> A:地域によって収入や生活の水準に差が出ないよう,政府は,そのような対策をこれまで以上に積極的に行うべきだ
> B:地域によって収入や生活の水準にある程度の差が出るのはやむを得ないので,今後は,そのような対策を積極的に行う必要はない
> 1. Aに賛成　　　　　　2. どちらかといえばAに賛成
> 3. どちらかといえばBに賛成　4. Bに賛成

この質問に対する回答の単純集計結果をみると,政府が積極的な是正策を行うべきだとするAの意見(以下,「是正推進」と略記)に「賛成」が17.4%,「どちらかといえば賛成」が40.4%と,Aを支持する意見が過半数を占めていた.「どちらかといえばBに賛成」は35.3%,「Bに賛成」は6.4%,無回答が0.5%であった.

経済社会政策に関する政府の責任に関しては,経済社会政策の課題となりうる11の事項(政策領域)[1]について,その課題への取り組みを政府の責任とみなすかどうかを尋ねる質問を設けている.

その回答のデータに関して,主成分分析を行った.分析にあたっては,「明らかに政府の責任である」という回答に4点,「どちらかといえば政府の責任である」に3点,「どちらかといえば政府の責任でない」に2点,「明らかに政府の責任でない」に1点を与えた.

固有値をみると,1.0を上回る主成分が2つあるが,第1主成分の固有値

図4-1 政府責任スコアの分布

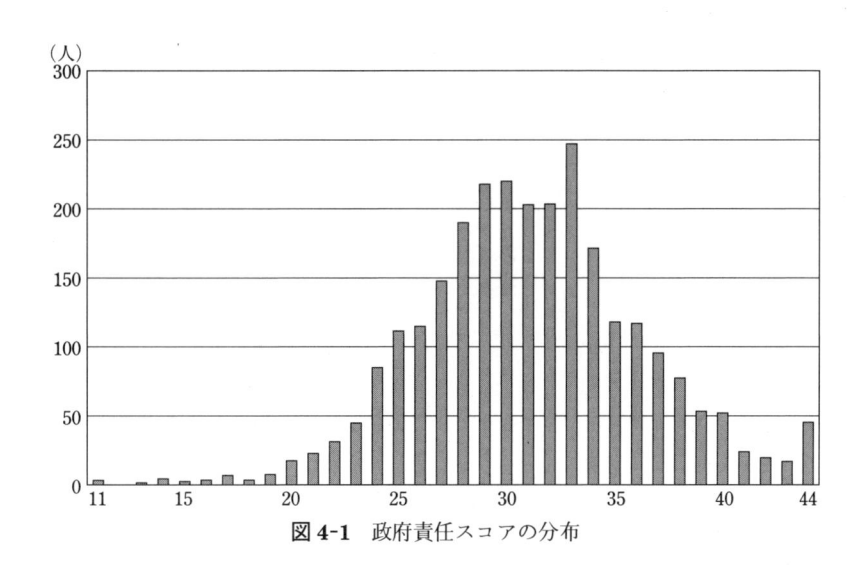

（3.798）と第2主成分の固有値（1.158）の差は大きく，第2主成分以降は，ゆるやかに固有値の値が減少している．主成分負荷量をみると，第1主成分では，「物価」が0.479,「環境」が0.337と，0.5を下回っているが，その他は，0.5-0.7の範囲の値であり，経済社会政策における政府の責任を全般的に重視するか，限定的にみるかという対立軸を示す成分であると解釈できる．これに対して第2主成分の解釈は難しい．以上の結果から，ここでは，主成分の数を1つとみなすこととし，11項目の回答を上記のように得点化した上で，単純加算して「政府責任スコア」を算出し，これを以下の分析で用いることとした．「政府責任スコア」の単純集計分布は，図4-1に示す通りであり，得点の平均は31.14,標準偏差は5.12,最小値は11,最大値は44であった（有効ケース2,673）．

3. 地域格差是正策への意見の分析(1)——属性要因等とのクロス集計結果

まず，地域格差是正策と回答者の属性に関する要因との関連についてのクロス集計結果をみておきたい．

表 4-1 市郡・人口規模別，地域別にみた地域間格差是正策に関する意見

(％，人)

	地域間格差是正策に関する意見					
	Aに賛成	どちらかといえばAに賛成	どちらかといえばBに賛成	Bに賛成	合　計[1]	(N)
市郡・人口規模						
13大都市	11.1	38.3	43.1	7.5	100.0	791
人口20万以上の市	14.9	39.6	37.4	8.1	100.0	996
人口10万以上20万未満の市	18.4	42.3	35.1	4.2	100.0	501
人口10万未満の市	23.0	38.8	32.6	5.7	100.0	771
町　村	20.9	44.1	29.3	5.7	100.0	914
地　域						
北海道	19.1	38.7	39.7	2.6	100.0	194
東　北	23.9	43.5	28.3	4.3	100.0	322
関　東	14.3	37.2	40.0	8.4	100.0	1192
北　陸	27.6	46.4	22.4	3.6	100.0	192
東　山[2]	21.4	40.1	31.9	6.6	100.0	182
東　海	15.5	39.4	40.7	4.3	100.0	393
近　畿	13.6	42.2	37.8	6.4	100.0	638
中　国	21.3	41.8	30.1	6.8	100.0	249
四　国	22.4	39.2	32.2	6.3	100.0	143
北九州	15.4	40.3	35.5	8.8	100.0	273
南九州	22.6	49.2	22.6	5.6	100.0	195
全　体	17.5	40.5	35.5	6.5	100.0	3973

注：1)　無回答のケースは除外して集計を行った．
　　2)　「東山」とは，岐阜，長野，山梨の3県を指す．

(1) 市郡・人口規模別，居住地域別のクロス集計結果

もっとも関連が強いと予想されるのは，回答者の居住地域や自治体の人口規模であるが，表4-1には，市郡・人口規模別，および地域別の集計結果を示した．クロス表の関連性の検定（カイ自乗検定）の結果は，どちらも危険率0.1％未満で有意であった．

市郡・人口規模別の集計結果をみると，予想された通り，13大都市では，「Aの意見（是正推進）に賛成」の比率がもっとも低く，人口20万以上の市→人口10万以上20万未満の市→人口10万未満の市の順で次第に，その比率が高くなっている．ただし，町村の場合，人口10万未満の市よりも「Aの意見に賛成」の比率がやや低くなっている．

「Aの意見に賛成」の比率と,「どちらかといえばAの意見に賛成」の比率を合わせたものを,「是正推進派」の比率とすると,その比率は,13大都市では,49.4％,人口20万以上の市では,54.5％,人口10万以上20万未満の市では60.7％,人口10万未満の市では61.8％,町村では65.0％であった.大都市部では,是正推進に関して賛否がほぼ半々に分かれているのに対して,町村部では,是正推進を求める意見が3分の2弱を占めているということになる.

居住地域別にみると,大都市圏の比重が高い関東,東海,近畿,北九州では,是正推進派の比率が51-56％と比較的低いのに対して,北陸や南九州では,その比率が,7割を超えている.

以上の点からみるかぎり,地域格差是正への意見に関しては,居住地域や自治体の人口規模などの地域的な要因が相当な影響を及ぼしていると考えられる.

(2) その他の属性要因とのクロス集計結果

次に,性別,年齢階層,学歴,本人の職業,世帯年収と地域格差是正策への意見との関連をみるためにクロス集計を行ったところ,クロス表の関連性の検定(カイ自乗検定)の結果は,いずれも危険率0.1％以下で有意であった(表は省略).性別・年齢との関連パタンは,必ずしも解釈が容易な結果ではないが,学歴・本人職業[2]・世帯年収との関連をみると,だいたいにおいて,社会経済的地位が低い人ほど「Aの意見に賛成」の比率,あるいは,是正推進派の比率が高くなっている.「Aの意見に賛成」の比率に関して,義務教育のみの学歴の層と大学卒業者層の間,あるいは,収入が300万円未満の層と収入が800-900万円位の層の間には,大都市居住者と町村部居住者の間の差と同じくらいの差がみられたのである(平岡,2002:17).

4. 地域格差是正策への意見の分析(2)
—— 三重クロス集計およびロジスティック回帰分析の結果

(1) 三重クロス集計の結果

前節の集計結果からみると,地域格差是正策への意見に対しては,階層的な要因が,回答者の居住地域や自治体の人口規模などの地域的な要因と同じくら

表 4-2 属性要因と地域間格差是正策に関する意見の関連
(カイ二乗検定の結果,市郡・人口規模別)

	13大都市の場合	人口10万以上の市の場合	人口10万未満市町村の場合
性別×地域間格差是正策に関する意見	n.s.	*	**
年齢階層×地域間格差是正策に関する意見	n.s.	*	**
学歴×地域間格差是正策に関する意見	n.s.	**	**
本人職業×地域間格差是正策に関する意見	*	*	n.s.
世帯収入×地域間格差是正策に関する意見	n.s.	n.s.	n.s.

注:n.s.:有意な関連なし.
 *:$p<.05$(5%水準で有意な関連あり).
 **:$p<.01$(1%水準で有意な関連あり).

い大きな影響を及ぼしているように思えるが,場合によっては,地域的な要因を統制すると階層的な要因の影響力がなくなる可能性もある.大都市と農山漁村とを比較すれば,大都市の方が,収入・学歴等の指標でみた場合の社会経済的地位の高い人々の割合が多いと考えられるからである.

そこで,地域的要因を統制した分析が必要となるが,その最初のステップとして,市郡の別・人口規模に関してサンプルを「13大都市」「(13大都市を除く)人口10万人以上の市」「人口10万人未満の市町村」に分割し,それぞれについて,性別・年齢階層・学歴・本人職業・世帯収入と地域格差是正策への意見との間でクロス集計を行った.**表 4-2** には,クロス表の関連性の検定(カイ自乗検定)の結果を示し,**表 4-3** には,有意な関連($p<.05$)がある場合のみについて,クロス集計結果そのものを示した.

表 4-2 に示されているように,13大都市では,本人職業を除くと,人口学的要因や階層的要因と地域格差是正策への意見との間に,統計的に有意な関連はみられない.性別・年齢・学歴・世帯収入のいかんを問わず,地域格差是正策に関しては,是正推進派と,「是正不要派」(「どちらかといえばBの意見に賛成」と答えたサンプルと「Bの意見に賛成」と答えたサンプルを合わせたもの)が,回答比率においてほぼ拮抗しているといってよい.ただ,**表 4-3** に示されるように,本人職業との関連でみた場合に,「Aの意見に賛成」の比率が,自営層で特に高いという結果になっている.

一方,人口10万人以上の市の場合には,性別・年齢階層・学歴・本人職業との関連,人口10万人未満の市町村の場合には,性別・年齢階層・学歴との

表 4-3　属性要因と地域間格差是正策に関する意見の関連（市郡・人口規模別）

(%, 人)

			地域間格差是正策に関する意見					
			Aに賛成	どちらかといえばAに賛成	どちらかといえばBに賛成	Bに賛成	合計	(N)
性別	人口10万以上の市の場合	男性	16.2	38.2	36.9	8.7	100.0	735
		女性	15.9	42.7	36.5	5.0	100.0	762
	人口10万未満の市町村の場合	男性	24.1	37.8	30.6	7.5	100.0	798
		女性	19.8	45.1	31.0	4.1	100.0	887
年齢階層別	人口10万以上の市の場合	20-29	13.9	43.9	32.9	9.3	100.0	237
		30-39	17.4	41.9	34.3	6.4	100.0	236
		40-49	15.6	40.3	38.2	5.9	100.0	288
		50-59	14.3	39.5	39.5	6.6	100.0	349
		60-69	16.1	39.0	37.8	7.2	100.0	249
		70-	22.5	37.7	34.8	5.1	100.0	138
	人口10万未満の市町村の場合	20-29	20.1	49.7	23.7	6.5	100.0	169
		30-39	15.9	45.0	32.7	6.4	100.0	251
		40-49	18.3	42.3	32.9	6.5	100.0	371
		50-59	22.5	36.9	33.7	7.0	100.0	374
		60-69	26.6	42.0	28.0	3.4	100.0	293
		70-	28.2	38.3	29.5	4.0	100.0	227
学歴別	人口10万以上の市の場合	義務教育程度	18.3	35.0	38.6	8.2	100.0	306
		高等学校程度	16.2	44.3	34.7	4.8	100.0	704
		短大以上	13.4	39.0	39.0	8.6	100.0	464
	人口10万未満の市町村の場合	義務教育程度	27.2	40.9	27.4	4.5	100.0	492
		高等学校程度	20.9	40.5	32.6	6.0	100.0	772
		短大以上	16.9	45.8	30.9	6.4	100.0	391
本人職業別	13大都市の場合	ホワイト上	7.4	36.2	47.9	8.5	100.0	188
		ホワイト下	10.3	39.9	42.5	7.4	100.0	351
		自営	19.8	27.4	46.2	6.6	100.0	106
		熟練	11.4	54.5	25.0	9.1	100.0	44
		非熟練	13.0	43.5	39.1	4.3	100.0	46
	人口10万以上の市の場合	ホワイト上	14.6	41.2	38.7	5.6	100.0	323
		ホワイト下	17.1	42.3	34.3	6.3	100.0	603
		自営	10.9	37.1	46.2	5.9	100.0	221
		熟練	20.6	39.2	27.8	12.4	100.0	97
		非熟練	20.4	38.3	32.7	8.6	100.0	162
全体			17.5	40.5	35.5	6.5	100.0	3973

注：無回答のケースは除外して集計を行った．
　属性と地域間格差是正策に関する意見の間に統計的に有意な関連（$p<.05$）がある場合のみについて示した．

関連が統計的に有意である（**表 4-2**）．

　表 4-3によれば，「Aの意見に賛成」の比率は，人口10万人以上の市の場合も，人口10万人未満の市町村の場合も，女性より男性のほうが高い．年齢階層別にみると，「Aの意見に賛成」の比率は70歳以上で高く，学歴別では，学歴が低いほど高いという傾向がみられる．ただし，「どちらかといえばAに賛成」の比率まで含めて検討すると，単純に，男性・高年齢層・低学歴層で是正推進派の比率が高いとはいえなくなる．地域的要因を統制すると，人口学的要因・階層的要因と地域格差是正策への意見との関連は必ずしも明確でなくなるのである．

(2) ロジスティック回帰分析の結果

　そこで，次に，地域的要因・人口学的要因・階層的要因の影響力を識別するために，ロジスティック回帰分析を行うことにした．

　この分析における従属変数は，地域格差是正策への意見に関する質問への回答をもとに作成した2値変数であり，「A（是正推進）に賛成」もしくは「どちらかといえばAに賛成」の場合に1点，「どちらかといえばBに賛成」もしくは「B（是正不要）に賛成」の場合は0点の値をとる．

　独立変数として用いたのは以下の変数である．
- 居住地域（11カテゴリー，基準カテゴリーは南九州）
- 市郡・人口規模（5カテゴリー，基準カテゴリーは町村）
- 性別（2カテゴリー，基準カテゴリーは女性）
- 年齢階層（6カテゴリー，基準カテゴリーは70歳以上）
- 学歴（3カテゴリー，基準カテゴリーは短大卒以上）
- 本人の職業（5カテゴリー，基準カテゴリーは非熟練）
- 世帯収入（5カテゴリー，基準カテゴリーは1,000万円以上）

　変数投入法としては，変数増加法を用いた（尤度比検定を用い，投入の基準は.10，除去の基準は.20とした）．

　結果は**表 4-4**に示すとおりである．モデル全体の有意性の検定結果は，表の最下段に示したとおりであり，0.1％水準で有意であった．

　上記の基準によって選択された変数（群）は，世帯収入，居住地域，市郡・

表 4-4 ロジスティック回帰分析の結果
(従属変数＝地域格差是正政策への意見)

	回帰係数	オッズ比
世帯収入		
-300 万位	0.2497*	1.2837
400-500 万位	0.1920	1.2117
600-700 万位	0.1070	1.1129
800 万-900 万位	−0.1026	0.9025
居住地域		
北海道	−0.4772	0.6205
東　北	−0.1287	0.8792
関　東	−0.5654**	0.5681
北　陸	0.2774	1.3197
東　山	−0.4034	0.6681
東　海	−0.6449**	0.5247
近　畿	−0.5443**	0.5808
中　国	−0.3227	0.7242
四　国	−0.3134	0.7310
北九州	−0.6410**	0.5268
市郡・人口規模		
13 大都市	−0.4504**	0.6373
人口 20 万以上の市	−0.3575**	0.6994
人口 10 万以上 20 万未満の市	−0.1670	0.8462
人口 10 万未満の市	−0.0781	0.9249
定　数	0.8501	
モデルχ^2	83.9130***	
	(18 df)	

注：*：$p<.05$　**：$p<.01$　***：$p<.001$．サンプル数は，2,900．

人口規模のみであった．回帰係数についてみると，世帯収入が「-300 万位」，居住地域が「関東」「東海」「近畿」「北九州」，市郡・人口規模が「13 大都市」「人口 20 万以上の市」が統計的に有意であった．5% 水準で有意な変数は，このほかにはなかった．

　この結果は，次のことを示しているとみることができる．

　・世帯収入が 300 万円位より少ないことは，(世帯収入が 1,000 万円以上の場合との比較において)「是正推進」の意見をもつようになる可能性を有意に高める要因である．

　・関東，東海，近畿，北九州に居住していることは，(南九州に居住してい

る場合との比較において)「是正不要」の意見をもつようになる可能性を有意に高める要因である．

・13大都市，もしくは人口20万以上の市に居住していることは，(町村に居住している場合との比較で)「是正不要」の意見をもつようになる可能性を有意に高める要因である．

以上の点から，地域格差是正策への意見に対しては，居住地域，市郡・人口規模という地域的な要因とともに，世帯の収入という階層的な要因が作用していることが明らかになったといってよい．これに対して，性・年齢という人口学的要因は，直接的な影響力を及ぼしているとはいえない．

5. 地域格差是正／政府責任態度パタンの分析

(1) 地域格差是正策への意見と政府責任スコアの関連

次に，地域格差是正策をさらに推進すべきかどうかという争点に対する意見と，いわゆる「大きな政府」か「小さな政府」かという政府責任の範囲（政府の大きさ）に関する争点に対する態度との関連を分析する．

まず，**表 4-5** には，地域格差是正策への意見と政府責任スコア（4カテゴリー）との間のクロス集計結果を示した．

この結果をみると，地域格差是正策への意見と政府責任スコアの間には，かなり明確な関連があることがわかる．すなわち，地域格差是正策の必要性についての意見がより否定的になればなるほど，政府責任スコアの得点が低くなるという傾向がみられるのである．政府責任スコアが28点以下の割合は，「Aに賛成」の場合は，19.1％であるが，「Bに賛成」の場合には52.7％と，その差は著しい．逆にスコアが「35点以上」の割合は，「Aに賛成」の場合は42.8％であるのに対して，「Bに賛成」の場合は18.8％でしかない．「大きな政府」を支持する人は，地域格差是正策も政府の責任であってさらに推進するのが望ましいと考える場合が多いのに対して，「小さな政府」を支持する人は，地域格差是正策のさらなる推進に否定的な傾向が強いということである．

表 4-5 地域間格差是正策に関する意見と政府責任スコアとの関連

地域間格差是正策に関する意見	政府責任スコア				合計
	-28	29-31	32-34	35-	
1 Aに賛成	92	73	110	206	481
	19.1%	15.2%	22.9%	42.8%	100.0%
2 どちらかといえばAに賛成	235	278	295	238	1046
	22.5%	26.6%	28.2%	22.8%	100.0%
3 どちらかといえばBに賛成	367	262	189	138	956
	38.4%	27.4%	19.8%	14.4%	100.0%
4 Bに賛成	98	27	26	35	186
	52.7%	14.5%	14.0%	18.8%	100.0%
全　体	792	640	620	617	2669
	29.7%	24.0%	23.2%	23.1%	100.0%

注：χ^2 検定の結果：$p<.001$.

(2) 地域格差是正／政府責任態度パタンの構成

このように地域格差是正策の意見と政府責任スコアの間には，かなり明確な関連があるのだが，その関連は完全ではなく，地域格差是正策については「是正推進派」だが，「政府責任スコア」の得点は低いという人々も決して少なくない．

そこで次に浮かんでくる問いは，地域格差是正策への意見と政府責任スコアの組み合わせが，どのような要因によって規定されるのかということである．具体的には，例えば，地域間の平等化を重視するとともに「大きな政府」を支持する人々の属性にはどのような特徴がみられるかという点である．

そこで次に，地域格差是正策への意見の回答カテゴリーと，政府責任スコアを組み合わせて「地域格差是正／政府責任態度パタン」を構成し，回答者の属性に関する要因との関連を分析することにした．

この「地域格差是正／政府責任態度パタン」は，次の4つのカテゴリーから構成される．

① 「是正不要／責任小」（「是正不要派」であって，政府責任スコアは，31点以下）
② 「是正必要／責任小」（「是正必要派」であって，政府責任スコアは，31点以下）

表 4-6 属性要因と格差是正／政府責任態度パタンとの関連　　　　(％, 人)

		格差是正／政府責任態度パタン					
		是正不要／責任小	是正必要／責任小	是正不要／責任大	是正必要／責任大	合　計	(N)
二重クロス集計結果							
性　別	男　性	29.9	27.0	14.1	29.1	100.0	1,432
	女　性	26.4	23.6	15.0	35.0	100.0	1,237
年齢階層	20-29	24.1	28.9	15.3	31.7	100.0	353
	30-39	31.1	21.8	17.5	29.5	100.0	440
	40-49	29.1	26.3	14.6	30.0	100.0	540
	50-59	32.4	24.1	11.8	31.7	100.0	618
	60-69	26.0	26.0	14.6	33.5	100.0	466
	70-	21.4	27.0	14.7	36.9	100.0	252
学　歴	義務教育程度	24.9	27.9	13.0	34.2	100.0	523
	高等学校程度	28.2	24.8	13.6	33.4	100.0	1,226
	短大以上	30.4	25.2	16.6	27.8	100.0	881
市郡・人口規模	13大都市	35.2	19.5	17.9	27.4	100.0	548
	人口20万以上の市	28.8	23.9	16.3	31.0	100.0	681
	人口10万以上20万未満の市	29.1	27.6	12.1	31.2	100.0	330
	人口10万未満の市	26.3	26.6	12.6	34.5	100.0	533
	町　村	22.4	30.3	12.5	34.8	100.0	577
本人職業	ホワイト上	31.9	23.9	14.8	29.4	100.0	636
	ホワイト下	28.2	24.5	14.8	32.4	100.0	999
	自　営	30.9	27.4	12.4	29.3	100.0	427
	熟　練	19.5	28.7	16.4	35.4	100.0	195
	非熟練	24.8	28.8	12.6	33.8	100.0	278
世帯収入	-300万円位	23.5	23.3	14.1	39.1	100.0	455
	400-500万円位	27.2	24.0	16.4	32.4	100.0	500
	600-700万円位	29.9	21.8	13.8	34.5	100.0	412
	800-900万円位	35.0	25.4	13.6	25.9	100.0	374
	1000万円以上	33.4	29.1	12.7	24.8	100.0	395

			格差是正／政府責任態度パタン					
			是正不要／責任小	是正必要／責任小	是正不要／責任大	是正必要／責任大	合計	(N)
三重クロス集計結果								
性別	人口10万以上の市の場合	男性	31.5	26.7	14.2	27.6	100.0	558
		女性	25.6	23.2	15.9	35.3	100.0	453
世帯収入	人口10万以上の市の場合	-300万円位	22.8	22.8	18.5	35.8	100.0	162
		400-500万円位	28.9	19.6	17.0	34.5	100.0	194
		600-700万円位	27.7	19.6	17.6	35.1	100.0	148
		800-900万円位	35.1	28.4	11.5	25.0	100.0	148
		1000万円以上	35.7	27.3	13.0	24.0	100.0	154
	10万未満の市町村の場合	-300万円位	19.8	28.0	8.2	44.0	100.0	207
		400-500万円位	21.1	28.2	16.7	34.0	100.0	209
		600-700万円位	26.9	26.3	10.9	36.0	100.0	175
		800-900万円位	30.1	28.1	12.3	29.5	100.0	146
		1000万円以上	29.1	32.4	10.8	27.7	100.0	148
全体			28.3	25.4	14.5	31.8	100.0	2,669

注：無回答のケースは除外して集計を行った．
二重クロス集計については，いずれも χ^2 検定の結果はいずれも統計的に有意（$p<.05$）．
三重クロス集計結果については，属性と格差是正／政府責任態度パタンとの間に統計的に有意な関連がある場合（$p<.05$）のみについて示した．

③ 「是正不要／責任大」（「是正不要派」）であって，政府責任スコアは，32点以上）
④ 「是正必要／責任大」（「是正必要派」）であって，政府責任スコアは，32点以上）

単純集計結果は，「是正不要／責任小」が18.9％，「是正必要／責任小」が17.0％，「是正不要／責任大」が9.7％，「是正必要／責任大」が，21.3％，欠損値による分類不能が33.1％であった．分類不能を除けば，「是正不要／責任小」28.3％，「是正必要／責任小」25.4％，「是正不要／責任大」14.5％，「是正必要／責任大」31.8％であった．

いずれにせよ，この比率自体は，政府責任スコアをカテゴライズする基準次第で変わるので，あまり意味をもたない．ここでは，属性要因（性別，年齢階層，学歴，市郡・人口規模，本人職業，世帯収入）と「地域格差是正／政府責任態度パタン」のクロス集計結果に注目したい．なお，この「地域格差是正／

政府責任態度パタン」と市郡・人口規模はかなり関連することが予想されたので，市郡・人口規模によってサンプルを分割して属性要因とクロスさせる三重クロス集計も行った．表4-6には，統計的に有意な関連がある（$p<.05$）クロス表のみを示した．

まず市郡・人口規模との関連をみると，「町村」→「人口10万未満の市」→「人口10万以上20万未満の市」→「人口20万以上の市」→「13大都市」の順に，「是正不要／責任小」の比率が高くなり，「是正必要／責任大」の比率が低くなる傾向がみられることがわかる．小都市や郡部に住む人々ほど，地域間の格差是正を重視するとともに「大きな政府」を支持する傾向があり，都市部・大都市に住む人々ほど，「小さな政府」を支持し，地域間の格差是正に消極的な態度を示す傾向があるという結果になっている．

このほか，性別，年齢階層，学歴，本人職業，世帯収入との関連も統計的に有意であったが，市郡・人口規模という要因を統制すると，統計的に有意な関連の組み合わせは少なくなった．

性別に関しては，（13大都市を除く）人口10万以上の市の場合のみで，男性のほうが女性より「是正不要／責任小」の比率が高く，「是正必要／責任大」の比率が低い傾向がみられる．

世帯収入に関しては，人口10万以上の市の場合と，人口10万未満の市町村の場合にのみで，おおむね収入が高いほど「是正不要／責任小」の比率が高く，「是正必要／責任大」の比率が低い傾向がみられる．

6. まとめ

最後に，本章の分析で得られた知見をまとめておく．

1. 地域間の格差是正策についての質問の単純集計結果をみると，地域格差の是正推進を支持する回答が，半数を超えていた．

2. この回答の比率は，市部に比べて町村部で多く，また市部のなかでは，人口規模の小さい市ほど大きいという傾向がみられた．

3. 地域的要因を統制した上で，回答者の属性と地域格差是正策についての意見との関連をみたところ，13大都市では本人職業との間でのみ統計的に有

意な関連がみられたのに対して，人口10万未満の市町村では，性別・年齢階層・学歴との間に有意な関連がみられ，人口10万以上の市では，これらの要因に加えて本人職業との間に有意な関連がみられた．

4．諸要因の影響力を識別するために，地域格差是正策についての意見を従属変数とするロジスティック回帰分析を行ったところ，居住地域，市郡・人口規模という地域的要因のほか，世帯収入という階層的要因が有意な効果を持つことが明らかになった．

5．地域格差是正策への意見と，政府責任スコア（政府責任の範囲についての意見）との間には，地域格差是正の必要性についての意見が否定的になるほど，政府責任の範囲を狭くとらえるという明確な関連がみられた．

6．地域格差是正策への意見の回答カテゴリーと，政府責任スコアを組み合わせて「地域格差是正／政府責任態度パタン」を構成し，回答者の属性に関する要因との関連を分析したところ，市郡・人口規模との明確な関連がみられ，その要因を統制しても，性別・世帯収入との間に部分的な関連がみられた．

1) 11の政策領域は，①環境，②保健・医療，③犯罪の取り締まり・予防，④教育，⑤国防，⑥高齢者の年金，⑦失業手当，⑧育児支援，⑨高齢者介護，⑩住宅，⑪文化・経済である．
2) 本人職業については，現在無職のケースについては，最長職（過去に最も長く従事した職業）で代用している．本章では，職業カテゴリーは，表4-3，表4-6に示されている通りの5カテゴリー（ホワイト上・ホワイト下・自営・熟練・非熟練）にまとめている．「ホワイト上」には，専門的・技術的職業と管理的職業（自営を含む），「ホワイト下」には，事務的職業，販売の職業，サービス的・保安的職業，運輸・通信的職業の被雇用者，「熟練」には，技能労働者である被雇用者，「非熟練」には，一般作業員と農林漁業の被雇用者が含まれる．

【文献】

平岡公一，2002，「地域格差是正策への意見」東京大学大学院人文社会系研究科社会文化研究専攻（社会学）武川正吾研究室編『DP1 Discussion Papers 社会政策と社会意識』：11-23．

第 II 部　福祉社会における価値意識の諸相

5章　ジェンダーからみた福祉国家
政府への責任期待と家庭内性別役割分業観に着目して

白波瀬佐和子

1. はじめに

　福祉国家をジェンダーの視点から捉える試みは，1990年代に入り活発化した（Orloff, 1993；Sainsbury, 1994；Lewis, 1992；Gornick et al., 1997；Gornick and Meyers, 2003）．1990年，エスピン・アンデルセンによる *The Three Worlds of Welfare Capitalism*（Esping-Andersen, 1990）はエポック的な比較福祉国家研究の1つであり，ウィレンスキー（Wilensky, 1975）に代表される単線的社会保障発展論を超えて，福祉国家を複数のレジームで多元的に捉える．エスピン・アンデルセンによる3つの福祉国家レジーム論に対する最も痛烈な批判は，家族やジェンダーの視点が盛り込まれていない点にある．オーロフ（Orloff, 1993）は，「3つの福祉国家レジーム」の基礎となる脱商品化指標だけをもってしては女性と福祉国家との関係を適切に捉えることができない，と述べる．これまでの社会政策が，男性型世帯主モデルを前提として成立していたことに対する問題提起である（Lewis, 1992；Sainsbury, 1994）．そこでは，福祉国家を市場との関係を中心に論じられてきたことの限界と，福祉国家と家族との関係に着目する必要が説かれ，さらには労働市場や家庭（世帯）におけるジェンダー格差の存在に着目すべきことが指摘される．これらの批判をうけてエスピン・アンデルセンは，*Social Foundation of Postindustrial Economies*（Esping-Andersen, 1999）で，脱家族化（De-familialization）を提唱する．ここでいう脱家族化とは，家族や親族に依存することなく，生活保障機能を手にいれることができる程度の上昇をいう．さらに，脱家族化は脱商品化（De-commodification）と密接に関連しており，脱家族化の進展

は女性自身が商品化する自由を提供することになると,エスピン・アンデルセンは説く(Esping-Andersen, 1999, p.51).しかし,彼は脱商品化に加え脱家族化という興味深い概念を提示した一方で,福祉国家レジームがジェンダー格差と実際どのように関連しているのか,マクロレベルとミクロレベルをどう関連づけるかについて十分に議論していない.

そこで本章では,福祉国家に関する意識が個人の属性によってどのように異なるのかを検討することで,福祉国家をミクロなレベルから捉える.福祉国家としての日本に人びとは何を期待しているのか.ここでは個人の属性の中で特にジェンダー,配偶関係に着目して,福祉国家に関する意識の決定パターンを検討する.

ジェンダーによって,生活の場と仕事の場が分断される傾向にある.これは家庭内性別役割分業によって代表され,労働市場における男女賃金格差や男女間の職種や役職割合の偏り等と関連する.日本は家庭内性別役割分業が強固な国として特徴づけられる(白波瀬,2003).大沢(1993)は日本を企業中心主義社会と位置づけて,その底辺に身分としてのジェンダーの存在があるとする.1960年代の高度経済成長は,企業戦士を支える専業主婦がいたからこそ実現した(大沢,1993;落合,1994).上野(1990)は社会システムの基層にあるジェンダー格差を温存する家父長制を指摘し,近代家族を家父長制資本主義と説く.武川(1999)は脱商品化に加えて脱家父長制化の概念をもって福祉国家を捉える.ボーゲル(Vogel, 1979)は日本では企業と家族によって基本的な生活保障が提供されることで,福祉国家を明示的に唱える必要がなかったとする.橘木(2002)も同様に,低い社会保障給付費の対GDP比をもってわが国は福祉国家ではないと説く.

エスピン・アンデルセン(Esping-Andersen, 1999)は日本を自由主義型と保守主義型が融合したハイブリッドな福祉国家と位置づけ,家族の大きな役割に注目する.事実日本は,第1次オイルショック以来の緊縮財源を余儀なくされた社会保障に対応すべく,「日本型福祉社会」(自由民主党,1979)で「家族の基盤」を強調し,「含み資産」として家族による社会保障代替機能を期待した.そこで,わが国の福祉国家としてのあり様をジェンダー,家族の視点からみる意義は大きい.

本章では福祉国家としてのあり様（福祉国家観）を政府への責任期待から検討する．福祉国家観と一口にいっても，その内容は多岐にわたる．雇用に関する施策，医療，高齢者福祉，所得格差や育児・子育て，マクロな経済政策など，福祉国家観は様々である．そこで21世紀を迎えたいま，人びとは福祉国家として政府に何を期待し，その期待はジェンダーによってどのように異なるのかを検討する．ジェンダーに加え，もう1つの重要な変数は配偶関係である．わが国は1990年の「1.57ショック」以来，恒常的な出生率の低下に悩まされている．この出生率の低下の主たる原因は，若年層の晩婚化・未婚化である．どうして若者たちは結婚しようとしないのか．結婚することによって男女の間で大きく異なる役割構造は，晩婚化・未婚化の背景にある．未婚でいれば親と同居して生活の雑用から解放されて，自分の給料は好きなことに費やすことができる（山田, 1999）．しかし，一旦結婚すると，家事・育児を妻が一手に引き受け，夫も長時間労働を強いられて子どもと遊ぶひまもない．このように生活の場が夫婦で大きく異なる現実が若者たちの結婚観を否定的にしていくのではないか．

　そこで，結婚しているか否かによって福祉国家に関する意識やジェンダー観はどのように異なるのかについても検討する．ここでのジェンダー観とは，家庭内性別役割分業や幼い子どもを持つ母親就労に関する意識をさす．男性か女性か，既婚か未婚か，という個人のミクロレベルな属性の違いが福祉国家や性別役割分業観にどのように反映されるのか．福祉国家というマクロなレベルの概念に対して，様々な属性を持つ個人はどのような意識を形成しているのか．本分析を通して，ミクロな個人とマクロな国家を関連づける可能性を模索する．

2. 福祉国家のあり様に関する意識のジェンダー差

(1) 政府に期待すること

　福祉国家のあり様を政府責任の観点からみてみよう．政府の責任であるか否かについて次の11項目が設問されている．(1)働く意志のある人すべてが仕事につけるようにすること（雇用機会の保障），(2)物価を安定させること（物価の安定），(3)病人に医療を提供すること（医療保障），(4)高齢者が世間並みの生

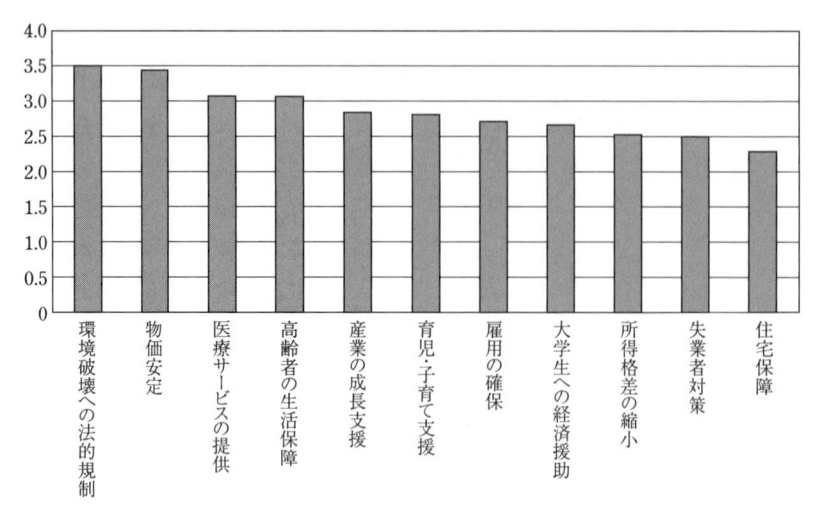

図5-1 政府責任に対する期待スコア

活を送れるようにすること（高齢者対策），(5)産業が成長するのに必要な援助をおこなうこと（産業政策），(6)失業者でも世間並みの生活が送れるようにすること（失業対策），(7)お金持ちの人と貧しい人との間の所得の差を縮めること（所得格差），(8)収入の少ない家庭出身の大学生に経済的な援助をおこなうこと（教育支援），(9)家の持てない人びとに世間並みの住居を提供すること（住宅保障），(10)企業が環境破壊をしないように法律で規制すること（環境問題），(11)育児・子育てを支援すること（育児・子育て支援）．各項目について，「明らかに政府の責任である」「どちらかといえば政府の責任である」「どちらかといえば政府の責任でない」「明らかに政府の責任でない」「わからない」の5つの選択肢が用意されている．その中で「わからない」を除く4つの回答を，「明らかに政府の責任である」4ポイントから「明らかに政府の責任でない」1ポイントとスケール化した．図5-1は，11項目のうち政府責任期待の平均スコアが高いものから順に示した．

最も高い平均スコアを提示したのは環境問題の3.49であり，最も低いスコアは2.27の住宅保障であった．比較的高い政府責任期待スコアは，物価安定，医療保障，高齢者対策，であり，逆に比較的低いスコアを呈したのは教育支援，所得格差，住宅保障，であった．政府責任として大きな期待を寄せる環境や経

済，高齢化に伴う医療問題は，比較的緊急な対応が要請されている．その意味で，福祉国家としてのあり様は，長期的な福祉国家としての政府への期待というよりも，その時点で緊急を要する具体的な諸事情を加味して決定される．2000年時点では，環境，景気，高齢化問題が緊急の政策課題として人びとに認知されていた．しかし，これらの緊急度の高さと意識のジェンダー差は必ずしも一致しない．

11項目のうち，ジェンダー間で有意な意識の違いを呈したのは，産業政策，雇用機会の保障，教育支援，所得格差，失業対策である．これらの項目はすべて，女性の方が男性よりも政府の責任であるとした程度が有意に高い．これらのうち，平均値が男女の間で比較的大きい雇用機会の保障，所得格差，失業対策について詳しく分析を進める．男女間で異なる政府責任の期待値は何によって決定され，その決定に際して結婚しているか否かはどのような影響を及ぼすのであろうか．ただしここでの配偶関係は，有配偶者と未婚者に限定し，離死別者は今回の分析には含まない[1]．

(2) ジェンダーによる福祉国家観の決定構造の違い

表5-1は，3項目の政府責任に対する期待スコアを従属変数にした重回帰分析の結果である．独立変数は，年齢，有配偶ダミー，学歴，フルタイムダミー，パートタイムダミー，自営業ダミー，本人収入，である．すでに述べたように有配偶ダミーは有配偶を1として未婚者をゼロとする．学歴は最終学歴を教育年数に変換して用いる．フルタイム，パートタイム，自営の就労関連ダミーは無業をベースとして作成した[2]．収入は昨年の課税前所得を階級値で設問しているので，中位点をとって連続変数とし，調査時点で無業の場合はゼロとした．

まず雇用機会の保障についてみると，男性の間で有意な効果を呈したのは年齢と収入である．年齢が高いほど雇用保障を政府責任であるとする程度が高くなり，収入が低いほど雇用保障を政府責任として期待する程度が高くなる．男性の間では，高齢者や低所得者といった雇用機会に恵まれない者らが雇用機会の保障を政府に求める傾向にある．女性については，男性同様に年齢が有意な効果を呈しているが，男性と違って配偶関係が有意な効果を呈する．有配偶者であるほど雇用機会の保障に対する政府への期待は有意に低くなり，結婚や出

表 5-1　男女別政府責任期待に関する重回帰分析

	男性		女性	
	係数	標準誤差	係数	標準誤差
雇用保障				
定　数	2.440**	0.239	2.452**	0.235
年　齢	0.008**	0.002	0.011**	0.002
学　歴	0.005	0.011	−0.007	0.013
有配偶ダミー	−0.112	0.082	−0.196**	0.079
フルタイムダミー	−0.106	0.191	0.078	0.105
パートタイムダミー	−0.281	0.214	0.081	0.107
自営ダミー	−0.256	0.200	−0.066	0.115
年　収	−1.732**	0.705	−1.215	1.394
失業対策				
定　数	3.125**	0.231	2.922**	0.233
年　齢	−0.002	0.002	0.002	0.002
学　歴	−0.026**	0.010	−0.021	0.013
有配偶ダミー	0.048	0.079	−0.177*	0.078
フルタイムダミー	−0.249	0.185	−0.008	0.104
パートタイムダミー	−0.351	0.208	−0.020	0.106
自営ダミー	−0.327	0.194	−0.227*	0.114
年　収	−1.357*	0.683	−1.050	1.384
所得格差の縮小				
定　数	2.934**	0.278	3.127**	0.281
年　齢	−0.001	0.002	0.003	0.002
学　歴	−0.046**	0.013	−0.056**	0.016
有配偶ダミー	0.035	0.096	−0.050	0.094
フルタイムダミー	0.235	0.222	0.013	0.125
パートタイムダミー	0.205	0.250	0.072	0.128
自営ダミー	0.087	0.233	−0.135	0.138
年　収	−2.390**	0.821	−2.118	1.670

注：**1％水準で有意，*5％水準で有意．

産によって労働市場との関わりが希薄になる状況がうかがえる．

　失業対策に関して男性の意識を決定するのは，学歴と所得である．教育程度や所得が高いほど失業対策に対して政府責任を期待しない．ここでも高学歴で高所得の失業のリスクが低い者は失業対策に対して政府責任をそれほど期待しない[3]．女性については，配偶関係と就労関係が有意な効果を示す．有配偶であるほど失業対策に対して政府責任を強く期待せず，自営業者（家族従業者含む）は無業者に比べて失業対策に政府責任をあまり期待しない．女性にとって有配偶者であることは労働市場との距離を広めるが，失業に伴う所得喪失のリ

スクを回避する手立てともなっていることが想像される.

所得格差について男性は教育程度と所得が有意な効果を呈し，教育程度や所得が高いほど所得格差を縮小するべく政府が責任を持つことにそれほど期待しない．一方女性は，教育程度のみ有意な効果を示し，高学歴であるほど所得格差を縮小する責任を政府が負う必要性をそれほど認めない．男女ともに高学歴であることは，高い社会経済的地位につく可能性が高く所得格差を問題とする程度を低下させる.

以上，政府に特定の責任を期待する場合，男性の間では所得が一貫して重要な要因となる．自らがどの程度の報酬を得，労働市場においてどのような位置にいるのかが政府責任を期待するにあたって直接的な効果を呈する．一方女性は，雇用機会や失業対策に対し配偶関係が重要な規定要因となり，結婚しているか否かが政府に対する意識を大きく左右する．結婚は女性にとって，失業のリスクや経済的リスクを受けとめるバッファーとなっていることが想定される．しかし，この配偶関係の効果は女性にのみ認められ，男性についてはあくまで自らの社会経済的な地位（所得や学歴等）が意識を決定するにあたり重要である.

では，福祉国家のあり様を意識する場合に，配偶者の影響がどの程度重要であるかをみるために，有配偶者だけに限って分析をする（**表5-2**）．ここでは，自らの従業上の地位に代わって配偶者の職種[4]を独立変数として投入する．職種関連変数は，ブルーカラー職（農業含む）をベースとして，専門職ダミー，事務・販売職ダミー，サービス職ダミーを作成する．また，本人収入に加え，本人以外の世帯所得を投入する[5].

雇用機会保障について有配偶男性は，年齢，本人と本人以外の収入が有意な効果を呈した．年齢が高いほど，本人および本人以外の収入が低いほど政府が積極的に雇用機会を保障すべきであると答える傾向にある．一方，有配偶女性は年齢効果のみ有意で，年齢が高いほど雇用機会保障への政府に対する期待は高くなる．失業者対策に関して，有配偶男性は本人の収入のみ有意な効果を呈しており，本人の収入が低いほど政府の責任とする程度が高くなる．有配偶女性の間では，失業者対策に関してどの要因も有意ではない．この結果から，女性にとっての雇用問題，失業問題は未婚者には切実であるが，有配偶者は夫

表 5-2 有配偶者間の男女別政府責任に関する重回帰分析

	男性		女性	
	係数	標準誤差	係数	標準誤差
雇用保障				
定　数	1.876**	0.219	2.288**	0.279
年　齢	0.012**	0.002	0.011**	0.003
学　歴	0.021	0.013	0.001	0.017
配偶者専門ダミー	0.032	0.094	−0.001	0.082
配偶者ホワイトダミー	0.028	0.067	0.067	0.088
配偶者サービスダミー	0.028	0.095	−0.039	0.098
本人所得	−2.019**	0.781	−2.423	1.677
本人以外所得	−2.259*	0.949	−1.410	0.887
失業対策				
定　数	2.758**	0.210	2.712**	0.273
年　齢	−0.001	0.002	0.001	0.003
学　歴	−0.015	0.012	−0.005	0.017
配偶者専門ダミー	0.099	0.090	−0.085	0.080
配偶者ホワイトダミー	−0.068	0.065	−0.118	0.086
配偶者サービスダミー	0.147	0.091	−0.027	0.096
本人所得	−1.615*	0.750	−1.065	1.644
本人以外所得	−0.747	0.910	−1.098	0.869
所得格差の縮小				
定　数	2.840**	0.254	3.131**	0.323
年　齢	0.001	0.003	0.002	0.003
学　歴	−0.030*	0.015	−0.031	0.020
配偶者専門ダミー	0.241*	0.109	−0.128	0.095
配偶者ホワイトダミー	0.042	0.078	−0.166	0.102
配偶者サービスダミー	0.205	0.110	−0.196	0.113
本人所得	−3.167**	0.908	−2.544	1.946
本人以外所得	−1.554	1.103	−3.254**	1.029

注：**1％水準で有意，*5％水準で有意．

（世帯）によって経済的保障が提供される状況がうかがわれる．所得格差について，有配偶男性の間で本人学歴，妻専門職ダミー，本人収入が有意な効果を示す．学歴が高いほど所得が高いほど所得格差に政府責任を多く期待しない．一方，妻が専門職の場合ほど，所得格差を政府責任として期待する[6]．女性の場合は，本人以外の収入のみが所得格差に関する政府責任を規定する．本人以外の収入が高いほど所得格差の縮小にそれほど政府の責任を期待しない．ここでの興味深い発見は，有配偶女性の場合，本人の収入ではなく配偶者を含む本人以外の収入によって所得格差に対する政府責任に対する意識が規定されてい

る点にある．言い換えれば，妻自らの経済的な水準は，本人の収入というよりも本人以外の収入を通して認識される傾向にある．

このように政府責任期待に関する有意なジェンダー差を呈した項目は，雇用機会，失業といった労働市場とのかかわりが強い．そこでの意識の決定構造は概して男女で異なり，その違いは主として労働市場や世帯とのかかわりの違いから生まれると解釈される．特に配偶関係は女性にとって意識決定に大きく寄与し，有配偶女性が結婚／出産を機に労働市場との距離を広げ，世帯が経済的なリスクを回避するバッファーとなっている実態が，女性の意識決定構造に反映される．一方，男性は本人の所得や年齢といった労働市場における地位を直接反映するかたちで福祉国家に対する意識が決定される．しかしながら，有配偶者に限定すると，男性も自らの所得のみならず妻の収入を含む本人以外の世帯収入が有意な効果を呈するなど，自らの属性のみによって意識が形成されているわけではない．一方，女性は自らの所得は有意な効果がなく，夫の所得をはじめとする本人以外の収入によって所得格差に対する政府責任期待が決定されていた点は見落とすことができない．

以上，女性にとって政府への期待を説明するにあたって，夫の社会経済的地位が重要であり，女性の意識構造が世帯との関連で形成されていることが認められた．では，世帯内性別役割分業と母親就労に関する意識について，その決定構造をみてみよう．

3. ジェンダー観を決定する要因

(1) 性別役割分業観を規定するもの

ジェンダー観に関する質問は，(1)女性が自立するためには，仕事をもつことが一番よい（女性の自立），(2)家事や育児はもっぱら女性がおこなうべきである（家庭内性別役割分業），(3)専業主婦であることは，外で働いて収入を得ることと同じくらい大切なことだ（専業主婦の価値），(4)子どもが3歳になるまでは母親が育てるべきだ（3歳児神話），(5)男の子は男の子らしく，女の子は女の子らしく育てるべきだ（子どもの育て方のジェンダー差），の5項目である．各項目に関する意見として，「賛成」「どちらかといえば賛成」「どちらと

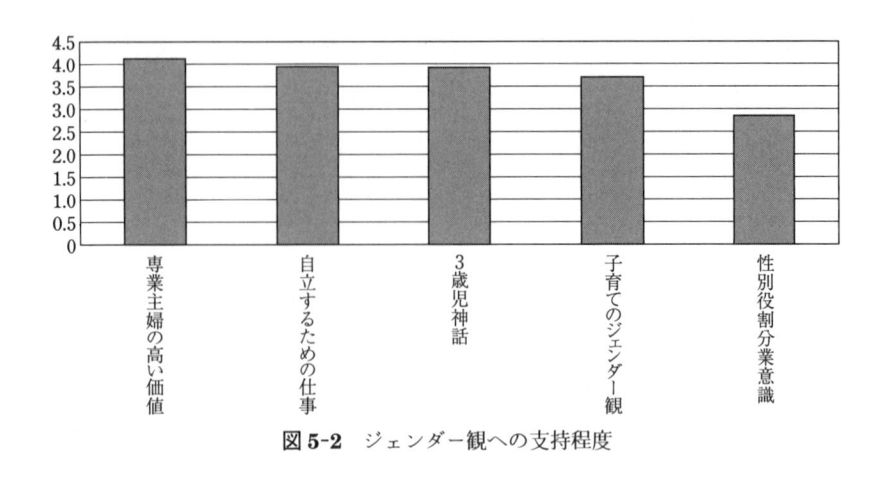

```
4.5
4.0
3.5
3.0
2.5
2.0
1.5
1.0
0.5
  0
```

専業主婦の高い価値　自立するための仕事　3歳児神話　子育てのジェンダー観　性別役割分業意識

図 5-2 ジェンダー観への支持程度

もいえない」「どちらかといえば反対」「反対」が選択肢として提示され，それぞれを5から1にスコア化する．**図 5-2**は，各ジェンダー観についての平均スコアであり，支持が多い（スコアが高い）もの順に提示した．

最も高い平均支持スコアを示したのが専業主婦の価値であり，多くが専業主婦は家庭外に仕事をもつのと同程度に重要なことであると位置づけている．一方最も低い支持スコアを呈したのは家庭内性別役割分業であり，家庭責任の一切は妻が担うべきとする考え方を支持する者は少数派である．ジェンダー観については，女性の自立を除いて概して男性の方が女性よりも支持スコアが高い．その中で有意なジェンダー差を呈した項目は，女性の自立，家庭内性別役割分業，子どもの育て方，である．その中で最も大きな平均スコアのジェンダー差を呈したのは家庭内性別役割分業である．一方，専業主婦であることへの価値は男女共に高く，3歳未満児の子どもを持つ母親の就業に対しては男女共に否定的である．

表 5-3は，家庭内性別役割分業観の決定要因を男女別にみた．従属変数は家庭内性別役割分業に対する支持スコアである．男性の間で有意な効果を呈したのは年齢のみで，年齢が高いほど家庭内性別役割分業を支持する程度が高くなる．女性については，性別役割分業観が個人属性によってより差別化されており，年齢，学歴，個人所得が有意な効果を呈した．男性と同様に女性も年齢が高いほど性別役割分業を支持しやすい．しかし，女性は学歴や個人収入が高

表5-3 男女別性別役割分業観に関する重回帰分析

	男　性		女　性	
	係　数	標準誤差	係　数	標準誤差
定　数	2.432**	0.278	2.671**	0.300
年　齢	0.014**	0.002	0.023**	0.003
学　歴	−0.016	0.013	−0.071**	0.017
有配偶ダミー	0.007	0.096	−0.175	0.101
フルタイムダミー	0.081	0.222	−0.136	0.134
パートタイムダミー	0.024	0.250	−0.041	0.137
自営ダミー	0.173	0.233	0.027	0.147
年　収	−0.350	0.822	−5.389**	1.786

注：**1％水準で有意．

いほど性別役割分業を否定する傾向にある．単にフルタイムかパートか，といった働き方というよりも，実際にどの程度の収入を得て家計に貢献しているかによって，女性の性別役割分業意識は異なる．家庭外に仕事をもち，かつその仕事による経済的な貢献度が大きい場合に，女性は本人の立場を正当化するかのように伝統的な家庭内性別役割分業を否定する傾向にある．

有配偶者に限定して性別役割分業観の決定構造をみると（表省略），有配偶男性の間で有意な効果を呈したのは本人年齢と妻が専門職であるか否かである．年齢が高いほど性別役割分業に関して同意する傾向は一貫して強く，男性の間での性別役割分業意識は世代の効果が重要であることが確認できる．さらに有配偶者の間では，妻が専門職として働いている場合はブルーカラー職として働いている場合に比べ性別役割分業を否定しやすい．有配偶男性の性別役割分業意識は妻属性にも左右される傾向にある．

一方有配偶女性の間で夫の属性の影響は認められず，有意な効果を呈したのは年齢，学歴，本人収入である．家庭内性別役割分業に対する意識は男女で非対称的な決定構造が存在し，有配偶男性は妻の属性に影響を受け，有配偶女性は自らの労働市場における地位を含む個人属性に大きく左右される．

このようなジェンダー差を示した家庭内性別役割分業意識の決定要因の背景には，幼い子を持つ母親就労に対する抵抗感がある．事実，3歳未満の子をもつ母親の就労率は3分の1以下と低く（総務省統計局，2001），高学歴を取得した女性の間でも出産を契機に子育てに専念する姿は欧米諸国からみると特異である（白波瀬，2003）．すでに図5-2でみたように，3歳未満児を持つ母親

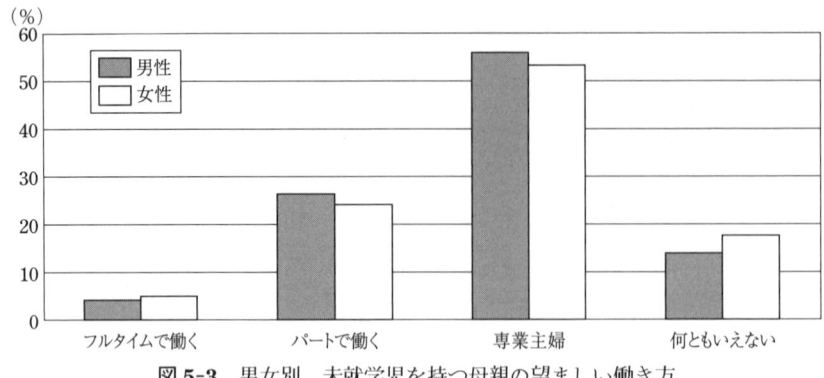

図5-3 男女別，未就学児を持つ母親の望ましい働き方

が家庭外に仕事をもつことに対する大きな抵抗が男女共通してある．次に未就学児の子どもをもつ母親の望ましい働き方についてみてみよう．

(2) 未就学児を持つ母親の就労

男女別に，未就学児をもつ母親の望ましい働き方をみたのが図5-3である．男女ともに過半数は専業主婦が望ましいとしており，パートタイム就労が望ましいとしたのは男女ともに4分の1前後である．フルタイム就労が望ましいとしたのは，男性4.1%，女性4.9%と極めて少数派である．20代の若年層でも，未就学の子どもを持ちながらフルタイムで仕事をするのが望ましいと答えたのは，女性8.9%，男性7.7%と1割にも満たない．そこで，男女別に未就学児の母親の望ましい働き方が専業主婦であるとした場合を1とし，その他をゼロとするロジット分析を行う．未就学児がいる場合，母親は専業主婦として家にいるべきだとする要因は男女で異なるのであろうか．説明変数は家庭内性別役割分業意識に関する重回帰分析で採用したものと同様で，年齢，有配偶か否かをみた配偶関係，最終学歴を年に換算した教育年数，調査時点での就業状況（フルタイム，パートタイム，自営ダミー），本人収入，とする．

表5-4は，未就学児を持つ母親の望ましい働き方に関して男女別にロジット回帰分析をした結果である．男性の間で有意な効果を呈したのは，年齢のみである．年齢が高い男性ほど，幼い子を持つ母親は家庭外に仕事をもつべきではないとする．一方女性の間で有意な効果を呈したのは本人収入であった．実

表5-4 未就学児の母親就労に関するロジット分析

	男性		女性	
	係数	標準誤差	係数	標準誤差
定数	−0.831	0.005	−0.985	0.611
年齢	0.010*	0.026	0.009	0.005
学歴	0.025	0.193	0.048	0.035
有配偶ダミー	0.271	0.450	0.299	0.204
フルタイムダミー	0.177	0.506	0.056	0.273
パートタイムダミー	−0.164	0.471	0.074	0.277
自営ダミー	−0.124	1.380	−0.047	0.299
収入	−0.510	0.566	−11.568**	3.823

注：**1%水準で有意，*5%水準で有意．

際に家庭外に仕事をもち高い収入を得ている場合ほど，女性は幼い子を持つ母親も仕事をもつべきであると考える．ここでも実際の労働市場における地位が，女性の意識を決定づけている．

では有配偶者に限って，未就学児を持つ母親の働き方についてみてみると（表省略），男性はここで考慮したどの属性にかかわらず，幼い子を持つ母親は働かないほうがよいと考えている．有配偶女性については，本人収入のみが有意な効果を呈し，実際にどの程度の就労をしているかが意識を決定している．

以上，性別役割分業や母親就労に関する意識を決定するにあたり，女性は実際にどの程度の就労を遂行しているかが鍵となっていた．一方，男性の場合は，ジェンダー観を決定するうえでは，年齢以外の属性は限定的な効果しか認められなかった．

4．考察

2000年時点で，人びとは環境，景気，高齢福祉問題に対して，政府の役割に大きく期待していた．これら比較的高い政府責任期待スコアを呈した事項においては，有意なジェンダー差は認められず，政策的対応を強く求める事項に関しては，男女に共通した見解が認められた．一方，雇用問題をはじめとする労働市場と関連した事項については有意なジェンダー差が認められ，実際の労働市場におけるジェンダー格差が意識に反映されていた．男性の意識は所得や学歴など本人の個人属性と大きく関連し，高学歴・高所得といった恵まれた社

会経済的地位にある者にとって失業対策や雇用対策はそれほど優先順位の高い施策とはみなされていない．一方女性については，配偶関係が福祉国家観に重要な効果を及ぼし，未婚女性の間で失業対策をはじめとする雇用施策への要請が高い．言い換えれば，結婚や出産を機に労働市場を退出する傾向が優勢な状況にあって，有配偶女性は配偶者をはじめとする世帯にリスク対応を期待し，雇用政策や失業対策に未婚女性ほど緊急性を見出していない．

家庭内性別役割分業や幼い子をもつ母親就労に対する意識は，女性が実際にどの程度の収入を伴う仕事をしているかに大きく左右されていた．有配偶男性の間では，男性個人の属性はジェンダー観を決定するうえで限定的な効果しか認められず，意識を決定する規定要因は男女で異なっていた．実際に高い収入を得，キャリアを蓄積する過程で，家庭内性別役割分業や母親就労に対する意識はその実態を反映するかのように，柔軟になる．

このように，福祉国家観やジェンダー観に関し，男女で異なる意識決定構造が認められた．女性は結婚しているか否かによって意識が左右される．特に有配偶女性は個人属性というよりも，夫をはじめとするその他の世帯員所得を通して経済的リスク対応を見込んでいた．世帯がリスク対応バッファーの役割を提供し，その世帯との関係で彼女らの福祉国家観が形成されていた．これは女性自身が，男性世帯主型福祉国家体制に基づいた生活体験を通して意識を規定していることをさす．一方男性は主たる稼得者役割にあって，福祉国家観を決定する要因は男性本人の学歴や収入が重要となる．しかし将来，中高年のリストラが進み世帯が経済的リスクのバッファーとしてこれまで通り機能しなくなった時に，男性世帯主型福祉国家体制がゆらいでいくことは間違いない．不況が続き，1人の稼ぎ手ではこれまでの消費水準を維持できなくなった時，有配偶女性は未婚女性と同様に雇用問題をより切実に実感するようになるであろう．ただ，たとえ有配偶女性が労働市場に進出しようとも，収入をはじめ彼女らの就労が家計にとって補助的な位置づけを持つ限り，男性世帯主型福祉国家体制はそうやすやすとは崩れそうもない．

本分析を見る限り，個人の社会経済的地位は意識レベルに反映され，福祉国家観を形成するが，その意識を決定するにあたり，ジェンダーは重要な要因として介在していた．わが国の男性世帯主型福祉国家体制は強固な性別役割分業

体制に基づいている．有配偶女性は限定的にしか労働市場とのかかわりを持たず，母親による育児への高い役割期待が彼女らに大きく覆い被さる．性別役割分業観は意識それ自体の問題というよりも，意識が基層的な社会メカニズムと密接に関係するところが重要である．少子高齢化が進む中，個人の生き方が変わり世帯のあり様も変わる．そこでは夫も妻も稼ぎ手であるような世帯を想定した新たな制度設計が急務の政策課題となりうる．ジェンダーによって偏った役割期待を強要し前提とするような社会システムからぬけだし，共に働き共に生きる社会を想定した時，新たな少子高齢社会への進むべき道が見えてくる．

1) 本章で検討するのは，分析対象とする従属変数の不詳を全て除いた2,692ケースである．このうち，未婚者は412人，有配偶者は2,072人，離別者は79人，死別者は129人であるが，分析では未婚者と有配偶者に限定する．死別者は8割弱が60歳以上であり，配偶関係というより世代的（年齢的）な効果が介在する．離別者はこれからの福祉国家のあり方を考えるうえで極めて重要であるが，人数が少なくかつ単純に結婚していないカテゴリーにまとめることに問題があると考え，今回の分析から省いた．
2) 男性の無業者は253人（18.2％），女性の無業者は454人（41.5％）である．
3) 短大・高専以上の高学歴者の中で，高い政府責任期待スコアを呈するのは，環境問題である．
4) 本調査では，配偶者の職種はこれまで就いた仕事の中で最も長く就いた職業を聞いているので，男女ともに9割以上の大多数が仕事に就いた経験をもつ．そこで，ブルーカラー職（農業含む）をベースとした職種ダミーを作成した．
5) 本調査は本人と世帯の所得のみが質問されているので，本人を除く世帯所得は必ずしも配偶者の所得であるとは限らないが，多くを配偶者の所得からなると想定する．
6) 残念ながら本調査では配偶者の調査時点での就労状況が不明であるので，ここでの妻専門職ダミーの効果が調査時点で専門職でのことなのか，かつて専門職であったのか不明である．したがってここでは詳しく議論を展開することはできない．

【文献】

Esping-Andersen, Gøsta, 1990, *The Three Worlds of Welfare Capitalism*, Princeton : Princeton University Press.

Esping-Andersen, Gøsta, 1999, *Social Foundation of Postindustrial Economies*, Oxford : Oxford University Press.

Gornick, Janet C., Marcia K. Meyers and Katherin E. Ross, 1997, "Supporting

the Employment of Mothers: Policy Variation Across Fourteen Welfare States," *Journal of European Social Policy*, 7(1): 45-70.
Gornick, Janet C. and Marcia K. Meyers, 2003, *Families that Work: Policies for Reconciling Parenthood and Employment*, New York: Russell Sage Foundation.
自由民主党編, 1979, 『日本型福祉社会』自由民主党広報委員会出版局.
Lewis, Jane, 1992, "Gender and the Development of Welfare Regimes," *Journal of European Social Policy*, 2(3): 159-173.
落合恵美子, 1994, 『21世紀家族へ』有斐閣.
大沢真理, 1993, 『企業中心社会を超えて』時事通信社.
Orloff, Ann Shola, 1993, "Gender and the Social Rights of Citizenship: The Comparative Analysis of Gender Relations and Welfare States," *American Sociological Review*, 58(3): 303-328.
Sainsbury, Diane, 1994, "Women's and Men's Social Rights: Gendering Dimensions of Welfare States," in Dian Sainsbury, ed., *Gendering Welfare States*, London: Sage Publications: 150-169.
白波瀬佐和子, 2003, 「福祉国家レジームと世帯内性別役割分業——ジェンダーからみた比較国家試論」『海外社会保障研究』第142号: 65-77.
総務省統計局, 2001, 『平成13年 労働力特別調査』総務省統計局.
橘木俊詔, 2002, 『安心の経済学——ライフサイクルのリスクにどう対処するか』岩波書店.
武川正吾, 1999, 『社会政策のなかの現代——福祉国家と福祉社会』東京大学出版会.
上野千鶴子, 1990, 『家父長制と資本制』岩波書店.
Vogel, Ezra, 1979, *Japan as Number One*, Cambridge: Harvard University Press.
Wilensky, Harold L., 1975, *The Welfare State and Equality: Structural and Ideological Roots of Public Expenditures*, Berkley: University of California Press.
山田昌弘, 1999, 『パラサイト・シングルの時代』筑摩書房.

6章　高齢者扶養と家族責任

田渕　六郎

1. はじめに

　先進諸国における社会政策は，様々な社会変動とその結果に対処することを求められてきたが，過去数十年間におけるそうした変化の中心に，人口学的変動が位置していることは否定できない事実である．「第2の人口転換」などと称されるそうした人口学的変化は，高齢化と少子化をその主要な要素とし，一部の国々では人口減少の危機意識をもたらしつつ，労働力，介護，年金などをめぐる新たな政策課題を生み出し，社会政策の再編成の主要な舞台装置を提供してきた．こうした文脈が，家族政策と呼ばれる領域が脚光を浴びるにあたって大きな役割を果たしたことには疑問の余地はないだろう．

　社会学による社会政策研究への貢献のあり方には様々な可能性が考えられるが，その中でも，具体的な調査データの分析を通じて社会政策をめぐる社会学的な問題を明らかにし，具体的な政策をめぐる論点を指摘することはきわめて重要な作業である．本章は，そうした関心に基づきながら，家族政策と家族意識との関連に焦点を当てた考察を行う．

　家族政策について考察するうえで家族に関する意識を検討することがなぜ必要かについては，内外における近年の研究が議論を蓄積してきた．例えば，欧州の福祉国家類型や社会政策モデルについて，南欧が独自の類型として析出されているが (Rhodes, 1997)，その中で，南欧の独自性を規定する要因として，文化的，価値的，イデオロギー的側面の重要性が改めて浮き彫りにされてきた．すなわち，経済的要因に還元できない様々な社会文化的要因が，社会政策に関する国家間比較を行ううえで無視できないということが明らかにされてきたの

である.こうした論点は,一国家レベルでの実効的政策の可能性について検討したり,国家以下のレベルで地域比較を行ったりするうえでも重要なものであろう.家族について人々が持つ意識やイデオロギーの位置づけを行うことなくして,有効な家族政策は何かを議論することは不可能であると考えられる.

こうした背景を踏まえ,本章では,高齢者扶養と家族責任に関する態度の規定要因を,特に家族意識との関連に注目しながら分析する.

2. 先行研究との関連

関連する多数の先行研究を系統的に整理する紙幅を欠くため,ここでは幾つかの研究を選択的に取り上げながら,本章の研究課題を位置づけることにしたい.

本章は社会政策,とりわけ家族政策に対する態度に関心を向ける.家族政策をどのように定義するかはそもそも簡単な問題ではないが,一般的な定義に従うならば,家族の有する資源や家族構造を変化させることを意識的な目的とした社会政策であるとされる(Hantrais and Letablier, 1996).代表的な例として,多子家族への家族手当や,子どものいる女性の就労を促進するような政策が挙げられる.定義しだいでは,いわゆる「人口政策」の多くは家族政策としても定義できることになるだろう.家族政策は,広い範囲の社会政策に関係するが,本章は,家族政策の定義には拘泥せず,高齢者扶養と育児支援に関する家族政策に焦点を当てることとする.

社会政策や家族政策に関する態度や意識にかかわる研究の関心は大きく2つに分けることができる.第1に,政策の効果などに関心を有する研究は,政策の対象となる国民や住民が,政策に関するどのような関心や態度を持っているかという事実に,あるいは,政策への態度が個人のどのような社会的属性と関連しているのかなどの事柄に関心を向け,政策への態度を研究対象とする(Svallfors, 2004).第2に,政策は人々の選択に直接,間接の影響を与えることを意図することから,政策が関心を向ける諸行動や意識が,どのような価値観や態度に関連しているかを知ることが重要な研究関心となる.以下では,政策に関連するような価値観・態度をめぐる先行研究,ならびに家族政策への

態度をめぐる先行研究を簡単に整理しよう．

　広義の価値観を研究の対象とする研究は，特にその変動に関心を当てながら進展してきた．国際比較を視野に含めてこうした研究を先導してきたのは，R. イングルハートらの研究である．彼らは第2次大戦後の諸国家における政治意識の変容について，社会経済的発展および世代交替という2つの要因に後押しされることによって，人々の政治意識（どのような政策を優先するかについての態度を含む）が変化していく道筋について，世界価値観調査のデータ分析を踏まえながら，理論的彫琢を行ってきた．世界価値観調査は今日も続いており，そのデータを用いた多くの研究が刊行されている[1]．価値観の中でも，家族意識，あるいはそれに密接にかかわるであろうセクシュアリティやジェンダーにかかわる意識は，先行研究でも大きな関心を向けられてきたものの1つである．こうした意識は，U. ベックなど多くの社会学者によって，近代化およびグローバル化の進行に伴い顕著になる「世俗化」「個人主義化」によって，大きく変質してきたとみなされている．イングルハートらの研究も，宗教意識における世俗化と，性や家族に関する意識の変化の関係などを指摘してきた．

　家族，ジェンダー，セクシュアリティなどに関わる態度の研究では，性役割観，結婚・離婚観，婚前交渉，家族計画に関する態度などについて，その規定因と変容が明らかにされてきた．米国データを扱った研究ではソーントンらによる一連の研究があり，過去数十年間に男女平等への支持が高まり，家族観が多様化したことなどを明らかにしている（Thornton and Young-DeMarco, 2001）．他に，イギリスを中心に国際比較研究を手がけてきたスコットたちは，ISSP（International Social Survey Programme）データによる国際比較や，GSS，BSAデータ等を用いた時系列比較を行い，性役割に関する意識の変化が世代交替によるものか，世代内部で意識の変化が起こったことに起因するのか等の論点を検討している．例えば，ジェンダー役割に関する態度についてスコットら（Scott *et al.*, 1996）は，イギリスについてどの時点で時系列的な変容が進んだか，それに関してどのようなジェンダー差が見られるのかを明らかにした．またスコット（Scott, 1998）は，ISSPの1994年データのうち，性道徳をめぐる態度の項目について多変量解析を行い，同性愛に対する寛容な態度は男性よりも女性で高いこと，若い年齢層のほうが寛容である傾向があるこ

と，宗教的行動との相関が見られることなどを指摘しているが，同時に，こうした傾向は国によって異なること（例えば婚姻外での性関係に対する態度は，年齢差の有意な国とそうでない国とが見られる）に注意を促している．

　日本の全国データについての近年の研究としては，家族意識の性差について，津谷（1994）は「現代家族に関する全国調査」個票を用いた分析を行っている．「子どもは親が年をとったら，親といっしょに住むべきだ」「母親が勤めると，小学校入学前の子どもによくない影響を与える」などの項目に対する回答においては，女性が「賛成」を選択する割合は男性のそれよりも有意に低いなどの結果が報告されている．また，1997年に実施された出生動向基本調査の夫婦調査個票を分析した岩澤（1998）は，有配偶女性の家族意識について，妻の学歴が高い場合に「結婚後は，夫は外で働き，妻は家庭を守るべきだ」などの項目への回答で反対の割合が高くなるとしている．

　次に，本章が関心を向ける，家族政策への態度そのものを扱った研究も，1990年代以降数を増やしている．例えば，スンドストロム（Sundström, 2000）は，ISSP 1994年データを用いて，イタリア，ドイツ，スウェーデンの18-54歳男女について重回帰分析を行い，女性では，女性就労に関する態度が，回答者の学歴，従業上の地位（フルタイムであるか否か）によって異なっており，高学歴層，フルタイム就労者では女性就労を肯定的に捉える割合が高いことを明らかにしている．また，家族政策に関する意識そのものの国際比較プロジェクト（オランダ，イタリア，スペインなどを含む）も実施され，その成果が刊行されている（Moors and Palomba, 1995；Palomba and Moors, 1998）．同プロジェクトは，研究枠組みとして，現行の家族政策に対する人々の評価を規定する要因に人口学的属性，経済的社会的属性，世帯属性，家族構造などを想定している（Moors, 1995）．例えばゴーティエ（Gauthier, 1998）は，20-39歳の男女を対象として，児童手当，育児休暇に関する項目についてロジスティック回帰分析を行い，パート就労である場合に育児休暇が短いと答える割合が高いなど，回答者の職業，学歴との関連が存在するが，それらの関連は項目によって相当異なることを指摘している．

　こうした研究は，家族政策に関する意識変容は，その背景としての大きな社会変動，人口変動のもとに進んでおり，それは同時に，社会内部に存在する構

造的な要因（性差，年齢差，学歴差，階層差その他）によって枠付けられているという理解を共有している．家族をめぐる政策についていえば，それに対する意識がどのように変化するかは，社会経済的要素以外の文化的意識的側面，特に家族やジェンダーに関わる意識の変化と密接に関連するだろう．言い換えれば，家族に関する意識のあり方は，家族政策に関する態度，あるいはその変化のベクトルを大きく制約する要因になりうるだろう．本章で扱う，高齢者扶養や育児支援施策に関する態度は，人々が家族という制度（家族は社会制度としての側面を有する）について国家がどのように介入すべきか（あるいはすべきでないか）について持つ考え方と，小さくない関連を持つことが予想される．

先行研究との関連でいえば，本章は社会意識の時系列的な変化にも関心を持つが，横断調査データではそうした変化について明らかにすることはできない．そのため本章では，回答者の属性，とりわけ性別と年齢という重要な要因が，家族に関する意識とどのように関連しているのかに注目しながら，家族をめぐる政策，とりわけ高齢者扶養や児童福祉に関連する政策への態度について，それが性別，年齢，家族意識といった諸変数とどのように関連するかを明らかにすることを主たる目的とする．主たる関心は，回答者の諸属性（人口学的，社会経済的）がどのように家族政策に関する意識と関連しており，また，その意識はどの程度まで高齢者扶養と家族責任という家族政策への評価，態度と関連しているのかという問題を検討することにある．

上記のような背景のもとに，本章では，大別して2つの分析を行う．第1の分析は第2の分析の前提となるものであり，家族に関する意識を規定する要因は何かを明らかにすることを目的とする（3節）．第1の分析を踏まえ，第2の分析として，家族政策に関する態度に関連する要因が何かを，主として家族意識との関連に焦点を当てながら考察する（4-5節）．後者の分析では，高齢者扶養に関する態度と，政府による育児支援への評価という2つの項目を取り上げる．

3. 家族意識の規定要因

(1) 変数と方法

　本節では，後述の分析に先立ち，家族意識の規定要因を分析する．具体的には，家族に関する様々な考え方に対して人々が持つ態度（家族観，家族意識）を従属変数として，それがどのような要因と関連しているかを分析する．我々の調査では，複数の項目を設けて，「賛成」－「反対」の四件法によって，家族に関する行動や価値についての言明に対する回答者の賛否を尋ねている．正確な質問文は以下の通りである（[　]に便宜的な簡略表記を記した）．(1)結婚したら，家族のために自分の個性や生き方をある程度犠牲にするのは当然だ[自己犠牲]，(2)いったん結婚したら，性格の不一致くらいで別れるべきではない[離婚反対]，(3)結婚している者は，配偶者以外の異性と親密な関係になるべきではない[婚姻親密]，(4)父親と母親がそろった家庭で育たないと，子どもは不幸になりやすい[単親反対]，(5)人は充実した人生をおくるには，子どもを持たなければならない[子ども重視]，(6)自分の幸福を犠牲にしても子どもに尽くすのが親のつとめである[親の義務]，(7)子どもは，自分の幸福を犠牲にしても年老いた親の面倒をみるべきだ[老親扶養]．これらは，個人主義と家族価値との対立という軸の上に，性別分業と婚姻の安定性を前提とした家族行動への支持の程度を問うものであり，いわば「伝統的」家族観への支持の程度を測っているものとみなすことができる．

　独立変数または統制変数は以下の通りである．回答者の属性に関する人口学的な変数として，性別，年齢（20歳代－70歳以上の10歳区分で投入）を用いた．社会経済的変数として，予備的な分析を踏まえ，職種と学歴とを用いた．前者については，職種を4カテゴリに分けたものを用いた（上層ホワイトカラー＝専門・技術・管理，下層ホワイトカラー＝事務・販売・サービス・保安・運輸・通信，熟練ブルーカラー＝技能労働者，非熟練ブルーカラー＝一般作業者・農林漁業）．学歴については，義務教育，高等学校，短大・高専，大卒以上の4区分を用いた．統制変数として，家族構造に関する変数を用いた．この調査では回答者の家族に関する詳細な調査項目を設けていないため，あくまで便宜的な変数であるが，以下の分析の幾つかにおいて，世帯内の高齢者の有無

(いる＝1, いない＝0), 世帯内の子どもの有無 (いる＝1, いない＝0) を統制した.

これら独立変数については, 女性のほうが, より若い世代のほうが, 非伝統的な家族意識を志向する傾向が強いと考えられる. 学歴については, より長期間の教育, 特に高等教育の経験は, 伝統的な価値体系に対する批判的な視点を採用することを可能にするため, 非伝統的家族意識を示す傾向を強めると考えられる. 同様の理由で, 高い職業階層の職種に就いている場合に, 強い非伝統的家族意識を示す傾向があると予想される.

(2) 結　果

2節で紹介した先行研究が示唆するように, 家族意識における違いに関連する要因の中でも性差の占める役割は大きいことが予想される. 家族意識の各項目について, 「賛成」と「どちらかといえば賛成」を合計した割合を, 性・年齢別, 性・学歴別, 性・職種別にクロス集計した (表 6-1)[2].

表 6-1 に示すように, ［婚姻親密］を除く全ての項目について, いずれの年齢層においても男性より女性のほうが賛成する割合は低い. これは, 伝統的家族観によって現実の不利益を被りやすい女性のほうが非伝統的な価値観に傾きやすいという予想に一致する. 年齢層による違いを見ると, 全体的にはより若い世代のほうが賛成する割合が低い傾向があり, これは若い世代のほうが伝統的家族観にとらわれない傾向が強いという仮説と一致する. しかし［単親反対］について50歳代以下の世代の間では有意な (5% 水準, 以下同じ) 違いが見られない点, ［老親扶養］では, 男性, 女性の双方で30-40歳代よりも20歳代のほうが高い賛成の割合を示している点など, 関連が必ずしも線形ではないこと, ［離婚反対］などでは男女の間で年齢の関連が異なっている点などには注意を要する. 学歴との関連を見ると, やはり［婚姻親密］を除く項目について, 学歴の高い場合に賛成の割合は低いという傾向が見られるものの, 男性では関連が顕著ではない. 職種については, 高い職業階層で賛成の割合の低い項目が多いが, 関連は強くない. なお, 表は掲示しないが, 全ての項目について, 賛成＝1から反対＝4の得点を従属変数として, 性, 年齢, 学歴, 職種をそれぞれ説明変数としたT検定または一元配置分散分析を行った結果, ［婚姻

表6-1　家族意識：伝統的家族観に賛成する割合（性・年齢別）　　　　（％）

	自己犠牲	離婚反対	婚姻親密	単親反対	子ども重視	親の義務	老親扶養
男性・20歳代	60.7	69.1	86.3	56.5	44.7	63.4	46.2
男性・30歳代	64.7	63.8	90.0	56.5	47.2	58.4	36.1
男性・40歳代	62.5	68.2	88.1	55.2	46.7	56.5	35.0
男性・50歳代	68.9	71.6	84.2	53.1	53.7	57.1	40.1
男性・60歳代	74.5	79.6	91.9	70.6	70.0	60.3	46.5
男性・70歳以上	73.9	81.6	91.3	75.7	77.3	75.4	62.3
（男性合計）	67.4	72.0	88.3	60.1	55.6	60.6	42.9
女性・20歳代	42.1	47.2	80.4	41.1	35.2	44.0	30.6
女性・30歳代	39.5	44.4	89.0	44.7	34.6	44.8	21.5
女性・40歳代	46.4	51.9	91.0	47.5	37.4	42.0	21.4
女性・50歳代	53.5	66.7	87.1	51.2	45.0	48.5	28.2
女性・60歳代	60.9	73.0	86.7	62.6	59.3	60.2	41.4
女性・70歳以上	68.1	77.1	86.6	68.6	64.7	66.7	49.0
（女性合計）	50.9	59.4	87.3	51.8	44.8	49.9	30.4
男性・義務教育	69.8	78.2	87.6	65.0	64.1	66.3	50.0
男性・高等学校	69.8	71.1	87.6	55.4	51.2	59.5	42.3
男性・短大／高専	60.4	75.8	87.2	57.7	52.3	69.1	46.3
男性・大卒以上	63.8	66.1	90.4	65.1	56.3	54.0	35.8
女性・義務教育	63.9	74.4	83.9	59.4	57.3	62.1	40.1
女性・高等学校	51.0	59.8	89.1	51.3	43.6	52.0	30.9
女性・短大／高専	40.4	48.6	86.5	46.5	38.9	36.6	21.1
女性・大卒以上	39.9	43.2	87.9	49.2	32.2	35.5	23.0
男性・上層ホワイト	66.2	72.7	89.7	64.7	57.8	56.6	40.2
男性・下層ホワイト	64.6	68.7	88.5	57.5	53.1	58.9	40.0
男性・熟練ブルー	68.0	70.8	87.6	56.7	52.5	61.2	43.2
男性・非熟練ブルー	74.6	80.1	87.5	60.6	60.3	69.1	51.8
女性・上層ホワイト	43.5	52.5	89.9	51.3	42.2	41.4	24.1
女性・下層ホワイト	48.6	56.6	87.6	49.7	40.9	45.7	27.0
女性・熟練ブルー	56.2	64.4	90.4	45.8	45.8	54.9	40.8
女性・非熟練ブルー	57.0	69.1	85.1	57.0	56.7	63.0	38.3

注：「賛成」と「どちらかといえば賛成」の合計．

親密］のみを除き，性別，学歴，職種による違いは5％水準で有意であった．

　以上は2変数間の関連であるため，他の変数を統制した個々の変数の効果を推定するために多変量解析の手法を用いた分析が必要になる．ここでは，性別に，全ての項目について，賛成＝1から反対＝4の得点を従属変数，年齢，学歴，職種をそれぞれ独立変数とし，世帯内高齢者数，子どもの有無を統制して，交互作用項を含まない多元配置分散分析を行った（分析にはSPSSのGLMモ

表6-2 家族観に関連する要因：多元配置分散分析の結果（有意確率）

		自己犠牲	離婚反対	婚姻親密	単親反対	子ども重視	親の義務	老親扶養
男性 ($N=1,820$)	(df)							
年　齢	5		*	**	**	**	**	**
学　歴	3			*	**			
職　種	3	*						*
高齢者有無	1		**		*			
子ども有無	1		**			**	**	
調整済み R^2		.01	.03	.01	.05	.09	.02	.04
女性 ($N=1,830$)								
年　齢	5	**	**		**	**	**	**
学　歴	3	**	**				**	**
職　種	3						**	*
高齢者有無	1		**			**		
子ども有無	1	**		*	*	*	**	**
調整済み R^2		.06	.08	.01	.04	.06	.07	.06

注：空欄は ns，$*=p<.05$，$**=p<.01$．

デルを使用した）．なお，予備的分析として，性別を独立変数として投入した同じモデルをサンプル全体に適用した結果，［婚姻親密］を除く全ての項目で性別は有意な効果を示した．職種の変数を含んだ結果，職歴のない回答者（ほとんどが女性）及び学生は分析対象から除かれている点に注意する必要がある[3]．

紙幅の都合で表6-2には各変数の有意水準のみを示す．モデルは全て有意であるが，調整済み R^2 の値が示す通り，説明力は高くない．項目によって有意な要因が異なっているが，同時に，類似した傾向も存在する．年齢は，男女各1項目を除くほとんどの項目で有意な効果を示す．学歴は，男性の2項目，女性の4項目で有意であったが，男女で項目は異なる．職種は［老親扶養］のみで男女共通して有意であったほかは，独自の効果を示す項目は少なく，学歴に比べるとその関連は明確でないことが分かる．

こうした差異を踏まえつつも，以下の分析との関連で，これらの項目に対する平均的な回答の傾向を知ることが便宜であるため，これらの項目を1つの尺度として分析した．予備的な分析として，7項目のうち［婚姻親密］を除いた6項目を因子分析にかけた結果，一因子だけが抽出された．クロンバックの α

表6-3 非伝統的家族意識を従属変数とする重回帰分析（OLS）の結果（非標準化偏回帰係数）

	全体	男性	女性
性別（女性＝1）	1.41***		
年齢	－.04***	－.03***	－.04***
学歴（基準＝義務教育）			
高等学校	.42**	.38	.53*
短大・高専	.73***	.00	1.16***
大卒以上	.68**	.28	1.56***
職種（基準＝非熟練ブルー）			
熟練ブルー	.76***	.82**	.36
下層ホワイト	.69***	.80**	.59**
上層ホワイト	.60**	.65*	.48
世帯内高齢者（いる＝1）	－.60***	－.61***	－.59**
世帯内子ども（いる＝1）	－.17	－.20	－.16
調整済み R^2	.12***	.05***	.11***
N	3,684	1,836	1,848

注：*$p<.05$，**$p<.01$，***$p<.001$．

は.75であり，比較的良好な信頼性が確認できたため，賛成＝1－反対＝4の得点を与え合計した尺度を構成した．得点の相対的大きさは，非伝統的な家族観の支持の強さを示すものと考えられるため，この尺度を便宜的に「非伝統的家族意識」と呼んでおく．得点の正規分布からの逸脱は大きくない（レンジ6-24，平均14.83，SD 3.59，歪度.12，尖度－.15）．

　この尺度を用いて，上述の分析と同じ変数（年齢のみ実年齢を量的変数として用いた）を投入して重回帰分析を行った（表6-3）．左列から順に，全体についての分析，男性，女性についての分析を示している．全体については，子どもの有無を除く全ての変数の効果が有意であるが，特に性別の効果が大きい．社会経済的変数については，学歴，職業階層の相対的に低い層で伝統的な家族意識が強い傾向があるが，後述するようにこの効果は男女で異なって現れる．家族構造に関する変数では，高齢者のいる世帯では非伝統的な家族意識を持ちにくい傾向がある．こうした傾向は，高齢者がいる世帯に属する回答者は親子の世代的つながりを重視し，子どもを持つことを重視する価値観を持ちやすいことや，子どもを有する場合には親としての家族役割に基づく規範意識を持つ傾向

があることなどの結果であると考えられる．

　表6-3右の男女別分析に目を移すと，学歴の効果の男女差が顕著である．学歴の効果は男性では見られないのに対して，女性では有意であり，年齢に次ぐ強い影響を示している（表6-3では省略した標準化係数に基づく）．女性では学歴の高い層ほど非伝統的家族意識が強いという線形の関連が見られるが，男性ではそうした傾向は見られない．表示しないが，世帯収入の変数を同時に投入したモデルでも結果は変わらないことから，この学歴の効果は収入の効果によるものではないと判断できる．主として学歴の効果の違いを反映して，モデル自体の説明力も女性の方が高い．これとは逆に，職種の効果は女性よりも男性において顕著な効果を示している．これらから，社会経済的変数が非伝統的家族意識に与える効果は男女で異なっているということができる．表6-2で示したように，個々の項目に対する回答では学歴の効果の男女差について項目による違いも存在するため，こうした傾向を過度に一般化するには慎重さが必要であるが，こうした学歴と性別の交互作用は，社会学的に興味深い問題を提示している．

4. 高齢者扶養をめぐる意識の規定要因

(1) 変数と方法

　本節では，家族意識と関連する要因についての前節の分析を踏まえて，高齢者扶養をめぐる意識の規定要因を分析する．ここでいう高齢者扶養とは，経済的な扶養ではなく高齢者の居住のあり方をめぐるそれである．具体的には，自立生活が困難な高齢者が家族・親族と暮らすべきかどうかについての態度を扱う．調査票における項目は，政策に関する意識を直接にたずねるものではなく，想定された状況における高齢者と家族・親族および社会福祉サービスとのかかわりについての態度，判断を問うものだが，こうした項目も，本人あるいはその家族が高齢者のための社会サービスを利用するかどうかの判断を考察するうえで重要な資料になるだろう．また，人々が「望ましさ」を判断するうえで多くの場合参照枠となる地域社会において，社会サービスの利用がどのように評価されるのかを考察するうえでも，意義を持つと考えられる．

従属変数は，介護が必要になった高齢者はどこで（あるいは誰と）暮らすべきかという設問への回答である．調査票は「体が弱って日常生活に助けが必要になり，1人で暮らせなくなった高齢者がいるとします．その高齢者はどのように暮らすのがよいと思いますか？」という質問文に対して，「施設に入るのがよい」「家族や親せきと一緒に暮らすのがよい」「場合による」の3選択肢から1つを選ぶ形式になっている．これら選択肢間の関係は質的な違いを意味すると考えられるため，以下の分析でも質的変数として分析した．

独立変数は前節で用いた人口学的変数，社会経済的変数，家族構造変数に加えて，回答者の意識，イデオロギーについての変数を用いた．独立変数の1つとして，前節で従属変数として用いた家族意識尺度を用いる．ここで，非伝統的な家族意識は，世代間のつながりを重視する伝統的な家族意識から相対的に自由であることから，無条件に家族が要介護高齢者にケアを提供すべきとする判断と負の関連を示すことが予想される．それに加えて，統制変数として，回答者の有するイデオロギーに関連する変数として，政党支持（調査票問34，ただし付問の「しいて言うと好きな政党」を含む）の変数（自民支持＝1，それ以外＝0のダミー）を投入した[4]．

(2) 結　果

従属変数の単純集計は，「施設に入るのがよい」（以下「施設」）19.6％，「家族や親せきと一緒に暮らすのがよい」（以下「家族」）24.5％，「場合による」56％であった（無回答は1ケースのみ）．施設に入ること，家族と暮らすことを選択する者は少数派であり，過半数の回答者は「場合による」を選択していることから，細かな文脈に関する情報が判断を形成するうえで重要であることを示唆している．

独立変数との関連を知るために，クロス集計を行った（**表6-4**）．性別の関連では，男性は女性よりも家族との同居を志向する割合が高く，それに対応して「場合による」を選択する割合は女性で高いという傾向がある．性年齢別の関連を見ると，男女とも60歳代以上で「施設」の割合が高くなる傾向があるが，男女で異なる点として，「家族」（及び「場合による」）を選ぶ割合は，男性の場合年齢による差は顕著でないが，女性では30-40歳代において「家族」

表 6-4　要介護高齢者の暮らし方に関する意識

(%)

	施設	家族	場合による
男性・20歳代	14.1	28.6	57.3
男性・30歳代	11.9	29.0	59.1
男性・40歳代	18.4	26.0	55.6
男性・50歳代	19.5	28.5	52.0
男性・60歳代	30.2	30.5	39.2
男性・70歳以上	34.3	28.0	37.7
(男性合計)	21.0	28.4	50.6
女性・20歳代	13.2	21.8	65.0
女性・30歳代	14.2	14.8	71.0
女性・40歳代	12.5	15.1	72.5
女性・50歳代	17.2	26.4	56.4
女性・60歳代	26.0	22.6	51.4
女性・70歳以上	31.7	26.3	42.0
(女性合計)	18.3	20.9	60.9
男性・義務教育	29.6	29.6	40.7
男性・高等学校	19.2	29.3	51.5
男性・短大／高専	20.7	30.0	49.3
男性・大卒以上	16.0	24.9	59.1
女性・義務教育	25.4	25.2	49.5
女性・高等学校	18.0	22.6	59.4
女性・短大／高専	14.2	14.0	71.8
女性・大卒以上	11.5	14.8	73.8
男性・上層ホワイト	18.0	29.7	52.3
男性・下層ホワイト	21.5	26.9	51.6
男性・熟練ブルー	23.5	28.2	48.3
男性・非熟練ブルー	22.0	31.3	46.6
女性・上層ホワイト	12.5	18.3	69.2
女性・下層ホワイト	17.4	19.5	63.1
女性・熟練ブルー	20.5	27.4	52.1
女性・非熟練ブルー	21.2	22.7	56.2
(家族意識)			
男性・第1階級	24.0	37.4	38.6
男性・第2階級	20.1	29.9	50.0
男性・第3階級	20.1	23.2	56.8
男性・第4階級	17.3	17.9	64.8
女性・第1階級	22.1	30.8	47.2
女性・第2階級	18.7	27.4	53.8
女性・第3階級	18.0	19.0	63.0
女性・第4階級	15.6	10.9	73.5

の割合が低くなっている．介護，ケアリングに関する研究の知見を踏まえると，これは，これらの年齢層に属する女性特有の構造的負担と関連していることを示唆しているといえるだろう．

　さらに，学歴との関連では，高学歴層で「施設」「家族」の選択割合が低く，「場合による」の割合が高い傾向がある．職業については，男性では明確な関連が見られないが，女性では職業階層が高い場合に「施設」の割合が低く，「場合による」が高い傾向がある．最後に，家族意識（4階級にカテゴリ化した．階級が高いほど「非伝統的」家族意識が強いことを示す）との関連を見ると，男性，女性ともに，非伝統的家族意識が強いほど，「場合による」の割合が大きくなり，他の項目（とりわけ「家族」）を選択する割合が小さくなるという顕著な関連が見られる．

　これらを踏まえると，本項目への回答パターンは「家族ー場合によるー施設」という「家族ー施設」という（常識的に考えられる）軸を構成しているとは考えがたく，むしろ，「場合による」という選択肢が残り2つの選択肢と対応していると考えられる．

　こうした2変量の関連を踏まえて，ここでは多項ロジスティック回帰による推定を行った（表6-5）．なお，年齢は非線形の関係が存在することが示唆されたので，年齢層ごとのダミー変数として投入している．

　全体については，構造的変数のみのモデル1と，意識変数を追加したモデル2との結果を示した．まず全体について，職種は有意ではなく，高齢者数，子どもの有無といった家族構造に関する変数も有意な効果を持たない．個々のモデルについて見ると，モデル1では，女性である場合に，「場合による」の代わりに「施設」「家族」を選択する確率は低く，学歴が大卒以上と対比して義務教育水準である場合に選択しやすいという傾向がある．年齢については，50歳代を基準カテゴリとしたとき，60歳代以上で「施設」を選択する確率が高く，30歳代で低い．「家族」の選択については30歳代，40歳代で低い．意識変数を加えたモデル2では，モデル全体の説明力は大幅に高まっており，「施設」「家族」どちらも，非伝統的家族意識尺度は有意な係数を示しており，「家族」については政党支持変数も有意である．また，モデル1で有意な係数のほとんどはその値が減少していることから，モデル1における構造的変数の効果

表 6-5 要介護高齢者の暮らし方に関する意識（多項ロジスティック回帰分析の結果）

	全体				男性		女性	
	モデル1		モデル2					
	施設/場合による	家族/場合による	施設/場合による	家族/場合による	施設/場合による	家族/場合による	施設/場合による	家族/場合による
性別（女性＝1）	$-.39^{**}$	$-.53^{**}$	$-.32^{**}$	$-.37^{**}$	—	—	—	—
年齢								
20-29	$-.30$	$-.08$	$-.29$	$-.10$	$-.32$	$-.01$	$-.24$	$-.17$
30-39	$-.43^{**}$	$-.31^{*}$	$-.38^{**}$	$-.28$	$-.47$	$.06$	$-.29$	$-.61^{**}$
40-49	$-.25$	$-.36^{**}$	$-.21$	$-.27^{*}$	$-.01$	$.02$	$-.40$	$-.57^{**}$
50-59 ref	—	—	—	—	—	—	—	—
60-69	$.51^{**}$	$.10$	$.49^{**}$	$.04$	$.53$	$.18$	$.44^{*}$	$-.28$
70-	$.75^{**}$	$.16$	$.69^{**}$	$.12$	-45	$-.20$	$.94^{**}$	$-.04$
学歴								
義務教育	$.43^{*}$	$.42^{**}$	$.40^{*}$	$.37^{*}$	$.56^{*}$	$.47^{*}$	$.28$	$.35$
高等学校	$.20$	$.35^{**}$	$.19$	$.36^{**}$	$.18$	$.32^{*}$	$.22$	$.46$
短大・高専	$.17$	$-.01$	$.20$	$.05$	$.35$	$.38$	$.17$	$-.03$
大卒以上 ref	—	—	—	—	—	—	—	—
職種								
上層ホワイト	$-.10$	$.08$	$-.08$	$.15$	$.11$	$.16$	$-.35$	$.17$
下層ホワイト	$.14$	$-.05$	$.18$	$.05$	$.31$	$.03$	$.03$	$.06$
熟練ブルー	$.17$	$.02$	$.20$	$.11$	$.29$	$.05$	$.08$	$.34$
非熟練ブルー ref	—	—	—	—	—	—	—	—
高齢者有無（いる＝1）	$.17$	$.13$	$.21$	$.06$	$.15$	$.06$	$.12$	$.10$
子ども有無（いる＝1）	$.06$	$-.01$	$.03$	$-.13$	$.08$	$-.05$	$-.03$	$-.18$
非伝統的家族意識尺度			$-.05^{**}$	$-.13^{**}$	$-.07^{**}$	$-.12^{**}$	$-.02$	$-.15^{**}$
政党支持（自民＝1）			$.16$	$.22^{*}$	$.16$	$.34$	$.20$	$.05$
モデル χ 二乗値 (df)	232.54 (28)**		357.15 (32)**		154.34 (30)**		181.74 (30)**	

注：$*p<.05$, $**p<.01$.
　　ref＝基準カテゴリ．

は，家族意識変数の効果によって部分的に説明できることが分かる．

次に，性別による違いを考慮するために，モデル2において投入した変数（性別は除く）を全て投入して，男女別に分析を行った（**表 6-5** 右側）．男性，女性の係数を比較すると注目すべき違いが幾つか見られる．まず，「施設」を選択する割合に関連する変数では，男性で有意な学歴および非伝統的家族意識の変数は，女性については有意でなく，逆に年齢は女性についてのみ有意である．次に，女性では（50歳代を基準として）30歳代，40歳代であることは「家族」を選択する確率を大きく低める（オッズ比換算で80％前後）効果を持つが，これは男性については当てはまらない．次に，「家族」を選択する割合

を高める要因として，男性については学歴の効果が有意であるが，女性については（高等学校のみ10％水準では有意だが）そうではない．同様に，男性では「施設」を選択する確率を高める要因として「義務教育」が有意であるが，女性には該当しない．最後に，「家族」を選択する確率に対する「政党支持」変数の効果は，男性においてのみ有意である．

　ここから示唆されるのは，年齢，学歴，政党支持，非伝統的家族意識といった変数が高齢者介護をめぐる意識に影響を与えるメカニズムがジェンダーによって異なっているということである．女性について，30歳代，40歳代である場合に「家族」を選択しにくくなるのは，こうした年齢層の女性が，家事分業の構造的不平等という条件下で，子どものケア，親あるいは義理の親のケアといったケア労働を割り当てられる立場に置かれやすいことを反映していると考えられる．この年齢層の女性は，要介護高齢者のケアという状況に自分自身が直面する可能性が大きいが，そうしたケアを引き受けることを否定する価値観を採用することも容易ではなく，結果的に「場合による」という判断を優先せざるをえなくなるということである．同様に，男性と女性で学歴や政党支持の効果が異なっていることも，男性の場合は自分自身の手を下す事柄ではない問題，あるいは政治的な問題としての判断が可能だとしても，女性の場合には，自分の学歴が高いこととは無関係に，ケアリングが実際の複雑な状況下で自分自身の仕事としてあらわれる可能性を検討しなければならないことの反映であると考えられる．

5. 育児支援施策への態度——家族責任

(1) 変数と方法

　本節では，以上の分析を踏まえ，家族責任，とりわけ育児に関連する施策への態度に関連する要因について分析する．家族責任（family responsibility）という概念は，家族が担うべき役割，特にどのような労働や物財（資源）を，どのようにして，どのような対象者に提供すべきかに関する，多かれ少なかれ規範的な観念として定義できる（Finch and Mason, 1993）．こうした観念は，国家やその他の主体が何を行うべきかに関する観念と関連していると想定でき

る．家族責任は，前節で分析したような高齢者への介護についても問題になるが，ここでは女性の労働力化の進展，産業構造の大きな変化に伴い，より大きな問題となってきた育児に関する家族責任を扱う．この調査では，育児についての家族責任を直接的にたずねた項目はないが，育児に関する政府の支出，政府の責任についての態度を調べているため，この項目を用いた．

従属変数は，「育児支援」に対して政府の支出を増やすべきか，減らすべきかという設問への回答，および「育児・子育てを支援すること」が「一般的にいって」政府の責任だと思うか，思わないかという設問への回答である．前者は，「大幅に増やすべきだ」＝1－「大幅に減らすべきだ」＝5までの得点を，後者は「明らかに政府の責任である」＝1－「明らかに政府の責任でない」＝4までの得点を変数とした（8-9％程度見られるDK，NAは欠損値として処理した）．両項目への回答パターンは異なるため，以下では両者を別個の変数として分析する．

独立変数としては，既出の変数以外では，子ども有無の代わりに，育児に関する施策への態度を形成するうえで重要な構造的背景であると思われる「末子年齢」を用いた（末子5歳未満＝1，その他（子どもなしを含む）＝0）．集中的なケアを必要とする年齢の子どもを持つ場合に，政策的な育児支援の必要性を重視する態度を持ちやすいと考えられる．これ以外の意識変数として，家族意識尺度，政党支持，脱物質主義尺度，ジェンダー観尺度（脱伝統的ジェンダー意識の尺度）を用いた[5]．ここでジェンダー観の尺度を用いるのは，伝統的性別分業へ批判的な態度を有する場合，育児に対する政府の支援をより重視する態度を持つと理論的に予想されるためである．また，非伝統的な家族意識，革新的な政党支持，脱物質主義的な意識はそれぞれ，育児について政府支出の増大や政府責任を肯定的に評価する態度と正の相関を示すことが予想される．

(2) 結　果

予備的な分析において年齢と各独立変数とを投入した二元配置の分散分析（主効果のみ投入）を行ったところ，学歴，職種は有意な主効果を示さなかったため（性別に分析しても同様），以下の分析では独立変数から外した．有意な係数を示した独立変数との関連を**表6-6**に示す（政府による育児支援施策

表 6-6 育児支援に対する態度 (%)

	政府支出	政府責任		政府支出	政府責任
男性・20歳代	54.5	67.8	男性・自民支持	44.1	62.5
男性・30歳代	56.7	70.3	男性・その他	49.5	68.4
男性・40歳代	44.7	65.3	女性・自民支持	40.0	61.2
男性・50歳代	41.5	60.0	女性・その他	47.7	71.2
男性・60歳代	49.7	68.4	(脱物質主義尺度)		
男性・70歳以上	43.6	73.2	男性・1	40.9	63.0
(男性合計)	47.8	66.5	男性・2	46.1	66.1
女性・20歳代	59.4	72.4	男性・3	50.1	67.9
女性・30歳代	58.8	77.5	男性・4	61.1	69.2
女性・40歳代	35.8	68.0	女性・1	40.6	64.2
女性・50歳代	40.3	61.3	女性・2	43.3	68.1
女性・60歳代	41.6	67.9	女性・3	50.2	70.7
女性・70歳以上	42.6	66.7	女性・4	44.3	72.7
(女性合計)	45.8	68.7	(ジェンダー観尺度)		
男性・末子5歳以下	65.1	73.3	男性・第1階級	41.7	63.9
男性・その他	45.6	65.7	男性・第2階級	47.8	66.3
女性・末子5歳以下	72.4	85.3	男性・第3階級	47.6	65.6
女性・その他	42.3	66.5	男性・第4階級	60.0	74.3
(家族意識)			女性・第1階級	41.8	60.9
男性・第1階級	48.5	67.4	女性・第2階級	43.4	64.8
男性・第2階級	47.9	66.7	女性・第3階級	42.0	68.4
男性・第3階級	45.1	64.4	女性・第4階級	54.9	77.9
男性・第4階級	50.5	68.4			
女性・第1階級	41.0	64.6			
女性・第2階級	44.4	67.0			
女性・第3階級	47.5	68.2			
女性・第4階級	48.2	73.0			

注：政府支出は「大幅に増やすべきだ」「増やすべきだ」の合計, 政府責任は「明らかに」「どちらかといえば」の合計.

を支持する割合として，政府支出については「大幅に増やすべきだ」「増やすべきだ」の合計，政府責任は「明らかに」「どちらかといえば」の合計パーセントを示す）．どちらの項目でも性差は顕著でない．年齢との関連は他の変数に比べると相対的に大きい．男性はどちらの項目も50歳代で最も低く，政府支出は若い年齢層で支持割合が高いが，政府責任については高齢層でも支持が高い．女性では政府支出について，40歳代は顕著に低い（20-30歳代より20ポイント以上低い）割合を示しているのが目に付く．政府責任について女性は30歳代で最も支持割合が高く，50歳代が最も低い．その他の変数はほぼ予想されたとおりの関連が見られるが，家族意識については特に男性で関連が弱い．

これらを踏まえて，各変数を統制したうえでの個々の変数の効果を検討するために，重回帰分析を行った（表6-7）[6]．サンプル全体について見ると，全てについて有意な係数を示すのは末子年齢，年齢，ジェンダー観である．5歳以下の児童がいる場合に，またジェンダー尺度の点数が高い場合に，育児支援

表 6-7 政府による育児支援への態度を従属変数とする重回帰分析の結果
(非標準化偏回帰係数)

	政府支出 全体	政府責任 全体	政府支出 男性	政府支出 女性	政府責任 男性	政府責任 女性
性別(女性=1)	.02	.04				
年齢						
20-29	−.18***	−.12*	−.15*	−.21**	−.06	−.19*
30-39	−.12*	−.14**	−.13	−.10	−.08	−.19**
40-49	.03	−.06	−.07	.11	−.07	−.05
50-59 ref	—	—	—	—	—	—
60-69	−.11**	−.16***	−.16**	−.05	−.15*	−.16*
70-	−.11*	−.15**	−.13	−.08	−.18*	−.11
末子年齢	−.41***	−.27***	−.37***	−.43***	−.22**	−.32***
家族意識尺度	.00	.01	.01	.00	.02*	.00
政党支持(自民=1)	.05	.16***	.02	.08	.12**	.20***
脱物質主義尺度	−.05*	−.04*	−.06**	−.04	−.05	−.03
ジェンダー観尺度	−.02**	−.03***	−.03**	−.01	−.03***	−.02*
調整済み R^2	.05***	.04***	.04***	.07***	.02***	.05***
N	3,353	3,319	1,695	1,658	1,682	1,637

注: $*p<.05$, $**p<.01$, $***p<.001$.
　末子年齢は5歳以下の子ありの場合に1をとるダミー変数.

施策を強く支持する傾向がある.年齢については線形の関連ではなく,40-50歳代よりも若い年齢層および高い年齢層で,育児支援施策を支持しない傾向がある.その他の変数では,脱物質主義尺度も5%水準で有意な効果を示している.政府責任については,政党支持も有意であり,自民支持の場合に育児支援責任を認めにくい傾向がある.回答者年齢やジェンダー観と比べて末子年齢の効果の方が相対的に大きいことは,育児支援に関する政府支出および政府責任への態度に対して,現実に存在しているニーズ(この場合,保育ニーズ)が強い効果を及ぼしていることを示す.また,ジェンダー観に比べて家族意識は有意な効果を示していないことから,少なくとも育児という特定された領域の政策に関する態度に関係する要因としては,ここで測定された限りにおいての家族意識よりも,ジェンダー平等に関する意識のほうが重要だということを意味する.

次に,それぞれの項目を性別のサブサンプルに分割して同様の分析を行った(**表 6-7**右).末子年齢,ジェンダー観尺度は男女でほぼ同様の効果を示して

おり，末子年齢が大きな効果を持つ点も同様である．ただしその他の変数の効果には若干の性差が見られる．政府責任についての年齢の効果は，女性では40歳代を底とする非線形の関連が存在し，男性とは異なる傾向を示す．また，政党支持の効果は，男性よりも女性で強い効果を示しており，男性では脱物質主義尺度が有意な係数を示す．政党支持変数が，現在の政権や政策に対する批判的な態度を測定するものであることを考えれば，税負担の増大などを考慮せずに判断できる「政府責任」について政党支持が男女を問わず効果を示すことは首肯できる．逆に，政府支出に関する判断は，税負担などを考慮したものにならざるを得ないため，政党支持との関連は相対的に弱く，むしろ脱物質主義などの政治意識の説明力が強いものと考えられる．

この点に関連して，女性について職業に関する構造的変数を統制した分析を追加的に行った．職業にあたる変数として，職種ではなく従業上の地位を用いた．就労年齢層（60歳未満）で職歴のある女性サブサンプル（表6-7の女性サンプルの約7割，nは約1,200）を対象とした．この年齢層の女性はとりわけ職業とケア労働の二重の負担にさらされる年齢層であり，育児をめぐる政策に対して明確な関心を持ちやすいと想定される．ここでは学歴，職業ダミー（従業上の地位：現在無職の場合は最長職について）の変数を含んだ変数群，それに意識変数を追加した変数群との2つのモデルを比較した（表6-8）．

結果を見ると，政府支出については，モデル1では年齢，末子年齢，職業が有意な効果を示す．意識変数を追加したモデル2では，政党支持も有意である．末子年齢の効果は2つのモデル間で変化がなく，育児支援施策の態度とこの変数との関連の強さを改めて示している．職業の効果もモデル間でほとんど変化がない．フルタイムとパートの間には有意な違いがなく，これらと自営・家族従業者等を含む層との違いが見られる．次に政府責任については，モデル1では年齢，末子年齢のみが有意である．モデル2では，政党支持，ジェンダー観尺度の効果が有意であり，末子年齢については変化がないが，年齢の効果は弱まっている．

全体を通じて，就労年齢の女性において，育児支援施策への態度に関連する構造的要因としては，末子年齢が最も大きな関連を持っている．政党支持，ジェンダー観に比べて，家族意識は有意な効果を示さなかった．政党支持などの

表6-8 政府による育児支援への態度を従属変数とする重回帰分析の結果（60歳未満女性）（非標準化偏回帰係数）

	政府支出		政府責任	
	モデル1	モデル2	モデル1	モデル2
年齢				
20-29	－.18**	－.14	－.21**	－.13
30-39	－.11	－.08	－.22**	－.15*
40-49	.09	.12*	－.08	－.04
50-59 ref	－	－	－	－
末子年齢	－.46***	－.46***	－.36***	－.35***
職業（基準＝自営・家族）				
フルタイム	－.16**	－.14*	－.05	－.02
パートタイム	－.15*	－.13*	－.10	－.08
家族意識尺度		.00		.00
政党支持（自民＝1）		.13*		.24***
脱物質主義尺度		－.03		－.02
ジェンダー観尺度		－.01		－.02*
調整済み R^2	.09***	.09***	.05***	.07***
N	1,177	1,177	1,148	1,148

注：$*p<.05$，$**p<.01$，$***p<.001$.
末子年齢は5歳以下の子ありの場合に1をとるダミー変数．

意識変数を統制した後もなお，女性の置かれた社会経済的地位が政策に対する意識との関連を示すことは，被雇用女性は職業労働と家庭生活との関係に大きな影響を及ぼす育児支援政策についての関心を有していることを反映したものと考えられる．今後も進むことが予想される女性の労働力参加は，女性の間における政策意識の変化を進めることを予想させるといえるだろう．今後，他の調査に基づく知見などとの比較を行いながら，検討を深める余地のある問題である．

6. 議論と結論

分析から得られた知見の幾つかを要約する．家族意識と関連する要因として，性，年齢という違いが顕著であることを確認したと同時に，学歴が非伝統的家族意識と関連するという関係は女性についてのみ確認されたことから，個々の変数がジェンダーというチャンネルを通じて異なる影響をもたらしていること

が示唆された.

次に,要介護高齢者の暮らし方に関する態度の分析結果からは,男女の回答傾向の顕著な違いを確認すると同時に,家族意識変数は高齢者扶養に関する態度に独自の効果を持つこと,こうした効果は,年齢,学歴,政党支持といった他の影響を排除するものではないことが明らかになった.また,これらの変数はやはり男女で異なった影響を持つと考えられるということを指摘した.最後に,育児支援についての政府支出,政府責任についての態度の分析では,構造的な要因として,保育ニーズの対象となる年齢の子どもが現在いるかどうかが強い影響力を示しており,家族意識変数は有意な関連を持たなかったのに対して,ジェンダー観や政党支持が関連を示すことが指摘された.

議論として,これらの知見が家族政策についての社会科学的な考察に対してもつ含意について検討したい.第1に,家族意識が高齢者扶養をめぐる態度と関連を示しているという知見,あるいは,ジェンダー観が育児支援をめぐる態度と関連を持つという知見は,政策によって関連が大きく異なることに注意する必要はあるものの,家族政策をめぐる考察に対して一定の意味を持つ.家族についての意識は,本章でも確認した顕著な世代差が示すように,世代によって変化する側面を持つと同時に,従来の知見が示してきたように相対的に変化しにくい部分も持つものだとすれば,政策策定においては,家族という制度,あるいはジェンダー関係をめぐって存在する異なったニーズや価値観についての現実的な配慮が必要になる.例えば,そうした価値観が地域的な多様性を示す場合には,そうした多様性を踏まえた政策の実施が必要になるだろう.

第2に,高齢者扶養に関する分析において,男女で年齢,学歴の関連が異なって現れているという知見が示唆するのは,男女間に存在する構造的な不平等は,この調査が行われた時点でもなお人々の政策への判断を水路付ける枠組みとなっているということである.女性の職業が育児政策への志向と関連していることも踏まえれば,政策について,人々は自身の有する価値観のみに従って判断しているわけではなく,自分が置かれた構造的現実の中で何かしらの実際的な態度形成を行っていることが想定できる.であるとすれば,家族政策には,そうした構造的現実に配慮し,存在する構造的制約に働きかけることが求められよう.家族に関わる政策は,ジェンダー間で非対称な構造を持つ現実への働

きかけを優先しなければならないということである.

　最後に,方法論上の幾つかの留保をしておきたい.第1に,本文で触れたように,本章が依拠するデータはクロスセクショナルデータであり,例えば家族意識と家族政策への態度との関連は,前者が後者を規定する因果関係として捉えられるわけではない.因果関係として提示された本章の解釈はその意味で推測の域を出ない.社会学的視点からみたとき,こうした因果関係を経験的に明らかにしていくことはきわめて重要である.別のデータセットとの比較研究,繰り返しセクショナルデータ,あるいはパネルデータを用いて,構造的要因,意識要因,政策意識要因の時間的関係を明らかにし,「意識」のなかでも,より変化しにくい部分と変化しやすい部分とを区分けし,どのような社会政策のオプションが可能であるか,望ましいかを示すことが必要であろう (Lesthaeghe and Moors, 2000)[7].本章でも年齢は必ずしも線形の関連を示していないことを確認したが,こうした関連が,加齢に伴い生じるイベント経験によるものか,時代効果によるものかなどの問いは,今後のデータ収集と分析をまってはじめて明らかにされうるものである.

　第2に,本章は日本のデータのみを扱ったが,既に存在するそれも含めて,海外のデータセットとの比較が望まれる.比較社会政策の関心からは,政策の違いと,政策に対する評価や態度との関連を明らかにしていくことが重要である.そのためには,特に政策に関する態度の測定に関して,調査技法を洗練させていく必要があるだろう.個々の政策に関する態度の測定は,各国ごとの制度の違いも反映して,まだ十分な検討が尽くされていない状況にある.また,家族意識,ジェンダー観などに関する文化間比較の方法についても,十分な知見の蓄積があるわけではない.グローバルな価値変動が進む中で,現実的なデータに即した国際比較研究の必要はますます高まっている.政策に関する社会学的実証研究においては,こうした方面への貢献が今後の課題として求められているといえよう.

1) イングルハートらの研究における知見の整理として,田渕(2001)を参照.
2) 無回答(各項目1%未満)は除いた.また,欠損値を含むケースは項目ごとに異なるため,**表6-1**内のNは必ずしも一致しない.

3) 職種の変数を除いたモデルによる推定結果と比較し，ほとんど違いは見られないことを確認している．
4) 予備的分析において，世界価値観調査などで用いられてきた「脱物質主義尺度」に準じて作成した変数を用いて分析を行ったが，有意な関連は見られなかった．ここで用いた尺度は，「むこう10年間のわが国の目標としては次の1-4のうちどれが一番重要だと思いますか？　また，二番目に重要なのはどれですか？」への回答について，「国内の秩序を維持すること」「物価上昇をくいとめること」に－1，「重要な政府の決定にもっと人々の声を反映させること」「言論の自由を守ること」に＋1を与え，回答の組み合わせのうち，一番重要なものとして選ばれた選択肢の点数に2倍の重みを与えたうえで加算した点数を2で割り2.5を足した点数（1-4点）を与えた尺度である．ただし，少なからぬ（10％弱）欠損値を補完するため，「二番目に重要」のみ欠損値であるケースについて，非欠損値ケースの分布に従って点数を按分した（約6％）．
5) 回答者の非伝統的ジェンダー観を測る尺度として，「家事や育児はもっぱら女性が行うべきである」「子どもが3歳になるまでは母親が育てるべきだ」「男の子は男の子らしく，女の子は女の子らしく育てるべきだ」について，「賛成」＝1－「反対」＝5点を与えて合計したものを用いた（レンジ3-15，平均7.6，SD 2.5，歪度 .44，尖度 .10，$\alpha = .66$）．
6) 四件法尺度の単一項目を従属変数として重回帰分析を行うことには注意が必要だが，予備的な分析においてこの項目を賛否の2値変数としてロジスティック回帰分析を行った結果，独立変数の効果についてはほぼ同様の結果が得られたので，解釈の容易さを優先して重回帰分析の結果を表示している．
7) 関連して，意識のあり方が人々の行動にどのような影響を及ぼすのかも検討されるべきである．近年の研究では，価値観，態度要因を行動の規定要因として想定する視点から家族行動を分析するものが登場している．例えば福田（1999）は，20歳から49歳の既婚女性を対象とした調査データについて比例ハザードモデルにより結婚後の第1子出生ハザードを推定し，妻の学歴，夫の収入，結婚コーホートなどを含むモデルに対して，結婚などに関する「個人主義」価値観，「伝統主義」価値観を付加したモデルは，モデルを改善する効果を示さなかったという知見を得ている．同様にMoors（2000）は，ドイツの若年女性を対象にしたパネル調査データを分析し，調査の2時点間で結婚を経験した女性は，子どもの価値や，親としての責任を重視する伝統的価値観を強めると同時に，個人の自由や独立性を重んじる自律的価値観を弱めていたと指摘している．価値観と行動との因果関係は複雑であるが，両者の関係を経験的に解きほぐしていくことは社会学の重要な研究課題の1つであろう．

【文献】
Finch, J. and J. Mason, 1993, *Negotiating Family Responsibilities*, Tavistock : Routledge.
福田亘孝, 1999,「日本における第一子出産タイミングの決定因」『人口問題研究』55-1 : 1-20.
Gauthier, A. H., 1998, "Support for Child Allowances and Parental Leave," R. Palomba and H. Moors, eds., *Population, Family and Welfare : Comparative Survey of European Attitudes*, Volume 2, Oxford : Clarendon Press : 218-241.
Hantrais, L. and M. Letablier, eds., 1996, *Families and Family Policies in Europe*, London : Longman.
岩澤美帆, 1998,「結婚・家族に関する妻の意識」国立社会保障・人口問題研究所編『平成9年 第11回出生動向基本調査(結婚と出産に関する全国調査) 第I報告書 日本人の結婚と出産』国立社会保障・人口問題研究所 : 48-55.
Lesthaeghe, R. and G. Moors, 2000, "Life Course Transitions and Value Orientations : Selection and Adaptation," (http://www.sscl.uwo.ca/sociology/ftsc (January 31, 2002)).
Moors, G., 2000, "Values and Living Arrangements : A Recursive Relationship," L. Waite et al., eds., *The Ties That Bind*, New York : Aldine de Gruyter : 212-226.
Moors, H., 1995, "The Scope and Methods of the National Surveys," H. Moors and R. Palomba, eds., *Population, Family and Welfare : A Comparative Survey of European Attitudes*, Volume 1, Oxford : Clarendon Press : 45-58.
Moors, H. and R. Palomba, eds., 1995, *Population, Family and Welfare : A Comparative Survey of European Attitudes*, Volume 1, Oxford : Clarendon Press.
Palomba, R. and H. Moors, eds., 1998, *Population, Family and Welfare : Comparative Survey of European Attitudes*, Volume 2, Oxford : Clarendon Press.
Rhodes, M., ed., 1997, *Southern European Welfare States*, London : Frank Cass.
Scott, J., 1998, "Changing Attitudes to Sexual Morality : A Cross-national Comparison," *Sociology*, Vol. 32, No. 4 : 815-845.
Scott, J., D. F. Alwin and M. Braun, 1996, "Generational Changes in Gender-role Attitudes : Britain in a Cross-national Perspective," *Sociology*, 30 (3) : 471-492.
Sundström, E., 2000, "Gender Attitudes towards Female Employment in Germany, Italy and Sweden," A. Pfenning and T. Bahle, eds., *Families and Family Policies in Europe : Comparative Perspectives*, Wien : Peter Lang : 200-220.
Svallfors, S., 2004, "Class, Attitudes and the Welfare State : Sweden in Compar-

ative Perspective," *Social Policy and Administration*, 38 (2): 119-138.
田渕六郎, 2001, 「グローバリゼーションと家族変動」後藤澄江・田渕六郎ほか『グローバリゼーションと家族・コミュニティ』文化書房博文社: 64-91.
Thornton, A. and L. Young-DeMarco, 2001, "Four Decades of Trends in Attitudes Toward Family Issues in the United States: The 1960s Through the 1990s," *Journal of Marriage and Family*, 63 (4): 1009-1037.
津谷典子, 1994, 「家族をめぐる価値観・意識の傾向と構造」日本大学総合科学研究所編『「現代家族に関する全国調査」報告書——進行する静かな家族革命』日本大学総合科学研究所: 119-144.

7章 家族形態と福祉意識

山田 昌弘

1. はじめに——「家族主義の失敗」

(1) 家族主義的家族政策—性別役割分業型家族

エスピン-アンデルセンは，社会政策の最大の目的は，人々を社会的リスクから守ることにあると述べる．彼は，社会的リスクから人々を守る主要プレーヤーとして，労働市場，家族，福祉国家を挙げ，現代先進国の社会政策のタイプを，どのプレーヤーを重視しているかに従って，アメリカなど労働市場に委ねる「自由主義レジーム」，スウェーデンなど福祉国家がリスクを負う「社会民主主義レジーム」，そして，大陸ヨーロッパや日本など，家族をリスク負担者とする「保守主義レジーム」に分類した（Esping-Andersen, 1999）．

日本は，保守主義の中でも，南欧と並んで「家族主義」が強いグループに分類されている．性役割分業型の家族を前提とし，稼ぎ手である男性（夫，父）労働者の所得や退職後の生活費を保障することによって家族の一生涯の生活を保障し，その家族が社会的リスクから女性や子どもを守るというシステムをとってきた．それゆえ，社会保障制度は，男性労働者の収入の安定化と例外的事態への対処という形をとってきた．

このシステムは，経済の高度成長期に構築され，1990年頃までは極めてよく機能していた．それは，①家族関係が安定し，②男性の収入が安定して増大していたからである．高度成長期（1955-1973年）に青年期を迎えた人たちは，生涯未婚率は5％以下で，離婚経験率も10％程度である．ほとんどの人が，結婚して，離婚を経験しないことを前提にして間違いなかった．男性は，終身雇用で職は安定し，高度成長経済のおかげで収入が増大する見通しが立ってい

た．女性は真面目な男性と結婚しさえすれば，経済的に一生安定した生活を見込めたのである．

　経済の低成長期からバブル期にかけて（1974-1990年代前半）は，男性の収入の伸びが鈍化する．その時も，「男性仕事，女性家事」という性役割分業型の家族が維持された．その際，男性の収入が増えるまで結婚を先送りしたり（未婚化，晩婚化），既婚女性がパート労働で男性の収入の伸び鈍化を補った（既婚女性の職場進出）．

　その際日本では，性役割分業型の家族を維持するため家族主義を強化する方向に社会政策が動いてしまった．それが，「配偶者特別控除」「専業主婦の基礎年金の掛け金免除」「3歳児以上原則の保育園充実政策」であった．

(2) リスク構造の転換と家族のリスク化

　1990年ごろからグローバル化，IT化，ニューエコノミーと呼ばれる新しい経済システムの波が，アメリカを震源地として，世界的に広がっている．そして，ウルリッヒ・ベックがいうところの「第2の近代」社会に突入する．

　ニューエコノミーの下では，雇用は必然的に不安定化する．収入の増大どころか，終身雇用の前提さえも崩れ始める．アルバイトや派遣など将来の保証のない非正規雇用が増大する．正社員として就業できなかったり，失業したり，賃金が下がったりするリスクが増大するのである．

　一方，「個人主義」が浸透し，その結果，家族に対する欲求水準が上昇する．理想とする家族を作ろうとすればするほど，かけがえのない存在としての家族が作りにくくなったり，壊れやすくなる（Beck and Beck, 2001；山田，2004a参照）．

　その結果，社会的リスクの構造が大きく転換する．それは，リスクの普遍化というべきもので，リスクを避ける安全な道がなくなりつつあることを意味する．もう1つは，リスクの個人化というもので，リスクから守っていた中間集団がリスクを引き受けなくなる事態である．

　その結果，家族生活の領域では，2つの問題が生じている．

　1つは，リスクの普遍化に対応するもので，家族自体がリスクになっているということである．もう1つは，リスクの個人化に対応するもので，人々を社

会的リスクから守るはずの家族がその役割を果たさなくなっているという事態が到来している．詳しくは，山田（2004b）を参照されたい．

家族自体がリスクになるとは，次の2つの事態を指して言う．

1つは，家族の稼ぎ手である男性労働者が失業や収入低下に見舞われるというリスクである．経済の高度成長期には，終身雇用と年功序列賃金体系で男性労働者の一生涯の収入が保証されていた．しかし，近年の経済情勢は，男性労働者であっても，収入低下や失業，倒産のリスクにさらされている．男性労働者の被扶養者である妻や子どもの現在，将来の生活がリスクフルになる．これを，「男性労働者の収入の不安定化」と呼ぶ．

もう1つは，「家族関係の不安定化」と名づけたリスクである．今の若者の生涯未婚率は2割弱になると予測され，今の40代の離婚経験率はほぼ2割に達している（廣嶋，1999参照）．一生涯にわたって，安定した家族関係が続くという保証はなくなりつつある．

ベックがいうように，現代社会におけるリスクは，誰にでも起こりうるという特徴をもつ（Beck, 1986）．「男性労働者の収入の不安定化」及び「家族関係の不安定化」というリスクは，決して特別の人だけが被る危険状態ではなくなっている．

そして，リスクに陥った個人を家族が助けなくなるというケースも増えている．本章では詳述しないが，夫が失業したので妻は子どもを連れて実家に帰るというパターンの離婚も出始めている．家族がいるからといって，安心とはいえなくなっている．

(3) リスク構造の転換に対する対応

エスピン－アンデルセンがポスト工業化社会においては，「家族主義は最大の弱点になっている」と述べるように，現代社会では，「男性の収入の不安定化」そして，「家族のリスク化」によって，「性役割分業型」家族の安定を通して人々を社会的リスクから守るという戦略は，ますます難しくなっている．

リスク構造の転換によって，家族主義の限界が明らかになれば，人々は，伝統的な性役割分業型の家族に頼らずに，社会的リスクに対処する必要に迫られよう．それには，2つの方向が考えられる．

1つは，女性の経済的自立である．未婚，離婚，そして，夫の失業，収入低下リスクに対処する有効な手段の1つが，女性の就労による経済的自立である．それは，必然的に，従来の性別役割分業型家族の変革を伴う．

もう1つは，普遍的な社会保障への期待である．日本では，妻が専業主婦であって離婚しないことを前提に，社会保障制度が組み立てられている．現在生じている家族の失敗というリスクに対処するためには，単に，現行の家族を単位とした社会保障システムではなく，個人単位への社会保障の組み替えが必要になってくる．

前者は，エスピン－アンデルセンがいうところの「自由主義レジーム」の対応策であり，後者が「社会民主主義レジーム」での対応策である．これらのレジームに属する諸国では，「性役割分業型家族」の不安定化による少子化の深刻化を最小限に食い止めている．

日本社会において，家族の失敗というリスクがどの程度認知されているか，そして，リスクに対処するために，社会政策に対してどのような意識や期待を持っているかは，その人の置かれた家族形態，ライフステージ，家族意識，ジェンダー意識などによって異なっているはずである．また，リスクの認知程度によって，女性の経済的自立に関する意識や社会保障に対する期待が異なってくるはずである．これらの点を，「福祉と生活に関する意識調査」のデータをもとに考察していきたい．

2. 家族に関する諸リスク認知の分析

(1) 家族のリスクの認知

本調査では，生活上の困難に陥るリスクとして，6つの質問が用意されている．その中で，「日々の生活費工面の困難」「家族の主たる稼ぎ手の失業」と「離婚による生活の困難」の3項目に焦点を当てて分析する．なぜなら，これらのリスクは，経済の高度成長期には，例外的事態と考えられていたが，近年，その確率が高まっている新しいリスク，つまり，「男性の収入の不安定化」及び，「家族関係の不安定化」に対当している質問だからである．

これらのリスクは，現実に，ライフ・ステージや家族状況によって，出会う

表7-1 家族リスクの認知 (%)

	あると思う	あるかもしれない	ないと思う	今がその状態	DK NA
日々の生活費工面の困難	11.9	49.6	36.0	1.9	0.6
家族の主たる稼ぎ手の失業	14.9	50.0	30.5	2.5	1.7
離婚による生活の困難	3.3	17.3	58.7	1.1	19.6

確率は異なる.若年の新婚カップルは生涯の離婚経験確率が高くなる.高齢で再婚が見込まれない死別者が今後離婚を経験する可能性はゼロに近い.

この2つのリスクが「あると思う」と回答した人の割合(**表7-1**)は,全体としてみれば,少数派に属する.ただ,「あるかもしれない」を加えれば,生活費工面の困難と失業リスクは相当高く,過半数の人が感じている.離婚リスクも2割の人が認識していることがわかる.分析では,「離婚リスク」が大きな意味をもつ「60歳未満の既婚者」に分析を限ることにする.

この3変数間には,極めて強い相関関係が見られる.「あると思う」「あるかもしれない」「ないと思う」という選択肢に対して,それぞれ,1,2,3の数値を割り当て,「今がその状態」やDKを除外して,数値変数とみなして分析すると,質問間の相関係数は,生活困難と失業は0.515,失業と離婚は,0.336,離婚と生活の困難は,0.355である.

これは,不安を感じやすい人と感じにくい人との差であると解釈することもできるし,潜在的な客観的変数が関わっているとも考えられる.詳しい分析をしていこう.

(2) 本人属性によるリスク認知の差異

離婚リスクに関して意味のある60歳未満既婚者に限定して,年齢,性別,学歴,本人年収,本人以外年収などの本人属性によって,リスク認知度に差があるかをみてみた[1].

まず,「生活困難リスク」について,属性,性別にリスク認知度をみていく.年代別に見ると,男性は,20代で高く(22.2+50.2)50代で低い(9.7+52.7)という構造をしている.一方,女性は,40代で高く(9.6+59.8)50代で低い(10.5+43.1).

学歴は，男性は，効果が有意であり，本人の学歴が低いほど，リスク意識は高いという結果が出た．一方，女性は，学歴の効果は有意でなかった．
　収入で見ると，男女とも，本人収入が低いとリスク意識は高まり，女性は，本人以外収入が低いとリスク意識が高まることがわかった．つまり，女性にとっては，夫の収入が低いことが，リスク意識を高めると推定できる．
　次に，「失業リスク」については，「生活費困難リスク」と同じ傾向がみられた．特に，年齢が低い人ほど，リスク意識が強く出ている．
　一方，「離婚リスク」に関しては，経済的リスクとは，別のパターンが見られた．
　年齢でみると，男女とも30代（男3.0＋27.2，女2.4＋32.5）で高く，20代（男3.7＋18.5，女52.2＋20.7），50代（男3.6＋15.6，女1.7＋12.2）で低いという結果が得られた．これは，質問が「離婚によって生活が困難になるリスク」であるということが影響していると考えられる．新婚当初と長年連れ添った夫婦が「離婚」を考えないという効果もあるだろうが，若くて子どもがいなければ，離婚しても親元に戻ったり，別の相手を見つけることもできる．子どもが大きくなっていれば，離婚しても生活に困らないというロジックも考えられる．逆に，離婚して生活が困難になるのは，子ども養育中の30歳代であり，リスク意識も高く出ると推察される．
　学歴をみると，男性では，みかけ上の学歴での差はないが，年齢でコントロールすると復活し，同年齢層で見た場合，学歴が低い人ほど，リスク意識が高いという結果がみられる．女性は，みかけ上，高学歴者ほどリスク意識が高いが，年齢でコントロールすると，有意差が消失する（若年者ほど高学歴者が多いため）．
　年収で見ると，男性で世帯年収が低い人ほど，離婚リスク意識は高いが，これも学歴でコントロールすると，有意差が消失する．男性は，本人収入，本人以外収入とも離婚リスク意識と相関するが，学歴効果であることがわかった．女性の場合は，収入に関する項目とは，有意な相関関係が見いだせなかった．
　役割分業形態で見ると，男性は，妻が就労しているかどうかによるリスク意識の差は見られなかった．女性は，共働き女性（3.5＋23.7）の方が，専業主婦（1.4＋19.7）より，リスク意識が高いという有意な差が見られた．

表7-2 重回帰分析で有意であった項目

	男 性	女 性
生活の困難リスク	本人収入, 学歴	年齢, 本人以外年収, 本人年収, 住居
稼ぎ手失業リスク	年 齢	年齢, 本人以外年収, 本人年収
離婚リスク	学 歴	年齢, 本人仕事（マイナス）

また，次の項目に関して，ダミー変数を作り，強制投入法で重回帰分析を行った．リスク意識のうち，「わからない」「今がその状態である」を削除し，「あると思う」を1，「あるかもしれない」を2，「ないと思う」を3という数値変数とみなし，男女別に，影響の有無を計算した．投入した変数は，仕事の有無，学歴，住居，親同居，本人年収，本人以外年収，世帯年収，年齢の8変数である．有意であった変数は 表7-2 の通りである．

(3) リスク認知の家族状況による相違

ここから，得られる仮説として，次のようなものが考えられる．

生活困難リスクは，男女とも経済変数と相関している．男性は，学歴や本人収入が高いほど，リスク意識が高い．また，女性は，本人と夫の収入双方と相関している．

それゆえ，夫婦単位で考えた場合，夫の立場にあるもの（稼ぎ手）が低収入であるか，夫の学歴が低くて収入増が見込まれない場合，リスク意識は高くなる．

女性は，本人の収入が低い場合にもリスク意識は高まる．一方，男性は，配偶者の収入とは無関係であり，あくまで，本人次第と思っていることが予測される．

現在の，夫が稼ぎ手であるという性役割分業の家族形態を前提とすると，男性の（現在もしくは将来の）収入の低さが生活困難というリスク意識を高める．

一方，離婚して生活が困難になるというリスクは，男性にとっては，自分の学歴と相関（学歴が低い→リスク意識が高い）している．一方，女性は，収入額などの経済環境とは無関係であり，年齢がリスク意識を規定している（30代でリスク意識が最も高い）．

学歴が高い男性は，離婚されないと思っているか，離婚しても経済的に大丈

表 7-3 離婚リスク意識別,「配偶者以外の異性と親密になるべきではない」意識 (%)

	賛成	反対	DK
男性			
離婚あると思う	79.3	20.6	—
あるかもしれない	86.0	13.5	0.5
ないと思う	87.6	12.5	—
女性			
離婚あると思う	64.5	35.5	—
あるかもしれない	87.8	12.2	—
ないと思う	90.5	9.4	0.1

夫だと思っている．一方，離婚があるかもしれないと思っている女性ほど，仕事を持っているという仮説を立てることができる．

(4) 家族リスク認知とジェンダー，家族意識

リスク認知は，家族に関する伝統的意識，特に，性役割分業意識，家族の規範意識と関係していると考えられるので，「生活費困難リスク」と「失業リスク」に関しては，女性の経済的自立志向が強い（例：「女性が自立するためには仕事をもつのがよい」に賛成,「女性が家事・育児に専念すべき」に反対，「育児期での女性の働きかた」－フルタイム）ほどリスク意識が高い．

一方，「離婚リスク」に関しては，男女とも，自立志向が強い人ほど，リスク意識が高い．また，家族規範に関しては，リスク意識が低い人ほど，「簡単に離婚すべきでない」「配偶者以外の異性と親密になるべきではない」と回答する人が多い．逆に，離婚してもよい，配偶者以外の異性と親密になってもよいと思う人ほど，離婚リスクを意識しているという結果が出ている（**表 7-3 参照**）．

3. 家族リスク認知と福祉への期待意識

(1) 矛盾した社会保障意識

社会保障意識を見る場合，「高福祉－高負担」対「低福祉－低負担」という対立軸が使われる．本調査でも，増税しても社会保障水準を高めるか，社会保

表7-4　世代別,男女別,社会保障水準　　　　　　　(%)

	男性		女性	
	高福祉－高負担	低福祉－低負担	高福祉－高負担	低福祉－低負担
20-39歳	55.2	44.8	49.3	51.2
40-59歳	60.1	39.9	54.2	45.8
60歳-	61.2	38.8	51.6	48.4

表7-5　世代別,男女別,育児支援の政府支出を増やすべきか

(%)

	男性			女性		
	増やす	いまのまま	減らす	増やす	いまのまま	減らす
20-39歳	55.7	39.1	5.3	59.1	35.5	5.4
40-59歳	43.0	47.2	9.8	38.1	53.2	8.7
60歳-	47.7	45.3	7.3	42.0	45.7	7.2

障水準を落としても減税するかを質問している.

しかし,家族,リスク意識を軸とした分析を行う場合,「高福祉－高負担」「低福祉－低負担」という意識と,現実の政府への期待意識にはずれがある.現実の政府への期待意識とは,子育てや高齢者の年金など,各政策について,「政府の費用を増やすべきか,減らすべきか」という質問,及び,各政策について,「政府の責任であるか,ないか」を聞くものである.

例えば,世代別に見た場合,「高福祉－高負担」は,年長世代に高い(**表7-4**).しかし,子育てや失業に対する政府への期待は,むしろ,若年世代に高い(**表7-5**).一方,年金などに対する期待は,年長世代に高く出る.

つまり,「高福祉－高負担」か「低福祉－低負担」という質問には,現在の自己負担が大きいと思っている若年世代は,低負担を選ぶのだが,現実に個々の生活に関わる政策に関しては,政府に期待するという意識が見て取れる.

つまり,高福祉－高負担という質問は,若年世代にとっては,「負担」が強調され,もう負担を期待されることが少ない高齢者には,「高福祉」が強調されて受け止められている可能性がある.

(2) リスク意識と福祉意識

データを分析すると,「生活の困難リスク」の認知が高い人は,ほとんどの

表 7-6　生活が困難になるリスク意識別，男女別，社会保障水準
（20-60 歳の既婚者に限る）　　　　　　　　　　　　　（％）

	男性		女性	
	高福祉－高負担	低福祉－低負担	高福祉－高負担	低福祉－低負担
あると思う	46.7	53.3	44.8	55.2
あるかも	60.8	39.2	52.9	47.1
ないと思う	63.3	36.7	53.8	46.2

表 7-7　生活が困難になるリスク意識別，男女別，育児支援の政府支出を増やすべきか（20-60 歳の既婚者に限る）　（％）

	男性			女性		
	増やす	いまのまま	減らす	増やす	いまのまま	減らす
あると思う	56.4	35.9	7.7	54.3	41.0	4.8
あるかも	49.4	42.7	7.9	47.2	47.5	6.2
ないと思う	42.4	48.9	8.7	45.0	45.0	10.0

質問項目で政府支出を増やすこと，政府の役割を広くとることに賛成である人の割合が多い．しかし，一般的意識として高負担－高福祉に賛成する割合は低い．逆に，これらのリスクを認知していない人は，政府支出を増やさないことに賛成し，政府の役割を限定して考える人が増えるが，高負担－高福祉に賛成する人が多い（**表 7-6**，**表 7-7**）．

一方，「離婚リスク」を意識することが高いグループでは，子育て支援と失業対策の項目では，政府の役割であることに賛成の割合が高くなる．一方，高齢者に関する項目や一般的に高福祉－高負担の是非を問う質問とリスク意識との有意な関連は見られなかった．

現在の高齢者中心の社会保障体制が，「離婚リスク」から人々を守ることには対応していないことの反映ではないかと思われる．

4．まとめと今後の課題

(1)　本調査から得られた知見

本調査から得られた知見を箇条書きで示しておく．

・経済基盤喪失リスク（生活困難，稼ぎ手の失業）は，夫の収入が不安定な人

ほど意識しやすい（男性は学歴，女性は収入）．
- 離婚リスクは，若年層で，離婚や配偶者以外の異性と親密関係を容認している人で高い．
- 今後，男性の収入が不安定化し，結婚後の男女交際の活発化が見込まれるので，これらのリスク意識は高まるであろう．
- リスクへの対応に関してみてみよう．経済基盤喪失リスクに対しては，様々な形で社会保障で対応してもらいたいという期待が強いが，増税はいやだと考えている．また，女性は，自らの就労で対応しようとする意識も高い．
- 一方，離婚リスクでは，社会保障に対してあまり期待していないことがわかる．女性は，就労での対応を考える人が多いと推定される．
- 既婚女性の就労は，新しいリスクへの対応策として広く認知されている
- 経済基盤喪失リスクを感じていない人は，育児支援，失業支援など個々の政策への期待が少ないが，一般的には，高福祉－高負担を望んでいることがわかる．

(2) 今後の課題

　家族主義の危機が，従来型の福祉の必要度を増すとは限らない．日本の福祉システムは，家族が「生活基盤喪失」や「離婚リスク」を引き受けることを前提として，組み立てられていた．そこで，高齢者の年金等に偏って税金が投入されてきたのではないだろうか．
　今後は，リスクが個人化し，家族がリスクから個人を守れない，守らないという事態も出てきている．高福祉－高負担，低福祉－低負担という対立軸を強調するよりも，現代の新たなリスク構造に合った社会保障システムへの転換を現役世代は望んでいるのである．

1) 本人以外収入は，世帯収入カテゴリーから本人収入カテゴリーを引いたカテゴリー．本調査では，収入を実額ではなく，カテゴリーで調査している．それゆえ，厳密に言えば，1ランクの誤差が生じる．また，本人以外収入が配偶者の収入であるかどうかは，不明である．ただ，他に利用できるデータがないので，本人以外収入で，おおむね配偶者の収入を代表していると解釈して分析を進めることにする．
　なお，（ ）内の数字は，各リスクに関して，「あると思う」と「あるかもしれな

い」の数字を表す.

【文献】

Beck, U., 1986, *Risikogesellschaft*（東廉・伊藤美登里訳, 1998,『危険社会』法政大学出版局）.

Beck, U. and E. Beck, 2002, *Individualization*, SAGE Publications.

Esping-Andersen, G., 1999, *Social Foundations of Postindustrial Economies*（渡辺雅男・渡辺景子訳, 2000,『ポスト工業経済の社会的基礎』桜井書店）.

Flanklin, Jane, 1998, *The Politics of Risk Society*, Polity Press.

廣嶋清志, 1999,「結婚と出生の社会人口学」目黒依子・渡辺秀樹編『講座社会学2 家族』東京大学出版会.

Lupton, Deborah, ed., 1999, *Risk and sociological theory*, Cambridge University Press.

山田昌弘, 2001a,『家族というリスク』勁草書房.

山田昌弘, 2001b,「転換期の家族政策」『社会政策研究』2, 東信堂.

山田昌弘, 2004a,「家族の個人化」『社会学評論』54-4, 日本社会学会.

山田昌弘, 2004b,『希望格差社会』筑摩書房.

8章　リスク認知と不安の増幅

藤村　正之

1.　問題の所在

　デュルケムのアノミー論と関連する次のような言葉が，思想家 E. ホッファーにある．「われわれの不満は，何もかも足りないときより，たった1つが足りないと思っている時の方が強いものである」(Hoffer, 1951=1969 : 34)．20世紀初頭に提起された欲望とアノミーをめぐる問題は，豊かな社会の達成を経て，21世紀にリスクと不安の問題に変換されようとしている．私たちは，失うべきものを多くもってしまったために，1つのものを失うことにも，ある種のナーバスさを感じるようになっている．それは，1つの喪失が全体の中での欠落感をきわだたせるからであるとともに，1つの喪失が次の喪失につながるかのような連動した不安感を私たちに感じさせることなのでもあろう．何もかもが満たされたにもかかわらず，たった1つ失うことの怖さはそのようなところにある．リスクへの関心の高まりは，高度産業社会・高度消費社会において人々が相当程度の達成を享受しているという実態とも関連していると考えることができる．

　U. ベックの仕事を嚆矢として，社会学における「リスク」への関心は高まっている．ベックは「リスク社会論」を，富の生産や分配に着目する「階級社会」との対比のもとで，生活・生命にかかわるリスクが身分差・階級差の明瞭な反映でなく，人々に一様に発生する可能性を有する社会ととらえている．「貧困は階級的で，スモッグは民主的である」という言い方が，どこにでもあるリスクの偏在性をしめしている (Beck, 1986=1998 : 51)．他方，N. ルーマンは，巨大な科学技術による自己破壊の指摘とリスクを管理論から社会・政治

論の文脈に転換したという点で，ベックの議論を評価する．しかし，最終的には，事後評価的にしかリスクを問えない以上，［リスク―安全］より［リスク―責任］を対比させ，ゼロ・リスクではなく予想被害と責任の取り方を検討することが重要であると論陣をはっている（山口，2002；小松，2003）．これらリスクをめぐる社会学的諸研究には，リスクそのものへ着目するものと，リスクが着目される時代の社会の性質に着目するものとが各々あるといえるであろう（藤村，2003）．

　福祉国家の社会意識を問う本調査研究においても，人々のリスク認知をミクロ社会学的なひとつの分析課題として設定した．人々が日常生活においてかかえる不安に対し，それを除去して生活保障がなされるべきであるという認識は，どのような「問題」が解決可能と考えられるかという認識と関連しあっている．社会政策のあり方をめぐっても，「救貧」対策から「防貧」対策へという問題対処の歴史的変化は，予期される未来の問題が発生しないよう，事前に対応するという発想を内在化させている．同時に，未来に起こりうる問題が人知において把握可能であり，社会的制度によって解決可能であるという社会認識が，社会政策や社会計画の観念の成立を促していく．そのような問題の事前把握と対応可能性という認識が，「問題」認識そのものを変化させていくとも考えられる．そのことは，現代社会において人々が「問題」だと考えるものが，現実的で具体的な生活の困難から，不安やリスクの発生，それらの除去の可能性にまで拡大しつつあることを説明してくれる．

　本調査では，人々のリスク認知の程度と諸変数との関連を問う設問として，次のような問いを設定した．「今後10年くらいの間に，あなたや家族が次のような生活上の困難におちいることがあると思いますか」．これに対する回答項目として，生活上の6つのリスクを想定した．各々，「日々の生活費の工面に困る状態」「寝たきりで誰かの介護が必要な状態」「家族の主たる稼ぎ手の失業」「家族の大きな病気やけが」「住宅ローンが払えなくなる状態」「離婚による生活の困難」である．このような領域のリスク認知の設問に対して，直接の選択肢として，リスクが「あると思う」「あるかもしれない」「ないと思う」「今がその状態」「該当しない」（「住宅ローンの支払い困難」「離婚での生活困難」の回答に関してのみ）の5つを用意して，回答してもらった．このうち，

表8-1 リスク認知度の差異 (%)

	実数(3,991)	ありうる	あると思う	あるかもしれない	ないと思う	今がその状態	該当しない	NA
生活費工面の困難	100.0	61.5	11.9	49.6	36.0	1.9	—	0.6
寝たきりへの介護	100.0	83.6	25.2	58.4	15.1	1.0	—	0.4
主な稼ぎ手の失業	100.0	64.9	14.9	50.0	30.5	2.9	—	1.7
家族の病気・けが	100.0	86.8	17.3	69.5	11.2	1.6	—	0.5
住宅ローンの支払い困難	100.0	32.7	4.6	28.1	37.6	0.9	28.7	0.2
離婚での生活困難	100.0	20.5	3.3	17.3	58.7	1.1	19.4	0.2

高い確率の予測「あると思う」と低いながら起こる確率を予測している「あるかもしれない」の合計を，新たに「ありうる」として集計することにする．

以下，本章では，2節でリスク認知の動向と内部関連，3節でリスク認知を規定する諸要因，4節でリスク認知がもたらす社会観について，考察していくことにする．

2. リスク認知の動向と内部関連

この節では，各領域でのリスクの認知の動向と内部の関連について考察する．
まず最初に，リスク認知の全体の動向はどうだろうか（**表8-1**）．設定された6項目において「ありうる」の比率が高いのは，「家族の大きな病気やけが」86.8％，「寝たきりへの介護」83.6％であり，主に身体にかかわるリスク不安を8割の人が感じている．これにつづくのが，「主な稼ぎ手の失業」64.9％，「生活費工面の困難」61.5％の経済にかかわるリスク不安であり，6割強の回答である．残る「住宅ローンの支払い困難」は32.7％，「離婚での生活困難」は20.5％と比率が低くなるが，これらの項目の非該当者を除いて計算しなおせば，前者が45.9％，後者が25.1％となり，各々2人に1人，4人に1人のものが，ローンや離婚に対してもリスク不安をかかえていることになる[1]．元の選択肢まで戻ると，「あると思う」という高い確率の予測でもっとも高いのは「寝たきりへの介護」25.2％であり，「家族の大きな病気やけが」17.3％がつづき，広く集計した「ありうる」の場合とは順番が逆転している．大きな病

気やけがよりも介護のほうを，かなりの確率で起こりうる現実的不安として感じていることがわかる．本来であれば，病気やけがのほうが起こりがちであるはずなのに，むしろ寝たきりへの介護のほうが未知の深刻な体験として受けとられており，そこには介護の不安を煽る社会的な言説の効果もあると推測される．

6項目の生活上のリスクに対して，回答された個数の分布では，0個4.7%，1個7.2%，2個16.5%，3個17.9%，4個24.1%，5個17.5%，6個12.0%となる．4個あげたものがもっとも多く，4人に1人となるが，6個全ての項目に不安をうったえたものも8人に1人いることになる．なお，リスク不安の個数の平均を求めると3.50個（標準偏差1.63）である．

6つのリスク項目の間の相関係数を見てみよう．これらの内部的な関係としては，［生活費－失業］の相関係数がもっとも高い（.467）．以下，［住宅ローン－離婚（.394）］［生活費－住宅ローン（.375）］［失業－住宅ローン（.380）］［介護－病気（.374）］において，その係数が有意に高くなっている．それらの係数の高さに，ある種の関連性を想定すれば，ひとつの系列として「経済的不安とその帰結」（失業→生活費困難→住宅ローン→離婚），もうひとつの系列として「身体的不安」（病気と介護）を想定することができる．私たちは漠然とリスク不安一般をかかえているのではなく，身体的不安と経済的不安というおおまかな2つの系列をもち，その各々の中でより関連しあう問題群を不安視しているのである．そこに，リスクの連なりが不安感をより増幅させてしまう余地がある．

3. リスク認知を規定する諸要因

(1) デモグラフィック変数との関連

それではつづいて，上記のようなリスク認知を規定すると想定される諸要因について考察していこう．以下，(a)属性的要素の強いデモグラフィックな変数（性別・年齢・健康状態），(b)業績的要素の強い社会経済的変数（学歴・世帯収入・階層帰属意識），(c)生活意識にかかわる変数（生活満足度，厭世観）とリスク認知の影響関係を，クロス集計を中心に確認していく．

表8-2 リスク認知(「ありうる」の比率)×性別・年齢階層・健康

		生活費困難	寝たきり介護	稼ぎ手の失業	家族の病気	住宅ローン困難	離婚での生活困難	リスク個数	[一元配置分散分析]
全体	(3,991)	61.5	83.6	64.9	86.8	33.6	20.6	3.50	
男性	(1,910)	62.0	83.5	65.3	86.6	34.4	19.6	3.51	
女性	(2,081)	61.1	83.7	64.6	86.9	31.1	21.4	3.48	―
[カイ二乗検定]						*			
20代	(528)	63.4	78.6	68.0	86.2	39.4	23.5	3.59	
30代	(634)	64.7	78.7	69.2	89.3	43.4	32.8	3.78	
40代	(821)	68.5	81.9	71.3	87.8	41.8	25.5	3.77	
50代	(891)	60.3	84.7	68.7	87.9	29.4	16.7	3.48	
60代	(667)	59.1	89.1	57.1	85.2	20.8	11.2	3.22	
70代	(352)	48.6	90.3	45.2	83.0	17.3	11.6	2.96	
80代	(86)	50.0	84.9	55.8	80.2	17.4	15.1	3.03	
90代	(12)	33.3	83.3	66.7	75.0	16.7	8.3	2.83	***
[カイ二乗検定]									
健康	(1,069)	52.2	79.0	58.7	84.5	28.6	17.0	3.20	
まあ健康	(1,858)	63.7	85.3	66.7	87.8	34.8	21.5	3.60	
どちらともいえない	(417)	68.3	82.0	71.2	89.2	36.9	26.6	3.74	
あまり健康でない	(511)	67.3	86.9	68.1	86.5	31.3	19.4	3.59	
健康でない	(134)	62.7	88.1	56.7	83.6	27.6	20.1	3.39	***
[カイ二乗検定]		**	**	**		**	**		

注:各検定は,*=5%水準/**=1%水準/***=0.1%水準.以下の各表も同様.

第1に,属性的要素の強いデモグラフィックな変数ではどうか(**表8-2**).性別については,リスク認知の分布に男女で目立った差異はない.男性のほうでわずかに「住宅ローンの支払い困難」が有意に高いが,数値的には着目するほどのものではない.年齢階層についても,検定で有意な差異はなかったが,主な傾向として2つのことが指摘できる.第1は,介護と病気で回答の分布幅が少なく,年齢階層にかかわらず多くの人が共通に身体的リスクについて不安を感じているということである.介護・病気ともに7割台後半から9割弱という数字になっている.第2は,年齢階層ごとに,比較的比率が高くなっているものがあり,70代での「寝たきりへの介護」,40代での「生活費工面の困難」「主な稼ぎ手の失業」,30代での「家族の大きな病気やけが」「住宅ローンの支払い困難」「離婚での生活困難」が他の年齢階層より高めになっている.高齢層が身体にかかわる不安を,中年層が経済にかかわる不安を感じがちであると

いえる．中年期の中では，さまざまな生活諸費が重くのしかかり始める40代で生活費や失業の不安が，まだローン返却や婚姻の経験が安定期に入っていない30代で住宅ローンや離婚の不安が相対的に高くなっていることが特徴的である．

　健康状態別では，「健康」だと考えている人はどの項目でも比較的比率が低く，リスク不安を強くは感じていない．その一方，健康状態が悪くなるとリスク不安が増していくかというと，必ずしもそういう傾向は強くなく，「寝たきりへの介護」を除いて，むしろ健康状態が「どちらともいえない」という人で比率が高くなっている．例えば，「生活費工面の困難」は「健康」という人で52.2％，「健康でない」で62.7％なのに対して，健康状態が「どちらともいえない」で68.3％ともっとも高くなっている．健康か，それとも健康でないかという自ら判断可能な設問に対して，自信をもって回答できないあいまいな状態や心理が，リスク不安そのものを増幅しているというところだろうか．

(2) 社会経済的な変数との関連

　第2に，業績的要素の強い社会経済的な変数とクロスさせてみよう（**表8-3**）．最終学歴ごとにみると，中学卒で「生活費工面の困難」「寝たきりへの介護」「主な稼ぎ手の失業」が，短大卒で「住宅ローンの支払い困難」「離婚での生活困難」が，大卒で「家族の大きな病気やけが」が相対的に高くなっている．顕著な傾向をしめすのは「生活費工面の困難」であり，「義務教育卒」で65.1％，「高校卒」で62.7％，「短大卒」で59.2％，「大学卒」で54.8％と，学歴が高くなると，リスク認知が低減していく．他方で，「家族の大きな病気やけが」は学歴の高いものほどリスク認知がわずかではあるが高くなり，「義務教育卒」で83.9％，「高校卒」で87.5％，「短大卒」で87.1％，「大学卒」で89.3％である．比較的生活条件が安定していると考えられる高学歴のものであってもリスク不安を高めに回答するということは，リスク認知は確かに「現実」がそうなのか，その問題に注意を払い過ぎるがゆえに起こる数値なのかという問題を想起させるデータでもある．

　世帯収入ごとにみると，その傾向を大きく3つのパターンに分けることができる．第1は低所得層のものほどリスク不安の高いものである．「生活費工面

表8-3 リスク認知(「ありうる」の比率)×学歴・世帯収入・階層帰属意識

		生活費困難	寝たきり介護	稼ぎ手の失業	家族の病気	住宅ローン困難	離婚での生活困難	リスク個数	[一元配置分散分析]
全体	(3,991)	61.5	83.6	64.9	86.8	33.6	20.6	3.50	
義務教育	(933)	65.1	85.9	65.9	83.9	27.2	17.5	3.45	
高校	(1,807)	62.7	83.4	65.1	87.5	34.1	21.1	3.54	
短大	(551)	59.2	80.6	64.2	87.1	36.5	23.0	3.51	
大学・大学院	(633)	54.8	84.0	63.2	89.3	32.9	20.7	3.45	―
[カイ二乗検定]		**			*	**	*		
-300万円位	(754)	69.5	86.6	65.1	85.4	28.6	19.5	3.55	
400-500万円位	(714)	64.8	83.3	67.5	88.0	33.6	19.5	3.58	
600-700万円位	(570)	66.1	81.6	68.2	90.5	39.3	24.0	3.70	
800-900万円位	(525)	57.7	83.4	67.2	88.6	35.2	21.0	3.53	
1000万円-	(516)	43.2	84.5	55.6	86.8	28.7	17.6	3.16	**
[カイ二乗検定]		**		**		**			
上	(42)	35.7	61.9	40.5	61.9	21.4	11.9	2.33	
中の上	(329)	41.3	83.6	53.5	83.6	28.3	18.5	3.09	
中の中	(1,693)	55.1	82.2	60.2	85.5	27.9	17.1	3.28	
中の下	(1,240)	68.0	84.9	70.1	89.8	38.5	22.4	3.73	
下の上	(511)	77.9	86.1	73.4	88.6	36.6	25.0	3.88	
下の下	(162)	74.7	84.6	77.2	84.0	38.9	34.6	3.94	**
[カイ二乗検定]		**	**	**	**	**	**		

の困難」が該当し,「-300万円位」で69.5%,「400-500万円位」で64.8%,「600-700万円」で66.1%,「800-900万円位」で57.7%,「1000万円-」で43.2%となる.第2は中所得層を頂点とする山型をしめすものであり,「主な稼ぎ手の失業」「家族の大きな病気やけが」「住宅ローンの支払い困難」「離婚での生活困難」が該当する.「住宅ローンの支払い困難」をみてみると,「-300万円位」で28.6%,「400-500万円位」で33.6%,「600-700万円」で39.3%,「800-900万円位」で35.2%,「1000万円-」で28.7%となる.第3は低所得層と高所得層で高く,中所得層が低くなる谷型をしめすものであり,「寝たきりへの介護」が該当する.収入階層ごとに不安視する領域に相違のあることがわかる.

階層帰属意識でみると,階層を低く位置づけるものほどリスク不安を感じる傾向が全ての項目で有意に高い.特に明確な差異のあるものは,「生活費工面の困難」「主な稼ぎ手の失業」「住宅ローンの支払い困難」「離婚での生活困難」

である．「主な稼ぎ手の失業」を例にみれば，階層帰属意識が「上」のもので40.5%，「中の上」で53.5%，「中の中」で60.2%，「中の下」で70.1%，「下の上」で73.4%，「下の下」で77.2%となる．階層帰属意識が「上」のもので多少数値が低く，それ以外ではほぼ似たような数値になるのが「寝たきりへの介護」「家族の大きな病気やけが」である．階層帰属意識ごとに明確な差異があったのが経済的不安，あまり明確な差異がないのが身体的不安といえるだろう．また，世帯収入より階層帰属意識で有意差が多くなっている．先にもふれた通り，リスク認知が客観的状態の反映というより，主観的な不安感との関連の強さを推測させる．

(3) 生活意識変数との関連

それでは，最後に生活意識にかかわる変数との分析を確認しておこう（**表8-4**）．

生活満足度とのクロス集計では，寝たきりや病気・けがの身体的不安では目立った差異はないものの，「生活費工面の困難」「主な稼ぎ手の失業」「住宅ローンの支払い困難」「離婚での生活困難」において，満足度が低いものほどリスク不安が急増する．例示すると，「離婚での生活困難」では，生活に「満足」で11.5%，「どちらかといえば満足」で17.3%，「どちらかといえば不満」で27.7%，「不満」で36.1%となった．これらは階層帰属意識と類似する傾向であるが，いくつかのリスク不安があるために生活満足度が低くなるという関連が想定できようか．

また，厭世観との関連においても類似の傾向が見られ，「生活費工面の困難」「主な稼ぎ手の失業」「住宅ローンの支払い困難」「離婚での生活困難」において，厭世観が高いものほどリスク不安を強く認知している．「生活費工面の困難」でみると，「ありうる」とするものの比率が，厭世観が「よくある」で76.8%，「ときどきある」で68.8%，「あまりない」で57.8%，「ほとんどない」で46.6%となり，その差が大きくなっている．ここでも，いくつかのリスク不安があることが厭世観を強くさせているという関連が想定できようか．身体的不安は厭世観とかかわりなく，同程度の数値となっている．

ここまでの検討を整理すると，身体系列のリスク不安と経済系列のリスク不

表 8-4 リスク認知(「ありうる」の比率)×生活満足度・厭世観

		生活費困難	寝たきり介護	稼ぎ手の失業	家族の病気	住宅ローン困難	離婚での生活困難	リスク個数	[一元配置分散分析]
全 体	(3,991)	61.5	83.6	64.9	86.8	33.6	20.6	3.50	
満 足	(539)	38.6	77.9	50.5	79.6	19.5	11.5	2.77	
どちらかといえば満足	(2,131)	58.2	83.8	62.5	86.7	29.7	17.3	3.38	
どちらかといえば不満	(1,039)	75.5	85.7	73.3	90.3	43.4	27.7	3.96	
不 満	(277)	78.7	85.2	79.8	87.7	41.2	36.1	4.09	**
[カイ二乗検定]		**	*	**	**	**	**		
厭世観よくある	(237)	76.8	86.9	71.7	89.5	43.0	35.9	4.03	
ときどきある	(1,610)	68.8	85.2	70.7	89.1	36.3	24.5	3.74	
あまりない	(1,486)	57.8	82.6	62.7	86.3	30.8	17.2	3.37	
ほとんどない	(650)	46.6	80.6	53.4	81.2	24.6	12.9	2.99	**
[カイ二乗検定]		**	*	**	**	**	**		

安において,前者は若干の程度の差はありつつも,人々がかかえる諸条件・諸状況にかかわりなく多くの人々に不安を感じさせるものになっているのに対し,後者はその条件や状況によってリスク不安の程度に明瞭な差異があるものになっている.後者の中でも,とくに「生活費工面の困難」が各条件に反応して,大きな認知の差をしめすものとなっている.主な稼ぎ手の失業は他の世帯員の収入でカバーし,住宅ローンの支払い困難はその売却でしのぐという方法があるが,生活費工面が必要になるということが,生活保障が根本的にゆらぐ事態にあたるということをしめしているのであろう.

　ここまでみてきた基本変数ごとに,リスク不安の回答個数を一元配置の分散分析にかけてみると,結果は,年齢階層,健康,世帯収入,階層帰属意識,生活満足度,厭世観において1%水準で有意であった.このうち,階層帰属意識や生活満足度ではそれが低いものと,厭世観ではそれが強いものと,リスク不安の個数は相関しあっていたのだが,年齢階層では30代・40代,健康では「どちらともいえない」,世帯収入では600-700万円くらいという,ちょうど中間の層で個数が多くなっている.階層帰属意識,生活満足度,厭世観などは意識変数の要素が強いことから,ここにもリスク不安が客観的状態の反映というより,ある種の意識の投影であると考えられる様相がある.

4. リスク認知がもたらす社会観

(1) 社会問題（貧困）の認知と原因帰属

それでは，そのようなリスク認知が他の社会現象の認識や，政治や政策にかかわる諸事象への人々の態度と，どのような関係にあるのだろうか．6項目のリスク認知への回答個数をリスク不安の程度と考えることにして，その個数に基づいて低リスク認知群（0-2個），中リスク認知群（3-4個），高リスク認知群（5-6個）の3グループに分け，その他の各変数との関連について考察していこう．なお，3グループの全体での比率は，低リスク認知群28.4%，中リスク認知群42.0%，高リスク認知群29.5%である．

まず最初に，社会問題の認知として，貧困の問題を取りあげよう．本調査では，貧困をあつかう設問として，現代社会における生活に困っている人の割合とその原因について推測してもらう問いをおいてある．回答によれば，高リスク認知群では貧困者の割合を高く見積るが，低リスク認知群ではそれを低く見積る傾向がある．生活に困っている人が「15%以上」いるという回答は，低リスク認知群で10.3%，中リスク認知群で15.4%，高リスク認知群で23.5%と高リスク認知群で高くなっているのに対し，それが「2%未満」にとどまるという回答は，低リスク認知群で12.2%，中リスク認知群で9.2%，高リスク認知群で6.3%と低リスク認知群で高くなっている．参考までに，生活困窮者の想定比率の平均値を求めると，低リスク認知群では6.5%，中リスク認知群8.0%，高リスク認知群9.9%となる．リスク不安を多くかかえているもののほうで，現代社会で生活に困る人が多いと考えており，自分もそのような中にいるととらえているのであろう．

他方で，そのような生活の困難に陥った原因について，「運が悪かった」「努力や意志が足りない」「不公正な社会」「社会の変化についていけない人」「それ以外の原因」という選択肢から回答してもらった（**表8-5**）．全体では，「努力や意志が足りない」が27.4%，「不公正な社会」27.2%と数値が拮抗するが，リスク認知群ごとの回答では，高リスク認知群で「不公正な社会」，低リスク認知群で「努力や意志が足りない」が多くあげられることになった．「不公正な社会」に原因があるという回答は，低リスク認知群で21.5%，中リスク認

表8-5 リスク認知度×生活に困っている人の原因(第1位)

		運が悪かった	努力や意志が足りない	不公正な社会	社会の変化についていけない人	それ以外の原因	わからない
全体	100.0 (3,991)	7.5	27.4	27.2	18.6	11.8	7.6
低リスク	100.0 (1,135)	7.0	34.8	21.5	17.3	11.3	8.1
中リスク	100.0 (1,678)	8.2	27.5	26.0	18.9	11.9	7.5
高リスク	100.0 (1,178)	6.9	20.1	34.3	19.6	12.0	7.1

[カイ二乗検定]**

知群で26.0%,高リスク認知群で34.3%であるのに対し,「努力や意志が足りない」という回答は,低リスク認知群で34.8%,中リスク認知群で27.5%,高リスク認知群で20.1%となる.低リスク認知群は生活困窮の原因を個人に,高リスク認知群はその原因を社会のあり方に求めている.

そのような傾向は現代日本社会の評価とも関連している.日本社会を公平だとするものは低リスク認知群で42.4%,中リスク認知群で33.2%,高リスク認知群で29.0%,所得の不平等は小さいとするものは低リスク認知群で37.2%,中リスク認知群で29.1%,高リスク認知群で27.2%となる.低リスク認知群は社会への評価が高い分,対比的に個人に問題の原因を求め,高リスク認知群は社会への評価が低く,それゆえに社会に問題の原因を求めている.

(2) 政府責任の措定と政府費用増加希望

それでは,解決すべき社会問題について,その解決を政府の責任に委ねること,ならびに政府費用増額を要望する具体的項目とは,リスク認知とどう関係しているのか.

まず,社会問題の解決は政府責任で行うべきだという措定から見ていこう(表8-6).ほとんどの項目において,高リスク認知群になるほど政府責任を措定する比率が増加するという傾向がある.その中で,高リスク認知群と低リスク認知群で10%以上という大きな差がある項目は,「失業での生活保障」「所得格差の縮小」「低所得学生への援助」である.主に経済的側面にかかわる項目であるし,また全体での回答比率が50%から60%前後と中間程度になっていて,リスク認知の差が反映されやすい程度の数値ということもいえるであろう.それとちょうど逆になっているのが,「物価安定」と「環境破壊の法規制」

表8-6 リスク認知度×政府責任の措定

		仕事保障	物価安定	医療提供	高齢生活保障	産業援助	失業生活保障	所得格差縮小	低所得学生への援助	住宅提供	環境破壊規制	育児支援	責任措定個数	[一元配置分散分析]
全 体	(3,991)	61.6	94.0	82.4	81.8	69.8	52.0	50.5	61.2	39.3	92.8	67.6	6.80	
低リスク	(1,135)	58.0	93.8	78.2	78.5	66.3	46.9	44.7	56.8	36.7	93.1	66.3	6.47	
中リスク	(1,678)	60.9	94.4	83.4	82.1	69.5	50.4	50.2	59.0	38.3	93.3	67.2	6.75	
高リスク	(1,178)	65.4	93.7	85.0	84.7	73.7	59.2	56.5	68.6	43.1	91.8	69.5	7.20	**
[カイ二乗検定]		**		**	**	**	**	**	**	**		**		
相関係数		.067	.013	.072	.085	.062	.098	.103	.100	.072	.003	.043		
		**		**	**	**	**	**	**	**		**		

表8-7 リスク認知度×政府費用増加希望

		環境	保健医療	犯罪予防	教育	国防	年金	失業手当	育児支援	介護	住宅	文化芸術	希望個数	[一元配置分散分析]
全 体	(3,991)	49.3	38.0	51.4	32.6	9.4	35.0	21.1	42.9	59.0	17.6	14.7	3.71	
低リスク	(1,135)	40.5	32.8	51.5	33.0	10.2	32.1	18.9	43.9	56.1	14.9	16.9	3.60	
中リスク	(1,678)	50.3	37.9	50.4	29.6	8.9	35.2	19.0	39.6	57.9	15.3	13.4	3.58	
高リスク	(1,178)	47.7	43.1	52.7	36.5	9.4	37.7	26.1	46.6	63.2	23.6	14.4	4.0	—
[カイ二乗検定]		**	**	**	*		**	**	*	**	**	*		
相関係数		−.017	.070	−.023	.011	−.052	.045	.064	.041	.062	.064	−.048		
			**			**	**	**	**	**	**	**		

の項目であり，低リスク認知群から高リスク認知群まで比率の差がない．両項目とも各リスク群全てで9割以上の数値であり，圧倒的に政府責任の下，取り組むべき課題と考えられていることがわかる．

　他方，政府費用の増加を希望する具体的な項目との関連はどうであろうか（**表8-7**）．おおむね高リスク認知群ほど費用増加を希望する項目は多いが，他の群との比率の差はほとんどなく，またリスク群の程度と無関連の傾向をしめすものもある．政府責任の措定では高リスク認知群は一定程度，政府に対して厳しく要望する傾向があったが，具体的な政府費用の増額希望では各項目に分散する傾向がある．その中で，低リスク認知群と比べて高リスク認知群で5％以上高い項目は，「保健医療」「年金」「失業手当」「介護」「住宅」である．他方，各リスク群と政府費用増加項目とで相関係数が負記号のものとして，「国防」「文化芸術」「犯罪予防」「環境」があげられる．国防や犯罪予防の政府費用増加の回答が多少とも高いことに鑑みれば，低リスク認知群での夜警国家的

表 8-8　リスク認知度×政策選考軸（第1位）

			秩序維持	政府へ意見反映	物価くいとめ	言論自由
全体	100.0	(3,843)	27.7	48.4	21.4	2.4
低リスク	100.0	(1,086)	32.4	44.3	20.5	2.8
中リスク	100.0	(1,619)	27.1	49.8	20.8	2.4
高リスク	100.0	(1,138)	24.3	50.4	23.3	2.0

［カイ二乗検定］**

表 8-9　リスク認知度×再分配の媒介原理

		高福祉	低福祉	普遍性	選別性	必要原則	貢献原則	公共	民間	連帯	損得	権利	スティグマ
全体	100.0	55.2	44.8	61.2	38.8	45.2	54.8	27.6	72.4	19.2	80.8	66.3	33.7
低リスク	100.0	56.5	43.5	60.2	39.8	40.9	59.1	28.4	71.6	20.9	79.1	63.4	36.6
中リスク	100.0	55.7	44.3	62.0	38.0	44.3	55.7	27.0	73.0	20.1	79.9	65.4	34.6
高リスク	100.0	53.4	46.6	61.2	38.8	50.6	49.4	27.9	72.1	16.4	83.6	70.2	29.8
［カイ二乗検定］						**				*		***	

政府観との親和関係が予想される．

そこで，今後10年間でもっとも重要な国家目標とクロスしてみると，低リスク認知群では国内の秩序維持が高く，他方，高リスク認知群では，重要な政府決定への人々の声の反映，物価上昇のくいとめという政治・経済の課題が高くなっている（**表 8-8**）．

以上のような政府責任の措定と政府費用増加に関して，各々の回答項目数を一元配置の分散分析にかけてみよう（**表 8-6・表 8-7**）．結果は，高リスク認知群になるほど，政府責任・政府費用増加希望の個数とも増加しており，リスク認知の程度が政府に対して政策の責任と費用，いわば質と量の両面において，強く要請する傾向と関連していることになる．

それでは，そのような各リスク群と再分配の媒介原理との関係を確認しておこう（**表 8-9**）．媒介原理として対比的に設定された6項目のうち，有意な差がついているのは，［必要原則－貢献原則］［権利性－スティグマ］［連帯－損得］である．高リスク認知群は権利性を主張する必要原則にたつが，保険料支払いに見合った年金支払いを要求している．低リスク認知群は生活保護忌避的で貢献原則にたつが，年金での保険料見合いの支払いはそれほど強くない．［必要原則－貢献原則］での差異が顕著であり，これは，先に確認した，生活困窮原因の社会性－個人性の認識と符合する態度であるといえよう．

表8-10 リスク認知度×政治的主義

			左翼主義	中立	右翼主義
全 体	100.0	(2,768)	15.8	66.7	17.6
低リスク	100.0	(805)	13.4	63.6	23.0
中リスク	100.0	(1,133)	14.5	68.5	17.0
高リスク	100.0	(830)	19.9	67.1	13.0

［カイ二乗検定］**

(3) 社会との関わり

　さて，リスク認知度と，政府への責任ならびに費用増額の要望との高い関連性がわかったが，そのようなリスク認知度は社会観においても，ある種の傾向をしめすのであろうか．ここでは，それを政治的支持と利他主義的行動の2点から確認してみよう．

　まず，政治的支持として，左翼－右翼の軸とクロスさせてみよう（**表8-10**）．全体で見ると，各リスク群とも3分の2程度が「中立」の立場にたっているが，それ以外の人々については，低リスク認知群において「右翼主義」の比率が高く，高リスク認知群において「左翼主義」の比率が高い．低リスク認知群では「左翼主義」13.4％＜「右翼主義」23.0％であるのに対し，高リスク認知群では「左翼主義」19.9％＞「右翼主義」13.0％となる．

　また，利他主義的行動では，「困っている人は放っておけない」「ボランティアには自らすすんで参加」「地域の行事・自治会・町内会によく参加」は低リスク認知群でわずかに高いものの大きな差はなく，「募金活動には自らすすんで寄付」のみで有意に低リスク認知群のほうで比率が高い．低リスク認知群で56.4％，高リスク認知群で48.6％である．一元配置の分散分析で確認すると，周囲に利他的に関与する回答個数は低リスク認知群で2.16個，中リスク認知群で2.09個，高リスク認知群で2.01個となり，5％水準で有意であった．低リスク認知群のほうで多少利他的行動が多いが，寄付行動がその差の中心となっている．

　先に，低リスク認知群においては，生活困窮の原因を個人の努力や意志に求め，政府へは夜警国家的志向を多少有していることをみたが，それらを背後で支える政治思想として右翼主義が相対的に支持されている．他方，高リスク認

知群は生活困窮の原因を社会の不公正さに求め，政府へは医療・年金・介護や失業対策など福祉国家的な生活保障を要望しており，それと合致するように，左翼主義の支持が相対的に高くなっている．リスク認知はそれ単独の設問として設定しているにもかかわらず，社会観や政治的支持との関連があることが理解される．それらを考えあわせると，リスク認知は自らの生活状況の認識や推測・予測によって判断されるわけだが，その人の社会観や政治的支持などの要因が，ある種のパースペクティブを規定することを通じて，リスク認知の程度に敏感さをあたえているということは想定できよう．

5. 要約と展望

本章での検討結果を整理しておこう．

(1) 回答として用意した6項目のうち，リスクが強く認知されているのは，「家族の大きな病気やけが」86.8％，「寝たきりへの介護」83.6％の身体的不安であり，これにつづくのが，「主な稼ぎ手の失業」64.9％，「生活費工面の困難」61.5％の経済的不安である．平均の回答数は3.50個である．

(2) リスク認知とデモグラフィックな変数との関連では，性別での目立った差はなく，年齢階層別でも同様であるが，高齢層で身体的不安，中年層で経済的不安の比率が多少高い．社会経済的変数との関連では，所得階層別にみて，低所得で不安の強い領域，中所得で不安の強い領域，中所得で不安が少ない領域の差異があった．また，階層帰属意識ごとでは，帰属意識を低く評価するものほど経済的不安を強く感じており，実際の客観的な所得階層より主観的な帰属意識のほうが規定力がある．それと連動して，生活満足度が低く，厭世観をもちがちなものほど不安を感じており，そこには不安の増幅過程が想定できる．

(3) リスク認知を強く感じる高リスク認知群は生活困窮者の割合を高く見積もり，不公正な社会にその原因を求めるが，リスク認知をあまり感じない低リスク認知群は生活困窮者の割合を低く見積もり，個人の努力や意志の足りなさに原因を求める傾向がある．また，高リスク認知群は政府の責任や政府費用の増加を希望する項目が多く，福祉国家的生活保障を望む左翼主義が相対的に強いのに対し，低リスク認知群では夜警国家的な政策志向と右翼主義が相対的に

強くなっている.

　以上が本章で確認してきたデータ分析の要約である. 私たちが本調査であげたリスクの諸現象は, 身体的不安と経済的不安の系列に大きくわけられ, 身体的不安では諸要因とかかわりなく多くの人がリスク不安をうったえているのに対し, 経済的不安ではおおむね社会経済的変数によるリスク不安の差異が存在していた. また, リスク不安は客観的変数と関連しつつも, 意識変数との関連がより強く確認された. そこには, リスク認知は自らの生活状況を客観的に眺めるというよりも, 社会観や政治的支持など, ある種のパースペクティブとの関連でより敏感に感じやすくなるという傾向が存在しているものと想定される. リスクと不安がキーワードになってしまった現代社会は, 失うべきものを多くもってしまった社会でもあり, 1つの喪失の欠落感が強く意識され, その1つの喪失が次の喪失の怖さを連なってよびおこす, ある種のナーバスさに満ちているのでもある.

1) 計量分析上, 厳密に考えるなら, 住宅ローンを借りていないもの, 結婚していないものは回答者から除外して分析するという方法がある. ただし, 逆に, それらのものは, ローン利用者や既婚者と比較して, そのようなリスク不安をもともと感じなくてすむ状態にあるとも考えられるので, 本章の分析ではその該当者も除外せずに分析の対象としていくことにする. そのように, 現代社会において「家族」をもつことは, ある種のリスクを引き受けることであるという発想は, 山田 (2001) に見られる.

【文献】

Beck, U., 1986, *Risikogesellschaft*, Suhrkamp (東廉・伊藤美登里訳, 1998, 『危険社会』法政大学出版局).

藤村正之, 2003, 「リスク社会をどう考えればよいか」『生活経済政策』77 (2003年6月号), 生活経済政策研究所: 2-9.

Hoffer, E., 1951, *The True Believer*, Harper & Brothers (高根正昭訳, 1969, 『大衆運動』紀伊國屋書店).

小松丈晃, 2003, 『リスク論のルーマン』勁草書房.

山田昌弘, 2001, 『家族というリスク』勁草書房.

山口節郎, 2002, 『現代社会のゆらぎとリスク』新曜社.

9章 階層化社会における平等・格差意識

三 重 野　卓

1. 階層化をめぐる状況

　バブル経済の崩壊以降,長引く経済的停滞のなかで,われわれの生活は,ますます混迷を深める結果となった.企業におけるリストラが進行し,構造的不況のなかで,それが加速化した.年功序列制,終身雇用制,経営家族主義,企業別組合により特色づけられた日本的経営が大きな曲がり角に差しかかっており,成果主義の導入のなかで,勤労者をめぐる状況は,大きく変貌している.そして,わが国の社会構造の病弊や,漠然とした将来に対する不安感などが一般化している.
　わが国においては,70年代の後半にその段階に突入した脱工業化社会,情報化社会,ソフト化社会,サービス経済化社会が,ここにきて深化している.例えば,IT革命という高度情報化,高齢化のなかでの福祉需要の増大,それによるサービス化などを指摘することができる.しかし,こうした動きは,専門性のある人びとと単純労働の人びとに分化させるという状況や,非正規従業員の増加をもたらしている.そうしたなかで,戦後一貫して低い水準にあった失業率も高まった.一般的には,脱工業化のなかで,完全雇用と平等をともに達成するのが,難しくなっている.もし完全雇用を目指せば,従業員の給料を低く抑える必要があるし,最低賃金を守ろうとすると,労働市場から排除される人間が増加する (Esping-Andersen, 1999=2000 : chap. 7).
　また,急速に進む高齢化のなかで,高齢者間の格差が顕在化している.高齢者の貯蓄は平均値としては高いが,実際には格差が大きい.近年,国民一般が貯蓄へ励むことにより,消費が低迷するという状況があった.しかし,ここに

きて，貯蓄への努力も限界に達している．そのうえ，年金制度に対する信頼が揺らいでおり，年金の保険料の未払いが顕在化している．

その一方で，女性の社会的進出や離婚率の上昇のなかで，女性の世帯主が増えることも見込まれている．ところが，日本の女性は対男性比で賃金水準が低いため，世帯としての格差は拡大するかもしれない．また，共稼ぎ世帯では，単一稼ぎ手の世帯より，世帯収入は多くなりやすい．実際に，統計的には不平等化するとしても，このように世帯の内部構成が変化しているため，収入は，厳密には比較が容易ではない．

こうした現代的な状況のなかで，階層，不平等，格差の解明が，ひとつの大きなテーマになっている．一億総中流化は，既に過去のものとなり，今後，格差が拡大するのではないか，という気分が人びとの間に広がっている．実際の研究課題は，果たしてリアリティとして格差が拡大しているのか，階層化社会の現状はどのようなものか，ということに集中している[1]．もちろん，基礎的な生活財が普及した現在において，階層もかつてとは，異なるものになる[2]．そして，経済的格差を中心に職業，学歴などの社会学的な要素も導入して，さまざまな議論が展開されたのは，記憶に新しいところである．

しかしながら，それと同時に，格差意識とか不安感といったものも，実際には人びとの行動を規定している．それらが，たとえわれわれを誤った方向に導く情動として作用しようとも，この点は認識する必要があろう．1999年，当時の経済企画庁（現内閣府）により実施された『国民選好度調査』の結果から明らかなように，国民にこの10年を振り返ってもらう質問をすると，格差意識がかなり一般化していることが分かる[3]．

本章では，階層，不平等のリアリティというより，それらに関する意識に焦点を合わせて，見取り図を描くことにしたい[4]．もちろん，こうした不平等感，階層に対する意識は，複雑な要因が絡み合いながら形成されている．ここでは，次の点に限定して分析することにしたい．

第1に，現在の所得に関する平等感と今後の格差意識について分析するために，それらをめぐる生活意識，さらに，生活様式，ライフスタイル志向に関する意識をも含め，構造を明らかにする．

第2に，平等感と格差意識を合成し，現在の意識と今後の意識に関する項目

を作成する．それにより，単なる不平等感のみではなく，将来をも見通すことになる．さらに，こうした平等・格差意識を規定する要因を明らかにするために，モデル化を行なう．それにより，こうした意識がどの程度，階層的要因により規定されるか，それらのうちどれが効くのか，という点を明らかにする．

第3に，福祉政策をめぐる意識と平等感をめぐる意識の関連性について，包括的に描くことにしたい．それにより，不平等，格差拡大が注目されている現在における福祉政策のあり方に，示唆を与えることができるかもしれない．

2. 平等・格差意識をめぐる意識連関

実際，階層的リアリティとともに，意識面で国民がどう考えているのかということも，極めて重要になる．とりわけ，過去というより，むしろ将来の格差問題の方が，より重要になろう．実際の回答者は，現在の状況と将来の予想を比較しながら，平等，格差について評価すると仮定できる．分析項目は，以下の通りである．平等感「現在の日本における所得の不平等は小さい」，格差拡大意識「今後，わが国の所得格差は拡大する方向に向かう」．周知の通り，平等については，機会の平等，結果の平等といった議論があり，また，生活の広い領域で問題が顕在化するが，ここでは，所得に限定して分析することにしたい．こうした項目が他の意識項目といかなる関係にあるか，その構造を明らかにするのが，本節の目的である．

生活意識の項目としては，まず，満足感，公平感をあげることができる．満足感とは，最も一般的な生活意識であり，人びとの生活の現状と欲求水準との乖離から，満足－不満が顕在化する．ただ，満足度には，高齢者が若者に比較して満足しやすいとか，例えば，種々のサービスが充実すると欲求水準が高まり，不満が顕在化する可能性がある．また，そもそも満足感は何を測定しているのか，ということも議論になり，特に公共的な場面では，顧客を特定することができない，という公共財の問題が生じる（＝非排除性）．それに対して，公平感については，個人の生活に焦点を合わせるというより，社会的資源との関わりで，人びとが仮想的な配分基準をもっていると想定し，その関係から評価がなされる（海野・斎藤，1990；海野，2000）．

満足度，公平感とも，領域別の意識を対象にする場合が多くなっている．例えば，満足感を生活領域別（所得，余暇，労働，生活環境，自然環境など）に把握するとか[5]，公平感を，性別，学歴，家柄，資産などについて把握する（機会の平等に関連）というものである[6]．しかし，ここでは一般的に質問することにより，包括的にその意識のメカニズムを明らかにすることにしたい．それぞれの項目は，次の通りである．満足感「あなたは現在の生活に満足していますか」，公平感「今の世の中は一般的にいって公平である」．

　生活様式，ライフスタイルとは，人びとの行為のパターン，様式である．それらは価値中立的な概念であるため，良い，悪い，どちらともいえない，という観点を含んでいないが，人びとの生き方を規定して，間接的に「生活の質」と関連する．文化とは，当該社会における共同認知のあり方であるとか，価値体系や記号体系であるとか，さまざまな考え方があるが，そうした生活様式，ライフスタイルの体系が，当該社会の文化を形成するともいえる．

　もちろん，生活様式，ライフスタイルについては，消費や余暇に特定化する場合もあるが，ここでは，わが国において伝統的な勤勉性のライフスタイルと，現代的なライフスタイルを表す快楽性をとりあげることにする．実際，人びとの行為の基準が，良いか，悪いかという道徳的なものではなく，快－不快という快楽原則によるものになっている（Toffler, 1980=1980）．これらのライフスタイルは，実際には二者択一的ではなく，両方のライフスタイルを体現することも十分あり得る．具体的な尺度は次の通りである[7]．勤勉性「勤勉な生活をこころがけ，高い社会的地位や評価を得るように生きたい」，快楽性「あまり先のことは考えず，その日，その日を楽しく過ごすような生活を送りたい」．

　以上の項目は，全て4段階尺度となっている[8]．これらの意識は，かなり一般的なものであるから，間隔尺度とみなすことにしたい．これらの項目の基礎統計量を求めてみよう（**表9-1**を参照）．平均値が高いのは，格差拡大意識，満足感，勤勉性，快楽性であり，平均値が低いのは，公平感，平等感である．実際の分析結果（主成分分析，バリマックス回転，欠損値は，ペア単位で削除）は，**表9-2**に示されている．抽出因子は，以下の通りである．

　第Ⅰ因子では，満足感，公平感という意識項目と，勤勉性というライフスタイル，および平等感の因子負荷量の値が大きくなっている．これは，現在の生

表 9-1　意識項目の記述統計量

	平均値	標準偏差	分析 N	欠損値 N
満足感	2.736	0.777	3,986	5
公平感	2.197	0.865	3,980	11
平等感	2.097	0.865	3,970	21
格差拡大	2.933	0.867	3,959	32
勤勉性	2.623	0.859	3,973	18
快楽性	2.564	0.978	3,981	10

表 9-2　意識項目の主成分分析（因子負荷量）

	I	II	III
満足感	0.528	0.336	0.015
公平感	0.765	−0.009	−0.015
平等感	0.767	−0.022	−0.069
格差拡大	−0.151	0.066	0.914
勤勉性	0.420	−0.383	0.463
快楽性	0.081	0.893	0.014

活について肯定的で，かつ勤勉性という日本の伝統的なライフスタイル志向と関連するので，「ポジティブ評価因子」と命名することにしたい．それに対して，第II因子では，満足感，快楽性がプラス，勤勉性がマイナスになっている．あまり勤勉に生きるのではなく，快―不快という脱工業化社会の快楽原則を追求し，それにより，満足を感じると理解することができるので，「満足・快楽因子」と命名することにしたい．第III因子では，将来，格差が拡大するという項目と勤勉性でプラスの値が大きくなっている．これは，一生懸命に生きるライフスタイルを志向するが，将来を悲観的と見なす因子を表している．それゆえ，暫定的に「ネガティブ・勤勉性因子」と命名することにしたい．

このように，平等感が勤勉性を含むポジティブな側面と関連しあう因子と，快楽―満足という因子が抽出された．さらに，勤勉性ゆえに，格差拡大とみなすという因子が抽出された．第1の次元は，包括的な評価を示しており，いわば総合意識因子といった因子を表している．それに対して，第2，第3の次元は，快楽的雰囲気，格差拡大の雰囲気といった現在の時代状況を反映している．

3. 平等・格差意識の規定要因

　それでは，次に，現在の平等感と将来の格差拡大への意識について，それぞれ2カテゴリーに合併してクロス表を作成し，平等・格差意識という現在と将来の見通しについての項目を構成してみよう．ここで，新たな具体的なカテゴリーは，以下の通りである．①不平等・格差拡大，②平等・格差拡大，③不平等・格差縮小，④平等・格差縮小．

　この結果をみると（サンプル数，3,955），現在は不平等で，将来は格差拡大への回答比率が高く（52.7％）なっており，不平等感が広がっているといえる．以下，現在は平等であるが，将来は格差が拡大する（20.4％），現在は不平等で，将来は格差が縮小（含む，現状維持）する（16.4％），現在は平等で，将来は格差が縮小（含む，現状維持）する（10.4％）という順になっている．こうした分析結果は，人びとが，階層格差拡大の雰囲気にヴィヴィッドに反応していることによる．ただし，「④平等・格差縮小」への回答が一番少ないとはいえ，約10％が回答しているという点にも注目する必要がある．このあたりは，日本的な集団主義のメンタリティ，人びとの保守的な志向を表している．

　こうした「平等・格差」意識に焦点を合わせ，その規定要因を明らかにし，モデル化を行なうための項目として，以下のものが考えられる．

　第1に，一般的な属性項目として，性別，年齢をあげることができる．実際，男女により，平等，格差をめぐる意識は異なるのではないかという点が分析課題になる．また，年齢，すなわちそれぞれのライフステージにより，各自の人生における位置づけが異なるため，階層，不平等に関する状況への反応も異なると仮定できる．

　第2に，平等・格差に関する意識はイメージ的なものであるが，実際の階層状況と関係する．社会階層については，例えば，経済的階層，職業的階層，政治的階層などの区別がある．ここでは，本人収入（年収，税込み），職業（現在働いていない場合は，過去に最も長く従事した職業），住居形態をとりあげた．収入に関しては，世帯収入も考えられるが，ここでは，個人の意識について質問しているため，あくまでも個人に焦点を合わせて分析することにしたい．職業は，まさに社会的な地位，階層を表している．また，ストック面について

は，住居形態で代表させた．さらに，こうした階層を形成する要因としての学歴も採用した．

その一方で，第3に，階層，生活に関わる意識として，階層帰属意識をあげることができる．階層帰属意識とはそもそも何であるのか，本当に人びとの階層を反映しているのか，その評価の基準は何かという問いは，極めて重要である．時系列的な分析によると，この意識は，「暮し向き」「豊かさ」を表す指標にしか過ぎないという主張もある．その意味からは，階層帰属意識は，階層意識というより単なる生活意識のひとつであるともいえる（間々田，2000）．しかし近年，経済的な停滞のなかで，実際には「中の中」が減少している．

さらに，第4として，政党支持も一般的に使用される説明要因であり，それが個人の志向，行動と密接に関連することが明らかになっている．

これらの項目を説明変数として，平等・格差意識を被説明変数としてクロス表分析を行なうと，全て統計的に有意（1％水準）になっている．それらの結果を参考にしつつ，モデル化を行なうために，上記の説明変数から7変数（政党支持は欠損値が多いため除外）と，公平感という既に検討した変数の計8個を説明変数として，多項ロジスティック回帰分析を行なった．

各説明変数が統計的に有意かどうか検討し，最終的に採用した説明変数は，以下の通りである（**表9-3**を参照）．すなわち，説明変数は，階層関係としての職業，住居形態，学歴，および，意識関係としての階層帰属意識と公平感といったリアリティと意識の項目から成り立っている[9]．このモデルで，本人収入は統計的に有意ではなく，所得面の階層は直接的には関係しないことが分かった．本人収入は，年齢とも関係するためその取り扱いが難しい．また，性別は，クロス表分析でクラマーの関連係数が相対的に低かったため，このモデルでは有意にはならなかった．

実際の多項ロジスティック回帰分析による結果をみてみよう．**表9-3**でゼロになっているカテゴリーは，パラメーターが冗長なので，ゼロとおいたものである．「平等・格差縮小」との関係で検討すると，以下の通りである．

まず，「不平等・格差拡大」については，公平感（「今の世の中は一般的にいって公平である」）に「そう思わない」，「どちらかといえばそう思わない」という否定的なカテゴリーでのオッズ比が高くなっており，その影響力の強さを

表 9-3 多項ロジスティック回帰分析

	B	標準誤差	Wald	自由度	有意水準	オッズ比
不平等・格差拡大						
切片	0.978	0.372	6.921	1	**	
[職業]						
1. 会社,団体等の役員	−0.062	0.287	0.046	1		0.940
2. 一般の雇用者	0.394	0.230	2.934	1		1.483
3. 臨時・パート,派遣社員	0.427	0.260	2.702	1		1.532
4. 自営業者	−0.268	0.252	1.128	1		0.765
5. 家族従事者,内職者	0			0		
[住居形態]						
1. 持ち家	−0.044	0.152	0.086	1		0.957
2. 親の持ち家	0.059	0.197	0.090	1		1.061
3. 非持ち家	0			0		
[学歴]						
1. 義務教育	−0.320	0.190	2.845	1		0.726
2. 高等学校	0.100	0.170	0.346	1		1.105
3. 短期大学,高等専門学校	0.093	0.217	0.183	1		1.097
4. 大学,大学院	0			0		
[階級帰属意識]						
1. 上・中の上	−1.246	0.250	24.811	1	**	0.288
2. 中の中	−0.716	0.201	12.651	1	**	0.489
3. 中の下	−0.334	0.211	2.512	1		0.716
4. 下	0			0		
[公平感]						
1. そう思わない	1.955	0.255	58.872	1	**	7.066
2. どちらかといえばそう思わない	1.555	0.212	53.912	1	**	4.737
3. どちらかといえばそう思う	0.102	0.207	0.243	1		1.108
4. そう思う	0			0		
平等・格差拡大						
切片	1.083	0.394	7.562	1	**	
[職業]						
1. 会社,団体等の役員	0.091	0.308	0.086	1		1.095
2. 一般の雇用者	0.339	0.252	1.807	1		1.404
3. 臨時・パート,派遣社員	0.132	0.287	0.210	1		1.141
4. 自営業者	−0.118	0.275	0.185	1		0.888
5. 家族従事者,内職者	0			0		
[住居形態]						
1. 持ち家	0.086	0.165	0.270	1		1.090
2. 親の持ち家	−0.111	0.218	0.256	1		0.895
3. 非持ち家	0			0		
[学歴]						
1. 義務教育	−0.476	0.200	5.684	1	*	0.621
2. 高等学校	−0.240	0.177	1.840	1		0.786

	B	標準誤差	Wald	自由度	有意水準	オッズ比
3. 短期大学, 高等専門学校	−0.362	0.235	2.376	1		0.696
4. 大学, 大学院	0			0		
[階級帰属意識]						
1. 上・中の上	−0.121	0.262	0.213	1		0.886
2. 中の中	−0.260	0.223	1.354	1		0.771
3. 中の下	−0.323	0.236	1.869	1		0.724
4. 下	0			0		
[公平感]						
1. そう思わない	−0.192	0.273	0.496	1		0.825
2. どちらかといえばそう思わない	−0.124	0.212	0.345	1		0.883
3. どちらかといえばそう思う	−0.166	0.198	0.704	1		0.847
4. そう思う	0			0		
不平等・格差縮小						
切 片	−0.225	0.432	0.272	1	**	
[職業]						
1. 会社, 団体等の役員	−0.480	0.323	2.213	1		0.619
2. 一般の雇用者	−0.250	0.250	1.004	1		0.779
3. 臨時・パート, 派遣社員	0.087	0.281	0.096	1		1.091
4. 自営業者	−0.635	0.278	5.235	1	*	0.530
5. 家族従事者, 内職者	0			0		
[住居形態]						
1. 持ち家	0.123	0.177	0.482	1		1.131
2. 親の持ち家	0.454	0.224	4.106	1	*	1.575
3. 非持ち家	0			0		
[学歴]						
1. 義務教育	0.377	0.226	2.790	1		1.458
2. 高等学校	0.385	0.207	3.455	1		1.470
3. 短期大学, 高等専門学校	0.190	0.261	0.530	1		1.209
4. 大学, 大学院	0			0		
[階級帰属意識]						
1. 上・中の上	−1.177	0.304	15.042	1	**	0.308
2. 中の中	−0.471	0.224	4.416	1	*	0.624
3. 中の下	−0.184	0.233	0.621	1		0.832
4. 下	0			0		
[公平感]						
1. そう思わない	1.797	0.301	35.635	1	**	6.029
2. どちらかといえばそう思わない	1.421	0.261	29.680	1	**	4.141
3. どちらかといえばそう思う	0.003	0.264	0.000	1		1.003
4. そう思う	0			0		

注:**は1％水準有意,*は5％水準有意.

示している．実際，B 係数の値も大きくなっている（統計的に有意）．以下，従業上の職業については，正規，および非正規の従業員のオッズ比が高くなっている．脱工業化，サービス経済化，そして女性の社会的進出のなかで，非正規従業員が増えているが，予想に反して，正規，非正規の従業員は同様の値になっている．これは，総体として給与生活者の不安が増大していることを表している．また，学歴をみると，高等学校卒で係数の値が1を超えており，これは，彼らの微妙な立場を表している．それに対して，階層帰属意識については，上・中の上，中の中のオッズ比が低く，B 係数のマイナスの値は大きく，「平等・縮小」と関連していることが分かる（統計的に有意）．

　階層のリアリティが平等・格差意識と強く関連するというのが，ここでの仮説である．この仮説の採択は，分析結果からかなり明白であり，こうした意識は，階層的要因により規定されることが検証された．しかしながら，階層帰属意識，公平感で，B 係数の値がより大きいものが多く，意識が意識を規定するという関係も明らかになった．

　「平等・格差拡大」については，5％水準で有意なカテゴリーは，義務教育卒のみとなっている（B 係数のマイナスの値が大きい）．しかし，オッズ比を検討すると，「職業」では，正規の従業員の値が高くなっており，将来の格差拡大との関連を表している．「不平等・格差縮小」について検討すると，職業の自営業者のマイナス値（B 係数）が大きく（5％水準有意），不平等に反応しないことが分かる．住宅形態では，親持ち家の B 係数，およびオッズ比の値が高く，「不平等・格差縮小」に影響していることが分かる．また，階層帰属意識については，上・中の上，中の中の B 係数がマイナスで大きいという結果になっている（統計的に有意）．そして，公平感の「そう思わない」「どちらかといえばそう思わない」のオッズ比の値が大きくなっている．

　このように，オッズ比，さらにカテゴリー係数の値を詳細に検討することにより，微妙な差異が明らかになる．しかし，不平等，格差に関する意識は，客観的な階層のリアリティと，より一般的な階層関連意識（公平感も含む）により規定されるという点は共通している．今後，リアリティとしての階層の格差がより拡大し，そして，階層関連意識のあり方に変化が起きると，不平等感，格差の拡大意識にも変化が起きるかもしれない．

4. 平等・格差意識をめぐる包括的な関連図式

現在，急速な高齢化，それによるニーズの顕在化という状況と，経済的状況，財政難などにより，福祉制度の改革が議論の対象になっている．そして，新保守主義，新古典派経済学による経済システムの運営が優勢となる流れのなかで，福祉国家，福祉社会に対する疑問も提出されている．そのなかで，格差，階層に対する介入としての福祉政策のあり方も根本的に問い直されている．

しかし，そもそも福祉政策は，基本的には人びとの権利，すなわち生活権，生存権の保障を目指すものである．そして，それらは人びとの格差を縮小し，人びとの連帯，そして社会の統合を志向している．今後，格差意識が拡大していくとしたら，人びとの連帯，社会の統合の意味，そして，いかなる制度，政策が可能かということが問われるようになろう．

ここでは，平等・格差意識，福祉意識をめぐる関連図を描き，そのメカニズムを明らかにしよう．その場合の前提は，以下のとおりである．

第1に，平等問題に対しては，直接的に測定できない構成概念を想定することができる．その潜在変数を「包括的平等感」と命名すると，それは幾つかの観察可能な変数から成り立っている．第2に，福祉意識についても，潜在変数としての「包括的福祉政策意識」を設定することができる．このような分析を行う方法として，共分散構造分析のひとつである多重指標モデルを適用し，因果関係を明らかにすることにしたい．以下，結果を検討することにする．

ここで，「包括的平等感」を表す指標として，平等感と将来の格差拡大意識，さらに平等感と同じ因子を形成する公平感を採用することにする．一方，「包括的福祉政策意識」を表す指標として何を採用すべきかについては，必ずしも明確ではない．しかし，まず公的政策による福祉を重視するという意味の公的責任，そして，年金における世代間公平を採用する（質問文については，注10）を参照）．それらに貢献原則，低負担，および非権利性といった変数を導入してモデル構築を繰り返したところ，非権利性の場合に相対的に有意味な結果が得られた[10]．

その標準化係数については，**図9-1**を参照されたい（「その他」は，誤差，攪乱因子）．「包括的平等感」は，現在の平等感と強く関係し，格差拡大意識の

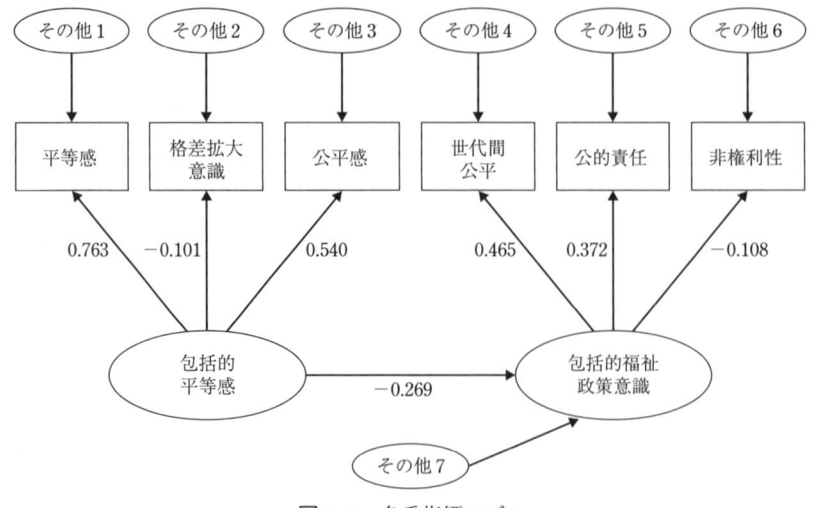

```
       その他1    その他2   その他3   その他4   その他5    その他6
         ↓         ↓        ↓        ↓        ↓         ↓
       ┌────┐  ┌──────┐ ┌────┐ ┌──────┐ ┌────┐   ┌─────┐
       │平等感│  │格差拡大│ │公平感│ │世代間│ │公的責任│ │非権利性│
       │    │  │ 意識 │ │    │ │ 公平 │ │    │   │     │
       └────┘  └──────┘ └────┘ └──────┘ └────┘   └─────┘
         ↑         ↑        ↑        ↑        ↑         ↑
       0.763    −0.101    0.540    0.465    0.372    −0.108

         ╱───────────────────╲              ╱──────────────╲
        │     包括的          │            │    包括的福祉    │
        │     平等感          │─ −0.269 ─→│    政策意識     │
         ╲───────────────────╱              ╲──────────────╱
                                                    ↑
                                                 その他7
```

図 9-1 多重指標モデル

係数のマイナスは小さい．それは，格差拡大意識は，階層的要因より，勤勉性というライフスタイルと関係する点からも容易に想像がつく．「包括的福祉政策意識」は，世代間公平，公的責任と強く関係し，非権利性のマイナスの値は小さいという結果になっている（以上は，全て統計的に有意）．そして，「包括的平等感」から「包括的な福祉意識」へというルートの標準化係数は，−0.269と惜しくも−0.300にとどいていないが，統計的に有意になっている（モデルの適合性も良好）．このように，ふたつの潜在的変数の関係はマイナスであるが，その絶対値がそれほど大きい値ではないという点は，重要であろう．包括的な平等感と福祉政策に対する意識の間には，緩やかな関連性があるといえる．

5．おわりに

現在，社会階層をめぐる状況についての議論が活発化しており，果たしてリアリティとして格差が拡大しているのかということが，問われている．そこでは，使用されるデータの信頼性への疑問もあるし，データ解析の手法上の問題もある．そのため，ここでは一応その点を棚上げして，意識の側面について検

討してきた.

　筆者は，良くも悪しくも，時代を形作るのは，人びとの意識，情動，そのリズムであると考えている．それがたとえ，社会をマイナスの方向に導くとしても，その重要性は変わらない．そのため，意識の把握はリアリティの把握と共に大きなテーマとなる．確かに，意識はよりあいまいで，客観性の保証には困難があるが，この視点は不可欠であろう．こうした点を踏まえた本章の分析結果により，幾つかのことが分かった．

　第1に，平等感，格差意識は，他の生活意識，ライフスタイル志向のなかに位置づけられるという意味で，意識，行為の複合体，構造のなかに位置づけられる．ここでは，総合的な評価を表す因子と，時代の状況を反映する因子が抽出された．

　そして，第2に意識面では，現在は不平等，今後は格差拡大という国民が過半数に達しており，人びとの間にネガティブな空気が一般化している．こうした平等・格差意識については，階層的要因とともに，階層帰属意識とか公平感のような意識項目も説明要因として効くことが分かった．そこでは，意識が意識を規定するという問題があるが，意識自体が深層－表層という層をなしていると仮定することもできる．

　第3に，平等感，福祉意識をめぐる関連から，「包括的平等感」「包括的福祉政策意識」という潜在変数を設定してモデル化を行うと，その間に弱いマイナスの関係があった．その意味から，不平等感は福祉政策意識に限定的な影響を与えていることが分かる．今後，リアリティとしての格差が拡大する場合，公的責任に対する意識が広がるのか，それとも各供給主体の協働の方向に向かうのかは興味深い．

　現在の政策形成において，国民の価値，意識がどれだけ反映しているかについては，疑問がある．しかし，政策主導，情報主導の意思決定のためには，国民の多様なニーズ，意識を把握していくことが，不可欠な作業といえよう．

1) 格差拡大に関するさまざまな議論は，「中央公論」編集部 (2001). 議論の火つけ役になったものは，橘木 (1998). また，職業選択の継承，固定化からみているものとして，佐藤 (2000). 階級という観点から格差について分析しているものとして，橘

本（2001）．
2) 基礎的な財の平等化が達成された社会のなかで，極端な不平等社会の再現を予想するのは誤りという立場は原・盛山（1999）．また，基礎財が揃ったところで，人びとはより高次の財を望むよりも「こころの豊かさ」を求めるという脱物質志向については三重野（2000）．さらに，鹿又（1986）も財の選好構造を分析している．
3) 同調査では，「所得・収入に関して，その格差が10年前と比べて拡大したと思うか否か」という過去のことについて質問している．全体の38％の人が格差は拡大していると答えているが，「変化していない」「縮小した」も多い．
4) 社会意識論については，吉川（1998）が参考になる．
5) 生活満足度を重視し，それから政策体系を再構築しようという立場は，福田（1995）．満足度尺度の信頼性については，三重野（1978b）．なお，不安感についての詳細な分析は，三重野（1978a）．
6) 満足度，公平感自体の分析も必要である．満足度については，三重野（2002a）を参照のこと．ロジスティック回帰分析の結果，満足度の要因として，性別，年齢，健康状態，住居形態，職業，階層帰属意識を計量的に確定している．また，平等・格差意識と，失業経験，さらにより詳細な福祉意識との関連も重要になろう．ここでは，階層要因を中心に分析したので，この点は，別稿に委ねることにしたい．それにより，平等感の判断基準が推測されるかもしれない．
7) こうしたライフスタイルについては，勤勉性－快楽性（28.3％），勤勉性－非快楽性（28.6％），非勤勉性－快楽性（26.1％），非勤勉性－非快楽性（17.1％）となっている（サンプル数，3,970）．
8) 満足感の選択肢は，（満足している，どちらかといえば満足している，どちらかといえば不満である，不満である），公平感，平等感，格差拡大，勤勉性，快楽性では，（そう思う，どちらかといえばそう思う，どちらかといえばそう思わない，そう思わない）．
9) その他のモデル化では，職業，住居形態，年齢，階層帰属意識，公平感を説明変数とした場合，年齢がわずかに5％水準で有意になっていない．なお，男女別に収入をみると，その分布は大きく異なる．女性は150万円未満が68.1％を占めている．
10) 公的責任は，「年金や医療や社会福祉サービスなどは，なるべく公的部門（国や地方自治体）が責任をもって供給したり運営したりすべきだ」(B)，「年金や医療や社会福祉サービスなども，なるべく民間部門（企業や民間非営利部門など）が供給したり運営したりすべきだ」(A)で，Bに近い，どちらかといえばBに近い，どちらかといえばAに近い，Aに近い，に4-1点を与える．世代間公平は，「公的年金であっても，損をする世代がないように，払った保険料に見合った年金が受け取れるようにすべきだ」(B)，「公的年金は世代間の助け合いなのだから，受け取る年金額が支払った保険料に見合わなくてもやむをえない」(A)．非権利性は，「生活保護は，受ける資格のあ

る人でも，なるべくもらわない方がよい」(B)，「生活保護は国民の権利だから，受ける資格のあるひと全員が権利としてもらうべきである」(A)．

【文献】

「中央公論」編集部編，2001,『論争・中流崩壊』中公新書ラクレ.

Esping-Andersen, Gøsta, 1999, *Social Foundations of Post Industrial Economies*, Oxford University Press（渡辺雅男ほか訳，2000,『ポスト工業経済の社会的基礎』桜井書店）.

福田公正，1995,『日本を豊かにする方程式——世論が決め手の経済学』日本評論社.

原純輔・盛山和夫，1999,『社会階層——豊かさの中の不平等』東京大学出版会.

橋本健二，2001,『階級社会日本』青木書店.

鹿又伸夫，1986,「社会階層とライフスタイル」金子勇ほか編『クオリティ・オブ・ライフ——現代社会を知る』福村出版: 116-138.

吉川徹，1998,『階層・教育と社会意識の形成』ミネルヴァ書房.

間々田孝夫，2000,「自分はどこにいるのか——階層帰属意識の解明」海野道郎編『日本の階層システム2　公平感と政治意識』東京大学出版会: 61-81.

三重野卓，1978a,「老後不安構造の計量的研究——定年退職との関連で」『社会老年学』8: 45-56.

三重野卓，1978b,「意識調査における信頼性について——満足・不満尺度の検討」『季刊社会保障研究』14(3): 67-88.

三重野卓，2000,「『こころの豊かさ』への志向構造」今田高俊編『日本の階層システム5　社会階層のポストモダン』東京大学出版会: 83-109.

三重野卓，2002a,「高齢社会の『生活の質』と生命倫理」金子勇編『講座・社会変動8　高齢化と少子社会』ミネルヴァ書房: 133-161.

三重野卓，2002b,「平等感と福祉政策意識（上）——生活意識の構造とその規定要因」『ESP』364: 58-63.

三重野卓，2002c,「平等感と福祉政策意識（下）——『包括的平等感』をめぐる関連図式」『ESP』365: 58-63.

三重野卓，2004,『「生活の質」と共生［増補改訂版］』白桃書房.

佐藤俊樹，2000,『不平等社会日本——さよなら総中流』中公新書.

橋木俊詔，1998,『日本の経済格差——所得と資産から考える』岩波新書.

Toffler, Alvin, 1980, *The Third Wave*, W. Morrow & Co.（徳山二郎監修，1980,『第三の波』日本放送出版協会）.

海野道郎・斎藤友里子，1990,「公平感と満足感」原純輔編『現代日本の階層構造2　階層意識の動態』東京大学出版会: 97-123.

海野道郎編，2000,『日本の階層システム2　公平感と政治意識』東京大学出版会.

第III部　福祉国家の価値意識

10章　福祉国家を支える価値意識

武 川　正 吾

1. 価値と社会政策の媒介原理

　公共政策は政府という集合的主体による一種の目的合理的行為であると考えることができる．もちろん政府が目的合理的でない行為をすることはあるが，それはある種の逸脱であって，目的合理的な行為が正常な姿である．個人の目的合理的行為が目的を前提とし，その目的が何らかの価値を前提するのと同様，公共政策の決定と実行の場合にも何らかの目的と価値が前提とされている．

　しかし，これらの諸価値がただちに福祉国家の社会政策のなかに反映されるわけではない．これらの諸価値と具体的な社会政策とのあいだには，両者を媒介する中間的な原理を想定することができる．この原理のことをここでは「媒介原理」と呼んでおこう[1]．媒介原理は自由や平等といった諸価値に比べると抽象性の水準が低いが，現実の社会政策のなかでは意思決定や行為の指針としての役割を果たす．例えば，普遍主義や選別主義といった社会政策においてよく知られた準則は，自由や平等といった価値そのものではないが，これらの価値を具体化するためのプログラムを導出する基準となりうるという意味で媒介原理だということができる．

　ここから価値と社会政策とのあいだには，図10-1のような連関図式を想定することができる．これは社会政策の領域における諸変数間の布置連関である[2]．これに対して社会意識の領域では信念，態度，意見などといった要素が含まれるが，これらは図10-1における諸変数とのあいだで，①価値に対する信念，②媒介原理に対する態度，③社会政策に対する意見といった対応関係を想定することができるだろう（図10-2を参照）．

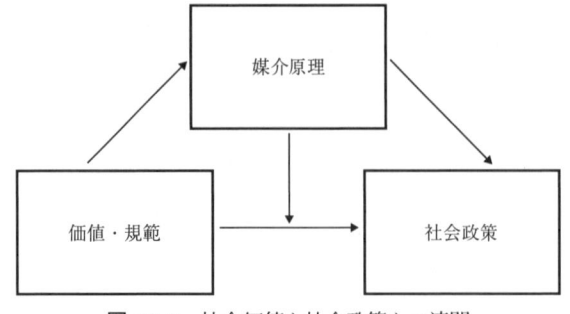

図 10-1　社会価値と社会政策との連関

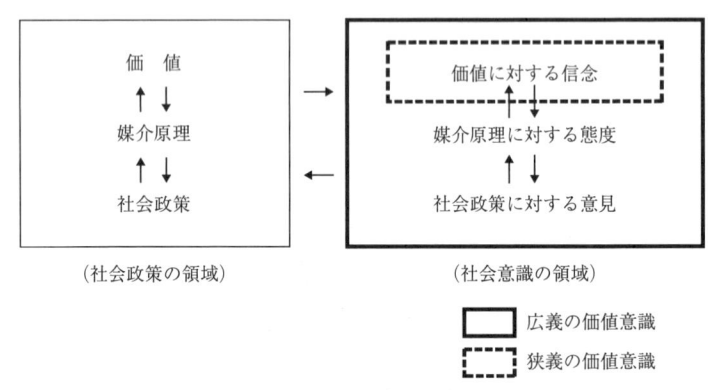

図 10-2　社会政策と社会意識

　福祉国家を支える価値意識は，狭義には，図 10-2 のなかの「価値に対する信念」の体系を意味するが，広義には，上述の①から③の変数群の総称である．本章では，これらのうちの「媒介原理に対する態度」を中心に取り上げていく．その理由には消極的なものと積極的なものがある．社会政策に対する意見は，政府やマスメディアによる世論調査によってすでに知られているからというのが1つの理由である．また社会政策と関連する価値に対する信念は抽象度が高いために質問紙調査が容易ではないといった理由もある．これらは媒介原理に対する態度を取り上げる消極的な理由である．積極的な理由は，再分配の媒介原理に関しては，これまで十分な調査が行われてきたとはいえないということである．

(1) 連帯と承認

ところで，福祉国家や福祉社会を支えるとみられる社会的な価値には，いろいろなものが考えられる．社会哲学的なレベルでしばしば指摘されるのは，自由，平等，友愛などである．これら3つは最も抽象的なレベルの価値である．さらに，これらに加えて，連帯 (solidarity)，利他主義 (altruism)，団体主義 (collectivism)，慈善 (charity)，博愛 (philanthropy)，などの価値が指摘されることも多い．最近では，ボランタリズム (voluntarism) への言及も少なくない．

これらのなかで福祉国家と結びつきがとりわけ強い価値は「連帯」と「承認」である（武川，2000）．連帯とは何らかのコミュニティの成員が共通の利害や理念に基づいて相互に支援し合うことを意味するが，この価値は福祉国家のなかでは再分配という政策手段を通じて，社会政策給付のなかに具体化されている．他方，承認とは互いに異なる人びとが他者の存在を相互に尊重し合うことを意味するが，この価値は，福祉国家のなかでは差別禁止といった政策手段を通じて，社会政策規制のなかに具体化されている．

さらに，福祉国家のとらえかたには，これまで(a)国家目標としての福祉国家，(b)給付国家としての福祉国家，(c)規制国家としての福祉国家といった3つのタイプがあった（武川，近刊）．(a)が規範的な概念であるのに対して，(b)と(c)は分析的な概念である．また，(c)が労働基準政策や差別禁止政策などを遂行する国家であるのに対して，(b)は所得再分配をおこなう国家である．「連帯」と「承認」は，おおまかには福祉国家のこの(b)と(c)の側面に対応している．もっとも連帯と再分配，承認と差別禁止は一意対応しているわけではない．再分配を通じて承認が達成されることもあり，差別禁止が連帯の証しとなることもある．しかし，基本的には，

　　　　連帯　→　再 分 配　→　社会政策給付
　　　　承認　→　差別禁止　→　社会政策規制

といった価値と社会政策との連関の系列を考えることができるだろう．

福祉国家を支える価値意識は，本来であれば，連帯と承認の2つの側面から検討していかなければならない．しかし本章では，福祉国家における価値と社

会政策に関する系列のうち，便宜的な理由から，前者の系列のみを取り上げることにしたい．再分配に関する媒介原理について，どのような人びとがどのように考えているかを探ることが，本章における探究の課題である．

(2) 再分配の媒介原理

再分配の媒介原理は，

・どれくらいの規模の再分配を実施すべきか（再分配の規模）
・どのような方法を用いて再分配を実施すべきか（再分配の方法）
・再分配を実施する主体は誰か（再分配の回路）

といった問いに答えなければならない．これらは二者択一の選択を迫るという意味で，ある種のパターン変数と見なすことができるだろう．これらの問いに対しては，従来の社会政策研究の知見から（Spicker, 1995；武川, 2001），少なくとも次の4つの組み合わせを考えることができる．

I 再分配の規模——高福祉 vs. 低負担
II 再分配の方法に関する原則(1)——必要 vs. 貢献
III 再分配の方法に関する原則(2)——選別 vs. 普遍
IV 再分配の回路——民間 vs. 公共

　伝統的な福祉国家論のなかでは，福祉国家とは「大きな政府」による「脱商品化」的な再分配のための仕組みであると考えられることが多かった．例えば，1970年代後半以降の福祉国家研究のパラダイムとなったWilensky（1975）の研究では，社会保障給付費の対GNP比が被説明変数として扱われており，「大きな政府」としての福祉国家へ注目した研究である．そして「大きな政府」とは上述のIとIVに関係する．また1990年代以降の福祉国家研究のパラダイムとなったEsping-Andersen（1990）の研究は，社会政策の脱商品化のなかに福祉国家の本来的な機能を見ていた．脱商品化とは，社会政策の再分配の方法において必要原則や普遍主義が優位に立っていることにほかならない．すな

わちここではⅡとⅢが関係する.

したがって伝統的な意味での福祉国家を支える媒介原理の組み合わせは,以下のように定式化することができるだろう.

・再分配の規模における高福祉高負担　→「大きな政府」
・再分配の回路における公共部門中心　→「大きな政府」
・再分配の方法における必要原則　→「脱商品化」
・再分配の方法における普遍主義　→「脱商品化」

以上の媒介原理に対して,人びとがどのような態度を示しているかを知ることがここでの目的である.

2. 媒介原理に対する態度

(1) 媒介原理の操作化

さて,これらの媒介原理への態度をみるため,今回のSPSC調査では,以下のようなAとBという2つの対立意見を示し,回答者自身がこれらふたつのうちのどちらに近いかを訊ねるという方法を用いている.

Ⅰ　再分配の規模——高福祉 vs. 低負担　[問 22(1)]
　A　税金や社会保険料などの負担を増やしても,国や自治体は年金や医療などの社会保障を充実すべきである.
　B　医療や年金などの社会保障の水準がよくならなくとも,国や自治体は,税金や社会保険料を引き下げるべきである.
Ⅱ　再分配の方法に関する原則(1)——必要 vs. 貢献　[問 22(3)]
　A　年金や医療をはじめとする社会保障の給付は,保険料などの支払とは無関係に,それが必要となる度合いに応じて受け取れるようにすべきである.
　B　年金や医療をはじめとする社会保障の給付は,保険料などの支払の実績に応じて,受け取れるようにすべきである.

III 再分配の方法に関する原則(2)——選別 vs. 普遍［問 22(2)］
　A 年金や医療をはじめとする社会保障の給付は，所得や財産などの多い人には制限すべきである．
　B 年金や医療をはじめとする社会保障の給付は，所得や財産に関係なく資格のある人すべてが受け取れるべきである．
IV 再分配の回路——民間 vs. 公共［問 22(5)］
　A 年金や医療や社会福祉サービスなども，なるべく民間部門（企業や民間非営利団体など）が供給したり運営したりすべきだ．
　B 年金や医療や社会福祉サービスなどは，なるべく公共部門（国や自治体）が責任をもって供給したり運営したりすべきだ．

(2) 単純集計結果

以上の質問に対する回答のうち「Aに近い」と「どちらかというとAに近い」を合計し，また「Bに近い」と「どちらかというとBに近い」を合計すると，次のような集計結果を得ることができる（数字はパーセント）．

I　再分配の規模　　高福祉 vs. 低負担　54.7 vs. 44.3
II　再分配の方法(1)　必　要 vs. 貢　献　44.8 vs. 54.3
III　再分配の方法(2)　選　別 vs. 普　遍　60.8 vs. 38.5
IV　再分配の回路　　　官　　vs.　民　　71.8 vs. 27.4

すなわちこれらの媒介原理のなかでは，高福祉高負担（57.4％），貢献原則（54.3％），選別主義（60.8％），公共部門中心（71.8％）に対する支持が強いという結果である．これは，再分配の規模と回路という「大きな政府」という点では，伝統的福祉国家観への支持が強かったが，再分配の方法については，貢献原則と選別主義が優位を占め，「脱商品化」という伝統的福祉国家観への支持は弱かった，ということを意味する．

　表 10-1 は，同じ質問に関する別の調査のデータを示したものである．調査時期，調査地，サンプル数などはそれぞれ微妙に異なっているが，「大きな政府」への支持が強いが，「脱商品化」への支持は弱いという結果がここからも

表 10-1 再分配の媒介原理に対する支持割合 (%)

		SPSC2000[1]	SPSC2002[2]	文京1997[3]	杉並1998[4]	東京1998[5]	大阪1998[6]
再分配の規模	高福祉	54.7	52.1	58.1	63.0	54.7	59.9
	低負担	44.3	38.9	32.1	29.7	45.3	40.1
再分配の方法(1)	必要原則	44.8	37.3	45.5	49.0	50.1	51.3
	貢献原則	54.3	53.8	46.1	45.3	49.9	48.7
再分配の方法(2)	普遍主義	38.5	—	30.4	48.7	37.7	40.6
	選別主義	60.8	—	64.0	44.7	62.3	59.4
再分配の回路	公共部門	71.8	64.3	—	—	80.0	81.0
	民間部門	27.4	27.4	—	—	20.0	19.0
(参考)問22(4) 世代間関係	連帯	19.1	—	—	—	—	—
	損得論	80.1	—	—	—	—	—
(参考)問22(6) 再分配の権利性	権利性	65.7	—	—	—	—	—
	スティグマ	33.5	—	—	—	—	—

注：1) 本報告における調査.
2) 2002年に実施したフォローアップ調査. 全国サンプル.
3) 東京大学文学部社会学研究室が東京都文京区で1997年に実施した調査.
4) 東京大学文学部社会学研究室が東京都杉並区で1998年に実施した調査.
5) 1998年に東京都区部で実施された調査. このデータではDK, NAは欠損値扱いとなっている.
6) 1998年に大阪府大阪市で実施された調査. このデータではDK, NAは欠損値扱いとなっている.

確認される．調査地が異なっているから厳密な意味での時系列変化を**表10-1**から読み取ることはできないが，この点を留保するならば，注目すべき時系列の変化を観察することができる．それは「大きな政府」への支持が弱まりつつあるということである．「大きな政府」への支持が2000年の時点でも多数派であることには変わりがないが，それが減少の傾向にあることは否めない．とりわけ顕著なのは再分配の回路における公共部門への志向の減少と，民間部門への志向の増加である．1998年には東京・大阪とも80％が公共部門を志向していたが，2000年には72％，2002年に実施した追跡調査（全国調査）では64％にまで減少している．高福祉高負担に対する支持も，公共部門志向ほどではないが減少の傾向を示している．このほか**表10-1**のなかでは，時系列の変化ではないが，公的年金に対して損得論が大勢を占め，世代間連帯論への支持割合が少ないことに注目すべきだろう．

3. 媒介原理の規定要因

(1) 属性と媒介原理

次に，これら再分配の媒介原理に対する態度を規定する要因について検討しておこう．ここでは，以下の変数を採用する．

従属変数
  ・再分配の規模
  ・再分配の方法(1)
  ・再分配の方法(2)
  ・再分配の回路
独立変数
  ・デモグラフィックな要因：性別，年齢
  ・社会経済的要因：職業，収入，学歴，住宅の所有関係
  ・要支援（need）の要因：健康状態，子どもの有無，高齢者の有無
  ・政治意識：支持政党

従属変数については「Aに近い」から「Bに近い」までの各回答に対してそれぞれ1-4点のスコアを与えた．したがって「再分配の規模」については得点が高いほど「小さな政府」への志向が強いことを，「再分配の方法(1)」については得点が高いほど「普遍主義」への志向が強いことを，「再分配の方法(2)」については得点が高いほど「貢献原則」への志向が強いことを，「再分配の回路」については得点が高いほど「公共部門中心」への志向が強いことを示している．独立変数についてはすべての変数をカテゴリー化した．

これらの変数を用いて一元配置の分散分析を行った結果を示したのが**表10-2**である．**表10-2**からは，関連の有無はわかるが，関連の方向はわからない．このためクロス集計によってこの点を補いたい（ただしクロス集計については序章で取り上げているので，本章では割愛する）．**表10-2**の結果を要約的に表現すると以下のようになるだろう．

必要（要支援の状態にあるかどうかということ）と再分配の媒介原理との間

表 10-2 再分配の媒介原理に関する分散分析の結果

媒介原理	再分配の規模	再分配の方法(1)	再分配の方法(2)	再分配の回路
志　向	小さな政府	普遍主義	貢献原則	公共部門中心
平均値	2.46	2.25	2.61	2.94
標準偏差	0.806	1.011	0.939	0.896
性　別	***	**	ns	***
年　齢	**	**	**	***
職　業	***	**	*	***
世帯収入	***	ns	***	**
学　歴	***	ns	ns	***
住宅の所有関係	**	ns	***	ns
健　康	*	ns	ns	*
未成熟子の有無	ns	ns	ns	**
世帯内高齢者の有無	ns	ns	ns	**
支持政党	***	**	*	***

注：F検定の結果，***は危険率が0.1％未満，**は1％未満，*は5％未満であることを，またnsは有意でないことを示す．

にはあまり関連がない．健康状態のよしあし，被扶養児の有無，世帯内高齢者の有無などとのあいだでは，有意でない項目が多い．これは重要な知見である．社会政策に対する支持は，社会政策に対する必要が大きいか否かによって決まる部分が多いと思われるが——例えば，児童の養育や高齢者の扶養をしなければならない状態にある者は高福祉高負担を望む——，**表10-2**をみる限り，この点は確認できないからである（ただし，公共部門中心か民間部門中心かという点については関連がある）．

　デモグラフィックな要因と再分配の媒介原理とは比較的関連する．これは予想通りの結果である．一般に，年齢と性別によって社会政策に対する支持の度合いが違うと考えられているからである（とくに年金の場合）．クロス集計からは，年齢が高いほど「大きな政府」（高福祉高負担と公共部門中心）を支持するが，再分配の方法については，選別主義を支持し，貢献原則を支持する傾向が確認できた．また，女性より男性の方が高福祉高負担への支持が強いが，公共部門への支持は男性より女性の方が強くなっている．

　社会経済的な要因と再分配の媒介原理とはそこそこに関連する．これも予想どおりの結果といえるだろう．社会経済的要因は再分配の方法(1)とはあまり関連がないが，再分配の規模とは関連がみられる．再分配の回路や再分配の方法

表 10-3　支持政党と媒介原理　　　　　　　　　　(%)

		自由民主党	民主党	公明党	日本共産党	社会民主党	支持政党なし	合計
再分配の規模	高福祉	57.8	**64.4**	*44.8*	59.6	**66.3**	55.8	58.1
	低負担	42.2	*35.6*	**55.2**	40.4	*33.7*	44.2	41.9
再分配の方法(1)	必要原則	40.1	43.6	**49.3**	44.7	41.1	47.6	43.8
	貢献原則	59.9	56.4	*50.7*	55.3	58.9	52.4	56.2
再分配の方法(2)	選別主義	60.4	**68.8**	*52.1*	59.2	**68.0**	62.8	62.3
	普遍主義	39.6	*31.2*	**47.9**	40.8	*32.0*	37.2	37.7
再分配の回路	民間志向	25.2	**36.4**	30.3	*21.2*	*20.0*	32.1	28.7
	公共志向	74.8	*63.6*	69.7	**78.8**	**80.0**	67.9	71.3

注：民主党は民主党支持者と自由党支持者を合計した数値である．
　　太字は合計より5ポイント多いことを，斜字は合計より5ポイント少ないことを示す．

(2)とも比較的関連している．クロス集計によると，収入が高いほど貢献原則を支持し，民間部門志向が強い．ただし高所得者の方が「大きな政府」を支持している点が興味深い．

　政治意識と再分配の媒介原理との関連は顕著である．表10-2のなかで4つの媒介原理のいずれとも関連しているのは，年齢以外には，この政治意識だけである．

(2) 政党支持と媒介原理

　以上の知見は，あるひとの媒介原理に対する支持は，そのひとが置かれている客観的状態よりは，そのひとの政治イデオロギーとの関連が顕著であるということを示唆する．そこで次に，支持政党別に，再分配に関する媒介原理への志向をみておこう．表10-3は支持政党と媒介原理との関連を示したものである．表10-3では，問22のうち「Aに近い」と「どちらかといえばAに近い」を合算し，「Bに近い」と「どちらかといえばBに近い」を合算してある．また太字は，全サンプルの合計より5ポイント以上多いことを示し，斜字は全サンプルの合計より5ポイント以上少ないことを示している．この表10-3から以下の点が読み取れるだろう．

　第1に，自由民主党支持層と支持なし層には目立った特徴がみられない．サンプル数が多いためか，両者は全サンプルの合計が示す値からあまりはずれていない．ちなみに「わからない」を除いた各政党の支持率は自由民主党37％，

民主党14％，公明党5％，日本共産党6％，社会民主党6％，その他1％，支持なし32％だった．自民党支持者と支持なし層で全体の7割に達していることになる．

　第2に，高福祉の志向が強いのは民主党支持者，社会民主党支持者である．これら2つの政党では共通して高福祉への支持が強いわけだが，その理由は異なっていると思われる．というのは再分配の回路については，両党の間で意見が分かれているからである．社民党の支持者は公共部門志向が強いのに対して，民主党支持者の間では民間部門志向が強い．これら2つの政党に対して，高福祉よりも低負担への志向が強いのは，公明党支持者である．高福祉よりも低負担の方が多いのは**表10-3**の6つのグループのなかでは公明党だけである．

　第3に，再分配の方法のうち普遍主義への志向が強いのは公明党支持者であり，反対に，選別主義への志向が強いのは民主党支持者と社会民主党支持者となっている．言い換えると，公明党支持者は高福祉高負担という意味での福祉国家への支持は弱いが，普遍性という意味での福祉国家への支持は強い．反対に，民主党支持者と社民党支持者の間では高福祉という意味での福祉国家への支持は強いが，普遍性という意味での福祉国家への支持は弱いということである．

　第4に，再分配の方法のうち必要原則への支持が強いのが公明党支持者であり，貢献原則への支持が他に比べて目立って強い支持層はなかった．貢献原則への支持の強さは，ある意味で，政治意識を超えて日本人に共通する特徴であるといえるかもしれない．また公明党支持者は，普遍主義だけでなく必要原則という点での福祉国家への支持が強く，再分配の方法において，他党支持者と異なった特徴を示している．

　第5に，再分配の回路については，共産党支持者と社民党支持者で公共部門への志向が強く，民主党支持者のあいだで民間部門への志向が強い．自民党支持者も民主党支持者に比べると公共部門への志向が強く，55年体制の下で成立した政党の支持者のあいだで公共部門志向が強く，ポスト55年体制の下で成立した政党の支持者のあいだで民間部門志向が強いといった傾向が読み取れるのは興味深い．

　以上の点を支持政党別にまとめると次のようになるだろう．自民党支持者と

支持政党なしの人びとは，単純集計結果のところで確認したのと同様の傾向を示している．これに対して，民主党支持者は高福祉，選別性，民間志向という点に特徴があり，公明党支持者は低負担，普遍性，必要原則といった点で他党支持者と異なっている．共産党支持者は公共部門志向が最も強い．社会民主党支持者も公共部門志向は強いが，高福祉や選別性を強く支持する点で共産党支持者とは異なっている．

大きな政府による脱商品化といった伝統的な福祉国家を支持する政党（支持者）は，日本の場合，見当たらない．これに対して「大きな政府」という意味での福祉国家の支持者は社会民主党の支持者であり，「脱商品化」という意味での福祉国家の支持者は公明党支持者である．民主党支持者は，高福祉という意味での「大きな政府」への支持は強いが，民間部門への志向が強いという意味では「大きな政府」への支持が弱い．

4. 媒介原理と再分配類型

(1) 再分配類型の構成

以上の4つの媒介原理を組み合わせることによって，再分配の諸類型を導き出すことができる．ここではとりあえず媒介原理I（再分配の規模）と媒介原理II（再分配の方法(1)）を組み合わせることによって類型化を試みておこう[3]．図10-3がこの分類を表している．図10-3のなかでは縦軸が再分配の規模を示し，横軸が再分配の方法を示している．ここから4つの再分配類型が得られるが，この類型化はTitmuss（1974）による有名な社会政策の三類型に対応する（図中の括弧内の数値は各再分配類型に対する支持率を示している）．

第1象限は，再分配の規模が大きく，しかも再分配の方法が必要原則に基づいて行われる．これは再分配の制度が社会のなかの例外的なものとしてではなく，人びとの生活にとって不可欠な存在になっているという意味で，Titmuss（1974）のいう「制度的再分配モデル」（Institutional Redistributive Model）である．しかも必要原則に基づいた再分配によって社会政策における脱商品化の傾向が強くなるところから，Esping-Andersen（1990）の福祉国家レジーム論のなかでは，社会民主主義レジームに対応するだろう．この再分配類型の支

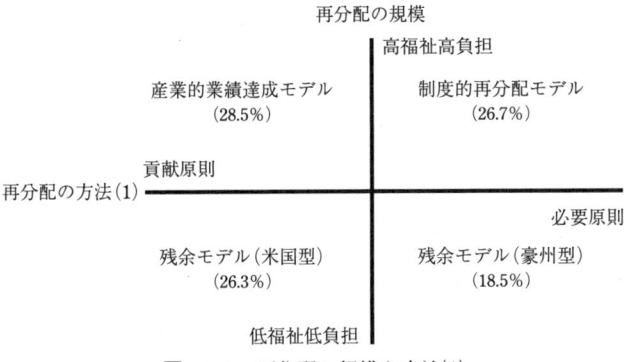

```
                再分配の規模
                高福祉高負担
    産業的業績達成モデル      制度的再分配モデル
        (28.5%)              (26.7%)
            貢献原則
再分配の方法(1) ─────────────┼─────────────
                                  必要原則
      残余モデル(米国型)      残余モデル(豪州型)
        (26.3%)              (18.5%)
                低福祉低負担
```

図 10-3　再分配の規模と方法(1)

持者は全体の 26.7％ に及んだ．

　第 2 象限は，再分配の規模が大きいが，再分配の方法は貢献原則に基づいて行われる．このため社会政策は，市場における貢献原則とも整合的であり，経済システムの一部としての役割を担うことになる．ただし再分配は社会保険制度などをつうじて貢献（拠出）に基づいて行われるため，第 1 象限の再分配モデルに比べると脱商品化の程度は弱く，したがって階層再生産的である．この再分配類型は Titmuss（1974）の「産業的業績達成モデル」（Industrial Achievement-Performance Model）に，あるいは Esping-Andersen（1990）の類型論のなかでは，コーポラティズムないし保守主義レジームに対応する．この再分配類型の支持者は 28.5％ だった．

　これに対して，第 3 象限と第 4 象限は，再分配の規模が小さいという意味で，Titmuss（1974）のいう「残余モデル」（Residual Model）に該当する．ここでは家族と市場が人びとの必要を充たすための正常な手段であって，社会政策はそうした正常な手段が何らかの理由で損なわれたときにはじめて出動する．このため社会政策はセーフティネットとしての意味しかもたない．Esping-Andersen（1990）の類型論のなかでは，自由主義レジームに対応するだろう．

　とはいえ第 3 象限と第 4 象限は再分配の方法が異なる．セーフティネットとしての再分配が第 3 象限では貢献原則に基づいて行われるが，第 4 象限では必要原則に基づいて行われる．給付の条件に就労を課すというワークフェアの考え方の強いアメリカは第 3 象限に該当するかもしれない．これに対して，税方

式によって給付の必要な人びとに資源を集中させようとするオーストラリアは第4象限に当てはめることができるかもしれない（Castles, 1985）. 第3象限の残余モデルを支持した人びとは全体の26.3%, 第4象限の残余モデルを支持した人びとは全体の18.5%だった.

(2) 各再分配類型の支持者

以上から明らかなように，日本の場合，制度的再分配モデル，産業的業績達成モデル，米国型残余モデル，豪州型残余モデルの支持者はほぼ四分されている. そこで最後に，各再分配類型を支持しているのがどのような人びとであるかについて分析しておこう. 再分配類型を被説明変数とした多項ロジスティック回帰分析を行った結果が**表10-4**である.

この表から，米国型残余モデルを基準としてみたときに，残りの3つの再分配モデルを規定する要因がそれぞれ異なっていることがわかる. 豪州型残余モデルの場合，有意な結果は職業，世帯収入，支持政党で出ている. これに対して，産業的業績達成モデルの場合は，年齢と学歴で有意な結果が出ているが，職業や支持政党はあまり影響を与えていない. これに対して制度的再分配モデルでは，年齢，学歴，職業，世帯収入で顕著な影響が現れている.

それぞれについて，もう少し詳しく検討してみると，豪州型残余モデルの場合，職業では，オッズ比でみると販売や熟練に従事するひとの支持が強くなっている. また世帯収入では350万未満の収入階層の間でのオッズ比が高くなっており，この再分配モデルが低所得層から支持されていることがうかがえる. また，支持政党別にみると，自由民主党，民主党，社会民主党の支持者の間でこのモデルへの支持が少なくなっている. 豪州型の残余モデルは，職業や収入などの点において低い階層の支持が強く，また政治イデオロギーによる違いもある. なるべく負担を少なくし，しかも必要に応じた分配を求めるというのがこのモデルの特徴であるから，これと以上のファインディングスは整合的である.

産業的業績達成モデルの場合，50歳未満の人びとの間でのオッズ比が小さい. また学歴別では義務教育修了程度の人びとのあいだでのこのモデルに対する支持が弱い. また，職業別にみると専門的職業のところでオッズ比が非常に

大きくなっている．ここから低い階層の間では産業的業績達成モデルへの支持が弱いとの推測を生むが，その他の職業や世帯収入では目立った特徴はない．また，政治イデオロギーもこのモデルへの支持にさしたる影響を与えていないようである．

以上の2つの再分配モデルと異なり，制度的再分配モデルに対しては影響を及ぼす要因が多い．まず年齢でみると，50歳未満の人びとの間では50歳以上の人びとに比べて，このモデルに対する支持が弱い．また，学歴が低いほどオッズ比の値が小さく，このモデルに対する支持は弱くなっている．職業別でみると，専門的職業と熟練の間でオッズ比が大きい．さらに世帯収入別では，1,000万円以上の高所得層に比べて，350万から1,000万までの中所得層の間での支持率が高くなっている．政党支持による違いは確認できない．以上の結果から，制度的再分配モデルに対する支持は学歴や職業などの点で高い階層の支持を得ている反面，高所得層からの支持が少ないことがわかる．また中所得層や上層ブルーカラーなどからの支持も強い．

5. 要約とまとめ

本章では，具体的な社会政策と抽象的な社会価値を媒介する原理を想定し，これらに対する人びとの態度を検討した．福祉国家に関連する価値のうち連帯に焦点を絞り，連帯という社会価値と具体的な再分配政策を媒介する原理として，再分配の規模，再分配の方法，再分配の回路を取り上げた．その結果，以下の点が明らかとなった．

1. 伝統的な福祉国家は「大きな政府」（"官"中心の高福祉）による「脱商品化」（必要原則と普遍主義の重視）的な再分配によって特徴づけられるが，日本の場合，「大きな政府」による再分配への支持は強いが，「脱商品化」的な再分配に対する支持は弱い．ただし近年，「大きな政府」への支持が弱まりつつある．

2. あるひとが要支援の状態にあるかどうかということ——社会サービスに対する必要があるかどうかということ——は，そのひとが再分配の媒介原理に

表 10-4　再分配類型の多項ロジスティック回帰分析

		回帰係数	標準誤差	χ^2	p	オッズ比	(95% 信頼区間)
基準＝米国型残余モデル							
豪州型残余モデル							
切　片		−1.116	0.419	7.080	0.01		
性別	男	−0.082	0.151	0.296	0.59	0.921	(0.685〜1.239)
	女	−					
年齢	50歳未満	0.214	0.161	1.774	0.18	1.239	(0.904〜1.697)
	50歳以上	−					
学歴	義務教育	0.152	0.232	0.429	0.51	1.164	(0.739〜1.835)
	高　卒	0.057	0.184	0.097	0.75	1.059	(0.738〜1.520)
	短大卒以上	−					
職業	専　門	0.561	0.392	2.049	0.15	1.753	(0.813〜3.782)
	管　理	−0.137	0.424	0.104	0.75	0.872	(0.380〜2.002)
	事　務	0.223	0.364	0.377	0.54	1.250	(0.613〜2.552)
	販　売	0.608	0.359	2.871	0.09	1.837	(0.909〜3.710)
	サービス	0.396	0.360	1.213	0.27	1.486	(0.734〜3.009)
	運　輸	0.443	0.439	1.019	0.31	1.558	(0.659〜3.684)
	熟　練	0.831	0.360	5.342	0.02	2.296	(1.135〜4.646)
	未熟練	0.432	0.348	1.542	0.21	1.540	(0.779〜3.044)
	農林漁業	−					
世帯収入	350万円未満	0.574	0.237	5.857	0.02	1.775	(1.115〜2.826)
	350万円以上1,000万円未満	0.348	0.207	2.816	0.09	1.416	(0.943〜2.125)
	1,000万円以上	−					
支持政党	自由民主党	−0.396	0.169	5.455	0.02	0.673	(0.483〜0.938)
	民主党	−0.446	0.233	3.671	0.06	0.640	(0.406〜1.010)
	公明党	−0.364	0.305	1.424	0.23	0.695	(0.382〜1.264)
	日本共産党	0.008	0.293	0.001	0.98	1.008	(0.567〜1.790)
	社会民主党	−0.847	0.347	5.951	0.01	0.428	(0.217〜0.847)
	支持政党なし	−					
産業的業績達成モデル							
切　片		0.107	0.326	0.109	0.74		
性別	男	0.050	0.128	0.156	0.69	1.052	(0.819〜1.351)
	女	−					
年齢	50歳未満	−0.237	0.133	3.188	0.07	0.789	(0.608〜1.023)
	50歳以上	−					
学歴	義務教育	−0.487	0.194	6.278	0.01	0.614	(0.420〜0.899)
	高　卒	0.085	0.146	0.338	0.56	0.918	(0.690〜1.223)
	短大卒以上	−					
職業	専　門	0.703	0.301	5.437	0.02	2.019	(1.119〜3.645)
	管　理	0.088	0.302	0.085	0.77	1.092	(0.604〜1.973)
	事　務	0.128	0.283	0.205	0.65	1.136	(0.653〜1.979)
	販　売	0.223	0.288	0.598	0.44	1.249	(0.710〜2.197)
	サービス	−0.270	0.297	0.828	0.36	0.763	(0.427〜1.366)
	運　輸	0.432	0.346	1.557	0.21	1.540	(0.782〜3.034)

	熟練	0.342	0.293	1.360	0.24	1.407	(0.793〜2.499)
	未熟練	0.012	0.281	0.002	0.97	1.012	(0.583〜1.757)
	農林漁業	―					
世帯収入	350万円未満	−0.184	0.193	0.909	0.34	0.832	(0.570〜1.214)
	350万円以上1,000万円未満	0.212	0.153	1.908	0.17	1.236	(0.915〜1.669)
	1,000万円以上	―					
支持政党	自由民主党	0.079	0.145	0.299	0.58	1.082	(0.815〜1.437)
	民主党	0.185	0.185	1.003	0.32	1.203	(0.838〜1.729)
	公明党	−0.406	0.298	1.854	0.17	0.667	(0.372〜1.195)
	日本共産党	0.222	0.261	0.723	0.40	1.248	(0.748〜2.082)
	社会民主党	0.086	0.247	0.120	0.73	1.089	(0.671〜1.768)
	支持政党なし	―					

制度的再分配モデル

切片		−0.319	0.359	0.792	0.37		
性別	男	0.103	0.131	0.626	0.43	1.109	(0.858〜1.433)
	女	―					
年齢	50歳未満	−0.396	0.136	8.491	0.00	0.673	(0.516〜0.878)
	50歳以上	―					
学歴	義務教育	−0.935	0.202	21.424	0.00	0.392	(0.264〜0.583)
	高卒	−0.252	0.148	2.911	0.09	0.777	(0.581〜1.038)
	短大卒以上	―					
職業	専門	1.163	0.333	12.186	0.00	3.199	(1.665〜6.147)
	管理	0.359	0.337	1.134	0.29	1.432	(0.739〜2.776)
	事務	0.540	0.317	2.896	0.09	1.716	(0.921〜3.195)
	販売	0.563	0.323	3.049	0.08	1.756	(0.933〜3.304)
	サービス	0.447	0.323	1.916	0.17	1.563	(0.830〜2.943)
	運輸	0.346	0.397	0.758	0.38	1.413	(0.649〜3.076)
	熟練	0.804	0.326	6.075	0.01	2.233	(1.179〜4.231)
	未熟練	0.327	0.319	1.054	0.30	1.387	(0.743〜2.592)
	農林漁業	―					
世帯収入	350万円未満	0.340	0.196	3.008	0.08	1.405	(0.957〜2.062)
	350万円以上1,000万円未満	0.349	0.161	4.703	0.03	1.418	(1.034〜1.944)
	1,000万円以上	―					
支持政党	自由民主党	−0.028	0.149	0.035	0.85	0.972	(0.726〜1.302)
	民主党	0.171	0.188	0.828	0.36	1.186	(0.821〜1.713)
	公明党	−0.161	0.289	0.311	0.58	0.851	(0.483〜1.499)
	日本共産党	0.116	0.266	0.189	0.66	1.123	(0.666〜1.892)
	社会民主党	0.041	0.253	0.027	0.87	1.042	(0.635〜1.710)
	支持政党なし	―					

対する態度を決めるうえであまり重要な役割を果たしていない．

3. デモグラフィックな要因は，分散分析の結果をみる限り，再分配の媒介原理に対する態度を決定するうえで一定の役割を果たしている．年齢が高いほど「大きな政府」への支持は強まる傾向にあるが，反対に，「脱商品化」的な再分配への支持は弱まる傾向にある．女性より男性の方が高福祉への支持が強いが，"官"中心の再分配に対する支持は男性より女性の方が強い．

4. 社会経済的地位も一定の影響を与えている．収入が高いほど貢献原則への支持が高く，民間部門への志向が強い．ただし高収入の人びとのあいだでの「大きな政府」への支持も大きい．

5. 政治意識と再分配の媒介原理との関連は大きい．自民党支持者と支持政党なし層はサンプル数が大きいため，態度のばらつきは全体の傾向と一致する．これに対して，他政党支持者は政党ごとに特徴がある．日本の場合，「大きな政府」による「脱商品化」という意味での福祉国家を支持する政党（支持者）はないが，「大きな政府」という点で福祉国家を支持するのは社会民主党（支持者）であり，「脱商品化」という点で福祉国家を支持するのは公明党（支持者）である．民主党（支持者）は高福祉を支持しているが，民間志向が強い．

再分配の規模と方法を用いて，ティトマスの「制度的再分配モデル」「産業的業績達成モデル」「残余モデル」（これはさらに米国型・豪州型に分割される）に対応する再分配モデルを構成することができるが，これについては多項ロジスティック回帰分析の結果，以下の点が明らかとなった．

6. 高福祉より低負担を求めるが必要原則に基づいた再分配を求める豪州型残余モデルは低所得階層の支持が強い．職業別にみると下層ホワイトカラーと上層ブルーカラーの間での支持率が高い．ただし自民党，民主党，社民党の支持者のあいだではこのモデルへの支持が少ない．

7. 産業的業績達成モデルに対する支持は職業的地位の高い階層の間での支持が高く，低学歴層の間で低い．

8. 制度的再分配モデルを支持しているのは職業や所得の面での中間層である．これに対して高所得層と低学歴層の間でのこのモデルへの支持が弱い．年

齢別にみると50歳以上の人びとの支持が強い.

　日本の政治の世界では「小さな政府」というスローガンがもてはやされており，どの政党も正面からこの点を批判しようとはしない．ジャーナリズムも「国民負担率の抑制」や「小さな政府の実現」が世論の一般的な動向であるような報道の仕方をしている．しかし2000年のSPSC調査でみるかぎり，高福祉高負担の方が低福祉低負担よりも多数派であった．この点は他の調査によっても確かめられる．また，公共部門中心か民間部門中心かという問いに対しては，圧倒的多数の人びとが公共部門中心の社会保障を支持していた．この点は事実として受け入れなければならないだろう．

　しかし他方で，2000年前後の比較的短い期間に限ってみると，公共部門に対する支持が低下しつつあることがわかる．したがって2005年の時点では，この傾向がさらに進んでいるかもしれない．また2000年に介護保険が施行されるようになってから，福祉サービスの分野でも民間部門の活躍がみられるようになっているといった事情も，こうした傾向に拍車をかけている可能性がある．このことは政策当局と一般国民には価値意識のズレ，あるいはタイムラグがあることを示唆している．

　また日本の場合，「大きな政府」への支持が強いものの社会政策の「脱商品化」への支持は弱い．比較可能な海外のデータが入手できないため，これが日本に独自のものか海外とも共通するものであるかについては，にわかに判断をくだせない．しかし人びとの価値意識のなかでは「大きな政府」と「脱商品化」が直結するものでないことだけは確かである．低福祉より高負担を望んでいる人びとでさえも，というより場合によっては，そうした人びとほど選別主義や貢献原則に対する支持が強い．年金に対する損得論が主流を占めるというのも，この点と整合的である．

　いずれにせよ社会政策に関する価値意識は，一般に想定されているものとは相当異なっていることがわかる．それはジャーナリズムによって伝えられているものとも，アカデミズムによって理論的に導き出されるものともくい違っている．

1) 媒介原理という概念は社会学の世界では Mannheim（1940）によって広められた．稲上毅の定式化によれば，媒介原理とは「具体的対象を可能なかぎりその具体的文脈において把えるために，規則的に循環する法則性認識をも援用しながら，特定の場所と時のなかで作動している普遍的な力の，まさに特殊な絡み合いそれ自体を確定すること，この作業による成果」である（稲上，1973：277）．しかし経験的分析を目的とする本章では，「媒介原理」のことを抽象的な価値と具体的な価値判断の中間に位置し，具体的価値判断を導き出すための原則といった程度の意味で用いておく．
2) 社会意識とその関連概念に関する理論的検討については，見田宗介（1966；1979）を参照．ただし本章では，これらより簡便な図式を用いている．なお見田（1966：23）によれば，「個々の主体の，多くの客体にたいする，明示的もしくは黙示的な総体によって，その主体の〈価値意識〉が構成される」．
3) とはいえ論理的には以下の6つの類型化が可能である．
・A　Ⅰ（再分配の規模）×Ⅱ（再分配の方法①）
・B　Ⅰ（再分配の規模）×Ⅲ（再分配の方法②）
・C　Ⅰ（再分配の規模）×Ⅳ（再分配の回路）
・D　Ⅱ（再分配の方法①）×Ⅲ（再分配の方法②）
・E　Ⅱ（再分配の方法①）×Ⅳ（再分配の回路）
・F　Ⅲ（再分配の方法②）×Ⅳ（再分配の回路）
Aについては本文中で検討しているのでここでは省略するが，B～Fについては，図10-4～図10-8のように仮説的に示すことができる．

【文献】

Castles, F. G., 1985, *The Working Class and Welfare : Reflection on the Political Development of the Welfare State in Australia and New Zealand, 1890-1980*, Wellington, Sydney and London : Allen & Unwin（岩本敏夫ほか訳，1991，『福祉国家論――オーストラリア・ニュージーランド』啓文社）．

Esping-Andersen, G., 1990, *The Three Worlds of Welfare Capitalism*, Cambridge : Polity（岡沢憲芙・宮本太郎監訳，2001，『福祉資本主義の三つの世界――比較福祉国家の理論と動態』ミネルヴァ書房）．

稲上毅，1973，『現代社会学と歴史意識』木鐸社．

Mannheim, K., 1940, *Man and Society in an Age of Reconstruction*, London : Routledge（福武直訳，1962，『変革期における人間と社会』みすず書房）．

見田宗介，1966，『価値意識の理論』弘文堂．

見田宗介，1979，『現代社会の社会意識』弘文堂．

Spicker, P., 1995, *Social Policy : Themes and Approach*, London : Prentice Hall/Harvester Wheatsheaf　（武川正吾・上村泰裕・森川美絵訳，2001，『社会政策講義

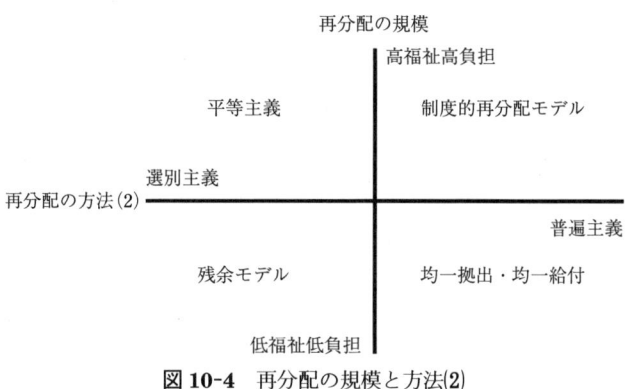

```
                    再分配の規模
                        │高福祉高負担
         平等主義       │制度的再分配モデル
              選別主義  │
再分配の方法(2) ─────────┼─────────────
                        │              普遍主義
         残余モデル     │均一拠出・均一給付
                        │
                        │低福祉低負担
```

図 10-4　再分配の規模と方法(2)

```
                         再分配の規模
                           │高福祉高負担
       準市場,「第三の道」 │制度的再分配モデル
                 民間部門中心│
再分配の回路 ──────────────┼─────────────
                           │     公共部門中心
         現代のアメリカ    │ビクトリア朝のイギリス
                           │低福祉低負担
```

図 10-5　再分配の規模と回路

―――『福祉のテーマとアプローチ』有斐閣).
武川正吾, 2000,「福祉国家と福祉社会の協働」『社会政策研究』1 : 29-50.
武川正吾, 2001,『福祉社会――社会政策とその考え方』有斐閣.
武川正吾, 近刊,「福祉国家の日本レジーム――20世紀後半における」直井道子・平岡公一編『講座社会学 11　福祉』東京大学出版会.
Titmuss, R., 1974, *Social Policy : An Introduction*, London : Allen & Unwin.
Wilensky, H. L., 1975, *The Welfare State and Equality : Structural and Ideological Roots of Public Expenditures*, Berkley : University of California Press（下平好博訳, 1984,『福祉国家と平等――公共支出の構造的・イデオロギー的起源』木鐸社).

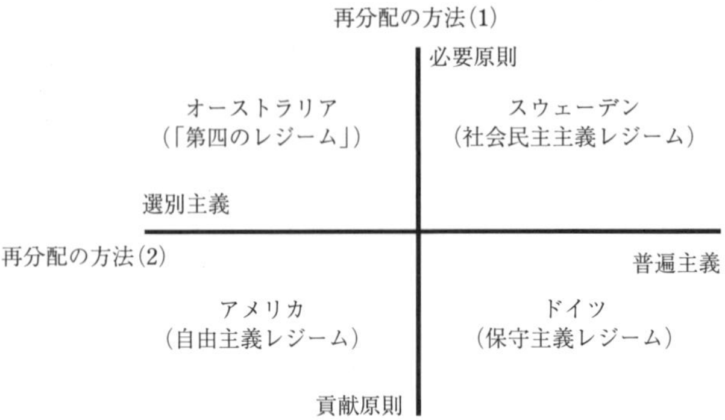

```
              再分配の方法(1)
                 │必要原則
    オーストラリア │ スウェーデン
   (「第四のレジーム」)│(社会民主主義レジーム)
                 │
      選別主義    │
─────────────────┼───────────────── 普遍主義
再分配の方法(2)   │
                 │
       アメリカ   │   ドイツ
    (自由主義レジーム)│(保守主義レジーム)
                 │
              貢献原則
```

図 10-6 再分配の方法(1)と(2)

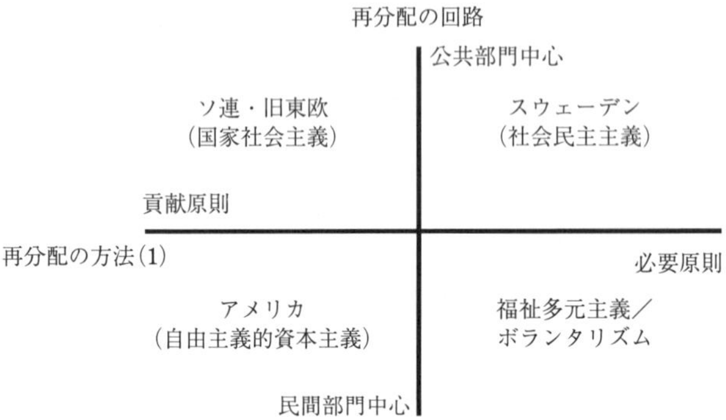

```
              再分配の回路
                 │公共部門中心
     ソ連・旧東欧 │  スウェーデン
    (国家社会主義) │ (社会民主主義)
                 │
       貢献原則  │
─────────────────┼───────────────── 必要原則
再分配の方法(1)   │
                 │
       アメリカ   │ 福祉多元主義／
   (自由主義的資本主義)│ ボランタリズム
                 │
              民間部門中心
```

図 10-7 再分配の回路と方法(1)

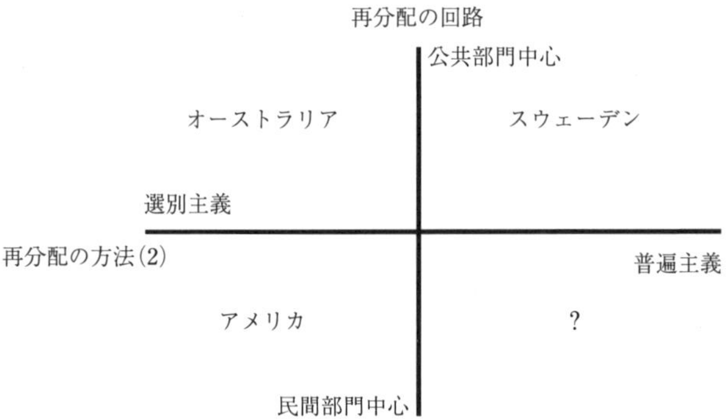

```
              再分配の回路
                 │公共部門中心
    オーストラリア │  スウェーデン
                 │
      選別主義    │
─────────────────┼───────────────── 普遍主義
再分配の方法(2)   │
                 │
       アメリカ   │       ?
                 │
              民間部門中心
```

図 10-8 再分配の回路と方法(2)

11章 「高福祉民営化」志向の分析

神 山 英 紀

1. 問 題

　社会調査によって表面化する福祉に関する意見は，深層におけるより包括的・抽象的な価値・規範を反映して形成されたものと考えられる．すると，この表層から深層にいたる方向に準じて，本調査でみいだされた福祉への意見を考えてみれば，それはたしかにある国ある時点に限定された意見ではあるが，同時に，より巨視的な世界史の動向とも無縁ではありえず，これを底流として形成されていると推測できる．そこで，近年において世界史的に最重要であり，また福祉分野との関連も明らかな出来事は，東西冷戦の終結であるといっておそらく異論はあるまい．ただし，冷戦の終結が人々の意識にどのような影響を与えたのかは，その後10年以上を経ても定かになってはいない．かつてわれわれは，福祉のあり方についても，一方に「自由主義的な福祉」，他方に「社会民主主義的な福祉」という両極に開かれた1つの軸を鮮明にもっており，それをもってわれわれの社会福祉を理解しようとしていたのである．たしかに，資本主義陣営と社会主義陣営との対立は前者の勝利といってよい形で終結したが，それによって，このような旧来からの軸が消え去ったのかどうかは分からない．冷戦の終結は，社会主義的諸制度への期待の残存がさらに消えてゆく契機となったかもしれないが，資本主義的諸制度の純化とそれへの絶対的な信頼を導いたわけでもなかった．そして，一方で，このような馴染み深い旧来からの2つの途に疑問が付されるなかで，A.ギデンズが提唱した「第三の道」ということばがいまや現実政治のなかでもしばしば言及されている（Giddens, 1998=1999）.

現在のわれわれが実際上採りうる福祉の諸制度は，これら両極に開かれた軸のなかのより中央に近い辺りに存在しているようにみえる．少なくとも国民の大多数は，自由主義的な福祉の在り方，社会民主主義的な福祉の在り方というものをそう理解しているであろう．そこで，両極端へのそれぞれの途が以前もっていた魅力を失った時代状況のなか，福祉についての社会意識はどうなっているのかということに着目するのは自然なこととおもわれる．

　このような問題意識は，むろん，地域・時間を限定し具体的政策トレンドをふまえたばあいも有意味である．というのも，多くの専門家が，福祉制度・政策の面においてわれわれの社会は新たな時代を迎えつつあると指摘しているからである．1980年代には新自由主義・新保守主義に影響された「日本型福祉社会論」がこの分野を席捲し福祉は消極化に向かったが，90年の前後に重要な政策転換があったとの理解も少なくない．例えば，89年に策定された福祉分野における初の本格的な計画であるゴールド・プラン（高齢者保健福祉推進十カ年戦略）を例にとり，次のように述べる者もいる．「……プランにおける序文の言葉は，具体的なサービス整備の約束よりずっと意味があったかもしれない．……そこには，自助，依存病，福祉の外来性，若年人口への負担はもちろんのこと，効率ということばさえみられなかった．……この考え方は，確かに日本型福祉社会論からも，また，サッチャーやレーガン流の行政改革からも遠いものであった．振り子はまた積極的な方向に戻ってきたのである」(Campbell, 1992=1995)．福祉分野における政策の変化は，もちろんこの「積極化」の方向だけではない．いわゆる「社会福祉8法改正」は，福祉の計画化を進めると同時に分権化・地域化も促進し，さらに「福祉多元主義」・「福祉ミックス」のコンセプトのもと，その「民営化」もまた徐々に進められたのである．これまで措置制度と一体の存在として福祉提供において支配的であった社会福祉協議会をはじめとする社会福祉法人は，次第に営利企業やその他の非営利団体とともに存在する多元化された福祉提供主体のうちの1つになりつつある．これらの政策トレンドが今後も持続するとはいいきれないが，それでも，この高福祉へ向けてのより積極的な動向，そして，それと密接に関わっている民営化の動きをわれわれは日々感じとっている．しかしながら，そのような社会の動向を人々が実際にどう受け止め，それに応じてどのように意見を形成し

	高福祉高負担	低福祉低負担
民間部門中心	?	自由主義モデル
公共部門中心	社会民主主義モデル	初期の残余モデル

図 11-1 福祉国家の類型

表 11-1 再分配の規模と再分配の回路（公私関係）

	高福祉	低負担	計
民間部門	666 (31%)	426 (24%)	1,092
公共部門	1,512 (69%)	1,340 (76%)	2,852
計	2,178 (100%)	1,766 (100%)	3,944

ているのかは容易には推測できない．

　今回の調査には，再分配の規模において高福祉高負担か低福祉低負担か（以下「高福祉」か「低負担」か），また，再分配の回路（公私関係）について民営か公営かを尋ねたと解釈できる項目がある．質問は両者とも「自分の意見は，次のA，Bどちらの意見に近いか」という形式で尋ねられており，前者は「A：税金や社会保険料などを引き上げても，国や自治体は社会保障を充実すべきだ　B：社会保障の水準がよくならなくとも，国や自治体は，税金や社会保険料を引き下げるべきだ」，後者は「A：年金や医療や社会福祉サービスなども，なるべく民間部門が供給したり運営したりすべきだ　B：年金や医療や社会福祉サービスなどは，なるべく公共部門が責任をもって供給したり運営したりすべきだ」という各組からの選択である．武川正吾によれば，これらの項目を2変数としてクロスさせ4つのセルを創出することにより，**図 11-1** のような福祉国家の類型を考えることが出来るという[1]．また，これに対応したデータも**表 11-1** に掲げる．

　図 11-1 によれば，右上のセルは「自由主義モデル」，左下のセルは「社会民主主義モデル」として理解できる．そこで，これに基づいて調査結果をみれば，先に述べた時代背景から注目される福祉意識の動向の一端をみることができよう．

　表 11-1 の結果は，いくらかの注意を引くといって差し支えないだろう．まず，再分配への志向においては高福祉を志向し，同時に公私関係において民営

化を志向する「高福祉民営化」志向という者が666名（全体の17%）と相当程度存在している．このことの直接的な帰結として「高福祉を志向する者ほど民営化を支持する（＝低負担を志向する者ほど公営化を支持する）」という連関がみられる（1%水準で有意）．このことが注意を引くのは，むろん，高福祉と公営，低負担と民営というそれぞれに"もっとも"とみえる結び付きからなる，社会民主主義モデルおよび自由主義モデル双方の存在に解体の兆しがあるようにみえるからである．「高福祉志向者ほど公営化支持（＝低負担志向者ほど民営化支持）」であってはじめて，社会民主主義－自由主義という旧来からの対立軸が，福祉に関する意識のなかにも存在しているといえる．ここではまだ独自の名称も与えられていない「高福祉かつ民営化志向」の意識が急増したことにより，旧来からの意識の枠組みが崩れ始めたのではないか，という想像がはたらくのである．しかし事実はどうなのだろうか．

そこであらためて，ここで観察されたことがなぜこのようになっているか説明を試みよう．すなわち，一般理論をこの特殊事例に適用してモデルをつくり，そのモデル上でこの観察を再記述する（仮説をつくる）．さらに，モデルから新たに導出される諸命題をデータにより検証することでモデルの正当性を確認し，それにより観察の再記述が正しかったことを示すことにする．

2. モデルの構築

合理的選択理論（Rational Choice Theory : RCT）を，先に観察した福祉に関する意識の形成プロセスに適用する．また，その際，「利己性」の仮定を加えることにする[2]．すなわち，「合理的かつ利己的な行為者（平均化された調査回答者）は，ニーズ充足をもたらす社会保障制度について，『労働市場』をその代替物とみなし，そこから退出するリスクを考慮しつつ，便益と費用とを計算し効用を最大化しようとする」と仮定する．

(1) 高福祉志向か低負担志向か

まず，2つある質問のうちの「再分配の規模：高福祉か低負担か」の項目について考えよう．平均的回答者が当該質問項目への回答にさいして考えること

は以下のようにみなす．回答者は，調査時点以降の人生において，通常は，労働市場において賃金 y を得ながら，社会保障制度の負担額 c を支払う．ただし，次期以降の t 期において病気・失業・退職などにより労働市場から退出する確率が p_t あり，そのときには，給付 $w=\alpha c$（α は定数で $\alpha>0$）を受け取る．割引因子を δ とし（通常，現時点より遠い将来になるほど便益と費用の価値は小さく見積もられる．10年後の100万円は明日の100万円ほど価値はない．割引因子はそれを表現するために用いられる），$t=1\sim\infty$ の期間を考える．限界効用の逓減する増加関数 U を効用関数とし（図11-2を参照），便宜上，$P=\sum(\delta^{t-1}\cdot p_t)$，$Q=(1/(1-\delta))-P$ とおくと，社会保障制度を通して得られる効用は，

$$[p_1U(w)-(1-p_1)\{U(y)-U(y-c)\}]+\delta[p_2U(w)-(1-p_2)\{U(y)-U(y-c)\}]$$
$$+\delta^2[p_3U(w)-(1-p_3)\{U(y)-U(y-c)\}]+\cdots$$
$$=(p_1+\delta p_2+\delta^2 p_3+\cdots)U(w)-\{(1-p_1)+\delta(1-p_2)+\delta^2(1-p_3)+\cdots\}\{U(y)-U(y-c)\}$$
$$=PU(w)-Q\{U(y)-U(y-c)\}.$$

回答者は，もし可能ならこれが最大となるよう負担と給付を決めたいのだと考えられる（もちろん現実には，社会保障制度のなかでそれらは既定であり，かなわぬ話なのであるが）．ここで $U(\cdot)$ を対数関数とすると，最大化できたときには，c で微分した T^1 について，

$$T^1 = P\cdot(\alpha/w^*)-Q\cdot(1/(y-c^*))$$
$$= P\{(\alpha/w^*)+(1/y-c^*)\}-(1/1-\delta)(1/(y-c^*))$$
$$= 0 \quad (T^{1'}<0)$$

が成立する．この回答者にとっての想像上の最適な負担・給付額 c^*，w^* と，現実の負担・給付額（これを $\bar{c}$，$\bar{w}$ としよう）とのギャップが，高福祉志向あるいは低負担志向の社会的意見となって回答に現れる．すなわち，$\bar{w}<w^*$，$\bar{c}<c^*$ ならば高福祉高負担志向，$\bar{w}>w^*$，$\bar{c}>c^*$ ならば低福祉低負担志向となる．これは各人の T^1 に，現実の負担・給付額 $\bar{c}$，$\bar{w}$ を代入してその正負を知るのと同じである．すなわち，$T^1>0$ なら高福祉高負担志向，$T^1<0$ なら低福祉低負担志向である．そして各人の T^1 の形は，各人の労働市場からの退出リ

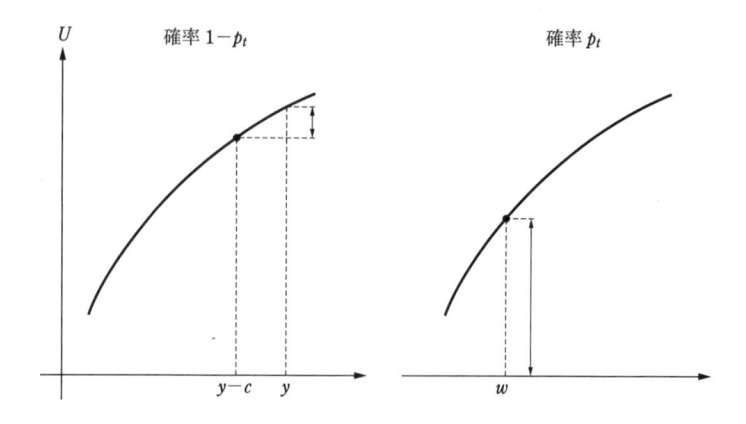

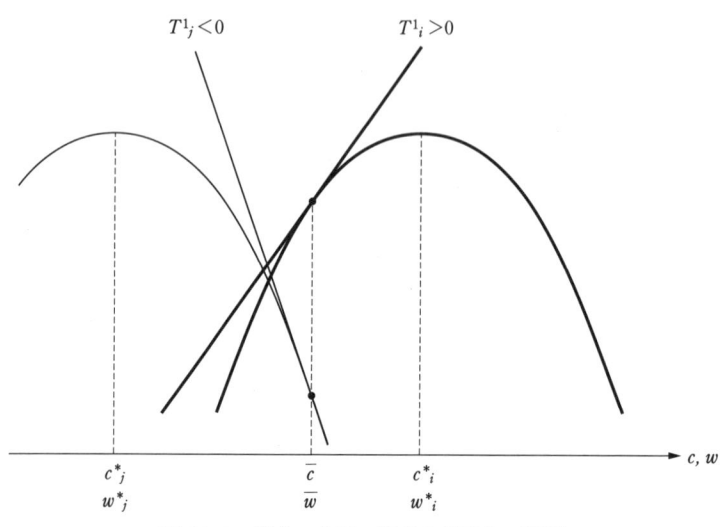

図 11-2　賃金・負担・給付と効用との関係

スク P および賃金 y に依存する（図 11-2 では，個人 i および j の効用曲線が描かれているが，このとき，i は高福祉高負担志向，j は低福祉低負担志向である）．ここで上式 1 行目からは（$p_t<1$ より $Q>0$ となるので）y が大きいほど T^1 は大きく，また，2 行目からは P が大きいほど T^1 が大きいことが分かる．すなわち，高福祉高負担志向 T^1 は，将来の労働市場からの退出リスク P が増加すれば増加し，労働市場から得られる賃金 y が増加すれば増加する．

(2) 民営化志向か公営化志向か

平均的回答者は，社会保障の民営化が進むと，負担額の内の応能負担（各人の収入に応じた負担）に依る部分が減り，一方で給付の大きさは逆に自分の収入に関連したものになると予測していると考えられる．そこで民営化の程度を m（$0 \leq m \leq 1$）で表わし，今度は c を定数として，さらに β，γ（>0）を用いると，負担額は，$mc+(1-m)y$，給付の大きさは，$\beta(1-m)c+\gamma my$ と表現できる．以降は先と同様，回答者は民営化の程度 m を変化させて，

$$PU[\beta(1-m)c+\gamma my]-Q[U[y]-U[y-\{mc+(1-m)y\}]]$$

の最大化を想像すると考えればよい．

$$T^2 = P[(-\beta c+\gamma y)/\{\beta(1-m)c+\gamma my\}]+Q[1/m]$$
$$= -P \cdot [(\beta c)/\{m(\beta(1-m)c+\gamma my)\}]+1/m(1-\delta)$$

であるから，民営化志向 T^2 は，将来の労働市場からの退出リスク P が増加すれば減少し，労働市場から得られる賃金 y が増加すれば増加する．

(3) "福祉国家類型" および "観察事実" のモデル上での表現

これまでのことを図 11-3 に表現する．横軸に賃金 y を，縦軸に将来の労働市場からの退出リスク P を配すると，y が大きく P が大きいほど高福祉志向であり，y が小さく P が小さいほど低負担志向である．図 11-3 の左上から右下に引かれた線分は，このことを等高線状に表現した場合の等高線の 1 本である（むろん，本当は直線ではありえないが，単純化して示している）．一方で，y が大きく P が小さいほど民営化志向であり，y が小さく P が大きいほど公営

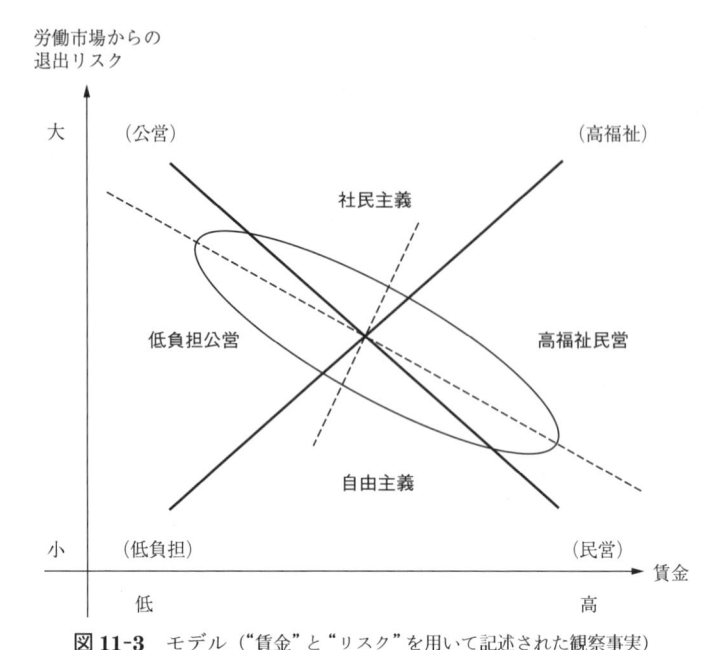

図 11-3 モデル（"賃金"と"リスク"を用いて記述された観察事実）

化志向である．これを示すために，同様に，右上から左下に線分を描く．そこで，2つの質問項目をクロスさせて創った4つの再分配の類型は，今度は先の図 11-1 を回転させた形で配置することができる（図 11-3）．例えば，自由主義モデルは，相対的に，低負担志向で民営化志向ということになるから，上下左右のうち下の部分に位置付けられることになる．

ここからさらにモデル構築を進める．この枠組みのなかにおいて，人々はどのように分布しているのだろうか．まず，常識的に考えて，労働市場からの退出リスク P と賃金 y とは相関があるとみてよいだろう．一般に，賃金の低い者は労働市場から離れる（あるいは離れている）可能性が高いとおもわれる．したがって，分布は，各類型に均等に人々を与える円ではなくて，その長軸が左上から右下に傾いた楕円として表現されるべきである．むろん，ここから，冒頭でみた4類型に属する比率をもとに楕円の位置を微妙に調節してゆくこともできる．しかし，いま問題にしていることは「なぜ高福祉志向ほど民営化志向なのか」ということである．問題となっている事実を単純なモデルの中で表

現するには，楕円の長軸を類型を分ける線分と一致させず，いくらか水平になるように傾け直せばよい．これにより，各類型に属する楕円の面積を比較すれば，「自由主義－社会民主主義」の対立軸にではなく，「高福祉民営－低負担公営」の軸に人々が偏っていることを示すことができる．

さて，このように考えたとき，改めて，なぜ高福祉志向ほど民営化志向なのであろうか．それは，次のようにいうことができる．すなわち，民営化を望む人々は，労働市場からの退出リスクが低く高い賃金を得ている傾向がある．ところで，高福祉への志向は，理論的には，退出リスクが低いほど小さく，賃金が高いほど大きい．したがって，民営化を望む人々が同時に高福祉を望むかどうかは，その低い退出リスクによる低負担志向と，高い賃金による高福祉志向のバランスによって決まる．この場合，後者が前者に勝ることになっていると考えることができる（解釈を含めた詳細については4節で述べる）．

しかし，この段階でまず問題にすべきことは，いま説明にあたって構築したモデルすなわちその枠組みおよび人々の分布の置き方は，一般理論から導かれたもっともらしい空論にすぎないのではないかということである．そこでモデルからの導出を検証する．

3. モデルの検証

図 **11-3** のモデルから以下の予測が導出できる．もしモデルが正しいならば，これらの予測は観察された事実と一致するはずである．

予測①：世帯年収は，「高福祉民営」で最高，「低負担公営」で最低となる（「自由主義モデル」で最高，「社会民主主義モデル」で最低とはならない）．
予測②：年齢は，「社会民主主義モデル」で最高齢，「自由主義モデル」で最低年齢となる．
予測③：収入が高いほど「高福祉」を支持する（＝収入が少ないほど「高福祉」を支持しない）．

順番に説明しよう．まず，予測①についてであるが，世帯年収は労働市場に

おける賃金の指標とみなすことができよう．その場合，**図 11-3** の右に位置する「高福祉民営」で世帯年収は最高になるし，左に位置する「低負担公営」では最低になるであろう．また，（一般にはこれとは異なる印象が流布しているとおもわれるので付け加えると）「自由主義モデル」と「社会民主主義モデル」は，共に賃金を示す横軸に沿っては中央に位置するので，4類型のなかで最高にも最低にもならない．

予測②についてであるが，年齢は，将来の労働市場からの退出リスクの指標になる．その根拠としてまず決定的なのは，年齢が高いほど定年退職までの期間が短くなり年金支給開始年齢までの期間が短くなるからである．「将来の労働市場からの退出リスク」の概念は，ある時点より後の各短期における退出リスクを合算していったものだが，その際，遠い未来ほど小さく重みづけられ，近い将来ほど大きく重みづけられて合算されている．また，一般に，年齢が高くなるほど怪我や病気の発生する確率が高くなり，その治療期間も長くなりがちなことは明らかである．失業についてだけは，その発生率は若年のほうが高いといわれているが，しかし，一度失業した場合の失業期間の長さに関していえば，高年齢層のほうが高いというのが通説である．

予測③についてであるが，これは2軸の設定のみならず，人々の分布が本当にモデルに示したもののようであるかどうかに関わる．**図 11-3** において，賃金を示す横軸の中央で楕円を二分すれば，右側は高収入の人々，左側は低収入の人々と考えることができる．そのとき，もしこの図が現実を正しく表現しているとすれば，高収入で高福祉を支持する人々の割合は，低収入で高福祉を支持する人々の割合よりも大きいはずである．

まず，予測①を検証する．「世帯の税込み年収」の回答についてカテゴリー番号を，「1. 300万円以下　2. 400-500万円　3. 600-700万円　4. 800-900万円　5. 1000万円以上」というように割り当てる．このとき，各類型における回答の平均値は，「高福祉民営」3.0，「低負担公営」2.5，「社会民主主義モデル」2.8，「自由主義モデル」2.9となる．Bonferroni の方法による多重比較では「民間高福祉と民間低福祉」および「民間低福祉と公共高福祉」以外の4対で差が確認された．したがって，「高福祉民営」で最高，「低負担公営」で最低であり，この2者の間の差は統計的にも有意であるから，予測①は検証さ

れたといってよい．

　次に予測②の検証であるが，「年齢」の回答についてカテゴリー番号を「1. 20代　2. 30代　3. 40代　4. 50代　5. 60代　6. 70歳以上」というように割り当てる．このとき，各類型における回答の平均値は，「高福祉民営」3.2,「低負担公営」3.5,「社会民主主義モデル」3.7,「自由主義モデル」3.0となる．（等分散性が不成立であったため）Kruskal-Wallisの検定を行うと，仮説「4つの志向の平均年齢はすべて等しい」が棄却される．値から「社会民主主義モデル」で最高齢，「自由主義モデル」で最低年齢であり，予測②は検証されたといってよいだろう．

　最後に予測③の検証であるが，先の回答者の収入を先と同様に5段階に表現し，それぞれのグループにおける高福祉志向者の割合をみると，「1. 300万円以下52％　2. 400-500万円58％　3. 600-700万円68％　4. 800-900万円70％　5. 1000万円以上55％」となっており，1-4について収入が高いほど高福祉を支持する（収入が少ないほど高福祉を支持しない）傾向が明瞭にみられる（4-5にかけて再び高福祉支持割合が減少する理由については後述する）．予測③は検証されたといってよいだろう．

4. 結論

　予測①-③が検証されたため，モデルは（暫定的に）採用される．そこで，これを用いて冒頭での観察をあらためて説明する．先に「民営化を望む人々が同時に高福祉を望むかどうかは，その低い退出リスクによる低負担志向と，高い賃金による高福祉志向のバランスによって決まる」と述べたが，まずこのことをもう少し詳しく考えよう．高福祉志向 $T^1 = P \cdot (\alpha/w^*) - Q \cdot (1/(y-c^*))$ の定式化においては，第2項に賃金 y と負担額 c が入っており全体が負になっている．これは，社会保障制度を支えるための負担額が，賃金の異なる個々人それぞれに主観的にどう受け止められているかを示す値であるから，「負担感」と名付けておくのが自然におもえる．そして，この「負担感」は，賃金 y が増加するのにつれて，急激に緩やかになる形状で減少する（逆向きで言うほうがおそらく分かりやすい，つまり，負担感は賃金 y が減少するにつれ

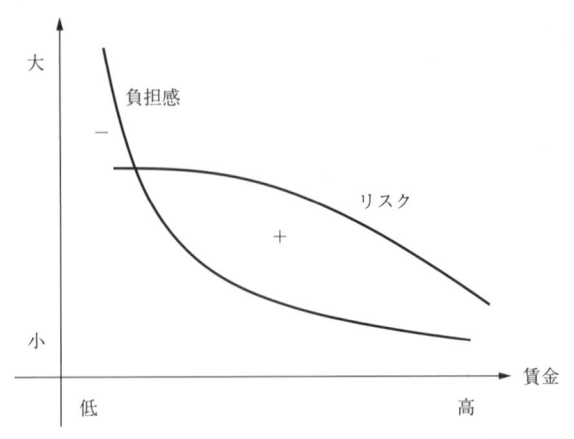

図 11-4　賃金の変動にともなう「退出リスク」と「負担感」の変化

て急激に増大する)．一方で退出リスクはどうか．先に人々の分布について，常識的にみて，賃金が高くなるにつれて退出リスクは低くなるだろうと述べた．楕円を長軸が右下がりになるように描いたのはその反映である．つまり，各賃金（横軸上のそれぞれの点）における退出リスクの平均値は，賃金の増加にともなって減少してゆく．この図では長軸は直線状に描かれているが，これは単純化でありさしたる根拠はない．問題は，賃金増加にともない「負担感」が急激に緩やかになりつつ減少する一方で，退出リスクの方はどのような形で減少するのか，ということである．もし，図 11-3 に示したように直線的に減少するなら，「バランス」は，賃金が高くなるほど高福祉志向になることになる．図 11-4 のように，賃金増加にともない，退出リスクが急激に減少する場合も，賃金が高くなるほど高福祉志向となることになる．退出リスクの減少が「負担感」の"緩やかになる程度"を越えて緩やかになっていかない限りは，賃金の増加にともなって，より高福祉志向になるのである．

　先に収入と高福祉志向者割合の関係をみたとき，全体としては予測どおりの傾向でありながらも，高収入のグループ間では，収入増にともない高福祉志向者割合が逆に減少した．このことも賃金と退出リスクとが図 11-4 のように関係していると考えれば，無理なく説明できよう．

　したがって，冒頭の問いには，次のように答えることができる．「民営」を

望むような賃金の高い人々にとっては，社会保障の諸制度を支えるための負担は比較的軽く感じられる．それゆえに同時に，負担をより大きくしてでもさらに「高福祉」をと考えることも多いのである．同じことを逆方向からいえば，「公営」を望む人々は，労働市場からの退出リスクが大きく賃金も低いことが多い．このとき，リスクが大きいために公的制度から便益を得る見込みももちろん大きいであろうが，それ以上に，少ない賃金からくる制度への負担感が大きく，さらなる「高福祉高負担」を支持できない傾向があるのである．

　これまでみてきたように，「高福祉民営」志向の存在およびそれに関連する観察結果は，利己主義の仮定を加えた合理的選択理論によって説明できた．このことは，社会保障制度に関する人々の意見が各人の利己性に基づいて決まっていることを意味する．したがって，「高福祉民営」志向は，（そしておそらくは他の再分配の類型もまた）冒頭で描いたような世界史的なイデオロギーの動向の反映として考える必要はないし，またその一方で，ごく最近の，マスコミ等を通じて喧伝される社会政策に関する言説の影響をみる必要もない．ここで取り上げた限りでの福祉意識は，当該の制度が，自分にとっての（多分に経済的な意味においての）直接的な便益と費用とにどう影響するかという点から決まっている．

　はじめに示した福祉国家の類型論についていえば，高福祉か低負担か，民営か公営かという，2変数をクロスさせて出来たセルに「自由主義」・「社会民主主義」のレッテルを付与すること自体は問題ない．ただ，各類型に対応する意識がそれぞれまとまりを持った包括的な世界観となっていて，それらが逆に2変数についての反応を規定していると理解するのは，いいかえれば，表面化した調査への回答はその深層にある世界観を反映したものであるとみるのはあやうい見方といえる．

　いうまでもなく，一般に「制度」というものは，社会構成員の各々がもつ心的な何かが滲出して存在しているわけではない．それは，社会を構成する諸主体が各々行っていた活動を全体社会のレベルにおいて組織化したものであり，諸主体の集合的決定によって与えられた約束事なのである．そのため，制度は，一方で個々の活動では得られぬ効率性をもたらすが，他方でその決定事項と各人の意思との間に多少の乖離をいつも残すこととなる．社会保障制度もまた，

個々でもなしうる慈善活動や保険の設立を組織化したものである．社会保障制度をそのように理解したときこそ，制度についての人々の意見を，潜在的な各人の決定と関連づけ，首尾一貫した理論的分析を行うことが可能となるのである．最後に，本章での分析から得られた知見を以下に挙げておきたい．

(1) 高福祉志向の者ほど民間部門中心の福祉の供給・運営を支持し，低負担志向の者ほど公共部門からの福祉の供給・運営を支持する．
(2) 「高福祉志向か低負担志向か」・「公共部門中心がよいか民間部門中心がよいか」の観点で回答者を4分類し，世帯年収をみると，高福祉民営志向の者でそれは高く低負担公営志向の者が低い．
(3) 同様に4分類して，年齢についてみると，高福祉公営志向の者が高く，低負担民営志向の者が若い．
(4) おおむね，収入が高い者ほど高福祉志向である．
(5) 高福祉志向の者ほど民間部門中心の福祉供給を支持するのは次の理由からと考えられる．民営化を支持するのは収入の高い人々だが，そのような人々には社会保障制度を支えるための負担は軽く感じられる．そのため，より充実した福祉のためにはさらに負担を払ってもかまわないと感じる．

1) 図11-1は，武川正吾による，SPSC調査に関しての研究会資料に基づくが，そこでは実際には，公共部門中心・高福祉高負担のセルは「制度的再分配モデル，社会民主主義モデル」，民間部門中心・低福祉低負担のセルは「残余モデル・自由主義モデル」に相当するように記されている．
2) 合理的選択理論における「合理的」という概念は，あえて直観的にいえば「選択肢間に矛盾のない順序がつけられる」という意味である．一方で「利己的」という概念は，「ある個人のもつ選択肢間の順序は，それらがその人自身にどう関係するかという点からのみ決まる」ということである．したがって理論上は，合理性の仮定はそれだけでは「利己的」であることを含意しない．また，もしこの「利己性」という語に規範的含意をみいだすのならば，少なくとも次の諸点に注意を促したい．第1に，ここにみた回答者の傾向は，多数の人々を一括して観察した場合に仮定され確認されたものということである．多数者の観察では，少数のなかで見いだされる（日常生活を営む上ではしばしば魅力的な）個々人の差異は相殺されて消失することがあるのはうまでもない．第2に，言葉はレトリックとして作用するので，「利己性」という語

にもここで意図する以上の意味が入り込む余地があることである．そのような過剰な意味は，「利己性」の語を同義の別の言いかたで置き換えれば簡単に消え去るものであり，重要とはおもわれない．

【文献】

Campbell, J. C., 1992, *How Policies Change : The Japanese Government and the Aging Society*, Princeton University Press（三浦文夫・坂田周一監訳，1995,『日本政府と高齢化社会——政策転換の理論と検証』中央法規出版）．

Giddens, A., 1998, *The Third Way : The Renewal of Social Democracy*, Polity Press（佐和隆光訳，1999,『第三の道——効率と公正の新たな同盟』日本経済新聞社）．

12章　ポスト・マテリアリズムによる社会政策意識の変化
イングルハート指標による社会政策意識の計測

小渕　高志

1. はじめに

　ロナルド・イングルハートの『静かなる革命』(Inglehart, 1977=1978) で提示された価値意識を測るポスト・マテリアリズムという指標は，ポスト産業化（脱工業化）の文脈を分析するうえで有効な分析枠組みとして，ISSP (International Social Survey Programme) などのその後の国際比較調査に用いられている[1]．しかし，その価値尺度には本来区別されるべきいくつかの価値次元の混同があるという批判がS.フラナガンからなされ，そこでの計測方法などが疑問視された (Flanagan, 1980 ; 1982a ; 1982b ; 1987). そのため，イングルハートは脱物質主義的価値の出現に関する理論の検証を可能なものとするために，価値尺度を構成するさいの項目を当初の4項目からさらに8項目追加して，合計12項目の指標とすることでこれらの批判に対して一定の回答を示している．しかし，項目を増やしたことで指標の多次元性を指摘する批判も新しくなされている (Hertz, 1979)[2]．また，脱物質的価値志向を導く要因が大雑把すぎるという批判もN.D.グラーフからなされ，価値尺度を構成する項目に対してエラボレイトが行なわれている (Graaf, 1989).

　これらの批判に対して，また分析の枠組みと対象を拡大して調査を行なった結果をイングルハートがまとめたものが，『カルチャーシフトと政治変動』(Inglehart, 1990=1993) である．ところが，近年隆盛となってきたリスク社会 (Beck, 1986=1998) という視点からは，従来になかった議論がイングルハート指標にたいして投げかけられている．それは，「環境危機のグローバル化」という問題である．というのも，「産業化と環境保全」という従来の議論は，

経済的価値の重視の可否によってとらえることができ，結果的に「物質的価値と脱物質的価値」という対立軸に読みかえることが比較的容易であったが，福祉国家と持続可能な成長が課題となる今日では，環境への負荷をともなわない経済的発展が目指されている．こうした新しい価値観は，物質的価値から脱物質的価値へ移行するという一元軸の延長線上でとらえることは難しく，残念ながらイングルハート指標の有効射程ではないように判断される[3]．

　その理由は，イングルハート指標における価値意識の測定においては，経済的安全と身体的安全への強調は同一歩調をとり，これらの生理学的欲求に関して不安感を持つ人々は，それらに対して安心感を持っている人々とは基本的に異なった考え方を示すであろうと想定されているためである．また，生理学的欲求に関する不安感が解消された場合は，自己表現，帰属，知的ないし美的満足のような物質的ではない目標に高い優先順位を与えるであろうとも想定したため，福祉国家と持続可能な成長[4]という課題の両立における価値意識を捉えることは難しい．

　本章での課題はそうした点を補いつつ，人々の社会政策意識の変化を計測することにある．分析においては，政策意識を問題にした設問から意識変数を構成することにより，イングルハート指標では扱うことの難しかった環境保全と経済成長といった福祉国家の持続可能性を追求する政策課題への意識を測定する尺度を独自に作成した．これにより，従来の議論の検証とともに，より今日的な問題へのアプローチが可能であると考える．福祉国家をめぐる議論として以前からあるのが，「大きな政府」と「小さな政府」という社会政策における政策的介入の規模をめぐる関心であるが，これは低迷する今日の経済情勢のなかで以前にもまして切実な関心となっている．経済の成長を優先するには規制緩和を促進する「小さな政府」が望まれるが，一方で環境や社会的リスクの軽減に目を向けた場合は，企業活動や市場に対する政策的介入が必要となり，結果的に「大きな政府」はさけられない．

　上記のような社会政策意識をめぐる議論のもとになる社会政策についての概念は多岐にわたるものの，大河内理論以来の歴史的解釈では，社会政策は労働政策と等価に扱われてきた．しかし，現代的な解釈をするならば，福祉国家全体を視野におさめた議論から社会政策の概念を捉え直す必要がある．というの

も,「社会政策はいまや労働政策を超えただけでなく,社会保障の枠をも超えて拡張された」(武川,1999：25) ものだからである．そのため,かつて福武直がいったように,社会政策は社会問題全般を対象とした「人間政策」(福武,1946) としての大きな幅を持つものとなった．このように,今日の社会政策には種々の領域を包括する役割が期待されており,その施策は多様な側面を持っている．本章で取り扱う側面は,社会問題の社会学的な考察という視点から福祉領域における政策一般に重点をおきつつ,そのなかでもとくに社会保障の側面から見た社会政策を論じたい．

その理由は,今日の福祉国家においては社会保障が労働政策としての機能を包摂しているためである．また,「社会保障の位置づけも,それが労働政策であるか否かということが問題となるのではなく,社会保障を教育,住宅,雇用などその他の社会サービスとの共通性のもとに把握したうえで,それらの共通の機能が何であるかという問いが提出されることになる」(武川,1999：35) からである．こうした労働政策のなかに社会保障を見るという視座の転換にはじまり,社会保障に社会政策の要素を見出すことに加え,本章の考察では新しい分野の社会政策として環境や文化・芸術の観点を取り入れることで,福祉国家の発展により拡大された社会政策によって包摂される実態と,そうした福祉国家にたいする人々の政策意識を明らかにしたい．

そこで,政策意識の計測という具体的な分析に入る前に,まず,人々が社会政策に望むことを政府の責任としてどのようにとらえているのかを指標として取り出してみたい．その理由はこうした手続きをとることによって,政策意識をよりマクロな視点からとらえられるからであり,イングルハート指標における価値意識の分析を補うことにもつながるであろう．それでは,実際の分析に入る前にこの指標の作成方法を説明しよう．

2. 社会政策における政府の責任

(1) 政府の責任を測るための尺度の作成

まず,当該の設問の中で社会保障分野に関わりの深いものを選び,回答された選択肢の番号をもとに得点化を行なう．質問の構成は社会保障分野を広く網

羅するものとなっており，ここで得られた回答は人々の社会保障に対する集約された意見として見ることができるだろう．質問文の「一般的にいって，次のことがらは政府の責任だと思いますか．それとも政府の責任だとは思いませんか？」という問いかけにたいして，回答の段階は，「1 明らかに政府の責任である」から「4 明らかに政府の責任ではない」までの四件法によって，11の分野において政府の責任の有無を尋ねている．これらの回答された選択肢の番号は指標作成のさいの得点として扱った．そして，11分野の正確な質問文は，「(1)働く意思のある人すべてが仕事につけるようにすること」「(2)物価を安定させること」「(3)病人に医療を提供すること」「(4)高齢者が世間並みの生活を送れるようにすること」「(5)産業が成長するのに必要な援助を行なうこと」「(6)失業者でも世間並みの生活が送れるようにすること」「(7)お金持ちの人と貧しい人とのあいだの所得の差を縮めること」「(8)収入の少ない家庭出身の大学生に経済的な援助を行なうこと」「(9)家の持てない人びとに世間並みの住居を提供すること」「(10)企業が環境破壊をしないように法律で規制すること」「(11)育児・子育てを支援すること」である．

　これらの設問の(2)(5)(10)を除いた項目の回答を合計し，8点から32点の範囲のトータル・スコア（T.S.）を作成する[5]．なお，このように質問項目内の変数を合成して得られる指標の信頼性を確かめるため，設問における項目群で指標の作成のために選択した8項目について，その内的一貫性をクロンバックのアルファ[6]による統計量で調べたところ，0.80という値を示した．そのため，変数を合成して指標を作成することにおいて，理論的な妥当性とともに統計的な手続きにおいても信頼性が確保されたといえよう．

　上記の手続きによって得られたトータル・スコアをz得点に変換し，得られたz得点の値の範囲から3カテゴリーに分ける．そのカテゴリーの分け方は，下記のようになる．

　　　zスコア＜－1……………………1 政府責任あり
　　　－1≦zスコア≦1………………2 中立
　　　zスコア＞1………………………3 政府責任なし

この指標をもとに，次は政党支持別分析を行なってみよう．仮説として予想されることは，革新政党（民主党，日本共産党，社会民主党）支持層で政府責任ありとする割合が高く，中道政党（公明党）がそれに続き，保守政党（自由民主党・自由党）では政府責任なしとする割合が高くなるというものである（この調査時点の2000年4月においては，まだ自由党は分裂していない）．このように政府責任の有無を尺度としてとらえることによって，個別の分野ごとに見ていくことでは得られない社会政策にたいする人々の意識を，集約したかたちで分析ができる．

(2) 支持政党における政府責任の違い

　一般的には保守と革新という対概念は，前者が小さな政府か，後者が大きな政府かといった政策的介入の規模をめぐる観点から論じられることが多い．これを社会保障の議論に移してみると，自助努力を強調する保守と公共性を重視する革新というように見ることもできる．これから行なう分析は，この議論を社会保障にたいする政府責任の有無に焦点を当て，支持政党ごとの違いを見たものである（**表12-1**）．

　全体では「政府責任あり」とする意見が15.1％，「中立」が66.6％，「政府責任なし」が18.4％であり，3.3ポイント差で「政府責任なし」とする意見が「政府責任あり」を上回っている．しかし，政治的関心の総量として見た場合，この程度の差では社会政策における政府責任の有無の違いを明確な特徴として問うことはできないだろう．では，支持政党ごとに見た場合はどうであろうか．

　自由民主党支持層の場合は「政府責任なし」の割合が非常に高く，その値は23.2％を示しており，「政府責任あり」の8.7％との差は14.5ポイントある．民主党支持層の場合も「政府責任なし」のほうが高く，その値は16.9％を示しており，「政府責任あり」の10.3％との差は6.6ポイントある．これとは逆に公明党支持層の場合は「政府責任あり」のほうの割合が高く，その値は30.8％を示しており，「政府責任なし」の12.5％との差は18.3ポイントになる．このように見ていくと，「政府責任なし」の割合が高いのは自由民主党，民主党，自由党，その他の政党の支持層である．そして，「政府責任あり」の

表 12-1 支持政党と政府責任とのクロス集計

(%)

支持政党	合計(実数)	政府責任		
		あり	中立	なし
全 体	100.0 (2,258)	15.1	66.6	18.4
自由民主党	100.0 (825)	8.7	68.1	23.2
民主党	100.0 (272)	10.3	72.8	16.9
公明党	100.0 (104)	30.8	56.7	12.5
自由党	100.0 (73)	12.3	58.9	28.8
日本共産党	100.0 (134)	23.9	63.4	12.7
社会民主党	100.0 (140)	27.9	61.4	10.7
その他	100.0 (13)	15.4	53.8	30.8
支持政党なし	100.0 (697)	18.1	66.4	15.5

注: $\chi^2 : p<0.01$.

割合が高いのは公明党,日本共産党,社会民主党の支持層と,支持政党なしの層となっている.上記のように分布の状況を見ていくと,保守系の政党支持層では「政府責任なし」を,革新系の政党支持層では「政府責任あり」を選択する傾向があるように見える.厳密な意味でそれぞれの政党を保守と革新とに振り分けることは難しいが,保守か革新かといった対立概念の議論を,ここでは便宜的に保守政党を自由民主党で代表し,革新政党を日本共産党で代表させて比較することにしてみると,自由民主党支持層では「政府責任なし」を,日本共産党支持層では「政府責任あり」とする意見の比率がほぼ同程度の数値でそれぞれの対極に位置する結果となった.その連関の測度をクラマーの連関係数で見たところ $V=0.15$ であったことから,保守系の政党支持層では「政府責任なし」を,革新系の政党支持者層では「政府責任あり」を選択する傾向には関連があるといえる.このように対立的な傾向を見出すことができたので,無党派層が増えてきた今日とはいえ,革新・中道・保守という分け方はまだ一定程度有効なのではないかと考えられる.では,どの程度有効なのであろうか,次節ではその量的把握を検討してみよう.

3. ポスト・マテリアリズムと政府責任

(1) ポスト・マテリアリズム指標の作成

　前節で保守・中道・革新という区分の有効性を議論したが，その議論を検証する理由は，区分の有効性がイングルハートの議論の妥当性を裏付けるものとしてもとらえられるためである．イングルハートは物質主義的価値を志向する人々は保守政党の支持層に多く，脱物質主義的価値を志向する人々は革新政党の支持層に多いと説明している[7]．こうした政府責任と連動した知見は本章の分析においても確認できるであろうか．そのことを検証するために，本調査においてもポスト・マテリアリズム指標を作成した．次にその方法を説明しよう．

　社会の脱工業化という文脈の中で，R. イングルハートは人々の価値志向も変化したと説明する．それは，経済発展により生理学的欲求に関する不安感が解消された今日の社会では，かつてのような経済成長や物価の安定などのような物質主義的な政策立案は重視されず，それらを実現するための政治参加も行なわれなくなる．そのかわりに，人々は自己表現，帰属，知的ないし美的満足のような物質的ではない目標に高い優先順位を与え，社会政策によってそれらをより高度に達成するよう国や政府にたいして要求するようになるのではないかと想定している．こうした価値意識を探るため，本調査では次のような設問を用意して，物質・脱物質主義の価値志向の度合いを測る尺度を作成した．

　　むこう10年間のわが国の目標としては，次の1から4のうちどれが一番重要だと思いますか？　また二番目に重要なのはどれですか？（数字を記入）
　　① 国内の秩序を維持すること
　　② 重要な政府の決定にもっと人々の声を反映させること
　　③ 物価上昇をくいとめること
　　④ 言論の自由を守ること
　　5　わからない（←得点化しない）

　次にそれぞれの選択肢にポイントを与え得点化する．選択肢の1と3は身体

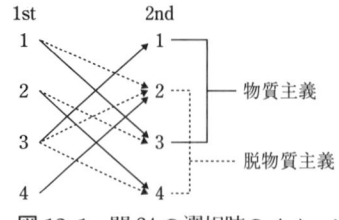

```
1st        2nd
 1 ────────→ 1  ┐
 2 ╲╱╲╱───→ 2  │ 物質主義
 3 ╳╳╳───→ 3  ┘
 4 ╱╲╱╲───→ 4  ┐ 脱物質主義
```

図12-1　問24の選択肢のイメージ

的安全を重視するものなので物質主義的な価値であり，得点は−1となる．選択肢の2と4は，帰属や意見の自由を尊重するものなので脱物質主義的な価値とみることができ，得点は+1となる．これらの選択肢を2つ選ぶ回答のうち，選択肢の組み合わせによってトータル・スコア（T.S.）は−2から2の値まで変化する．質問における選択肢の回答パターンは図12-1のようになり，ここから割り出された得点の結果で，−2の場合は物質主義的価値志向，0の場合は中立，2の場合は脱物質主義的価値志向というように振り分けることで指標化した．

(2) 支持政党における価値志向の違い

R. イングルハートの理論枠組みでは，保守か革新かといった支持政党の違いによっても志向する価値が異なるという．そこで，価値志向の違いを支持政党ごとに見たのが次の表である（**表12-2**）．保守か革新かといった対立概念の議論は，ここでも前節と同様，便宜的に保守政党を自由民主党で代表し，革新政党を日本共産党で代表させて比較することにした．

それでは，分布の傾向を見ていこう．全体では「物質主義」が16.9％，「中立」が76.8％，「脱物質主義」が6.3％となっており，「物質主義」が「脱物質主義」を10.6ポイント上回る．上記のような分布の傾向を顕著に示しているのが自由民主党支持層で，「物質主義」が22.9％，「中立」が74.5％，「脱物質主義」が2.6％となっており，「物質主義」が「脱物質主義」を20.3ポイント上回っている．

こうして見ていくと，日本共産党支持層をのぞいたほかのすべての政党支持層において「物質主義」が「脱物質主義」を上回る結果となっている．そのため，「物質主義的な価値を志向する人は，政府の責任を重視しない」傾向がある．そして，「脱物質主義的な価値を志向する人は，政府の責任を重視する」傾向があるということが仮説としていえるのではないか．それを図式化してみたのが**図12-2**である．次にその仮説を検証してみたい．そのために，価値志

表12-2 支持政党と価値志向とのクロス集計 (%)

支持政党	合計(実数)	価値志向		
		物質主義	中立	脱物質主義
全体	100.0 (2,799)	16.9	76.8	6.3
自由民主党	100.0 (1,028)	22.9	74.5	2.6
民主党	100.0 (315)	13.7	75.9	10.5
公明党	100.0 (129)	14.7	72.9	12.4
自由党	100.0 (86)	17.4	76.7	5.8
日本共産党	100.0 (170)	11.2	74.7	14.1
社会民主党	100.0 (166)	12.0	78.3	9.6
その他	100.0 (15)	13.3	80.0	6.7
支持政党なし	100.0 (890)	13.4	80.6	6.1

注：$\chi^2 : p<0.01$.

軽(なし) ← 政府責任 → 重(あり)
物質主義的 ← 価値志向 → 脱物質主義的

図12-2 価値志向と政府責任

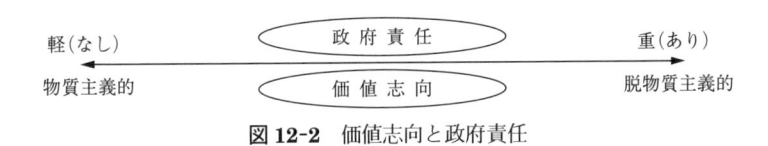

表12-3 価値志向と政府責任尺度とのクロス集計

(%)

価値志向	合計(実数)	政府責任		
		あり	中立	なし
全体	100.0 (2,606)	15.9	66.6	17.5
物質主義的	100.0 (437)	14.6	63.4	22.0
中立	100.0 (2,004)	15.7	67.7	16.6
脱物質主義的	100.0 (165)	21.8	62.4	15.8

注：$\chi^2 : p<0.01$.

向と政府責任尺度とのクロス集計を行なった (**表12-3**)．

結果として政府責任において全体では，政府責任の有無はほぼ同程度に分かれる．しかし，「物質主義的価値志向」では「政府責任なし」が22.0％，「脱物質主義的価値志向」では「政府責任あり」が21.8％というように，回答において両者はほぼ対照的な傾向を示している．こうした傾向が上記の**図12-2**であげた仮説の妥当性を説明するものであるとしたら，さらに次のようなことがいえるのではないか．それを**図12-3**において図式化してみた．

12章 ポスト・マテリアリズムによる社会政策意識の変化　231

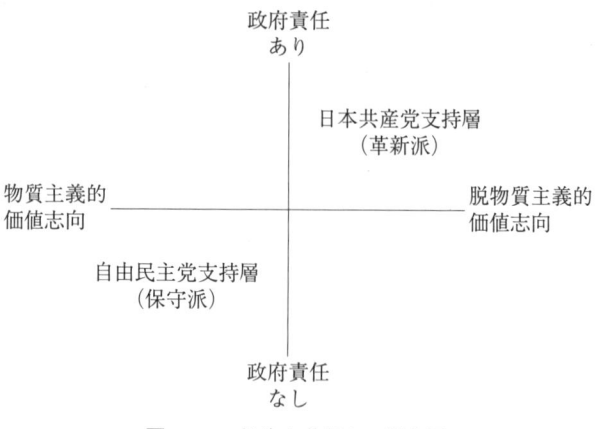

```
           政府責任
            あり
             |
             |     日本共産党支持層
             |       (革新派)
             |
物質主義的 ————————————————— 脱物質主義的
 価値志向    |                 価値志向
             |
     自由民主党支持層
        (保守派)
             |
           政府責任
            なし
```

図 12-3 保守と革新との概念図

では，図 12-3 であげた概念を検証するために支持政党と価値志向の集計を政府責任でコントロールした3重クロス集計を行なってみよう（表 12-4）．政府責任「あり」と「中立」において，自由民主党支持層は「物質主義」を，日本共産党支持層は「脱物質主義」を志向する傾向に分かれ，それは先の分析の**表 12-2** と表 12-3 の結果に準じるものとなっている．ただ，「政府責任なし」の枠で，自由民主党支持層と日本共産党支持層がともに「物質主義的価値志向」を示している．しかし，自由民主党支持層に比べて日本共産党支持層の「物質主義」への傾向は 8.7 ポイントも低く，**表 12-4** における「政府責任なし」の場合のクロス集計分析自体も χ^2 検定の有意水準をクリアしていないように，この結果は説明力を有していない．このように政府責任をコントロールしてみたとき，「あり」の場合は明確な争点の違いが見られるが，「なし」の場合においては，そうした争点の違いを見出すことはできなかった．そのため，保守・革新という枠組みだけで政策意識や態度を規定することは難しく，日本の場合はさらに別の要因がかかわっているといえるだろう．

　それらを探るために，4節からは政府責任と対応関係にある政府費用の支出水準についての意識を，性別や学歴といった基本属性にブレーク・ダウンした分析を行なっていこう．

表 12-4　支持政党と政府責任と価値志向との3重クロス集計

(%)

支持政党	合計(実数)	価値志向		
		物質主義	中立	脱物質主義
政府責任あり				
合　計	100.0 (323)	14.9	77.7	7.4
自由民主党	100.0 (67)	26.9	71.6	1.5
民主党	100.0 (26)	23.1	73.1	3.8
公明党	100.0 (30)	13.3	70.0	16.7
自由党	100.0 (6)	33.3	50.0	16.7
日本共産党	100.0 (32)	9.4	68.8	21.9
社会民主党	100.0 (38)	7.9	84.2	7.9
その他	100.0 (2)	50.0	50.0	—
支持政党なし	100.0 (122)	9.0	86.1	4.9 *
政府責任中立				
合　計	100.0 (1,426)	15.3	78.3	6.5
自由民主党	100.0 (537)	20.1	77.1	2.8
民主党	100.0 (191)	11.5	75.4	13.1
公明党	100.0 (54)	14.8	72.2	13.0
自由党	100.0 (43)	18.6	74.4	7.0
日本共産党	100.0 (83)	9.6	78.3	12.0
社会民主党	100.0 (82)	12.2	74.4	13.4
その他	100.0 (7)	—	85.7	14.3
支持政党なし	100.0 (429)	12.6	82.8	4.7 *
政府責任なし				
合　計	100.0 (399)	21.1	72.7	6.3
自由民主党	100.0 (182)	27.5	69.2	3.3
民主党	100.0 (45)	20.0	73.3	6.7
公明党	100.0 (13)	7.7	84.6	7.7
自由党	100.0 (21)	19.0	76.2	4.8
日本共産党	100.0 (16)	18.8	68.8	12.5
社会民主党	100.0 (14)	14.3	78.6	7.1
その他	100.0 (4)	25.0	75.0	—
支持政党なし	100.0 (104)	13.5	76.0	10.6

注：*χ^2：$p<0.01$．

4. 政府費用の支出水準の増減をめぐる意識

(1) 政府費用

　これまでは，支持政党や価値意識によって選好態度を探ってきた．ここからは人々が社会政策においてどのようなものを望んでいるのか．また，どのような種類のものなら増税とともに支出を許容するのかについての態度を見ていきたい．そのために用意した設問の質問文は，「これらの分野について政府が使っているお金は，もっと増やすべきだと思いますか，それとも，もっと減らすべきだと思いますか？　なお，『増やすべきだ』というときは，税金が増えるかもしれない，ということにも注意してください．（○はそれぞれ1つ）」というもので，尋ねたものは11分野の政策（問20）についてである．

　ところで，これらの分野においての増減にはどのような傾向性があるのだろうか．また，どのような認識でもって人々は増減の態度を決定しているのであろうか．それらを探るため，上記の11項目について主成分分析を試みた（**表12-5**)[8]．

　抽出された成分を解の大きさから順に見ていくと，第1成分を構成する項目は，(6)高齢者の年金，(7)失業手当，(9)高齢者介護，(10)住宅，(8)育児支援というように，所得や生活をめぐる社会保険を中心とした従来型の社会保障分野のものである．第2成分は(1)環境，(4)教育，(11)文化・芸術，(2)保健・医療というように，大部分が物質的ではない価値を持った項目から構成されている[9]．第3成分は(5)国防，(3)犯罪の取り締まりや予防という身体的安全をより強調する物質的な価値のみで構成されている．そこで，第1成分を従来型の保障，第2成分を環境・文化・教育・医療の保障，第3成分を身体的安全の保障と呼ぶことにする．

　このように選好の態度は3つに分類することができるが，これらはそれぞれどのような人々によって規定されているのだろうか．次にこれらの規定要因を確認するべく，主成分分析によって抽出された各成分得点（回帰法により変数化）を従属変数にした重回帰分析を行なってみたい．

表12-5 問20の政府支出水準をめぐる項目の主成分分析

	成分		
	1	2	3
(6)高齢者の年金	0.757	−0.040	0.057
(7)失業手当	0.734	0.007	0.196
(9)高齢者介護	0.687	0.289	−0.091
(10)住宅	0.551	0.241	0.204
(8)育児支援	0.523	0.359	0.028
(1)環境	−0.005	0.780	0.000
(4)教育	0.251	0.646	0.079
(11)文化・芸術	0.097	0.591	0.322
(2)保健・医療	0.439	0.470	−0.137
(5)国防	0.020	−0.024	0.881
(3)犯罪の取り締まりや予防	0.208	0.359	0.488
寄与率（％）	22.4	18.2	11.2
累積寄与率（％）	22.4	40.6	51.8

注：回転法：カイザーガットマン基準の正規化を伴うバリマックス法．
欠損値：リストごとに除外．

(2) 政府支出水準への選好態度の要因分析

選好の態度を規定する要因を分析するにあたり，先の主成分分析で得られた3つの成分得点にたいして重回帰分析を行なった．そして，3つの分析についてモデルの適合度を分散分析によって同時に計測したが，それぞれ適合度は0.1％水準で有意なものの，重回帰分析自体の説明力は決して高くはない．

投入した独立変数は，男性を1，女性を0とする性別ダミー．そして，年齢，学歴，年収は3つから4つの区分を取り直してカテゴリー化し，それぞれの区分を別個に投入している[10]．また，価値尺度である物質・脱物質主義指標と政府責任の指標は，それぞれ中立を除いて投入している．年齢，学歴，年収，物質・脱物質主義指標と政府責任の指標におけるこれらの変数には，全カテゴリーに1（該当），0（非該当）を与えることでダミー化し，重回帰分析を行なっているが，ステップワイズ法で投入しているので，結果においては有意なもののみが出力される．

また，分析結果の出力の際，標準化回帰係数を調整して得られるtスコアも算出した．このtスコアは，プラス・マイナス2以上の値をとるとき有意な説

表 12-6　政府支出水準への選好態度の要因分析(1)

調整済み $R^2=0.093$ $n=2,885$	非標準化係数		標準化係数 ベータ	t	有意確率
	B	標準誤差			
(定数)	-0.154	0.037		-4.159	0.000
20-30代	0.099	0.040	0.045	2.443	0.015
義務教育卒業	0.282	0.052	0.114	5.473	0.000
高等学校卒業	0.122	0.041	0.061	3.015	0.003
責任あり	0.633	0.054	0.210	11.720	0.000
責任なし	-0.495	0.052	-0.171	-9.548	0.000

注：従属変数：第1成分　従来型の社会保障（高齢者の年金／失業手当／高齢者介護／住宅／育児支援）．
　　分散分析によるモデル適合度は0.1％水準で有意（$F=60.410$　自由度5）．

明力を持つと判断される指数である．tスコアを考察に用いる利点は，次のようにあげられる．たとえば有意な分析結果が得られても，標準化回帰係数が一般的な水準より低い値であった場合，その変数がほんとうに説明力を持っているかどうかを見きわめることは困難である．その際，tスコアの値が判断の目安として活用できる．あるいは，標準化回帰係数の値が接近している場合も，tスコアを見ることでどちらの変数の影響力がより大きいかを知る手助けとなる．

　それでは分析結果を見ていこう．はじめに，(6)高齢者の年金，(7)失業手当，(9)高齢者介護，(8)育児支援，(10)住宅という所得や生活をめぐる従来からの社会保障分野によって構成される第1成分を分析してみた（**表12-6**）．まず，基本属性で見た場合は，20-30歳代の人々が政府支出を増やすべきだと考えているといえるが，tスコアの値は2.443と，それほど高くはない．そして，学歴で見た場合は，義務教育卒業と高等学校卒業の人々のどちらもが，政府支出を増やすべきだと考えているが，その度合いは義務教育卒業の人々のほうがより強いといえる．また，より態度がはっきり分かれたのは政府責任の尺度においてで，責任ありとする人々は支出増を望むのに対し，責任なしとする人々は支出減を望んでいるという対照的な結果となった．

　次に第2成分の環境・文化・教育・医療の保障について見てみよう（**表12-7**）．基本属性では，まず男性ほど支出増を望む傾向にある．年齢では，20-30歳代の人々が支出減を望んでいる．学歴では，義務教育卒業の人々が支出減を望んでおり，短大・高専・大学・大学院卒業の人々は支出増を望むという，対

表 12-7 政府支出水準への選好態度の要因分析(2)

調整済み R^2=0.067 n=2,885	非標準化係数		標準化係数 ベータ	t	有意確率
	B	標準誤差			
(定数)	−0.054	0.037		−1.454	0.146
性別ダミー（男性1，女性0）	0.112	0.036	0.056	3.080	0.002
20-30代	−0.144	0.041	−0.066	−3.505	0.000
義務教育卒業	−0.310	0.049	−0.125	−6.372	0.000
短大・高専・大学・大学院	0.296	0.041	0.140	7.169	0.000
責任あり	0.187	0.055	0.062	3.419	0.001
責任なし	−0.170	0.053	−0.059	−3.215	0.001
物質主義	−0.125	0.050	−0.046	−2.513	0.012
脱物質主義	0.377	0.080	0.086	4.722	0.000

注：従属変数：第2成分 環境・文化・教育・医療の保障（環境／教育／文化・芸術／保健・医療）．
分散分析によるモデル適合度は0.1％水準で有意（F=27.100 自由度8）．

表 12-8 政府支出水準への選好態度の要因分析(3)

調整済み R^2=0.035 n=2,885	非標準化係数		標準化係数 ベータ	t	有意確率
	B	標準誤差			
(定数)	−0.014	0.034		−0.413	0.680
20-30代	−0.148	0.044	−0.068	−3.363	0.001
40-50代	0.239	0.045	0.106	5.248	0.000
短大・高専・大学・大学院	−0.080	0.040	−0.038	−1.989	0.047
責任あり	−0.110	0.056	−0.037	−1.975	0.048
責任なし	0.163	0.054	0.056	3.040	0.002
物質主義	0.144	0.050	0.053	2.846	0.004
脱物質主義	−0.192	0.081	−0.044	−2.373	0.018

注：従属変数：第3成分 身体的安全の保障（国防／犯罪の取り締まりや予防）．
分散分析によるモデル適合度は0.1％水準で有意（F=16.139 自由度7）．

照的な結果となった．また，政府責任ありとする人々は支出増を望み，政府責任なしとする人々は支出減を望んでいる．そして，物質的な価値観を志向する人々は，支出減を望み，脱物質主義的な価値観を志向する人々は，支出増を望んでいる．

最後に国防，犯罪の取り締まりや予防といった身体的安全の保障をめぐる第3成分について見てみよう（**表 12-8**）．年齢では，20-30歳代の人々が支出減を望んでいるのに対し，40-50歳代の人々は支出増を望んでいる．そして，短大・高専・大学・大学院の人々と，政府責任ありとする人々の値は，統計的には有意なものの，tスコアは説明力を持つほどの値には達していない．また，

12章 ポスト・マテリアリズムによる社会政策意識の変化

表 12-9 ポスト・マテリアリズムと社会政策意識

価値志向	支持政党	政府規模	政府責任
物質主義	保守	小さな政府	なし
脱物質主義	革新	大きな政府	あり

政府責任なしとする人々は支出増を望んでいる．そして，物質的な価値観を志向する人々は，支出増を望み，脱物質主義的な価値観を志向する人々は，支出減を望んでいる．

以上のように，これらの分析から物質・脱物質主義的価値の志向をめぐる選好態度の属性を明らかにすることができた．そして，社会保障分野における主成分分析を行なったさいの成分得点による重回帰分析から，政府責任や支出水準と価値志向との関係を，価値志向や意識レベルで見た場合の相違についても確認できた．最後に，これまでの分析から得られた結果をまとめてみよう．

5. おわりに

物質主義・脱物質主義という双方の価値志向にある人々の特徴は，政府の役割についての意見に対して顕著に現れた．たとえば，物質主義的な価値を志向する人々にとって，国家は重荷であると考えられている．そのため，かれらが社会政策に望むことは政府による負担を軽減ないし除去し，税金を減らすことである．よって，かれらは社会政策において政府の責任を重視せず，いわば小さな政府を目指すのである．それとは逆に，脱物質主義的な価値を志向する人々は，政府の役割を積極的に支持し，そのための増税を許容する態度を示す．このように，物質主義的な価値を志向する人々とは反対に，脱物質主義的な価値を志向する人々は大きな政府を目指すといえよう．

こうしたこれまでの分析結果の流れは表 12-9 のようにまとめることができる．まず，支持政党から見てみると，価値志向で物質主義的な価値を志向する人々は保守系の政党を支持し，脱物質主義的な価値を志向する人々は革新系政党を支持する傾向にある．そして，政府規模では，保守系政党支持層は減税を望み，革新系の政党支持層は新しい政策課題の対応への増税にたいして積極的

である人々が多い．このような政府規模をめぐる議論は，物質主義的価値志向の人々が政府責任を重視せず小さな政府を目指し，脱物質主義的価値志向の人々は政府責任を重視するため大きな政府を目指すという議論から裏付けられる．というのも，支持政党において保守系の政党支持層が社会保障の縮小と減税を望み，革新系の政党支持層が増税を許容し社会保障の拡充を望むのと一致している．こうした知見はイングルハートが一連の分析で導き出した知見とも共通する．そのため，リスク社会という視点や福祉国家と持続可能な成長といった視点から課題を投げかけられているイングルハート指標であるが，現代的な課題を含んだ社会政策意識の分析においてもその有効性を認めることは可能であると判断できる結果となった．

また，このような保守と革新との対立図式は経験的なロジックとして語られることが多かったように思うが，本章ではポスト・マテリアリズムという指標を用いることで，これまでの議論をデータによって再確認することができ，政策意識と価値意識との関係性を明らかにできた．また，こうした関係性を示すことができたということは，物質・脱物質といった価値観のとらえかたにおけるイングルハート指標を使った議論が有効であるということでもある．こうした点を確認できたことに本調査の意義があるのではないだろうか．多くの批判が寄せられるR.イングルハートのポスト・マテリアリズム指標であるが，その課題とともに有効な点を見きわめつつ今後の議論をさらに深めていく必要があるだろう．

1) 政治意識や社会運動という側面から議論されることの多かったポスト・マテリアリズムであるが，家族やジェンダーという視点からイングルハートらの研究を位置づけたものとして田渕六郎（2002）がある．
2) この批判に対して，イングルハートは「木を見て森を見ない議論だ」(Inglehart, 1990=1993：456)と反論する．たしかに，分析の方法をいろいろと駆使すればいくつかのサブ・ディメンションを確認することはできるが，こうした議論の是非，または指標を構成する項目の妥当性を検証した研究は，渡辺伸一（1993）に詳しい．
3) R.イングルハート指標における政治行動の違いの議論は，マズローの欲求段階説に依拠しており，社会保障の発展が単線的な傾向を示していた時期においては有効な説明力を持っていた．しかし，U.ベック(Beck, 1986=1998)のリスク社会という視

点や，E. アンデルセン（Esping-Andersen, 1999=2000）の脱商品化指標から福祉国家を多元的にとらえた議論に留意してみると，価値観の変化は直線的なものではなく，物質的なものと脱物質的なものとを包含するような政策（例えば雇用の拡大と環境保全など）が望まれていることが示唆されている．このことから，両価値意識の併存をどのようにとらえるかが問題となろう．
4) 福祉国家と持続可能な成長という課題についての議論は，武川正吾（1999）を参照．
5) 指標の作成にあたり，設問にある(2)(5)(10)を除いたのは次の理由のため．それは，①後の分析で使う物質主義・脱物質主義的価値志向の態度を測る指標を作成する際に使用する設問において同様の趣旨を訊く項目があり，また，②これらの指標をお互いに掛け合わせて分析に使うことも計画しているために重複を避けなければならないからである．
6) アルファは0（内的一貫性なし）から1（完全な内的一貫性）までの値をとる．
7) R. イングルハート（1977=1978；1990=1993）を参照．現代的な解釈を行なえば，価値観が物質主義的傾向から脱物質主義的傾向へ移行するうえで，政治参加にたいする意欲もより高くなるというように，イングルハートの指標は政治参加の度合いを測る尺度のようにも見える．けれども，本章では両極に位置する価値観の比重において，当該社会がどちらに傾きつつあるかを示す指標としてのみ扱う．なお，本調査には両者における政治参加の意欲の差を計測するための変数が用意されているが，紙幅の都合から本章での分析は割愛し，考察は今後の課題とする．
8) 主成分分析を行なう際に，選択肢を次のように尺度化した．「1 大幅に増やすべきだ」→2，「2 増やすべきだ」→1，「3 いまのままでよい」→0，「4 減らすべきだ」→－1，「5 大幅に減らすべきだ」→－2．なお，「6 わからない」は欠損値として除外している．
9) (2)保健・医療が第1成分の社会保険分野の従来型の保障に入らず，教育，文化・芸術という生活保障機能を超えた第2成分に位置することについては，次のような解釈が可能だろう．医療を突発的な事故として病気やけがによる生活苦に陥る可能性といった観点や，リスク回避に重きを置いた選好としてみるならば，従来型の社会保障として位置づけられ，(2)保健・医療における第1成分のスコアも0.439と，第1成分に入る育児支援のスコア0.523に次ぐ値を示している．したがって，医療や保健には従来型の保障の性格を持つことが期待されたうえで，より高次の保障機能が重視されてきているということであろう．
10) 年齢区分は 20-30 歳代（$n：1,162・29.1\%$），40-50 歳代（$n：1,712・42.9\%$），60-90 歳代（$n：1,117・28.0\%$）．学歴は，義務教育卒業（$n：933・23.8\%$），高等学校卒業（$n：1,807・46.0\%$），短大・高専・大学・大学院（$n：1,184・30.2\%$）．年収は，なし-350 万円未満（$n：754・24.5\%$），350-550 万円未満（$n：714・23.1\%$），550-850 万円未満（$n：842・27.3\%$），850-2,300 万円以上（$n：769・25.0\%$）．分析

ではこれらの全カテゴリーに1(該当), 0(非該当)を与えてダミー化し, 重回帰分析を行なっている.

【文献】

Beck, Ulrich, 1986, *Risikogesellshaft : Auf dem Weg in eine andere Moderne*, Suhrkamp Verlag (東廉・伊藤美登里訳, 1998, 『危険社会』法政大学出版局).

Esping-Andersen, Gøsta, 1999, *Social Foundations of Post Industrial Economies*, Oxford University Press (渡辺雅男ほか訳, 2000, 『ポスト工業経済の社会的基礎』桜井書店).

Flanagan, S. C., 1980, "Value Cleavages, Economic Cleavages, and Japanese Voter," *American Journal of Political Science*, 24.

Flanagan, S. C., 1982a, "Changing Values in Advanced Industrial Societies," *Comparative Political Studies*, 14.

Flanagan, S. C., 1982b, "Measuring Value Change in Advanced Industrial Societies," *Comparative Political Studies*, 15.

Flanagan, S. C., 1982c, "Changing Values in Japan and The West," *Comparative Political Studies*, 14 : 445-479.

Flanagan, S. C., 1987, "Value Change in Industrial Societies," *American Political Science Review*, 81-84.

福武直, 1946, 「社会学と社会政策——社会学に於ける政策的理論の問題」『思想』28 (『福武直著作集 第1巻』東京大学出版会, 1975, に再録).

Graaf, N. D., 1989, "Individual and Structual Conditions Affecting Post-Materialist Values," Harry B. G. Ganze Boom and Henk Flap, eds., *New Social Movements and Value Change*, SISWO.

Hertz, Thomas, 1979, "Der Wandel von Wertvorstellungen in Westlichen Industriegesellschaften," *Kölner Zeitschlift für Soziologle und Sozialpsychologie*, 2 : 282-302.

Inglehart, Ronald, 1977, *The silent revolution : Changing values and political style among Western publics*, Princeton University Press (三宅一郎ほか訳, 1978, 『静かなる革命』東洋経済新報社).

Inglehart, Ronald, 1990, *Culture shift in advanced industrial society*, Princeton University Press (村山皓・富沢克・武重雅文訳, 1993, 『カルチャーシフトと政治変動』東洋経済新報社).

田渕六郎, 2002, 「グローバリゼーションと家族変動」後藤澄江・田渕六郎ほか『グローバリゼーションと家族・コミュニティ』文化書房博文社 : 64-91.

武川正吾, 1999, 『社会政策のなかの現代——福祉国家と福祉社会』東京大学出版会.

渡辺伸一，1993，「脱物質主義的価値再考——イングルハート理論に関する批判的一考察」『年報社会学論集』第6号，関東社会学会．

13章 日本のなかの「3つの世界」
地方分権と社会政策

上村　泰裕

1. はじめに——地方分権をめぐる問題状況

　地方分権を進めることで，社会政策はどのように変化するだろうか．地域住民のニーズが政策決定に反映されやすくなれば福祉サービスの充実につながるはずだとする意見もあるが，そうとばかりは言えないだろう．地域住民は，福祉サービスではなく公共事業の拡大を求めるかもしれないからである．そもそも，地方分権とは地方が独自性を発揮するようになることだとすれば，すべての地方が一律に福祉サービスを充実させるとは限らないはずである．そこで本章では，意識調査の結果から地域住民の政策選好を読み解くことで，地方分権が社会政策にもたらす影響についての大まかなイメージを素描してみたい．

　さて，バブル経済の崩壊後，「失われた10年」とも言われた日本の1990年代は，規制緩和と地方分権をめざした改革の10年でもあった．地方分権について言えば，行政事務の分権化と税財源の分権化が課題とされた．90年代にはまず行政事務の分権化が議論され，それは最終的に1999年の「地方分権推進一括法」に結実した．機関委任事務制度が廃止され，国と地方自治体の役割分担が明文化されたのである．ここに，「明治維新・戦後改革に次ぐ『第3の改革』」（地方分権推進委員会，2001）の一部が動きはじめたとも言われた．

　21世紀に入ると，税財源の分権化が日程にのぼり，いわゆる「三位一体の改革」として，国庫補助負担金の削減と地方交付税の見直し，および国から地方への税源移譲が同時に進められることになった．この改革は目下進行中であるが，地方へ移譲されることになっている税源は今のところ「わずか」3兆円に過ぎないし，その税源移譲が地方自治体の自主性・自立性の向上につながる

ものかどうかもはっきりしない．地方分権論者が言うような地方自治体の「歳入の自治」を確立しうるかどうかは，いまだ明らかではない．

とはいえ今日，地方分権が社会政策にもたらす影響を考察するのに，早すぎるという段階でもない．地方分権改革の理論的指導者の1人である財政学者の神野直彦らは，「『地方に税源を』確保し，住民のニーズを住民自身の決定に基づいて充足」すべきだと主張してきた（神野・金子，1998：7）．地方自治体が歳入の自治を獲得し，その使途を「住民自身の決定」に委ねることになれば，福祉サービスのあり方にも大きな変化が生じる可能性がある．そこで，地域住民がいかなる政策を選好するかが問題になってくる．

ところで，分権改革の受け皿とされた市町村は，行政能力を高めるために「平成の大合併」を進めることになった．さらに，こうした市町村の広域化と能力拡充に対応して，都道府県の広域化についても議事日程にのぼってきている（地方制度調査会，2004）．いわゆる「道州制」の議論には80年近い歴史があるが（田中ほか，1970），今日ほど現実性を帯びたことはかつてなかった．そこで本章では，仮に道州を単位として分析を進めることにしたい[1]．

以上，地方分権をめぐる動きをかけ足で見てきた．それでは，今後，税財源がめでたく地方に移譲され，さらに道州制が導入された場合，それぞれの地方はどのような社会政策を採用するだろうか．ここで思い出しておきたいのは，ハロルド・ウィレンスキーの次のような仮説的命題である．「地域・地方政府に対する中央政府の権限が増大すると，福祉支出は上昇し，平等を重視したプログラムが増加する」「社会的異質性と内部対立が，個々バラバラでないとしても，分権化された政治体制の中で顕在化するときには，福祉国家の発展は阻害される」（Wilensky，1975=1984：112，114）．第1の命題から予想されるのは，地方分権そのものが，所得再分配による格差是正を柱とする従来型の福祉国家の発展にとっては，マイナスに作用する可能性が高いということである．もっとも，そのような従来型の福祉国家の限界を認めたうえで，介護などの対人サービスを柱とする福祉社会を，地方ごとの実情に応じて形成していくべきだとする論調もある．しかし，その場合でも，地方のなかに「社会的異質性と内部対立」（第2の命題）が見られるときには，福祉サービスを充実させていくことは難しくなるだろう．

これらの問題も念頭におきながら，2節では，福祉に関する住民の基本認識の違いによって，地方を3つの類型に分ける．続く3節では，地方類型ごとにどのような政策が好まれる傾向があるか明らかにする．最後の4節では，分析結果をふまえて，地方分権が社会政策にどのような影響をもたらすか考察する．

2. 福祉意識に基づく地方類型

　福祉に関する人々の基本認識は，地方によって異なっているだろうか．それとも，全国一律で違いはないのだろうか．ここでは調査結果から2つの項目をとりあげて，地方ごとの福祉意識を浮き彫りにしたい．
　第1にとりあげる項目は，現在の福祉水準に関する満足度である．現在行なわれている福祉について，人々がどのくらい信頼を寄せ心強く感じているか，ということである．

> 次の考え方について，あなたはどのように思いますか？「国や自治体の社会保障や福祉サービスは，安心して暮らしていくための，心強い支えになっている」(問4 (1))

　これに対して「そう思う」「どちらかといえばそう思う」と答えた人の割合を，本章では「現在の福祉水準に関する満足度」を示す指標として考えたい．
　第2にとりあげる項目は，今後の福祉充実に関する積極度である．負担が増えることを覚悟のうえで，人々がどのくらい福祉を充実すべきだと考えているか，ということである．

> 社会保障をはじめとする政府の政策についてお聞きします．次のA, B2つの対立する意見のうち，しいて言うと，あなたはどちらの意見に近いでしょうか？「A：税金や社会保険料などを引き上げても，国や自治体は社会保障を充実すべきだ　B：社会保障の水準がよくならなくとも，国や自治体は，税金や社会保険料を引き下げるべきだ」(問22 (1))

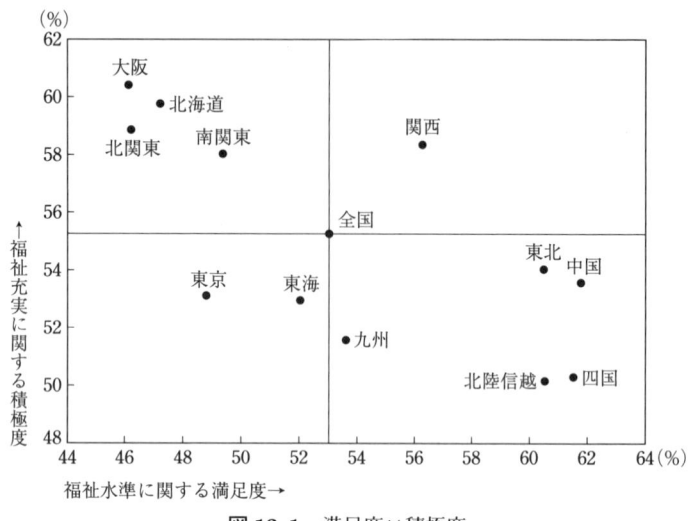

図 13-1　満足度×積極度

これに対して「Aに近い」「どちらかといえばAに近い」と答えた人の割合を，本章では「今後の福祉充実に関する積極度」を示す指標として考えたい．

さて，「現在の福祉水準に関する満足度」と「今後の福祉充実に関する積極度」を組み合わせると，形式的には4とおりのパターンができる．すなわち，

(1) 現在の福祉水準に満足しているが，今後の福祉充実にも積極的である．
(2) 現在の福祉水準に満足しており，今後の福祉充実には消極的である．
(3) 現在の福祉水準に不満であり，今後の福祉充実にも積極的である．
(4) 現在の福祉水準に不満であるが，今後の福祉充実には消極的である．

となる．

図 13-1 は，それぞれの地方の「満足度」と「積極度」を示した散布図である．この結果を見ると，全国平均は「満足度」「積極度」ともに50％を超えている（それぞれ53.0％と55.2％）．つまり，多くの人々は，現在の福祉水準にそれなりに満足しながら，今後の福祉充実にもそれなりに積極的だということがわかる．しかし，地方ごとのばらつきも大きい．そこで，全国平均よりも多いか少ないかによって「満足／不満」「積極／消極」を判断することにすると，上記のパターンのうち，図の右上が(1)，右下が(2)，左上が(3)，左下が(4)ということになる．

しかし，実際の分布を見ると，ほとんどの地方が右下(2)と左上(3)に集中していることがわかる．つまり，現状の水準に満足している地方は今後の充実に消極的であり（右下），現在の水準に不満を感じている地方は今後の充実に積極的である（左上）．右下は現状維持志向の「保守主義」型，左上は福祉充実志向の「社民主義」型と言ってもよいだろう．残る2つの象限であるが，右上の関西は，福祉充実志向という点では左上と共通なので，とりあえず社民主義型に分類しておこう．一方，左下の東京と東海は，現在の水準に満足していないにもかかわらず，今後の充実には消極的である．つまり，公的な福祉にあまり期待しない福祉削減志向の「自由主義」型と考えることができる[2]．以上3つの類型とそれにあてはまる地方を整理すると，以下のようになる．

自由主義型：東京・東海
保守主義型：東北・北陸信越・中国・四国・九州
社民主義型：北海道・北関東・南関東・大阪・関西

ここで，それぞれの地方類型の基本的特徴について検討しておきたい．**表13-1**に示された各地方の調査対象者の属性，および調査対象者が住んでいる市町村のデータ[3]から，3つの地方類型の大まかなイメージをつかむことができるだろう．

自由主義型の地方には，2,700万人が住んでいる．この類型の地方は，人口構成が比較的若いことが特徴である．1人あたり所得が高く，自治体の財政力[4]も強い．回答者の属性を見ると，高学歴や高収入の人が多く，上層ホワイトカラーの割合も高い．

保守主義型の地方には，4,400万人が住んでいる．この類型の地方は，高齢化が進む一方，他の地方より出生率が高いことも特徴である．自由主義型とは対照的に，1人あたり所得が低く，自治体の財政力も弱い．回答者の属性を見ると，低学歴や低収入の人が多く，自営業やブルーカラーの割合が高い．中小企業に勤める人が多いのも特徴である．また，拡大家族の割合も高い．

社民主義型の地方には，5,600万人が住んでいる．この類型の地方は，人口構成が若い点では自由主義型に似ている．他方，1人あたり所得は中位であり，

表 13-1　地方類型の基本的特徴　　　　　　　　　　　　　　　　　(%)

		自由主義型	保守主義型	社民主義型	全国
年　齢	20歳代	**15.4**	10.6	14.4	13.2
	30歳代	**18.3**	15.3	15.2	15.9
	40歳代	**23.0**	21.2	18.9	20.6
	50歳代	20.7	21.6	**23.7**	22.3
	60歳代	13.5	**17.5**	**17.5**	16.7
	70歳代	9.0	**13.8**	10.2	11.3
居住年数	10年未満	23.6	15.4	22.9	20.3
	20年未満	19.1	15.2	18.1	17.2
	20年以上	57.3	**69.5**	59.0	62.5
学　歴	高校以下	60.8	**77.9**	67.3	69.8
	短大以上	**39.2**	22.1	32.7	30.2
世帯収入	低	28.4	**42.9**	34.6	36.4
	中	28.1	30.1	30.2	29.7
	高	**43.5**	27.0	35.2	33.8
職　種	上層ホワイトカラー	**23.8**	19.6	22.4	21.7
	下層ホワイトカラー	39.6	35.3	**43.0**	39.5
	自営業	17.8	**20.7**	16.6	18.3
	上層ブルーカラー	6.3	**9.3**	6.5	7.5
	下層ブルーカラー	12.5	**15.0**	11.6	13.0
勤務先規模	中小企業	72.2	**76.1**	69.6	72.4
	大企業	27.8	23.9	**30.4**	27.6
家族形態	核家族	73.9	63.9	**76.6**	71.4
	拡大家族	26.1	**36.1**	23.4	28.6
人口規模	85万人以上	**34.8**	9.0	22.2	19.9
(市町村)	30万人以上	12.9	15.1	**21.2**	17.3
	5万人以上	**37.9**	30.6	33.9	33.5
	1万人以上	10.7	**30.4**	16.2	20.3
	1万人未満	3.7	**14.9**	6.6	9.0
総人口（万人，2003年）		2,723	4,414	5,624	12,762
人口増加率（％，2003年）		0.3	−0.2	0.1	0.1
合計出生率（2003年）		1.28	1.42	1.27	1.29
高齢化率（％，2003年）		18.7	22.4	18.4	19.0
失業率（％，2000年）		4.0	4.5	4.7	4.7
1人あたり所得（万円，2001年）		330	258	287	297
県財政力指数（2002年）		0.677	0.314	0.492	0.406
老人福祉費（高齢者1人あたり，万円，2002年）		18	19	18	19
老人ホーム定員（高齢者千人あたり，人，2002年）		19	24	22	22

注：太字は，それぞれの類型の特徴が表われた箇所を示している．

自治体の財政力が弱い点ではむしろ保守主義型に近い．回答者の属性を見ると，職種では下層ホワイトカラーがやや多い．大企業に勤める人が多く，核家族の割合が高いことも特徴である．

地方類型ごとにこのような条件の違いがあるにもかかわらず，実際の福祉水準を示す指標，例えば老人福祉費や老人ホームの整備状況などにはそれほど差がない．財政力が弱い保守主義型の地方でも，高齢化に見合った福祉施設が整備されているのである．このことも，ここで確認しておきたい．

次に，それぞれの地方類型のなかで，どのような人々が現在の福祉水準に不満をもっており，どのような人々が今後の福祉充実に積極的であるのか，調査対象者の属性別の意見分布を見ておこう．

表13-2は，「現在の福祉水準に関する満足度」の属性別意見分布である．これを見ると，いずれの地方類型でも年齢による違いが大きく，年齢の高い人ほど「満足度」が高いことがわかる．しかし，世代間の意見の違いの大きさは地方類型によって異なっており，とりわけ保守主義型の地方で違いが大きい．保守主義型の地方では，50歳代以上の人々の「満足度」が際立って高い．また，中収入層で「満足度」が高いことも，他の地方類型には見られない特徴である．

表13-3は，「今後の福祉充実に関する積極度」の属性別意見分布である．これを見ると，「積極度」が高い社民主義型の地方では，幅広い年齢層にわたって福祉充実に積極的である．また，福祉充実に積極的なのは，男性・大卒・高収入の人々であることもわかる．このような傾向は地方類型ごとに異なっており，例えば自由主義型の地方では，男性・高収入の人々の「積極度」は必ずしも高くない．

いずれの項目についても，年齢による違いが重要である．そこで，それぞれの地方類型ごとに，年齢別の「満足度」と「積極度」をかけあわせた散布図を見てみよう（**図13-2**）．すべての地方類型で，60歳代以上の人々の「満足度」が高いことがわかる．保守主義型の地方は今のところ「満足度」が高く，したがって現状維持志向であると考えられるが，40歳代以下の人々は不満に傾斜しており，自由主義型にきわめて近いことがわかる．また，すべての地方類型

表 13-2　現在の福祉水準に関する満足度

		自由主義型 (%)	base	保守主義型 (%)	base	社民主義型 (%)	base	全国 (%)	base
	総計	50.7	807	**58.6**	1,457	49.4	1,722	53.0	3,986
性別	男性	52.5	387	60.6	720	50.5	802	54.7	1,909
	女性	49.0	420	56.7	737	48.5	920	51.5	2,077
年齢	20歳代	47.6	124	52.3	155	46.2	249	48.3	528
	30歳代	47.3	148	48.4	223	42.2	263	45.6	634
	40歳代	42.5	186	48.2	309	40.8	326	44.0	821
	50歳代	50.3	167	57.3	314	44.9	408	50.3	889
	60歳代	60.6	109	**71.1**	256	61.1	301	64.9	666
	70歳以上	69.9	73	**77.0**	200	71.4	175	73.7	448
学歴	高校以下	52.6	483	**61.3**	1,113	51.9	1,140	55.8	2,736
	短大以上	48.1	312	48.7	316	45.3	556	47.0	1,184
世帯収入	低	55.1	176	59.1	491	52.3	453	55.7	1,120
	中	47.1	174	**61.3**	346	48.7	396	53.2	916
	高	50.9	269	52.3	310	48.4	461	50.2	1,040
職種	上層ホワイトカラー	47.3	182	53.6	267	48.8	363	50.0	812
	下層ホワイトカラー	47.5	303	51.9	480	48.1	696	49.2	1,479
	自営業	61.8	136	67.1	280	58.1	267	62.5	683
	上層ブルーカラー	35.4	48	**59.8**	127	50.5	105	52.1	280
	下層ブルーカラー	56.3	96	**63.2**	204	44.6	186	54.7	486
勤務先規模	中小企業	49.8	542	57.5	1,001	49.6	1,113	52.6	2,656
	大企業	51.2	209	56.2	315	47.5	488	51.0	1,012
職業の有無	無職	59.4	244	**65.0**	463	52.9	607	58.4	1,314
	有職	46.9	563	55.6	994	47.5	1,115	50.4	2,672
家族形態	核家族	49.8	596	57.0	932	**46.9**	1,319	50.8	2,847
	拡大家族	53.1	211	61.5	525	57.6	403	58.6	1,139
人口規模	85万人以上	47.7	281	**45.8**	131	50.5	382	48.7	794
(市町村)	30万人以上	46.2	104	51.1	221	45.5	365	47.4	690
	5万人以上	53.9	306	57.4	446	47.4	582	52.2	1,334
	1万人以上	54.7	86	**63.9**	441	51.1	280	58.5	807
	1万人未満	50.0	30	**65.6**	218	64.6	113	64.0	361
失業率	低	50.6	778	60.3	1,185	51.0	1,270	54.3	3,233
(市町村)	高	51.7	29	51.1	272	44.9	452	47.4	753
		odds ratio		odds ratio		odds ratio		odds ratio	
ロジスティック	性別（女）	0.767		0.831		0.916		0.846*	
回帰分析	年齢（高）	1.124*		1.225**		1.180**		1.183**	
	学歴（高）	0.975		0.849		0.924		0.917	
	低収入	1.026		1.007		1.090		1.061	
	中収入	0.877		1.324+		1.011		1.092	
	上層ホワイトカラー	0.865		0.972		0.974		0.953	
	自営業	1.617*		1.369+		1.055		1.261*	
	上層ブルーカラー	0.517+		1.040		0.912		0.872	
	下層ブルーカラー	1.462		1.227		0.716+		1.001	
	大企業	1.223		1.110		0.995		1.067	
	有職	0.614*		0.894		0.870		0.825*	
	拡大家族	1.157		1.016		1.246+		1.150+	
	85万人以上	0.776		0.717		1.167		0.916	
	30万人以上	0.674		0.792		1.010		0.854	
	1万人以上	0.905		1.264		1.152		1.200+	
	1万人未満	0.851		1.324		1.612*		1.422**	
	高失業率	0.953		0.847		0.782+		0.828*	

注：**$p<.01$，*$p<.05$，+$p<.10$．太字・斜字は，それぞれの類型の特徴が表われた箇所を示している．

表 13-3　今後の福祉充実に関する積極度

		自由主義型		保守主義型		社民主義型		全 国	
		(%)	base	(%)	base	(%)	base	(%)	base
	総　計	53.1	801	52.1	1,443	**58.9**	1,709	55.2	3,953
性　別	男　性	54.5	387	55.2	714	**64.8**	800	59.1	1,901
	女　性	51.7	414	49.1	729	53.7	909	51.7	2,052
年　齢	20歳代	**45.5**	123	**45.1**	153	50.6	247	47.8	523
	30歳代	57.4	148	48.6	220	57.6	262	54.4	630
	40歳代	51.6	186	52.5	305	**64.2**	321	56.9	812
	50歳代	55.8	165	52.2	314	**61.6**	409	57.2	888
	60歳代	54.6	108	52.6	253	**59.1**	298	55.8	659
	70歳以上	52.1	71	60.1	198	55.8	172	57.1	441
学　歴	高校以下	49.0	478	50.7	1,102	55.2	1,129	52.3	2,709
	短大以上	60.1	311	57.3	314	**67.3**	554	62.8	1,179
世帯収入	低	42.0	176	49.4	490	55.8	450	50.8	1,116
	中	64.9	174	56.4	344	59.2	395	59.3	913
	高	55.8	267	62.3	308	**64.6**	460	61.6	1,035
職　種	上層ホワイトカラー	66.5	182	66.0	265	**71.5**	362	68.6	809
	下層ホワイトカラー	52.3	300	48.2	477	58.3	693	53.8	1,470
	自営業	50.4	135	50.7	278	51.1	262	50.8	675
	上層ブルーカラー	52.1	48	55.9	127	61.5	104	57.3	279
	下層ブルーカラー	39.4	94	42.5	200	46.8	186	43.5	480
勤務先規模	中小企業	51.1	538	49.6	991	57.7	1,106	53.3	2,635
	大企業	61.5	208	**60.1**	313	64.1	487	62.3	1,008
職業の有無	無　職	50.8	240	51.6	459	58.3	599	54.5	1,298
	有　職	54.0	561	52.3	984	59.2	1,110	55.6	2,655
家族形態	核家族	54.0	591	53.1	922	59.8	1,310	56.4	2,823
	拡大家族	50.5	210	50.3	521	55.6	399	52.2	1,130
人口規模	85万人以上	52.7	279	48.9	131	**63.4**	380	57.2	790
(市町村)	30万人以上	50.5	103	55.3	217	59.9	362	57.0	682
	5万人以上	55.2	306	50.3	443	58.9	577	56.2	1,326
	1万人以上	48.2	83	54.1	438	55.2	277	53.9	798
	1万人未満	56.7	30	50.5	214	48.7	113	50.4	357
失業率	低失業率	53.1	772	53.2	1,171	58.1	1,261	55.1	3,204
(市町村)	高失業率	51.7	29	47.4	272	60.9	448	55.7	749
		odds ratio		odds ratio		odds ratio		odds ratio	
ロジスティック	性別（女）	1.054		0.956		0.708**		0.871*	
回帰分析	年齢（高）	1.101		1.155**		1.157**		1.142**	
	学歴（高）	1.238		1.120		1.505**		1.320**	
	低収入	0.734		0.906		0.888		0.863+	
	中収入	1.799**		1.225		1.001		1.210**	
	上層ホワイトカラー	1.663*		1.858**		1.404*		1.583**	
	自営業	1.049		1.168		0.735+		0.937	
	上層ブルーカラー	0.971		1.237		1.021		1.082	
	下層ブルーカラー	0.619+		0.785		0.628**		0.675**	
	大企業	1.340		1.439*		1.054		1.251**	
	有　職	1.070		1.274		0.984		1.083	
	拡大家族	0.746		0.834		0.907		0.837*	
	85万人以上	0.849		0.971		1.042		0.994	
	30万人以上	0.848		1.202		0.961		1.050	
	1万人以上	0.975		1.111		0.958		1.015	
	1万人未満	1.138		1.066		0.803		0.938	
	高失業率	0.642		0.789		1.230		1.048	

注：**$p<.01$, *$p<.05$, +$p<.10$. 太字・斜字は，それぞれの類型の特徴が表われた箇所を示している．

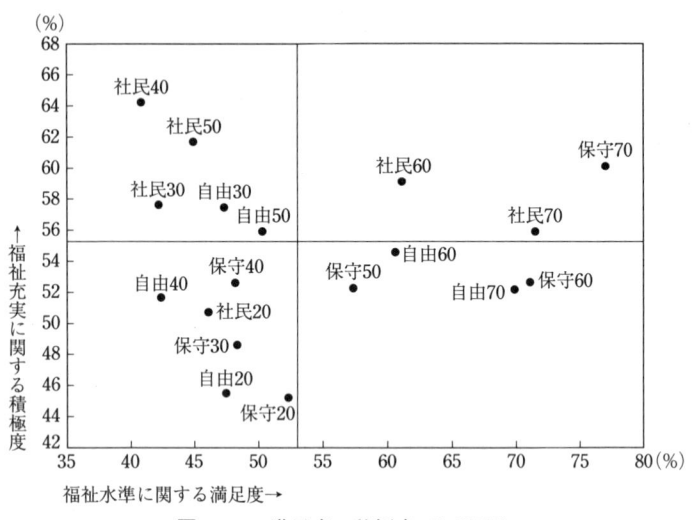

図13-2 満足度×積極度（年齢層別）

で，20歳代の人々は自由主義型の象限に位置づけられることにも注目すべきである．

3. 地方類型と政策選好

さて，それぞれの地方の住民が望む政策の種類は，3つの地方類型に対応しているだろうか．ここでは，(1)介護予算増か地域格差是正か，(2)環境規制か所得格差是正か，(3)公的部門による平等なサービス供給か民間部門による多様なサービス供給か，という項目をとりあげて地方類型と政策選好の対応を検討したい．

図13-3は，「高齢者介護のための政府予算を増やすべきだ」[5]という意見の割合と，「政府は地域格差の是正に積極的に取り組むべきだ」[6]という意見の割合をかけあわせた散布図である．これまで日本の福祉国家は，社会保障制度を通じてよりも，むしろ公共事業を中心とした地域格差是正政策によって所得再分配を図ってきた側面がある．その意味では，地域格差の是正は従来型の福祉国家の課題と言うことができる．一方，高齢化や家族のあり方の変化にともなって，高齢者介護などの新しい政策課題が焦点になってきている．つまり，こ

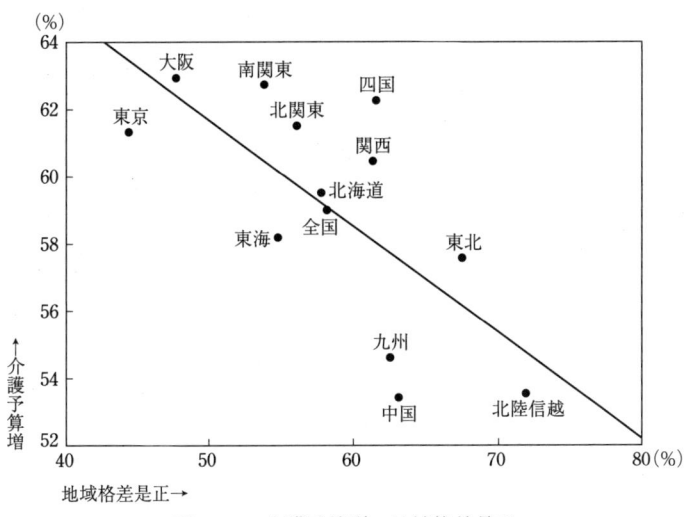

図 13-3 介護予算増×地域格差是正

の散布図は，従来型の福祉国家の課題と新しい政策課題のどちらを重視しているかを表わしている．

大まかに整理すれば，社民主義型と自由主義型の地方では，人々は介護予算増に積極的であり，地域格差是正にはどちらかと言えば消極的である．つまり，新しい政策課題をより重視しているということである．それに比べて保守主義型の地方では，人々は地域格差是正に積極的であるが，介護予算増にはどちらかと言えば消極的である．つまり，従来型の福祉国家の課題をより重視しているということである．ただし，四国は例外で，保守主義型にもかかわらず介護予算増に賛成する人が多い．

この2つの項目については，調査対象者の属性別の意見分布を見ておきたい．まず，介護予算増について（**表13-4**）は，自由主義型と社民主義型の違いに注目すべきである．社民主義型の地方では幅広い年齢層で介護予算増に賛成する人が多いのに対して，自由主義型の地方では世代間の違いが大きく，介護予算増に賛成する人が多いのは20歳代から40歳代までである．次に，地域格差是正について（**表13-5**）は，いずれの地方類型でも年齢による違いが少ないことに注目すべきである．つまり，保守主義型の地方では若い人々でも地域格差是正に賛成する人が多いのに対して，自由主義型や社民主義型の地方では高

表13-4　高齢者介護のための政府予算を増やすべきだ

		自由主義型		保守主義型		社民主義型		全国	
		(%)	base	(%)	base	(%)	base	(%)	base
	総計	**59.5**	807	55.6	1,459	**61.6**	1,725	59.0	3,991
性別	男性	56.8	387	55.0	720	61.4	803	58.1	1,910
	女性	**61.9**	420	56.2	739	61.7	922	59.8	2,081
年齢	20歳代	**63.7**	124	58.7	155	57.0	249	59.1	528
	30歳代	**62.2**	148	57.4	223	**65.0**	263	61.7	634
	40歳代	**62.4**	186	53.7	309	**66.0**	326	60.5	821
	50歳代	57.5	167	57.8	315	61.6	409	59.5	891
	60歳代	57.8	109	55.5	256	**63.9**	302	59.7	667
	70歳以上	46.6	73	50.7	201	50.6	176	50.0	450
学歴	高校以下	57.1	483	55.9	1,114	59.9	1,143	57.8	2,740
	短大以上	62.2	312	55.1	316	65.6	556	61.9	1,184
世帯収入	低	57.4	176	58.3	492	**63.0**	454	60.1	1,122
	中	**62.6**	174	54.6	346	**63.4**	396	59.9	916
	高	61.3	269	56.5	310	**62.1**	462	60.2	1,041
職種	上層ホワイトカラー	67.6	182	55.1	267	66.4	363	62.9	812
	下層ホワイトカラー	60.1	303	57.9	480	62.4	696	60.4	1,479
	自営業	52.2	136	52.3	281	53.4	268	52.7	685
	上層ブルーカラー	62.5	48	52.8	127	66.7	105	59.6	280
	下層ブルーカラー	50.0	96	57.4	204	57.8	187	56.1	487
勤務先規模	中小企業	60.5	542	55.1	1,001	59.6	1,115	58.2	2,658
	大企業	58.9	209	59.4	315	**67.8**	488	63.3	1,012
職業の有無	無職	60.7	244	54.7	464	61.5	608	59.0	1,316
	有職	59.0	563	56.0	995	61.6	1,117	59.0	2,675
家族形態	核家族	59.6	596	56.9	932	**64.0**	1,321	60.7	2,849
	拡大家族	59.2	211	53.3	527	53.7	404	54.6	1,142
人口規模	85万人以上	**63.3**	281	**66.4**	131	62.1	383	63.3	795
(市町村)	30万人以上	**60.6**	104	56.1	221	**61.9**	365	59.9	690
	5万人以上	58.2	306	53.6	446	**62.7**	584	58.6	1,336
	1万人以上	53.5	86	55.8	443	**60.7**	280	57.2	809
	1万人未満	50.0	30	52.3	218	54.9	113	52.9	361
失業率	低失業率	58.9	778	55.1	1,186	62.1	1,273	58.7	3,237
(市町村)	高失業率	75.9	29	57.9	273	60.2	452	59.9	754

		odds ratio	odds ratio	odds ratio	odds ratio
ロジスティック	性別（女）	1.393*	1.037	1.139	1.150+
回帰分析	年齢（高）	0.899+	0.989	1.038	0.991
	学歴（高）	0.992	0.866	1.120	1.015
	低収入	1.102	1.152	1.184	1.138
	中収入	1.233	0.954	1.150	1.083
	上層ホワイトカラー	1.665*	0.926	1.217	1.161
	自営業	0.864	0.910	0.835	0.857
	上層ブルーカラー	1.423	0.780	1.288	1.043
	下層ブルーカラー	0.698	0.988	0.879	0.880
	大企業	0.874	1.189	1.380*	1.195*
	有職	0.943	1.150	1.020	1.026
	拡大家族	1.123	0.928	0.694**	0.861+
	85万人以上	1.368+	1.964**	0.954	1.218*
	30万人以上	1.274	1.193	0.997	1.105
	1万人以上	1.181	1.260	1.091	1.107
	1万人未満	0.921	0.927	0.847	0.847
	高失業率	2.176+	0.876	0.911	0.938

注：**p<.01, *p<.05, +p<.10. 太字・斜字は、それぞれの類型の特徴が表われた箇所を示している。

表13-5　政府は地域格差の是正に積極的に取り組むべきだ

		自由主義型 (%)	base	保守主義型 (%)	base	社民主義型 (%)	base	全国 (%)	base
	総計	50.4	803	65.3	1,452	55.5	1,718	58.1	3,973
性別	男性	50.0	386	63.8	719	53.1	802	56.5	1,907
	女性	50.8	417	66.7	733	57.6	916	59.5	2,066
年齢	20歳代	51.2	123	**68.0**	153	58.2	249	59.4	525
	30歳代	46.3	147	*64.1*	223	57.8	263	57.3	633
	40歳代	47.3	186	*66.0*	306	53.7	324	56.9	816
	50歳代	55.4	166	58.9	314	54.7	408	56.3	888
	60歳代	48.6	109	**70.6**	255	53.2	301	59.1	665
	70歳以上	56.9	72	*66.7*	201	57.8	173	61.7	446
学歴	高校以下	52.7	480	65.8	1,109	56.7	1,137	59.7	2,726
	短大以上	46.6	311	64.1	315	53.0	555	54.3	1,181
世帯収入	低	54.5	176	67.2	491	59.4	451	62.1	1,118
	中	53.8	173	62.3	345	53.7	395	57.0	913
	高	45.7	267	61.8	309	51.1	462	52.9	1,038
職種	上層ホワイトカラー	**49.5**	182	62.0	266	51.8	363	54.6	811
	下層ホワイトカラー	**49.5**	303	66.7	477	*55.7*	696	58.0	1,476
	自営業	44.8	134	64.4	281	51.9	264	55.7	679
	上層ブルーカラー	64.6	48	66.1	127	63.8	105	65.0	280
	下層ブルーカラー	52.1	94	64.5	203	64.7	187	62.2	484
勤務先規模	中小企業	49.3	540	65.9	995	56.1	1,113	58.4	2,648
	大企業	51.4	208	62.9	315	54.5	488	56.5	1,011
職業の有無	無職	52.1	242	66.5	462	57.1	604	59.5	1,308
	有職	49.7	561	64.7	990	54.7	1,114	57.4	2,665
家族形態	核家族	50.8	593	62.6	928	56.0	1,315	57.1	2,836
	拡大家族	49.5	210	**70.0**	524	54.1	403	60.6	1,137
人口規模 (市町村)	85万人以上	44.6	280	61.1	131	48.9	380	49.4	791
	30万人以上	46.6	103	63.0	219	49.5	364	53.4	686
	5万人以上	55.4	305	64.5	445	57.7	581	59.4	1,331
	1万人以上	52.9	85	68.0	441	58.9	280	63.3	806
	1万人未満	60.0	30	66.2	216	**77.9**	113	69.4	359
失業率 (市町村)	低失業率	50.1	774	65.3	1,179	57.2	1,268	58.5	3,221
	高失業率	58.6	29	65.2	273	50.9	450	56.4	752
		odds ratio		odds ratio		odds ratio		odds ratio	
ロジスティック回帰分析	性別（女）	1.121		1.069		1.167		1.125	
	年齢（高）	1.051		0.992		0.920*		0.977	
	学歴（高）	0.888		0.985		0.871		0.905	
	低収入	1.223		1.115		1.201		1.217*	
	中収入	1.226		0.897		0.943		1.012	
	上層ホワイトカラー	1.095		0.894		0.976		0.971	
	自営業	0.817		0.904		0.806		0.832+	
	上層ブルーカラー	1.860+		0.969		1.449		1.298+	
	下層ブルーカラー	0.997		0.918		1.322		1.060	
	大企業	1.095		0.881		1.024		0.994	
	有職	1.016		0.951		0.894		0.948	
	拡大家族	0.936		1.493**		0.841		1.097	
	85万人以上	0.665*		0.920		0.758+		0.686**	
	30万人以上	0.701		0.971		0.773+		0.800*	
	1万人以上	0.966		1.147		1.019		1.160	
	1万人未満	1.220		1.043		2.959**		1.595**	
	高失業率	1.147		1.088		0.847		1.020	

注：**p＜.01，*p＜.05，+p＜.10．太字・斜字は，それぞれの類型の特徴が表われた箇所を示している．

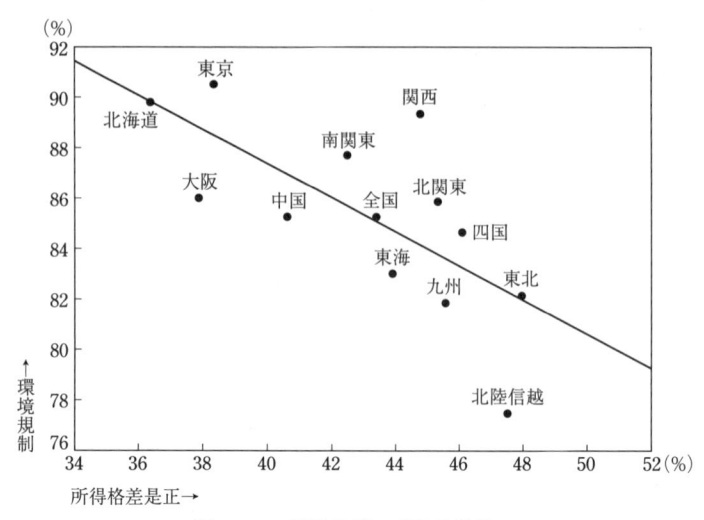

図 13-4　環境規制×所得格差是正

齢の人々でも地域格差是正にそれほど積極的ではないということである．

次に図 13-4 は，「環境を守る法規制を行なうのは政府の責任である」[7]という意見の割合と，「所得格差の是正を行なうのは政府の責任である」[8]という意見の割合をかけあわせた散布図である．所得再分配を通じて階級格差を是正することは，従来型の福祉国家にとって最も重要な課題であった．一方，環境リスクの高まりにともなって，法規制を通じて環境破壊を防止するという新しい政策課題が浮上してきている．つまり，この散布図も，従来型の福祉国家の課題と新しい政策課題のどちらを重視しているかを表わしている．

これも大まかに見れば，社民主義型の地方では，人々は環境規制に積極的であり，所得格差の是正には消極的である．つまり，新しい政策課題をより重視しているということである．それに比べて保守主義型の地方では，人々は所得格差の是正を支持する傾向があり，環境規制に対する支持は社民主義型の地方はど強くない．つまり，従来型の福祉国家の課題を重視する人が比較的多いということである．ただし，図 13-2 に比べると例外も多い．社民主義型の地方のなかでも，関西や北関東は所得格差の是正への支持が強い．また，保守主義型の地方のなかでも，中国は所得格差の是正への支持が弱い．さらに，自由主義型の地方を見ると，東京の人々は新しい政策課題をより重視しているのに対

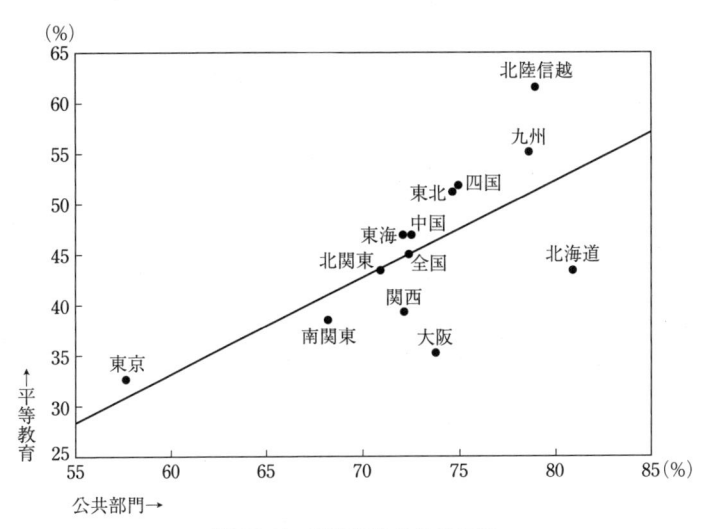

図 13-5 平等教育×公共部門

して，東海の人々はむしろ従来型の福祉国家の課題を重視する傾向がある．これでは「類型」とは言いがたくなってしまうが，後述するように東京を自由主義型の代表と考えたほうがよさそうである．

最後に**図 13-5** は，「たとえ画一的になっても平等をめざす教育政策を行なうべきだ」[9]という意見の割合と，「福祉サービスは公共部門が担うべきだ」[10]という意見の割合をかけあわせた散布図である．この2つの項目は，公共サービス供給の原理と方式に関する意見と考えることができる．たとえ画一的になっても平等なサービス供給をめざすのが従来型の福祉国家の供給原理であり，そのサービス供給を公共部門が担うのが従来型の福祉国家の供給方式であった．その反対に，たとえ不平等になっても多様なサービス供給をめざすのは新しい供給原理であり，そのサービス供給を民間部門が担うのは新しい供給方式である．2つの項目は，正の相関を示している．

一見して気づくのは，東京が特殊だということである．民間部門によるサービス供給の多様化を求めるのは，自由主義型の基本認識とも整合的である[11]．その正反対に位置するのが，保守主義型の地方である．公共部門による平等主義的なサービス供給を求めるのは，従来型の福祉国家の考え方と整合的である．自由主義型と保守主義型の中間に，社民主義型が位置づけられる．例外として，

東海はむしろ中間的な位置にあり，北海道は公共部門によるサービス供給に傾斜している．

　以上の政策選好を地方類型ごとに総合しておこう．社民主義型の地方では，介護サービスや環境規制といった新しい政策課題を重視する人が多く，公共事業や所得再分配には消極的な傾向がある．介護予算増について見たところ，幅広い年齢層の人々が支持していた．サービス供給の原理・方式については，「保守主義型」と自由主義型の中間に位置している．最も典型的なのは南関東である．

　保守主義型の地方では，公共事業や所得再分配といった従来型の福祉国家の課題を重視する人が多く，介護サービスや環境規制には消極的な傾向がある．地域格差是正について見たところ，幅広い年齢層の人々が支持していた．サービス供給については，公共部門による平等主義的な供給を望む人が多い．最も典型的なのは北陸信越である．

　自由主義型の代表である東京では，社民主義型の地方と同じく，介護サービスや環境規制といった新しい政策課題を重視する人が多く，公共事業や所得再分配には消極的な傾向がある．介護予算増について見たところ，20歳代から40歳代の若い人々が支持していた．サービス供給については，民間部門による多様な供給を望む人が多い．

4. おわりに——地方分権は何をもたらすか

　前節までの分析をふまえたとき，地方分権が社会政策にもたらす影響について，どのようなイメージを描くことができるだろうか．
　まず確認しておきたいのは，「地方ごとの多様なニーズ」などと言われるが，大まかに見れば3つの類型しかないということである．「地方ごとの多様なニーズに合ったサービスを行なうべきだ」などと主張されるとき，しばしば「地方のニーズ」についての具体的なイメージは浮かんでこない．多様性をよりよく認識するためには，いくつかの類型に分けて考えることが重要である．以下，地方類型ごとに将来イメージをまとめてみよう．

社民主義型の地方は，大都市圏周辺と北海道である．人々は核家族の暮らしを前提として，介護サービスなど新しいタイプの福祉を求めている．ここでは，分権化が進めば，幅広い層の人々の支持を得ながら福祉の拡充を進めることができるだろう．その際，民営化路線をとるよりも，公的なサービスを維持することが合意されるはずである．分権化によって福祉サービスの充実を実現するのは，この類型の地方である．地方分権論者の楽観的な議論は，この地方類型の将来予測に基づいてなされていることが多いのではないか．

保守主義型の地方は，三大都市圏から遠い諸県である．高齢化が最も進んでおり，人々は伝統的な家族介護を前提として暮らしてきた．すでに特別養護老人ホームなどのハコモノは整備されているが，それは中央からの補助金によって建設されたものである．分権化が進むと財政は苦しくなるが，それにもかかわらず従来型の公共事業が繰り返されかねない．若い世代は家族介護の重圧に苦しんで不満を募らせるが，その不満は福祉サービスの充実には結びつかない．分権化によって袋小路に陥るのは，この類型の地方である．

自由主義型の地方は東京と東海であるが，ここでは東京にしぼって考えたい．東京都民は，補助金や交付税による地域格差是正で損をする立場にあるので，「三位一体の改革」を歓迎している．介護サービスを望むのは社民主義型の住民と同じであるが，その際，増税による公的福祉の拡充は望んでおらず，むしろ民間部門によるサービスに期待する．その結果として多少の不平等が生じても構わないと考える点で，東京都民は自由主義型を代表している．分権化によってますます独自色を強めるのは，この類型の地方である．

このように整理すると，地方分権のもつ意味は地方類型ごとに大きく異なることがわかる．地方分権改革を進めるにあたっては，ばら色の未来を描くばかりではなく，地方ごとの政策選好に基づいた現実的な将来イメージをふまえて議論していく必要がある．とりわけ，地方分権が保守主義型の地方を袋小路に追い込む危険性について，慎重に検討すべきである．

1) 本章では，代表的な道州制案としてPHP総合研究所（1996年提案．PHP総合研究所，1999）の地方区分をとりあげる．ただし，地方区分以外の要素については，同研究所の主張にこだわらない．PHP総合研究所の道州制案の地方区分は，以下の通り

である．北海道（北海道），東北（青森・岩手・秋田・宮城・山形・福島），北関東（茨城・栃木・群馬・埼玉），南関東（千葉・神奈川・山梨・東京都下），東京特別（東京23区），北陸信越（新潟・富山・石川・福井・長野），東海（岐阜・静岡・愛知・三重），関西（滋賀・京都・兵庫・奈良・和歌山），大阪特別（大阪），中国（鳥取・島根・岡山・広島・山口），四国（徳島・香川・愛媛・高知），九州（福岡・佐賀・長崎・熊本・大分・宮崎・鹿児島・沖縄）．なお，本章では分析の便宜のため，東京都全体を「東京特別」に含めることにした．
2) 「自由主義」「保守主義」「社民主義」という3分類は，エスピン－アンデルセン（Esping-Andersen, 1990）が福祉国家の国際比較のために提示した類型に由来する．本章では，彼の言う「3つの世界」が，傾向としては日本の内部にも見いだせることを示したい．ただし，各類型の本章における定義は，エスピン－アンデルセンのものと厳密に同一ではない．
3) 総務省統計局（2005）による．
4) 財政力指数は，財政収入額を財政需要額で除したものであり，自治体（ここでは都道府県）の財政力をあらわしている．
5) 「問20 ここにあげた11の分野についておたずねします．これらの分野について政府が使っているお金は，もっと増やすべきだと思いますか，それとも，もっと減らすべきだと思いますか？ なお，『増やすべきだ』というときは，税金が増えるかもしれない，ということにも注意してください．(9)高齢者介護」という質問に対して，「大幅に増やすべきだ」「増やすべきだ」と答えた人の割合．
6) 「問23 過疎地域などの農山村の住民と大都市の住民の間で，収入や生活の水準に差が出ないように，政府は積極的な対策をとるべきだと思いますか？ 次のA，B2つの意見のうち，しいて言うと，あなたはどちらの意見に賛成でしょうか？ A：地域によって収入や生活の水準に差が出ないよう，政府は，そのような対策をこれまで以上に積極的に行うべきだ B：地域によって収入や生活の水準にある程度差が出るのはやむをえないので，そのような対策を積極的に行う必要はない」という質問に対して，「Aに賛成」「どちらかといえばAに賛成」と答えた人の割合．
7) 「問21 一般的にいって，次のことがらは政府の責任だと思いますか．それとも政府の責任だとは思いませんか？ (10)企業が環境破壊をしないように法律で規制すること」という質問に対して，「明らかに政府の責任である」「どちらかといえば政府の責任である」と答えた人の割合．
8) 「問21 一般的にいって，次のことがらは政府の責任だと思いますか．それとも政府の責任だとは思いませんか？ (7)お金持ちの人と貧しい人とのあいだの所得の差を縮めること」という質問に対して，「明らかに政府の責任である」「どちらかといえば政府の責任である」と答えた人の割合．
9) 「問14 今後の教育政策について，次の2つの対立する意見のうち，しいて言うと，

あなたはどちらの方が望ましいと思いますか？ A：たとえ画一的になっても平等をめざす教育政策 B：たとえ不平等になっても多様化をめざす教育政策」という質問に対して，「Aのほうが望ましい」「どちらかといえばAが望ましい」と答えた人の割合．

10)「問22 社会保障をはじめとする政府の政策についてお聞きします．次のA, B 2つの対立する意見のうち，しいて言うと，あなたはどちらの意見に近いでしょうか？(5)A：年金や医療や社会福祉サービスなども，なるべく民間部門が供給したり運営したりすべきだ B：年金や医療や社会福祉サービスなどは，なるべく公共部門が責任をもって供給したり運営したりすべきだ」という質問に対して，「Aに近い」「どちらかといえばAに近い」と答えた人の割合．

11) 東京では，実際に民間部門のサービス供給が充実している．例えば，特養などの老人ホームの定員数と有料老人ホームの定員数の比率は，全国平均では100対9であるが，東京都では100対18である．また，東京都民に関わりの深い千葉・神奈川・静岡の3県も合わせて比率を平均すると，100対25になる．なお，以上のデータは総務省統計局（2005）に基づく．

【文献】

地方分権改革推進会議，2004，「地方公共団体の行財政改革の推進等行政体制の整備についての意見——地方分権改革の一層の推進による自主・自立の地域社会をめざして」．

地方分権推進委員会，2001，「地方分権推進委員会最終報告——分権型社会の創造・その道筋」．

地方制度調査会，2004，「道州制に関する論点メモ——専門小委員会における調査審議経過」．

Esping-Andersen, Gøsta, 1990, *The Three Worlds of Welfare Capitalism*, Cambridge : Polity Press（岡沢憲芙・宮本太郎監訳，2001，『福祉資本主義の三つの世界——比較福祉国家の理論と動態』ミネルヴァ書房）．

神野直彦・金子勝編著，1998，『地方に税源を』東洋経済新報社．

PHP総合研究所，1999，「地方財政の危機克服と地方政府の確立にむけて」『PHP政策研究レポート』Vol. 2 No. 21．

総務省統計局編，2005，『統計でみる市区町村のすがた 2005』日本統計協会．

田中二郎・俵静夫・原龍之助編，1970，『道州制論』評論社．

Wilensky, Harold L., 1975, *The Welfare State and Equality : Structural and Ideological Roots of Public Expenditures*, Berkeley : University of California Press（下平好博訳，1984，『福祉国家と平等——公共支出の構造的・イデオロギー的起源』木鐸社）．

終章　要約と結論

武 川　正 吾

　いずれの先進社会においても政府は何らかの社会政策を策定・実施している．社会政策は，他の公共政策と同様，何らかの目的を実現するためのものであるから，そこには一定の価値判断が明示的ないし暗示的に前提される．言い換えると，どのような価値判断にもとづくかによって，社会政策の具体的なありかたは大きく変わってくる．価値判断の内容が社会の構成員全員によって共有されているならば，とりたてて価値判断を取り上げる必要はない．しかし価値判断については争いがあるのがつねである．この争いは合理的な討論によって合意に達することもあるが，争いが高じて「神々の争い」の様相を帯びてくることもある．社会政策の問題を取り上げるさいには，このことについて自覚的になる必要がある．

　社会政策の拡大にとって好条件が存在しているとき，すなわち経済成長率が高く，社会の人口構成が若いときには，社会政策をめぐる利害の争いや価値の争いが深刻化することは少ない．ポジティブ・サムの状況のなかでは利害の対立を調停することが容易であるため，価値判断の不一致を表面化させずにすますことができる．価値判断に無自覚に社会政策を策定・実施したとしても，そのことによって取り返しのつかない結果に陥ることは少ない．ところが経済成長率が低下し，人口の高齢化が進んでくると，社会政策に関してもゼロ・サムの状況が生まれてくる．このとき利害の不一致は深刻化し，それまで潜在化していた価値判断の不一致が一挙に顕在化してくることになる．私たちが生きている 21 世紀初頭の日本社会は，まさにそのような状況のなかに入りつつある．

　本書は社会政策と価値の問題を主題としているが，本書のなかで私たちは現実に存在する社会政策から帰納してそれが前提する価値を導きだそうとしたわ

けではない．ましてや一定の価値から演繹して社会政策のあるべき姿について論証しようと企てたわけでもない．本書がささやかながら明らかにしようとしたのは，社会政策と関係して，（政策決定者ではなくて）一般の人びとがどのような価値意識を抱いているか，そして，私たちの社会のなかにはどのような社会的価値が存在しているかということであった．このことを明らかにするために，私たちの研究グループは，全国の20歳以上の男女5,000人を対象とした質問紙調査を実施した．本書のなかでSPSC調査と呼んだ調査がそれである．この調査によって集められたデータに対する計量社会学的な分析を試みたのが本書である．

　本書のなかで多くの事実が明らかになった．また今後，データ分析が進めば，さらに多くのことが明らかになるだろう．最後に，本書のなかで判明した知見のうち，とりわけ重要と思われるものについて，繰り返しておこう．

医療格差の反対理由

1. お金を多く支払ったひとがよりよい医療が受けられるという医療格差の導入には反対のひとが多い．とくに低学歴，低所得など「社会的弱者」に属する人びとのあいだでの反対が強い．

2. 医療資源については，「最大多数の最大幸福」を達成することをめざす功利主義的な配分原理ではなくて，全員が平等に扱われるべきだという平等主義的な配分原理を望ましいと考えているひとが多い．

高齢者介護と介護サービスに関する意識

3. 介護サービスの利用に伴うスティグマ感は現在では薄れてきている．しかしこの点については地域差もあり，農村部ではサービス利用に関する抵抗感が残っている．

4. 介護サービス利用については，家族や本人が最終的に判断すべきだと考えるひとが多く，専門家が判断すべきだと考えるひとは少ない．とくに介護サービス提供機関が判断すべきと考えるひとはわずかである．

住宅の所有形態と生活意識

5. 賃貸居住者は自己や社会の状況に関して悲観的である．彼ら彼女らは住宅政策をはじめとして政府の役割の増強を求めている．ただし彼ら彼女らが求めているのは単純な負担増というよりは分配の是正である．

6. 持家居住者は生活満足度が高く，生活に対する不安が少ない．彼ら彼女らは住宅政策に対しては否定的である．とくに自力で持家を獲得したひとは，自己や社会への信頼感が強い．

7. 親などの援助によって持家を獲得したひとは，保守的な家族規範に親和的で，政府の責任を狭く考える傾向にある．また，自力で持家を獲得したひとは社会政策における必要原則に対して批判的である．

地域格差と社会政策

8. 地域間格差の是正については過半数の人びとが支持している．地域の格差是正に賛成するひとは市部より町村部で多く，市部のなかでは人口規模の小さな市で多い．

9. 地域的要因を統制したうえで，回答者の属性と地域格差是正策への賛否との関連をみると，13大都市では関連がほとんどみられないのに対して，人口10万未満の市町村では，性別・年齢・学歴とのあいだに有意な関連がみられ，人口10万以上の市では，これらの要因に加えて本人の職業とのあいだに有意な関連がみられる．

10. 居住地域，市郡・人口規模という地域的要因のほか，世帯収入という階層的要因が地域格差是正策についての意見に影響を及ぼしている．

11. 地域格差の是正に否定的なひとほど，公共政策への政府責任の範囲を狭く考える傾向にある．

ジェンダーからみた福祉国家

12. 環境，景気，高齢者福祉といった公共政策の分野について政府の責任であると考えるひとが多く，この点に男女差は認められない．しかし労働市場に関連した政策については，男女による考えの違いがはっきりする．

13. 性別役割分業や幼い子をもつ母親の就労に対する賛否は，女性の場合，

どの程度の収入を伴う仕事をしているかによって左右される．

14. 福祉国家観やジェンダー観は，女性の場合，婚姻上の地位によって左右される．

15. 個人の社会経済的地位は福祉国家観の形成に影響を与えるが，その場合，ジェンダーが媒介変数としてはたらく．

高齢者扶養と家族責任

16. 家族意識と関連する要因として，性，年齢が重要である．女性の場合は学歴と家族意識の関連が見られる．

17. 要介護高齢者の暮らし方に対する態度に関連する要因として，性，年齢，学歴，家族意識が重要である．他の変数を統制しても家族意識は独自の効果を示すが，各変数の効果は性別によって異なる．

18. 育児支援についての政府支出・政府責任についての態度に関連する要因としては，保育の対象となる年齢の子どもがいるかどうかが重要である．家族意識は有意な関連を持たないが，ジェンダー観，政党支持は比較的強い関連を示す．

家族形態と福祉意識

19. 夫の収入が不安定なひとほど経済基盤喪失のリスク（生活困難，稼ぎ手の失業）を意識している．

20. 離婚や配偶者以外の異性との親密な関係を容認している若年層は離婚リスクを意識している．

21. 経済基盤喪失リスクに対しては社会保障によって対応したいと考えるひとが多いが，増税に対しては忌避感がある．女性は自らの就労によってこれに対応しようとする意識も強い．

22. 離婚リスクについては社会保障に期待するひとは少ない．

23. 既婚女性の就労は，新しいリスクへの対応策として広く認知されている．

24. 経済基盤喪失リスクを感じていないひとは，育児支援，失業支援など個々の政策への期待が少ないが，一般的には，高福祉高負担を望んでいる．

リスク認知と不安の増幅

25. リスク認知のなかでは身体的不安が最も強く意識され，経済的不安がそれに次ぐ形である．

26. リスク認知は性別や年齢とはあまり関係がない．ただし高齢層で身体的不安，中年層で経済的不安の比率がやや高い．

27. リスク認知は所得階層ごとにみると，異なる領域でリスク感をうったえている．他方，階層帰属意識の方では，それが低いひとほど経済的不安を強く感じる傾向があり，主観的要因との関連が強い．

28. リスクを強く感じているひとほど貧困が多いと考え，その原因を社会の不公正に求める傾向にある．リスクをあまり感じないひとは貧困が少ないと考え，その原因を個人の努力や意志の足りなさに求める傾向がある．前者は福祉国家志向であり，後者は夜警国家志向である．

階層化社会における平等・格差拡大意識

29. 現在がすでに不平等で今後ますます格差が拡大すると考えている人びとが過半数に達している．平等・格差拡大意識については，階層的要因とともに，階層帰属意識や公平感のような意識変数も説明変数として効いている．

30. 共分散構造分析を行うと「包括的平等感」という潜在変数と「包括的福祉政策意識」という潜在変数の間には弱いマイナスの関係が見られる（不平等だと感じているひとほど福祉政策への志向が強い）．

福祉国家を支える価値意識

31. 日本の場合，「大きな政府」による再分配への支持は強いが，「脱商品化」的な再分配に対する支持は弱い．ただし近年，「大きな政府」への支持が弱まりつつある．

32. あるひとが要支援の状態にあるかどうかということ——社会サービスに対する必要があるかどうかということ——は，そのひとが再分配の媒介原理に対する態度を決めるうえであまり重要な役割を果たしていない．これに対してデモグラフィックな要因や社会経済的要因は一定の役割を果たしている．

33. 日本の場合，「大きな政府」による「脱商品化」という意味での福祉国

家を支持する政党（支持者）はないが，「大きな政府」という点で福祉国家を支持するのは社会民主党（支持者）であり，「脱商品化」という点で福祉国家を支持するのは公明党（支持者）である．民主党（支持者）は高福祉を支持しているが，民営化志向が強い．

34. 人びとが米国型残余モデル，豪州型残余モデル，産業的業績達成モデル，制度的再分配モデルのいずれを支持するかといった点については，社会経済的地位や政党支持が関係している．

「高福祉民営化」志向の分析

35. 高福祉（高負担）志向のひとほど民間部門中心の福祉の供給・運営を支持し，低負担（低福祉）志向のひとほど公共部門からの福祉の供給・運営を支持している．一見これは逆説的だが，民営化を支持するのは収入の高い人びとであり，そのような人びとにとって社会保障制度を支えるための負担は軽く感じられるから，高福祉高負担の志向と民営化の志向は両立する．

ポスト・マテリアリズムと社会政策

36. 物質主義的な価値を志向する人びとは保守系政党の支持者に多く，政府による負担を軽減ないし除去し，税金を減らすことを望んでいる．脱物質主義的な価値を志向する人びとは革新系政党の支持者に多く，政府の役割を積極的に支持し，そのための増税を許容する態度を示している．

日本のなかの「3つの世界」

37. 福祉意識の特徴に着目すると，日本国内は，東京・東海などの「自由主義」型の地域と，東北・北陸信越・中国・四国・九州などの「保守主義」型の地域と，北海道・北関東・南関東・大阪・関西などの「社民主義」型の地域に分かれる．

38. 社民主義型の地方では，介護や環境といった新しい政策課題を柱として，公共部門によるサービスの充実が求められている．

39. 保守主義型の地方では，公共事業などの従来型の政策課題が強く支持されているが，福祉に関する現状維持志向は50歳代以上の人びとに限られてい

る．

40．自由主義型の東京では，介護や環境といった新しい政策課題が重視されており，民間部門による多様なサービス供給を望むひとが多い．

　以上の40の知見のなかには，当初の想定と合致するものも多い．それらは一般に言われていることが今回のSPSC調査のデータによって再確認されたことを意味する．

　例えば，介護サービスの利用に伴うスティグマ感が薄れているというのは，これにあたるだろう（3，以下括弧内の数字は上記命題の番号を示す）．SPSC調査が実施されたのは介護保険が施行された年であるから，現在では，さらにこうした傾向が進んでいるかもしれない．また，現在の社会が不平等であり，今後ますます格差が拡大すると考えているひとが過半数に達している（29）のも同様である．事実がどうなっているかは別として，日本社会の格差が拡大しつつあるという論調がマスメディアに登場する機会が多いというのが，近年の風潮である．

　当初の想定に合致しているということの1つの理由は，「存在が意識を決定する」という社会意識論の命題が当てはまるからである．言い換えるなら，利害心理学的な説明が容易だということであり，結果の理解が可能であるからである．

　例えば，住宅の所有形態によって住宅政策への態度が異なるというのはその典型例であろう．賃貸住宅の居住者が住宅政策に対して積極的であるのに対して，持家の居住者がこれに消極的であるというのは（5，6，7），まさしく利害が意見や態度のなかに反映されていることの証左である．しかしこれは常識が再確認されたという以上の意味も持っている．住宅階級が日本においても存在するということを示唆している点で，社会学的なインプリケーションは大きい．

　家族観の相当な部分も存在によって規定されている．家族意識や要介護高齢者の暮らし方に対する考え方が性別や年齢によって異なっており（16，17），育児支援策への態度には子どもの有無が関係している（18），というのは社会通念に沿った結果である．また夫の収入が不安定なひとが経済基盤喪失のリスクに敏感であったり（19），性に対して寛容な考えを抱いているひとが離婚の

リスクを感じていたり（20），離婚リスクについて社会保障を期待するひとが少なかったり（22），というのも常識に適っている．

このほかにも，存在が意識を決定している，あるいは利害が価値意識に反映していると思われる知見は多い．例えば，過疎地に住んでいるひとほど地域格差の是正を望んでいる（8）．同じ女性でも収入の多いひとほど性別役割分業に対して批判的であり，幼い子をもつ母親は働くべきではないという考えに対して否定的である（13）．所得の減少や失業などのリスクを感じていないひとは育児支援や失業対策への期待が小さい（24）．等々．

存在が意識を決定しているわけではないが，意識と意識の関係が整合的な場合にも常識に適った結果となる．例えば，地域格差の是正に否定的なひとは公共政策に対する政府の責任を狭く考える傾向にある（11）．また，生活上のリスクに不安を抱いているひとは貧困の存在に対して敏感であり，かつ貧困の原因を社会の不公正に求める傾向にあるとともに，福祉国家に対して好意的である（28）．さらに，社会が不平等だと感じているひとほど福祉政策への志向が強い（30）．

以上の知見と同様，結果の意外性は乏しい——説明は容易である——ものの，通念や常識の確認以上の新しい発見もある．

例えば，日本の福祉国家の特徴は，階層的な所得再分配よりも地域間の再分配を優先するところにあるが，この点が人びとの価値意識にも反映されていることが判明した（8）．序章のなかの国際比較に関する節でもふれたように，この点は既存の国際比較データからも示されるが，4章の分析からも確認された．そして興味深いのは，後進地域に暮らしているか先進地域に暮らしているかという地域的な要因とは独立に，世帯収入といった社会階層の要因が地域間再分配への支持に影響しているという点である（10）．これは，それが直接の利害関係からだけでは説明できないことを示唆している．

ジェンダーからみた福祉国家についても同様である．女性は男性にくらべて二重の意味で福祉国家との関わりが深い．1つは福祉サービスの提供者の多数が女性であるという点であり，他の1つは受益者の多数も女性であるという点である．例えば，平均余命の長い女性の方がそれだけ多く公的年金の恩恵をこうむっている．このような点から考えると，社会政策に対する態度は男女によ

って明瞭に異なってくると考えてもよさそうだが，事実は必ずしもそうなっていない．社会政策や福祉国家に対する考え方が男女間で異なっている場合もあるが (15)，異なっていない場合もある (12)．すなわち一貫した傾向は見出せなかった (14)．また，女性の就労がリスクへの対応と考えられていたりもする (23)．

所得再分配のありかたに対する態度で興味深いのは，「大きな政府」という観点から福祉国家を支持するのが社民党支持者であり，「脱商品化」という観点から福祉国家を支持するのが公明党支持者であり，民主党支持者は高福祉高負担を支持しているが，民間志向が強かったという点である (33, 34)．どういう形態の再分配が望ましいかという点に関しては，社会経済的地位とともに政治意識が関係している．

このほか以下の知見も本書のなかで明らかとなった事実である．現代の日本人は経済的リスクよりも身体的リスクに対して，より多くの不安を感じているが (25)，リスク認知に関しては性差や年齢差は少ない (26)．ポスト・マテリアリズム意識を抱いているひとはそうでないひとよりも革新系の政党支持に傾き，政府の役割に期待し，増税も許容しがちである (36)．

以上に対して，本書のなかで得られた知見のなかには当初の想定と異なる，すなわち意外な結果もある．

例えば，現在の日本の医療政策の関係者のなかでは，混合診療を認める意見が少なくないが，一般の人びとのあいだでは，医療における平等主義の志向が非常に強い (1)．この平等主義はかなりラディカルなもので，社会政策における貢献原則だけでなく必要原則までも否定してしまうほどのものである (2)．「比例的平等」ではなくて，絶対的な「数量的平等」をめざす平等主義である．したがってそこでは医療資源の功利主義的な配給（rationing）も否定される．どんな資本家でも医療に関しては共産主義者になるといった格言が日本の場合でも当てはまっているようである．

また，介護サービスの利用の最終的な判断を下すべきなのは，当事者である本人や家族であって，専門家やサービス提供機関ではない (4) というのは，ある意味で納得のいく結果であるが，介護保険制度の現状を考慮すると意外性も多少ある．実際のサービス利用にあたっては，要介護判定からサービス・メ

ニューの作成に至るまで，専門家の果たす役割が大きいからである．その意味で，SPSC調査の実施後に，この点がどう変化したかは興味あるところである．ケア・マネージャーに対する期待が高まっているかもしれない．

　日本の場合，「大きな政府」による所得再分配への支持は強いが，「脱商品化」的な所得再分配に対する支持は弱い（31）．この命題の意外性は二重である．ひとつは，ここ十数年の風潮との不一致である．近年，自民党と民主党はどちらが「小さな政府」を実現できるかということで争い，マスメディアも「小さな政府」を喧伝している．郵政民営化が唯一の争点となった2005年の総選挙もこのことを追認しているように見える．ところが一般の人びとのあいだでは「大きな政府」への支持が強くなっているのである．もうひとつの意外性は，普遍主義や必要原則と結びついた脱商品化的な社会政策に対する支持が弱いということである．政府の大きさと脱商品化は論理的には独立であるが，従来の福祉国家は両者を結びつけて把握されることが多かった．ところが一般の人びとのあいだでは両者は切断されているのである．

　この場合の「高福祉高負担」の中身にも注意する必要がある．というのは失業や所得減少のリスクを感じていないひとが「高福祉高負担」を主張したり（24），民営化志向のひとが「高福祉高負担」に賛成したりしているからである（35）．後者の謎については11章で解かれた．

　さらに以上の知見のなかには，矛盾的な事実——説明や解釈が容易でない傾向——もみられた．社会政策を必要としている人びとが社会政策を需要して（求めて）いるという事実がある一方で（8, 18, 28, 31），社会政策に対する必要の有無と再分配のありかたへの態度は関係ないという事実もあった（32）．それだけでなく論理的に首尾一貫性のない意識も存在する．経済的不安の少ない人びとは個別的な社会政策への期待は少ないが，一般論として高負担を支持している（24）という点や，経済的不安は社会保障によって解消したいが増税は困る（21）などといった点である．

　本書は，社会哲学の方法を用いるのではなく経験社会学の方法を用いることによって，社会政策における価値の問題に取り組もうとする試みである．人びとにとって何が望ましいものであるかということを思弁的にとらえるのではな

く，人びとが何を望んでいるかということ（価値意識・社会的価値）を調査データによって明らかにすることを本書では心がけた．その結果明らかとなったのが，以上の諸事実である．

　これらの諸事実のなかには地域間再分配の重視のように社会政策と社会的価値が一致するものもあったが，両者が食い違うものもあった．例えば，高福祉高負担は社会的価値といってよいが，実際の社会政策とその改革方向は「小さな政府」へと向かっている．また社会的価値と政策当局者の価値意識が食い違う場合もある．例えば医療政策における社会的価値は平等主義だが，政策当局者の価値意識は能力主義である．さらに人びとの価値意識のなかには両立しがたい矛盾のある場合もあった．これらの不一致や矛盾をどう考えるべきかということは，ここでにわかに答えの出せる問題ではない．単純に社会的価値に社会政策を合わせればよいとも言えないだろうし，人びとの価値意識は社会政策の関数であるから長期的には両者が一致するはずだ，とも言えないだろう．これらの点に関する検討は今後の課題である．

　本書で明らかとなった諸事実を出発点として，さらに多くの諸事実が明らかにされていくことが求められている．と同時に，本書で明らかとなった経験的事実を社会哲学における原理的な考察の枠組みのなかに位置づけていくことも期待される．本書がそうした2つの方向の研究の出発点になることを願って，ここで本書の筆を擱きたい．

付　録

調査票

第6485号

福祉と生活に関する意識調査

平成12年
調査主体　福祉社会のあり方に関する研究会
調査実施機関　社団法人　中央調査社

支局番号	地点番号	対象番号	調査員名	点検者名

調査ご協力のお願い

　この調査は、社会保障や福祉を中心に日本人のものの見方や意見を調査・研究し、国際的な比較を行うために実施するもので、文部省科学研究費の助成を得て行う純粋に学術的な研究であります。本調査の主旨をご理解いただき、あなた様の率直なご意見の記入をお願いいたします。
　お答えいただいた内容は、全体をとりまとめて統計的に処理しますので、一人一人のお答えの内容が外にもれるようなことはございません。
　お忙しいところ、こまかい内容で恐れいりますが、何とぞよろしくこの調査にご協力いただきますようお願い申し上げます。

福祉社会のあり方に関する研究会
代表　東京大学助教授　武川正吾

●この調査にご協力いただくのは　　　　　　　　　様です。ご自身のお考えをご記入ください。

●記入は黒または青色の鉛筆・ペン・ボールペンでお願いいたします。

●問1から指示にしたがって順にお答えください。一部の方にだけお答えいただく質問もありますが、その場合は矢印（→）で示してありますから、矢印にしたがってお答えください。

●ご回答は、あてはまる回答項目の番号（1、2……）を○印で囲んでいただく型式と、□の中に数字を記入していただくものとがあります。また、「その他（具体的に　　　　）」にあてはまる場合は、ご面倒でも○印のほかにその内容を（　　　　）内にご記入ください。
　なお、一部の質問でどうしても答えにくい場合は、その質問の欄外余白にその旨メモをしていただければ結構です。

●ご回答いただきました調査票は、　　月　　日（　曜日）に私　　　　　　　がいただきにうかがいます。なにとぞ、それまでにご記入くださいますようお願いいたします。なお、記入の仕方などで不明な点がございましたら、下記問い合わせ先にお電話いただくか、私がいただきにあがった際にご質問いただければ幸いです。

●この調査についてのご意見・お問い合わせがございましたら下記の問い合わせ先、または「アンケート調査ご協力のお願い」にある問い合わせ先までご連絡をお願いいたします。

東京都品川区西五反田7－1－1
社団法人　中央調査社
ＴＥＬ　(03) 5487-2314

シートNo=01

■最初に、高齢者の介護についてお聞きします。

問1．あなたは高齢者に対して介護や手のかかるお世話をおこなったことがありますか？
（〇は1つ）

　　1　現在している　　　2　過去に、したことがある　　　3　したことがない　　⑪

問2．体が弱って日常生活に助けが必要になり、一人で暮らせなくなった高齢者がいるとします。その高齢者はどのように暮らすのがよいと思いますか？（〇は1つ）

　　1　施設に入るのがよい
　　2　家族や親せきと一緒に暮らすのがよい　　　⑫
　　3　場合による

問3．高齢者に対する施設や在宅での介護サービスの利用については、最終的に誰が決めるべきだと思いますか？（〇は1つ）

　　1　家族・親せきや親しい友人　　　4　医師などの専門家
　　2　高齢者自身　　　　　　　　　　5　その他（具体的に　　　　　　）　⑬
　　3　介護サービスを提供する人や機関　6　わからない

問4．次の(1)～(4)の考え方について、あなたはどのように思いますか？（〇はそれぞれ1つ）

	1 そう思う	2 どちらかといえばそう思う	3 どちらかといえばそう思わない	4 そう思わない
(1) 国や自治体の社会保障や福祉サービスは、安心して暮らしていくための、心強い支えになっている	1	2	3	4	⑭
(2) 家族は昔と比べて、高齢者に対する介護を進んで行わなくなった	1	2	3	4	⑮
(3) ホームヘルプなどの在宅福祉サービスを利用することは世間体の悪いことだ	1	2	3	4	⑯
(4) 特別養護老人ホームなどの社会福祉施設に入ることは世間体の悪いことだ	1	2	3	4	⑰

■次に、生活上の困難についてお聞きします。

問5．今の社会で、食費や光熱費まで切り詰めなければならないほど、生活に困っている人は、日本の人口のうち何％くらい、いると思いますか？（〇は1つ）

　　1　ほとんどいない　　　　　5　10～15％未満
　　2　2％未満　　　　　　　　6　15％以上
　　3　2～5％未満　　　　　　7　わからない　　⑱
　　4　5～10％未満

- 2 -

278　付　録

問６．問５でお聞きしたように、生活に困っている人がいるとしたら、その主な原因は何だと思いますか？　一番重要な原因と、二番目に重要な原因を次の中から選んでください。**（数字を記入）**

　　　　一番重要なもの　☐　　　　二番目に重要なもの　☐

1　たまたまその人の運が悪かったため
2　その人の努力が足りなかったり、意志が弱かったため
3　不公正な社会のしくみのため
4　現代社会の変化についていけない人が出るのは避けられないので
5　1～4以外の原因
6　わからない

問７．今後10年くらいの間に、あなたや家族が次のような生活上の困難におちいることがあると思いますか？（○はそれぞれ1つ）

	1 あると思う	2 あるかもしれない	3 ないと思う	4 状態が今がそのような	5 あてはまらない
(1) 日々の生活費の工面に困るような状態	1	2	3	4	＊
(2) 寝たきりで誰かの介護が必要な状態	1	2	3	4	＊
(3) 家族の主たる稼ぎ手の失業	1	2	3	4	＊
(4) 家族の大きな病気やけが	1	2	3	4	＊
(5) 住宅ローンが払えなくなる状態	1	2	3	4	5
(6) 離婚による生活の困難	1	2	3	4	5

■次に、雇用や職業についてお聞きします。

問８．あなたやあなたのご家族で過去3年間に失業や倒産を経験した人はいますか？（○は1つ）

　　　　1　いる　　　　2　いない

問９．あなたは、現在の不況による失業問題への対策として、政府はどのような政策をとるべきだと思いますか？（○は1つ）

1　公共支出を増やして景気を刺激し、失業者の数を減らす
2　国や自治体が失業者を直接雇い入れる
3　職業訓練の機会を増やして、転職・再就職を容易にする
4　新たに事業を始める人を支援して、働く機会を増やす
5　企業の競争力を回復させるために、一時的に失業者が増えても、企業のリストラを支援して、競争力を強化する
6　その他（具体的に　　　　　　　　　　　　　）
7　わからない

問10. 現在わが国の失業率は5%程度ですが、あなたは、政府は失業率を何%くらいにまで引き下げる責任があるとお考えですか？（○は１つ）

1　0%　（失業者が全くいない状態）
2　1%台（高度成長のころの水準）
3　2%台（バブル経済のころの水準）
4　3%台（1990年代前半の水準）
5　4%台（近年の水準）
6　5%以上になってもかまわない
7　その他（具体的に　　　　　　）
8　政府に責任があるとは思わない
9　わからない

問11. 現在の不況の中で、企業は従業員の雇用に関してどのような措置を講じるべきだと思いますか？（○は１つ）

1　たとえ賃金を引き下げてでも、正社員の雇用を守りつづける
2　働く機会を増やすために、パートタイマーやアルバイトを増やす
3　競争力を回復することが先決であって、人員削減もやむをえない
4　その他（具体的に　　　　　　）
5　わからない

■次に、教育についてお聞きします。

問12. あなたは、国民ひとりひとりの人権が尊重され保障されるためには、各人がある程度の学校教育を受けている必要があると思いますか、それとも教育は関係がないと思いますか。また、「必要がある」と思う場合は、どの学校教育段階まで必要だと思いますか？（○は１つ）

1　教育は関係ない
2　中学校卒業
3　高等学校卒業
4　専修学校・各種学校卒業
5　短期大学卒業
6　四年制大学卒業
7　大学院修了
8　わからない

問13. あなたは国や自治体が、国民の教育をどの学校段階まで保障すべきだと思いますか？（○は１つ）

1　とくに保障する必要はない
2　中学校
3　高等学校
4　専修学校・各種学校
5　短期大学
6　四年制大学
7　大学院
8　わからない

問14. 今後の教育政策について、次の２つの対立する意見のうち、しいていうと、あなたはどちらの方が望ましいと思いますか？（○は１つ）

A：たとえ画一的になっても平等をめざす教育政策
B：たとえ不平等になっても多様化をめざす教育政策

1　Aが望ましい
2　どちらかといえばAが望ましい
3　どちらかといえばBが望ましい
4　Bが望ましい
5　わからない

問15．子どもの大学や専門学校の費用は、誰が負担するのがよいとお考えですか？（○は１つ）
　　　（お子さんがいらっしゃらない場合は、仮にいたとした場合を想定して答えてください）

　　　1　できる限り、親が負担するのがよい
　　　2　余裕があれば、親が負担するのがよい
　　　3　子どもが自分で負担するのがよい
　　　4　わからない

■次に、医療についてお聞きします。

問16．あなたは日本の医療の質は全般的にみて高いと思いますか、低いと思いますか？（○は１つ）

　　　1　　　　　2　　　　　　　3　　　　　　　4　　　　　5
　　　高い　　　どちらかといえば　どちらかといえば　低い　　　わからない
　　　　　　　　高い　　　　　　低い

問17．健康保険や自己負担などを通じて支払われる国民医療費は、平成8(1996)年度には国民一人当たりでは約23万円になっています。この国民医療費について以下の2つの意見がありますが、あなたのお考えはどちらに近いですか？（○は１つ）

　　　A：日本の医療は充実しているから、この位の医療費がかかるのはやむを得ない
　　　B：日本の医療はムダが多いから、もっと節約して、医療費を下げるべきだ

　　　1　　　　　　2　　　　　　　　3　　　　　　　　4　　　　　5
　　　Aに賛成　どちらかといえばAに賛成　どちらかといえばBに賛成　Bに賛成　わからない

問18．今後の医療（歯科医療を除く）のあり方について以下の2つの意見がありますが、あなたのお考えはどちらに近いですか？（○は１つ）

　　　A：国民全員が同じ質の医療（治療や検査）を受けることができる
　　　B：現行程度の医療（治療や検査）は国民全員に保証するが、高い自己負担を支払う人は、
　　　　　より質の高い医療を受けられる制度を積極的に導入する

　　　1　　　　　　2　　　　　　　　3　　　　　　　　4　　　　　5
　　　Aに賛成　どちらかといえばAに賛成　どちらかといえばBに賛成　Bに賛成　わからない

問19．今、生死に関わるような重病の患者が100人いるとします。その中には助かる可能性の高い患者20人と、可能性の低い患者80人がいるとします。患者100人全員に医療を同じようにおこなうよりも、助かる可能性の高い患者20人に医療を重点的におこなった方が、全体としては助かる患者の数は多いものとします。このとき、以下の2つの選択肢しかありませんが、あなたはどちらがよいとお考えですか？（○は１つ）

　　　A：助かる可能性の高い患者20人に重点的に医療をおこなう
　　　B：患者100人全員に、平等に医療をおこなう

　　　1　　　　　　2　　　　　　　　3　　　　　　　　4　　　　　5
　　　Aに賛成　どちらかといえばAに賛成　どちらかといえばBに賛成　Bに賛成　わからない

■次に、政府の役割や社会保障のありかたについてお聞きします。

問20. ここにあげた11の分野についておたずねします。これらの分野について政府が使っているお金は、もっと増やすべきだと思いますか、それとも、もっと減らすべきだと思いますか？なお、「増やすべきだ」というときは、税金が増えるかもしれない、ということにも注意してください。（○はそれぞれ１つ）

	1 大幅に増やすべきだ	2 増やすべきだ	3 いまのままでよい	4 減らすべきだ	5 大幅に減らすべきだ	6 わからない
(1) 環境	1	2	3	4	5	6
(2) 保健・医療	1	2	3	4	5	6
(3) 犯罪の取締りや予防	1	2	3	4	5	6
(4) 教育	1	2	3	4	5	6
(5) 国防	1	2	3	4	5	6
(6) 高齢者の年金	1	2	3	4	5	6
(7) 失業手当	1	2	3	4	5	6
(8) 育児支援	1	2	3	4	5	6
(9) 高齢者介護	1	2	3	4	5	6
(10) 住宅	1	2	3	4	5	6
(11) 文化・芸術	1	2	3	4	5	6

問21. 一般的にいって、次のことがらは政府の責任だと思いますか。それとも政府の責任だとは思いませんか？（○はそれぞれ１つ）

	1 明らかに政府の責任である	2 どちらかといえば政府の責任である	3 どちらかといえば政府の責任でない	4 明らかに政府の責任でない	5 わからない
(1) 働く意思のある人すべてが仕事につけるようにすること	1	2	3	4	5
(2) 物価を安定させること	1	2	3	4	5
(3) 病人に医療を提供すること	1	2	3	4	5
(4) 高齢者が世間並みの生活を送れるようにすること	1	2	3	4	5
(5) 産業が成長するのに必要な援助をおこなうこと	1	2	3	4	5
(6) 失業者でも世間並みの生活が送れるようにすること	1	2	3	4	5
(7) お金持ちの人と貧しい人とのあいだの所得の差を縮めること	1	2	3	4	5
(8) 収入の少ない家庭出身の大学生に経済的な援助をおこなうこと	1	2	3	4	5
(9) 家の持てない人びとに世間並みの住居を提供すること	1	2	3	4	5
(10) 企業が環境破壊をしないように法律で規制すること	1	2	3	4	5
(11) 育児・子育てを支援すること	1	2	3	4	5

問22. 社会保障をはじめとする政府の政策についてお聞きします。次の(1)～(6)のA、B2つの対立する意見のうち、しいて言うと、あなたはどちらの意見に近いでしょうか？
（〇はそれぞれ1つ）

Aの考え	1 Aに近い	2 Aに近いどちらかといえば	3 Bに近いどちらかといえば	4 Bに近い	Bの考え
(1) 税金や社会保険料などを引き上げても、国や自治体は社会保障を充実すべきだ	1	2	3	4	社会保障の水準がよくならなくとも、国や自治体は、税金や社会保険料を引き下げるべきだ
(2) 社会保障の給付は、所得や財産などの多い人には制限すべきだ	1	2	3	4	社会保障の給付は、所得や財産に関係なく資格のある人すべてが受け取れるようにすべきだ
(3) 社会保障の給付は、保険料などの支払とは無関係に、それが必要となる度合いに応じて受け取れるようにすべきだ	1	2	3	4	社会保障の給付は、保険料などの支払の実績に応じて、受け取れるようにすべきだ
(4) 公的年金は世代間の助け合いなのだから、受け取る年金額が払った保険料に見合わなくてもやむをえない	1	2	3	4	公的年金であっても、損をする世代が出ないように、払った保険料に見合った年金が受け取れるようにすべきだ
(5) 年金や医療や社会福祉サービスなども、なるべく民間部門（企業や民間非営利団体など）が供給したり運営したりすべきだ	1	2	3	4	年金や医療や社会福祉サービスなども、なるべく公共部門（国や自治体）が責任をもって供給したり運営したりすべきだ
(6) 生活保護は国民の権利だから、受ける資格のある人全員が権利としてもらうべきである	1	2	3	4	生活保護は、受ける資格のある人でも、なるべくもらわない方がよい

問23. 過疎地域などの農山村の住民と大都市の住民の間で、収入や生活の水準に差が出ないように、政府は積極的な対策をとるべきだと思いますか？ 次のA、B2つの意見のうち、しいて言うと、あなたはどちらの意見に賛成でしょうか？（〇は1つ）

A：地域によって収入や生活の水準に差が出ないよう、政府は、そのような対策をこれまで以上に積極的に行うべきだ。
B：地域によって収入や生活の水準にある程度の差が出るのはやむを得ないので、今後は、そのような対策を積極的に行う必要はない

1	2	3	4
Aに賛成	どちらかといえばAに賛成	どちらかといえばBに賛成	Bに賛成

問24. むこう10年間のわが国の目標としては、次の1〜4のうちどれが一番重要だと思いますか？また二番目に重要なのはどれですか？（数字を記入）

一番重要なもの ☐　　　二番目に重要なもの ☐

1　国内の秩序を維持すること
2　重要な政府の決定にもっと人々の声を反映させること
3　物価上昇をくいとめること
4　言論の自由を守ること
5　わからない

■次に、家族や結婚のあり方についてお聞きします。

問25. あなたは、次の(1)〜(5)の意見について賛成ですか、反対ですか？（○はそれぞれ1つ）

	1 賛成	2 どちらかといえば賛成	3 どちらともいえない	4 どちらかといえば反対	5 反対
(1) 女性が自立するためには、仕事を持つことが一番よい	1	2	3	4	5
(2) 家事や育児はもっぱら女性がおこなうべきである	1	2	3	4	5
(3) 専業主婦であることは、外で働いて収入を得ることと同じくらい大切なことだ	1	2	3	4	5
(4) 子どもが3歳になるまでは母親が育てるべきだ	1	2	3	4	5
(5) 男の子は男の子らしく、女の子は女の子らしく育てるべきだ	1	2	3	4	5

問26. 一般的に言って、あなたは、女性の働き方としてどういうかたちが最も望ましいと思いますか？次のそれぞれの場合についてお答えください。（○はそれぞれ1つ）

	1 フルタイムで働く	2 パートタイムで働く	3 専業主婦	4 何とも言えない
(1) 結婚して子どもがいない場合	1	2	3	4
(2) 未就学の子どもがいる場合	1	2	3	4
(3) 一番下の子どもが小学生である場合	1	2	3	4
(4) 子どもたちがみんな成人して巣立っていった場合	1	2	3	4

問27.次の(1)～(7)の考え方について、あなたは賛成ですか、反対ですか？（○はそれぞれ1つ）

	1 賛成	2 どちらかといえば賛成	3 どちらかといえば反対	4 反対
(1) 結婚したら、家族のために自分の個性や生き方をある程度犠牲にするのは当然だ	1	2	3	4
(2) いったん結婚したら、性格の不一致くらいで別れるべきではない	1	2	3	4
(3) 結婚している者は、配偶者以外の異性と親密な関係になるべきではない	1	2	3	4
(4) 父親と母親がそろった家庭で育たないと、子どもは不幸になりやすい	1	2	3	4
(5) 人は充実した人生をおくるには、子どもを持たなければならない	1	2	3	4
(6) 自分の幸福を犠牲にしても子どもに尽くすのが親のつとめである	1	2	3	4
(7) 子どもは、自分の幸福を犠牲にしても年老いた親の面倒をみるべきだ	1	2	3	4

■次に、あなたの生活や生き方についてお聞きします。

問28.次にあげるような点で、あなた自身の周囲への関わりはどうでしょうか？（○はそれぞれ1つ）

シートNo=02

	1 あてはまる	2 どちらかといえばあてはまる	3 どちらかといえばあてはまらない	4 あてはまらない
(1) 困っている人が近くにいたら放っておけないほうだ	1	2	3	4
(2) ボランティア活動には、自分から関わっていくほうだ	1	2	3	4
(3) 募金活動にはすすんで寄付をするほうだ	1	2	3	4
(4) 地域の行事や自治会、町内会活動によく参加するほうだ	1	2	3	4

問29.日本社会を次のような6つの階層に分けるとすると、あなたはどれに入りますか？（○は1つ）

1	2	3	4	5	6
上	中の上	中の中	中の下	下の上	下の下

問30.あなたは現在の生活に満足していますか、満足していませんか？（○は1つ）

1	2	3	4
満足している	どちらかといえば満足している	どちらかといえば不満である	不満である

問31．次の(1)～(5)の考え方について、あなたはどのように思いますか？（○はそれぞれ１つ）

	1 そう思う	2 どちらかといえばそう思う	3 どちらかといえばそう思わない	4 そう思わない

(1) 今の世の中は一般的にいって公平である……………………………… 1 … 2 … 3 … 4　⑰
(2) 現在の日本における所得の不平等は小さい…………………………… 1 … 2 … 3 … 4　⑱
(3) 今後、わが国の所得格差は拡大する方向に向かう…………………… 1 … 2 … 3 … 4　⑲
(4) 勤勉な生活をこころがけ、高い社会的地位や評価を得る…………… 1 … 2 … 3 … 4　⑳
　　ように生きたい
(5) あまり先のことは考えずに、その日、その日を楽しく過ごす……… 1 … 2 … 3 … 4　㉑
　　ような生活を送りたい

問32．今のあなたの生活にとって重要だと思うものは何ですか？　次の１～８のうちどれが一番重要だと思いますか？　また二番目に重要なのはどれですか？（数字を記入）

　　　一番重要なもの　□　　　二番目に重要なもの　□　　　　　　　　　　　　　㉒㉓

　　1　家族　　　　　　　　　　　5　信仰、宗教活動
　　2　趣味、遊び、習い事など　　6　地域での活動やボランティア
　　3　お金、経済的基盤　　　　　7　社会的信用、地位
　　4　仕事、勤労　　　　　　　　8　友人、仲間

問33．自分の人生があまり意味ないものに思えたり、嫌になったりすることがありますか？（○は１つ）

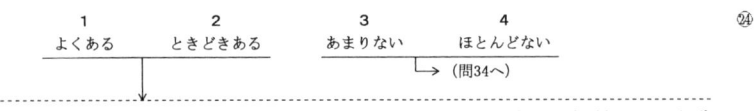

　　　1　　　　　　2　　　　　　3　　　　　　4　　　　　　　　　　　　　　　㉔
　　よくある　ときどきある　あまりない　ほとんどない
　　　　　　　　　　　　　　　　　　└→（問34へ）

付問．なぜそのような気分になるのでしょうか？　この中からその主な原因だと思うものをあげてください。（○は２つまで）

　　1　自分の性格　　　　　　　6　自分や家族の将来への不安
　　2　自分の健康上の問題　　　7　家族や親族との関係上の問題
　　3　自分の仕事上の問題　　　8　近隣や友人との関係上の問題　　　　　　　　　㉕
　　4　自分の孤独や寂しさ　　　9　経済や社会の先行きに対する不安
　　5　自分の心身の疲労　　　　10　その他（具体的に：　　　　　　　）

【全員の方に】
問34．あなたの好きな政党はどこですか？

1　自由民主党　　　　　　6　社会民主党
2　民主党　　　　　　　　7　その他（具体的に：　　　　　）
3　公明党　　　　　　　　8　好きな政党はない
4　自由党　　　　　　　　9　わからない
5　日本共産党

（問34で、「8」と答えた方に）
付問．好きな政党がないと答えた人にお聞きします。それでは、しいて言うと、どの政党が好きですか？

1　自由民主党　　　　　　6　社会民主党
2　民主党　　　　　　　　7　その他（具体的に：　　　　　）
3　公明党　　　　　　　　8　好きな政党はない
4　自由党　　　　　　　　9　わからない
5　日本共産党

これで本質問は終わりですが最後にあなたとあなたのご家族について少しお伺いします。これは調査の結果をいろいろな視点から分析する上で重要です。プライバシーは完全に守られます。どうぞいま少しご協力をお願いします。

F1．あなたの性別をお知らせください。（○は1つ）

　　　　1　　　　2
　　　男性　　女性

F2．あなたの年齢をお知らせください。（数字を記入）

　　　満　□　歳

F3．この3カ月間くらいのあなたの健康状態はいかがですか？（○は1つ）

　　1　　　　2　　　　3　　　　4　　　　5
健康である　まあ健康　どちらとも　あまり健康　健康でない
　　　　　　である　　いえない　　でない

- 11 -

調査票　287

F4．あなたは現在、結婚していますか、いませんか？（○は1つ）

1	2	3	4
未　婚	既婚（初婚、再婚）	離別	死別

　　↓　　　　　　　└──→（F5へ）

付問．現在、あなたはご自分の親御さんと同居（同じ敷地内も含む）していますか（父母のどちらか一方でもあてはまれば○）？（○は1つ）

　　1　父母の双方、または、いずれかと同居している
　　2　父母のいずれとも同居していない
　　3　両親とも亡くなった

　　　　　【ここの付問を答えた方は13ページのF7へ】

─────────────────────────────────────

【F5とF6は、F4で「2～4（既婚、離・死別）」と答えた方のみ】
F5．現在、あなたはご自身の親御さんと同居（同じ敷地内も含む）していますか（父母のどちらか一方でもあてはまれば○）？（○は1つ）

　　1　父母の双方、または、いずれかと同居している ──┐
　　2　父母のいずれとも同居していない ───────┼→（F6へ）
　　3　結婚前に、両親とも亡くなっていた ──────┘
　　4　結婚後に、両親とも亡くなった
　　↓

（F5で、「4」と答えた方に）
付問．あなたご自身の親御さんがご存命であられた頃、あなたは同居（同じ敷地内も含む）していましたか（父母のどちらか一方でもあてはまれば○）？（○は1つ）

　　1　父母の双方、または、いずれかと同居していた
　　2　父母のいずれとも同居していなかった

─────────────────────────────────────

F6．現在、あなたは配偶者の親御さんと同居（同じ敷地内も含む）していますか（父母のどちらか一方でもあてはまれば○）？（○は1つ）

　　1　父母の双方、または、いずれかと同居している ──┐
　　2　父母のいずれとも同居していない ───────┼→（13ページのF7へ）
　　3　結婚前に、両親とも亡くなっていた ──────┘
　　4　結婚後に、両親とも亡くなった
　　↓

（F6で、「4」と答えた方に）
付問．配偶者の親御さんがご存命であられた頃、あなたは同居（同じ敷地内も含む）していましたか（父母のどちらか一方でもあてはまれば○）？（○は1つ）

　　1　父母の双方、または、いずれかと同居していた
　　2　父母のいずれとも同居していなかった

【全員の方に】
F7．現在一緒に住んでいる方のうちで、65歳以上の方はいらっしゃいますか？あなたご自身も含めてお答えください。（○は1つ）

1 いる
2 いない → (F8へ)

付問．65歳以上の方は何人いらっしゃいますか？（**数字を記入**）
□□ 人

【全員の方に】
F8．あなたが現在お住まいの住居は、次のどれにあてはまりますか？（○は1つ）

1 自分の持ち家（分譲マンションを含む）
2 親の持ち家（分譲マンションを含む）
3 借家、賃貸住宅
4 社宅・官舎・寮
5 その他（具体的に：　　　　）

（F8で、「1」と答えた方に）
付問．その住宅を取得するときに、親や親族の援助（相続も含む）を受けましたか？（○は1つ）

1 主に自分の親（親族）から土地の提供、あるいは資金の援助を受けた
2 主に配偶者の親（親族）から土地の提供、あるいは資金の援助を受けた
3 自分と配偶者の両方の親（親族）から土地の提供、あるいは資金の援助を受けた
4 親や親族の援助は受けなかった

【全員の方に】
F9．あなたは、この市区町村に、どのくらいお住まいですか？（○は1つ）

1 1年未満
2 1年以上～2年未満
3 2年以上～5年未満
4 5年以上～10年未満
5 10年以上～20年未満
6 20年以上

F10．あなたには、お子さんがいらっしゃいますか？（○は1つ）

1 いる
2 いない → (14ページのF11へ)

付問1．お子さんは何人いらっしゃいますか？（**数字を記入**）
□□ 人

付問2．一番下のお子さんは何歳ですか？（**数字を記入**）
□□ 歳

付問3．結婚されたお子さんはいらっしゃいますか？（いる場合）同居されていますか？
なお、二世帯住宅の場合も「同居」とします。（○は1つまたは2つ）

1 いる（同居）
2 いる（別居）
3 結婚した子供はいない

【全員の方に】
F11．あなたご自身が子どもの頃（15歳くらいまで）、ご家族の経済状況はどうだったと思いますか？
（○は1つ）

  1   2   3   4
 余裕があった やや余裕があった やや苦しかった 苦しかった

F12．あなたは、現在何か所得のある仕事をしていますか？（○は1つ）

 1 現在、仕事をしている
 2 以前に仕事をしたことはあるが、今は働いていない
 3 まだ就学中（学生）で、常勤の仕事をしたことはない
 4 これまで、所得のある仕事についたことはない　→　（15ページのF13へ）

付問1．現在のあなたの仕事（現在働いていない場合は、過去に最も長く従事した仕事）はこの中のどれにあてはまりますか？（○は1つ）

 1 会社、団体等の役員   5 自営業者（あなたも含めて従業員9人以下）
 2 一般の雇用者（フルタイム） 6 家族従業者
 3 臨時・パート・アルバイト 7 内職者
 4 派遣社員

付問2．職種はこの中のどれにあてはまりますか？（○は1つ）

 1 専門的・技術的職業（研究者、技術者、医師、看護婦、法律家、教師、宗教家など）
 2 管理的職業（課長以上の管理職）
 3 事務的職業（事務員、集金人、計算機の操作員、タイピストなど）
 4 販売的職業（店主、店員、外交員など）
 5 サービス的・保安的職業（理容・美容士、接客、清掃、警察官、消防官など）
 6 運輸・通信的職業（電車や車の運転手、郵便配達員、電話交換手など）
 7 技能労働者（熟練労働者）
 8 一般作業員（非熟練労働者）
 9 農林漁業
 10 その他（具体的に：　　　　　　）

付問3．勤務先（会社や団体の全体）の従業員数はどのくらいですか（でしたか）？（○は1つ）

 1 1人   4 10〜29人 7 300〜499人 10 官公庁
 2 2〜4人 5 30〜99人 8 500〜999人
 3 5〜9人 6 100〜299人 9 1000人以上

【F12で「1　現在、仕事をしている」に○をつけた方のうち、勤め人の方（付問1で2〜4に○）に】
付問4．あなたは労働組合に加入していますか？（○は1つ）

 1 加入している 2 加入していない

290　付　録

【配偶者がいる方（F4で「2　既婚（初婚、再婚）」に○をつけた方）に、いない方はF14へ】
F13. 現在のあなたの配偶者の仕事（現在働いていない場合は、過去に最も長く従事した仕事）はこの中のどれにあてはまりますか？（○は1つ）

　　　1　会社、団体等の役員　　　　　5　自営業者（あなたも含めて従業員9人以下）
　　　2　一般の雇用者（フルタイム）　　6　家族従業者
　　　3　臨時・パート・アルバイト　　　7　内職者
　　　4　派遣社員　　　　　　　　　　 8　過去に一度も働いたことがない　┐→（F14へ）
　　　　　　　　　　　　　　　　　　　 9　わからない　　　　　　　　　　┘

- -

【F13で「1～7」のいずれかに○をつけた方）に】
付問．職種はこの中のどれにあてはまりますか？（○は1つ）

　　　1　専門的・技術的職業（研究者、技術者、医師、看護婦、法律家、教師、宗教家など）
　　　2　管理的職業（課長以上の管理職）
　　　3　事務的職業（事務員、集金人、計算機の操作員、タイピストなど）
　　　4　販売的職業（店主、店員、外交員など）
　　　5　サービス的・保安的職業（理容・美容士、接客、清掃、警察官、消防官など）
　　　6　運輸・通信的職業（電車や車の運転手、郵便配達員、電話交換手など）
　　　7　技能労働者（熟練労働者）
　　　8　一般作業員（非熟練労働者）
　　　9　農林漁業
　　　10　その他（具体的に：　　　　　　　　）

■最後にたいへん恐縮ではございますが、収入などについて、さしつかえのない範囲でお知らせください。

【全員の方に】
F14. あなたが最後に卒業した学校は次のどれにあてはまりますか？（○は1つ）

　　　1　義務教育卒業（新制中学校卒業、旧制尋常・高等小学校卒業）
　　　2　高等学校卒業（旧制中学校、高等女学校、師範学校、実業学校等卒業）
　　　3　短期大学・高等専門学校卒業（旧制高等学校、高等師範学校、旧制専門学校等卒業）
　　　4　大学卒業
　　　5　大学院卒業
　　　6　その他（具体的に：　　　　　　　　）
　　　7　わからない

　　　　　　　　　　　　　　　裏のページもお願いいたします。

F15. あなたの昨年1年間の収入（税込み）は、以下のどれに近いですか？（○は1つ）

1　なし
2　70万円未満
3　100万円位（ 70～150万円未満）
4　200万円位（150～250万円未満）
5　300万円位（250～350万円未満）
6　400万円位（350～450万円未満）
7　500万円位（450～550万円未満）
8　600万円位（550～650万円未満）
9　700万円位（650～750万円未満）
10　800万円位（750～850万円未満）
11　900万円位（850～1,000万円未満）
12　1100万円位（1,000～1,200万円未満）
13　1300万円位（1,200～1,400万円未満）
14　1500万円位（1,400～1,600万円未満）　　㊅㊅
15　1700万円位（1,600～1,850万円未満）　　㊅㊆
16　2000万円位（1,850～2,300万円未満）
17　2300万円以上
　　（具体的に：約＿＿＿＿＿万円くらい）
18　わからない

F16. あなたの世帯全体の昨年1年間の収入（税込み）は、以下のどれに近いですか？（○は1つ）

1　なし
2　70万円未満
3　100万円位（ 70～150万円未満）
4　200万円位（150～250万円未満）
5　300万円位（250～350万円未満）
6　400万円位（350～450万円未満）
7　500万円位（450～550万円未満）
8　600万円位（550～650万円未満）
9　700万円位（650～750万円未満）
10　800万円位（750～850万円未満）
11　900万円位（850～1,000万円未満）
12　1100万円位（1,000～1,200万円未満）
13　1300万円位（1,200～1,400万円未満）
14　1500万円位（1,400～1,600万円未満）　　㊅㊇
15　1700万円位（1,600～1,850万円未満）　　㊅㊈
16　2000万円位（1,850～2,300万円未満）
17　2300万円以上
　　（具体的に：約＿＿＿＿＿万円くらい）
18　わからない

お忙しいところを、長い間、ご協力ありがとうございました。調査員がいただきにあがりますので、調査票をお渡し願います。

単純集計表 （端数処理のため数値が一致しないことがある）

問1. あなたは高齢者に対して介護や手のかかるお世話をおこなったことがありますか？ （○は1つ）

変数値／選択肢	度数	パーセント	有効パーセント	累積パーセント
1 現在している*	315	7.9	7.9	7.9
2 過去に、したことがある*	1113	27.9	27.9	35.8
3 したことがない	2563	64.2	64.2	100.0
合計#	3991	100.0	100.0	

*. 経験あり（計）：1428　35.8パーセント
#. 有効ケース 3991　欠損ケース 0

問2. 体が弱って日常生活に助けが必要になり、1人で暮らせなくなった高齢者がいるとします。その高齢者はどのように暮らすのがよいと思いますか？ （○は1つ）

変数値／選択肢	度数	パーセント	有効パーセント	累積パーセント
有効　1 施設に入るのがよい	781	19.6	19.6	19.6
2 家族や親せきと一緒に暮らすのがよい	976	24.5	24.5	44.0
3 場合による	2233	56.0	56.0	100.0
合計	3990	100.0	100.0	
欠損値　8 無回答	1	0.0		
合計	3991	100.0		

問3. 高齢者に対する施設や在宅での介護サービスの利用については、最終的に誰が決めるべきだと思いますか？ （○は1つ）

変数値／選択肢	度数	パーセント	有効パーセント	累積パーセント
1 家族・親せきや親しい友人	1675	42.0	42.0	42.0
2 高齢者自身	1601	40.1	40.1	82.1
3 介護サービスを提供する人や機関	145	3.6	3.6	85.7
4 医師などの専門家	273	6.8	6.8	92.6
5 その他	79	2.0	2.0	94.5
8 わからない	218	5.5	5.5	100.0
合計#	3991	100.0	100.0	

#. 有効ケース 3991　欠損ケース 0

問4. 次の考え方について、あなたはどのように思いますか？ （○は1つ）
(1)国や自治体の社会保障や福祉サービスは、安心して暮らしていくための、心強い支えになっている

変数値／選択肢	度数	パーセント	有効パーセント	累積パーセント
有効　1 そう思う。	838	21.0	21.0	21.0
2 どちらかといえばそう思う。	1276	32.0	32.0	53.0
3 どちらかといえばそう思わない。	1095	27.4	27.5	80.5
4 そう思わない。	777	19.5	19.5	100.0
合計	3986	99.9	100.0	
欠損値　8 無回答	5	0.1		
合計	3991	100.0		

a. 肯定（計）度数：2114　有効：53.0パーセント
b. 否定（計）度数：1872　有効：47.0パーセント

問4. (2)家族は昔と比べて、高齢者に対する介護を進んで行わなくなった

変数値／選択肢	度数	パーセント	有効パーセント	累積パーセント
有効　1 そう思う。	1022	25.6	25.7	25.7
2 どちらかといえばそう思う。	1610	40.3	40.4	66.1
3 どちらかといえばそう思わない。	762	19.1	19.1	85.2
4 そう思わない。	590	14.8	14.8	100.0
合計	3984	99.8	100.0	
欠損値　8 無回答	7	0.2		
合計	3991	100.0		

a. 肯定（計）度数：2632　有効：66.1パーセント
b. 否定（計）度数：1352　有効：33.9パーセント

問4. (3)ホームヘルプなどの在宅福祉サービスを利用することは世間体の悪いことだ

変数値／選択肢	度数	パーセント	有効パーセント	累積パーセント
有効 1 そう思う a	56	1.4	1.4	1.4
2 どちらかといえばそう思う a	134	3.4	3.4	4.8
3 どちらかといえばそう思わない b	651	16.3	16.3	21.1
4 そう思わない b	3144	78.8	78.9	100.0
合計	3985	99.8	100.0	
欠損値 8 無回答	6	0.2		
合計	3991	100.0		

a. 肯定（計）度数：190　有効：4.8パーセント
b. 否定（計）度数：3795　有効：95.2パーセント

問4. (4)特別養護老人ホームなどの社会福祉施設に入ることは世間体の悪いことだ

変数値／選択肢	度数	パーセント	有効パーセント	累積パーセント
有効 1 そう思う a	62	1.6	1.6	1.6
2 どちらかといえばそう思う a	206	5.2	5.2	6.7
3 どちらかといえばそう思わない b	734	18.4	18.4	25.2
4 そう思わない b	2982	74.7	74.8	100.0
合計	3984	99.8	100.0	
欠損値 8 無回答	7	0.2		
合計	3991	100.0		

a. 肯定（計）度数：268　有効：6.8パーセント
b. 否定（計）度数：3716　有効：93.2パーセント

問5. 今の社会で，食費や光熱費まで切り詰めなければならないほど，生活に困っている人は，日本の人口のうち何％くらい，いると思いますか？（○は1つ）

変数値／選択肢	度数	パーセント	有効パーセント	累積パーセント
有効 1 ほとんどいない	134	3.4	3.4	3.4
2 2％未満 a	366	9.2	9.2	12.5
3 2-5％未満 a	594	14.9	14.9	27.4
4 5-10％未満 b	578	14.5	14.5	41.9
5 10-15％未満 b	474	11.9	11.9	53.8
6 15％以上 b	652	16.3	16.3	70.1
8 わからない	1193	29.9	29.9	100.0
合計	3991	100.0	100.0	

a. 5％未満（計）度数：1094　有効：27.4パーセント
b. 5％以上（計）度数：1704　有効：42.7パーセント

問6. 問5でお聞きしたように，生活に困っている人がいるとしたら，その主な原因は何だと思いますか？ 一番重要な原因と，二番目に重要な原因を次の中から選んでください。（数字を記入）
一番重要なもの

変数値／選択肢	度数	パーセント	有効パーセント	累積パーセント
有効 1 たまたまその人の運が悪かったため	299	7.5	7.5	7.5
2 その人の努力が足りなかったり，意志が弱かったため	1093	27.4	27.4	34.9
3 不公正な社会のしくみのため	1084	27.2	27.2	62.0
4 現代社会の変化についていけない人が出るのは避けられないので	744	18.6	18.6	80.7
5 左記以外の原因	469	11.8	11.8	92.4
8 わからない	302	7.6	7.6	100.0
合計	3991	100.0	100.0	

問6. 二番目に重要なもの

	変数値／選択肢	度数	パーセント	有効パーセント	累積パーセント
有効	1 たまたまその人の運が悪かったため	326	8.2	8.2	8.2
	2 その人の努力が足りなかったり、意志が弱かったため	767	19.2	19.2	27.4
	3 不公正な社会のしくみのため	555	13.9	13.9	41.3
	4 現代社会の変化についていけない人が出るのは避けられないので	1046	26.2	26.2	67.5
	5 左記以外の原因	507	12.7	12.7	80.2
	8 わからない	790	19.8	19.8	100.0
	合計	3991	100.0	100.0	

問7. 今後10年くらいの間に，あなたや家族が次のような生活上の困難におちいることがあると思いますか？（○は1つ）

(1)日々の生活費の工面に困るような状態

	変数値／選択肢	度数	パーセント	有効パーセント	累積パーセント
有効	1 あると思う*	476	11.9	12.0	12.0
	2 あるかもしれない*	1980	49.6	49.9	61.9
	3 ないと思う	1438	36.0	36.2	98.1
	4 今がそのような状態である*	75	1.9	1.9	100.0
	合計	3969	99.4	100.0	
欠損値	8 無回答	22	0.6		
合計		3991	100.0		

＊．あり得る（計）度数：2531　有効：63.8パーセント

問7. (2)寝たきりで誰かの介護が必要な状態

	変数値／選択肢	度数	パーセント	有効パーセント	累積パーセント
有効	1 あると思う*	1007	25.2	25.3	25.3
	2 あるかもしれない*	2329	58.4	58.6	83.9
	3 ないと思う	602	15.1	15.1	99.0
	4 今がそのような状態である*	39	1.0	1.0	100.0
	合計	3977	99.6	100.0	
欠損値	8 無回答	14	0.4		
合計		3991	100.0		

＊．あり得る（計）度数：3375　有効：84.9パーセント

問7. (3)家族の主な稼ぎ手の失業

	変数値／選択肢	度数	パーセント	有効パーセント	累積パーセント
有効	1 あると思う*	596	14.9	15.2	15.2
	2 あるかもしれない*	1995	50.0	50.8	66.0
	3 ないと思う	1219	30.5	31.1	97.1
	4 今がそのような状態である*	115	2.9	2.9	100.0
	合計	3925	98.3	100.0	
欠損値	8 無回答	66	1.7		
合計		3991	100.0		

＊．あり得る（計）度数：2706　有効：68.9パーセント

問7. (4)家族の大きな病気やけが

	変数値／選択肢	度数	パーセント	有効パーセント	累積パーセント
有効	1 あると思う*	689	17.3	17.3	17.3
	2 あるかもしれない*	2774	69.5	69.8	87.2
	3 ないと思う	446	11.2	11.2	98.4
	4 今がそのような状態である*	64	1.6	1.6	100.0
	合計	3973	99.5	100.0	
欠損値	8 無回答	18	0.5		
合計		3991	100.0		

＊．あり得る（計）度数：3527　有効：88.7パーセント

問7．(5)住宅ローンが払えなくなる状態

	変数値／選択肢	度数	パーセント	有効パーセント	累積パーセント
有効	1あると思う*	183	4.6	4.6	4.6
	2あるかもしれない*	1122	28.1	28.2	32.7
	3ないと思う	1500	37.6	37.6	70.4
	4今がそのような状態である*	36	0.9	0.9	71.3
	5あてはまらない	1144	28.7	28.7	100.0
	合計	3985	99.8	100.0	
欠損値	8無回答	6	0.2		
合計		3991	100.0		

＊．あり得る（計）度数：1341　有効：33.7パーセント

問7．(6)離婚による生活の困難

	変数値／選択肢	度数	パーセント	有効パーセント	累積パーセント
有効	1あると思う*	130	3.3	3.3	3.3
	2あるかもしれない*	690	17.3	17.3	20.6
	3ないと思う	2344	58.7	58.9	79.5
	4今がそのような状態である*	45	1.1	1.1	80.6
	5あてはまらない	773	19.4	19.4	100.0
	合計	3982	99.8	100.0	
欠損値	8無回答	9	0.2		
合計		3991	100.0		

＊．あり得る（計）度数：865　有効：21.7パーセント

問8．あなたやあなたのご家族で過去3年間に失業や倒産を経験した人はいますか？（○は1つ）

	変数値／選択肢	度数	パーセント	有効パーセント	累積パーセント
有効	1いる	750	18.8	18.8	18.8
	2いない	3239	81.2	81.2	100.0
	合計	3989	99.9	100.0	
欠損値	8無回答	2	0.1		
合計		3991	100.0		

問9．あなたは，現在の不況による失業問題への対策として，政府はどのような政策をとるべきだと思いますか？（○は1つ）

	変数値／選択肢	度数	パーセント	有効パーセント	累積パーセント
有効	1公共支出を増やして景気を刺激し，失業者の数を減らす	849	21.3	21.3	21.3
	2国や自治体が失業者を直接雇い入れる	464	11.6	11.6	32.9
	3職業訓練の機会を増やして，転職・再就職を容易にする	790	19.8	19.8	52.7
	4新たに事業を始める人を支援して，働く機会を増やす	797	20.0	20.0	72.7
	5企業の競争力を回復させるためリストラを支援し競争力強化する	182	4.6	4.6	77.2
	6その他	126	3.2	3.2	80.4
	8わからない	783	19.6	19.6	100.0
	合計	3991	100.0	100.0	

問10. 現在わが国の失業率は5%程度ですが、あなたは、政府は失業率を何%くらいにまで引き下げる責任があるとお考えですか？（○は1つ）

変数値／選択肢	度数	パーセント	有効パーセント	累積パーセント
有効 1 0%（失業者が全くいない状態）	352	8.8	8.8	8.8
2 1%台（高度成長のころの水準）	507	12.7	12.7	21.5
3 2%台（バブル経済のころの水準）	729	18.3	18.3	39.8
4 3%台（1990年代前半の水準）	1198	30.0	30.0	69.8
5 4%台（近年の水準）b	199	5.0	5.0	74.8
6 5%以上になってもかまわない	37	0.9	0.9	75.7
7 その他	9	0.2	0.2	75.9
8 政府に責任があるとは思わない	131	3.3	3.3	79.2
88 わからない	829	20.8	20.8	100.0
合計	3991	100.0	100.0	

a. 3%以下（計）度数：2786　有効：69.8パーセント
b. 4%以上（計）度数：367　有効：9.2パーセント
c. 5%以上（計）度数：168　有効：4.2パーセント

問11. 現在の不況の中で、企業は従業員の雇用に関してどのような措置を講じるべきだと思いますか？（○は1つ）

変数値／選択肢	度数	パーセント	有効パーセント	累積パーセント
有効 1 たとえ賃金を引き下げてでも、正社員の雇用を守りつづける	1808	45.3	45.3	45.3
2 働く機会を増やすために、パートタイマーやアルバイトを増やす	975	24.4	24.4	69.7
3 競争力を回復することが先決であって、人員削減もやむをえない	452	11.3	11.3	81.1
4 その他	91	2.3	2.3	83.3
88 わからない	665	16.7	16.7	100.0
合計	3991	100.0	100.0	

問12. あなたは、国民ひとりひとりの人権が尊重され保障されるためには、各人がある程度の学校教育を受けている必要があると思いますか、それとも教育は関係がないと思いますか？　また、「必要がある」と思う場合は、どの学校教育段階まで必要だと思いますか？（○は1つ）

変数値／選択肢	度数	パーセント	有効パーセント	累積パーセント
有効 1 教育は関係ない	423	10.6	10.6	10.6
2 中学校卒業	356	8.9	8.9	19.5
3 高等学校卒業*	2136	53.5	53.5	73.0
4 専修学校・各種学校卒業*	479	12.0	12.0	85.0
5 短期大学卒業*	90	2.3	2.3	87.3
6 四年制大学卒業*	274	6.9	6.9	94.2
7 大学院修了*	5	0.1	0.1	94.3
88 わからない	228	5.7	5.7	100.0
合計	3991	100.0	100.0	

*. 義務教育段階以上（計）度数：2984　有効：74.8パーセント

問13. あなたは国や自治体が、国民の教育をどの学校段階まで保障すべきだと思いますか？（○は1つ）

	変数値／選択肢	度数	パーセント	有効パーセント	累積パーセント
有効	1 とくに保障する必要はない	146	3.7	3.7	3.7
	2 中学校	879	22.0	22.0	25.7
	3 高等学校*	2331	58.4	58.4	84.1
	4 専修学校・各種学校*	238	6.0	6.0	90.1
	5 短期大学*	34	0.9	0.9	90.9
	6 四年制大学*	135	3.4	3.4	94.3
	7 大学院修了*	17	0.4	0.4	94.7
	88 わからない	211	5.3	5.3	100.0
	合計	3991	100.0	100.0	

*. 義務教育段階以上（計）度数：2755　有効：69.0パーセント

問14. 今後の教育政策について、次の2つの対立する意見のうち、しいというと、あなたはどちらの方が望ましいと思いますか？（○は1つ）
A：たとえ画一的になっても平等をめざす教育政策
B：たとえ不平等になっても多様化をめざす教育政策

	変数値／選択肢	度数	パーセント	有効パーセント	累積パーセント
有効	1 Aが望ましい_a	510	12.8	12.8	12.8
	2 どちらといえばAが望ましい_a	1044	26.2	26.2	38.9
	3 どちらといえばBが望ましい_b	1310	32.8	32.8	71.8
	4 Bが望ましい_b	594	14.9	14.9	86.6
	8 わからない	533	13.4	13.4	100.0
	合計	3991	100.0	100.0	

a. A意見（計）度数：1554　有効：38.9パーセント
b. B意見（計）度数：1904　有効：47.7パーセント

問15. 子どもの大学や専門学校の費用は、誰が負担するのがよいとお考えですか？（○は1つ）（お子さんがいらっしゃらない場合は、仮にいたとした場合を想定して答えてください）

	変数値／選択肢	度数	パーセント	有効パーセント	累積パーセント
有効	1 できる限り、親が負担するのがよい*	1547	38.8	38.8	38.8
	2 余裕があれば、親が負担するのがよい*	1840	46.1	46.1	84.9
	3 子どもが自分で負担するのがよい	452	11.3	11.3	96.2
	8 わからない	152	3.8	3.8	100.0
	合計	3991	100.0	100.0	

*. 親が負担（計）度数：3387　有効：84.9パーセント

問16. あなたは日本の医療の質は全般的にみて高いと思いますか、低いと思いますか？（○は1つ）

	変数値／選択肢	度数	パーセント	有効パーセント	累積パーセント
有効	1 高い_a	734	18.4	18.4	18.4
	2 どちらかといえば高い_a	2324	58.2	58.2	76.6
	3 どちらかといえば低い_b	424	10.6	10.6	87.2
	4 低い_b	126	3.2	3.2	90.4
	8 わからない	383	9.6	9.6	100.0
	合計	3991	100.0	100.0	

a. 高い（計）度数：3058　有効：76.6パーセント
b. 低い（計）度数：550　有効：13.8パーセント

問17. 健康保険や自己負担などを通じて支払われる国民医療費は、平成8 (1996) 年度には国民1人当たりでは約23万円になっています。この国民医療費について以下の2つの意見がありますが、あなたのお考えはどちらに近いですか？（○は1つ）
　A：日本の医療は充実しているから、この位の医療費がかかるのはやむを得ない
　B：日本の医療はムダが多いから、もっと節約して、医療費を下げるべきだ

変数値／選択肢	度数	パーセント	有効パーセント	累積パーセント
有効　1 Aに賛成。	176	4.4	4.4	4.4
2 どちらかといえばAに賛成。	553	13.9	13.9	18.3
3 どちらかといえばBに賛成ь	1778	44.6	44.6	62.8
4 Bに賛成ь	1190	29.8	29.8	92.6
8 わからない	294	7.4	7.4	100.0
合計	3991	100.0	100.0	

a．A意見（計）度数：729　有効：18.3パーセント
b．B意見（計）度数：2968　有効：74.4パーセント

問18. 今後の医療（歯科医療を除く）のあり方について以下の2つの意見がありますが、あなたのお考えはどちらに近いですか？（○は1つ）
　A：国民全員が同じ質の医療（治療や検査）を受けることができる
　B：現行程度の医療（治療や検査）は国民全員に保証するが、高い自己負担を支払う人は、より質の高い医療を受けられる制度を積極的に導入する

変数値／選択肢	度数	パーセント	有効パーセント	累積パーセント
有効　1 Aに賛成。	1707	42.8	42.8	42.8
2 どちらかといえばAに賛成。	1334	33.4	33.4	76.2
3 どちらかといえばBに賛成ь	526	13.2	13.2	89.4
4 Bに賛成ь	200	5.0	5.0	94.4
8 わからない	224	5.6	5.6	100.0
合計	3991	100.0	100.0	

a．A意見（計）度数：3041　有効：76.2パーセント
b．B意見（計）度数：726　有効：18.2パーセント

問19. 今、生死に関わるような重病の患者が100人いるとします。その中には助かる可能性の高い患者20人と、可能性の低い患者80人がいるとします。患者100人全員に医療を同じようにおこなうよりも、助かる可能性の高い患者20人に医療を重点的におこなった方が、全体としては助かる患者の数は多いものとします。このとき、以下の2つの選択肢しかありませんが、あなたはどちらがよいとお考えですか？（○は1つ）
　A：助かる可能性の高い患者20人に重点的に医療をおこなう
　B：患者100人全員に、平等に医療をおこなう

変数値／選択肢	度数	パーセント	有効パーセント	累積パーセント
有効　1 Aに賛成。	495	12.4	12.4	12.4
2 どちらかといえばAに賛成。	980	24.6	24.6	37.0
3 どちらかといえばBに賛成ь	1217	30.5	30.5	67.5
4 Bに賛成ь	853	21.4	21.4	88.8
8 わからない	446	11.2	11.2	100.0
合計	3991	100.0	100.0	

a．A意見（計）度数：1475　有効：37.0パーセント
b．B意見（計）度数：2070　有効：51.9パーセント

問20. ここにあげた11の分野についておたずねします。これらの分野について政府が使っているお金は、もっと増やすべきだと思いますか、それとも、もっと減らすべきだと思いますか？　なお、「増やすべきだ」というときは、税金が増えるかもしれない、ということにも注意してください。（○はそれぞれ1つ）

(1) 環　境

変数値／選択肢	度数	パーセント	有効パーセント	累積パーセント
有効　1 大幅に増やすべきだ。	378	9.5	9.5	9.5
2 増やすべきだ。	1590	39.8	39.8	49.3
3 いまのままでよい	1457	36.5	36.5	85.8
4 減らすべきだ。	172	4.3	4.3	90.1
5 大幅に減らすべきだь	67	1.7	1.7	91.8
8 わからない	327	8.2	8.2	100.0
合計	3991	100.0	100.0	

a．増やすべき（計）度数：1968　有効：49.3パーセント
b．減らすべき（計）度数：239　有効：6.0パーセント

問20.
(2)保健・医療

変数値／選択肢	度数	パーセント	有効パーセント	累積パーセント
有効 1 大幅に増やすべきだ。	197	4.9	4.9	4.9
2 増やすべきだ。	1319	33.0	33.0	38.0
3 いまのままでよい	1720	43.1	43.1	81.1
4 減らすべきだ。	446	11.2	11.2	92.3
5 大幅に減らすべきだ。	58	1.5	1.5	93.7
8 わからない	251	6.3	6.3	100.0
合計	3991	100.0	100.0	

a．増やすべき（計）度数：1516　有効：38.0パーセント
b．減らすべき（計）度数：504　有効：12.6パーセント

問20.
(4)教育

変数値／選択肢	度数	パーセント	有効パーセント	累積パーセント
有効 1 大幅に増やすべきだ。	202	5.1	5.1	5.1
2 増やすべきだ。	1098	27.5	27.5	32.6
3 いまのままでよい	2105	52.7	52.7	85.3
4 減らすべきだ。	219	5.5	5.5	90.8
5 大幅に減らすべきだ。	55	1.4	1.4	92.2
8 わからない	312	7.8	7.8	100.0
合計	3991	100.0	100.0	

a．増やすべき（計）度数：1300　有効：32.6パーセント
b．減らすべき（計）度数：274　有効：6.9パーセント

問20.
(3)犯罪の取締りや予防

変数値／選択肢	度数	パーセント	有効パーセント	累積パーセント
有効 1 大幅に増やすべきだ。	517	13.0	13.0	13.0
2 増やすべきだ。	1535	38.5	38.5	51.4
3 いまのままでよい	1381	34.6	34.6	86.0
4 減らすべきだ。	158	4.0	4.0	90.0
5 大幅に減らすべきだ。	55	1.4	1.4	91.4
8 わからない	345	8.6	8.6	100.0
合計	3991	100.0	100.0	

a．増やすべき（計）度数：2052　有効：51.4パーセント
b．減らすべき（計）度数：213　有効：5.3パーセント

問20.
(5)国防

変数値／選択肢	度数	パーセント	有効パーセント	累積パーセント
有効 1 大幅に増やすべきだ。	78	2.0	2.0	2.0
2 増やすべきだ。	298	7.5	7.5	9.4
3 いまのままでよい	1516	38.0	38.0	47.4
4 減らすべきだ。	1081	27.1	27.1	74.5
5 大幅に減らすべきだ。	560	14.0	14.0	88.5
8 わからない	458	11.5	11.5	100.0
合計	3991	100.0	100.0	

a．増やすべき（計）度数：376　有効：9.4パーセント
b．減らすべき（計）度数：1641　有効：41.1パーセント

問20.
(6)高齢者の年金

変数値／選択肢	度数	パーセント	有効パーセント	累積パーセント
有効 1 大幅に増やすべきだ。	206	5.2	5.2	5.2
2 増やすべきだ。	1192	29.9	29.9	35.0
3 いまのままでよい	1975	49.5	49.5	84.5
4 減らすべきだ。	257	6.4	6.4	91.0
5 大幅に減らすべきだ。	58	1.5	1.5	92.4
8 わからない	303	7.6	7.6	100.0
合計	3991	100.0	100.0	

a．増やすべき（計）度数：1398　有効：35.0パーセント
b．減らすべき（計）度数：315　有効：7.9パーセント

問20.
(8)育児支援

変数値／選択肢	度数	パーセント	有効パーセント	累積パーセント
有効 1 大幅に増やすべきだ。	284	7.1	7.1	7.1
2 増やすべきだ。	1428	35.8	35.8	42.9
3 いまのままでよい	1671	41.9	41.9	84.8
4 減らすべきだ。	221	5.5	5.5	90.3
5 大幅に減らすべきだ。	55	1.4	1.4	91.7
8 わからない	332	8.3	8.3	100.0
合計	3991	100.0	100.0	

a．増やすべき（計）度数：1712　有効：42.9パーセント
b．減らすべき（計）度数：276　有効：6.9パーセント

問20.
(7)失業手当

変数値／選択肢	度数	パーセント	有効パーセント	累積パーセント
有効 1 大幅に増やすべきだ。	114	2.9	2.9	2.9
2 増やすべきだ。	728	18.2	18.2	21.1
3 いまのままでよい	2278	57.1	57.1	78.2
4 減らすべきだ。	335	8.4	8.4	86.6
5 大幅に減らすべきだ。	88	2.2	2.2	88.8
8 わからない	448	11.2	11.2	100.0
合計	3991	100.0	100.0	

a．増やすべき（計）度数：842　有効：21.1パーセント
b．減らすべき（計）度数：423　有効：10.6パーセント

問20.
(9)高齢者介護

変数値／選択肢	度数	パーセント	有効パーセント	累積パーセント
有効 1 大幅に増やすべきだ。	366	9.2	9.2	9.2
2 増やすべきだ。	1987	49.8	49.8	59.0
3 いまのままでよい	1183	29.6	29.6	88.6
4 減らすべきだ。	115	2.9	2.9	91.5
5 大幅に減らすべきだ。	34	0.9	0.9	92.3
8 わからない	306	7.7	7.7	100.0
合計	3991	100.0	100.0	

a．増やすべき（計）度数：2353　有効：59.0パーセント
b．減らすべき（計）度数：149　有効：3.7パーセント

問20.
(10)住　宅

変数値／選択肢	度数	パーセント	有効パーセント	累積パーセント
有効　1 大幅に増やすべきだ。	112	2.8	2.8	2.8
2 増やすべきだ。	592	14.8	14.8	17.6
3 いまのままでよい	2250	56.4	56.4	74.0
4 減らすべきだ。	420	10.5	10.5	84.5
5 大幅に減らすべきだ。	114	2.9	2.9	87.4
8 わからない	503	12.6	12.6	100.0
合計	3991	100.0	100.0	

a．増やすべき（計）度数：704　有効：17.6 パーセント
b．減らすべき（計）度数：534　有効：13.4 パーセント

問20.
(11)文化・芸術

変数値／選択肢	度数	パーセント	有効パーセント	累積パーセント
有効　1 大幅に増やすべきだ。	103	2.6	2.6	2.6
2 増やすべきだ。	484	12.1	12.1	14.7
3 いまのままでよい	2109	52.8	52.8	67.6
4 減らすべきだ。	531	13.3	13.3	80.9
5 大幅に減らすべきだ。	228	5.7	5.7	86.6
8 わからない	536	13.4	13.4	100.0
合計	3991	100.0	100.0	

a．増やすべき（計）度数：587　有効：14.7 パーセント
b．減らすべき（計）度数：759　有効：19.0 パーセント

問21．一般的にいって，次のことがらは政府の責任だと思いますか，それとも政府の責任だとは思いませんか？（○はそれぞれ1つ）
(1)働く意思のある人すべてが仕事につけるようにすること

変数値／選択肢	度数	パーセント	有効パーセント	累積パーセント
有効　1 明らかに政府の責任である。	569	14.3	14.3	14.3
2 どちらかといえば政府の責任である。	1632	40.9	40.9	55.1
3 どちらかといえば政府の責任でない。	1062	26.6	26.6	81.8
4 明らかに政府の責任でない。	308	7.7	7.7	89.5
8 わからない	420	10.5	10.5	100.0
合計	3991	100.0	100.0	

a．政府の責任である（計）度数：2201　有効：55.1 パーセント
b．政府の責任でない（計）度数：1370　有効：34.3 パーセント

問21.
(2)物価を安定させること

変数値／選択肢	度数	パーセント	有効パーセント	累積パーセント
有効　1 明らかに政府の責任である。	1864	46.7	46.7	46.7
2 どちらかといえば政府の責任である。	1721	43.1	43.1	89.8
3 どちらかといえば政府の責任でない。	196	4.9	4.9	94.7
4 明らかに政府の責任でない。	32	0.8	0.8	95.5
8 わからない	178	4.5	4.5	100.0
合計	3991	100.0	100.0	

a．政府の責任である（計）度数：3585　有効：89.8 パーセント
b．政府の責任でない（計）度数：228　有効：5.7 パーセント

問 21.
(3)病人に医療を提供すること

変数値／選択肢	度数	パーセント	有効パーセント	累積パーセント
有効 1 明らかに政府の責任である。	912	22.9	22.9	22.9
2 どちらかといえば政府の責任である。	2086	52.3	52.3	75.1
3 どちらかといえば政府の責任でない。	544	13.6	13.6	88.7
4 明らかに政府の責任でない。	95	2.4	2.4	91.1
8 わからない	354	8.9	8.9	100.0
合計	3991	100.0	100.0	

a．政府の責任である（計）度数：2998　有効：75.1 パーセント
b．政府の責任でない（計）度数：639　有効：16.0 パーセント

問 21.
(5)産業が成長するのに必要な援助をおこなうこと

変数値／選択肢	度数	パーセント	有効パーセント	累積パーセント
有効 1 明らかに政府の責任である。	635	15.9	15.9	15.9
2 どちらかといえば政府の責任である。	1801	45.1	45.1	61.0
3 どちらかといえば政府の責任でない。	854	21.4	21.4	82.4
4 明らかに政府の責任でない。	198	5.0	5.0	87.4
8 わからない	503	12.6	12.6	100.0
合計	3991	100.0	100.0	

a．政府の責任である（計）度数：2436　有効：61.0 パーセント
b．政府の責任でない（計）度数：1052　有効：26.4 パーセント

問 21.
(4)高齢者が世間並みの生活を送れるようにすること

変数値／選択肢	度数	パーセント	有効パーセント	累積パーセント
有効 1 明らかに政府の責任である。	927	23.2	23.2	23.2
2 どちらかといえば政府の責任である。	2109	52.8	52.8	76.1
3 どちらかといえば政府の責任でない。	558	14.0	14.0	90.1
4 明らかに政府の責任でない。	116	2.9	2.9	93.0
8 わからない	281	7.0	7.0	100.0
合計	3991	100.0	100.0	

a．政府の責任である（計）度数：3036　有効：76.1 パーセント
b．政府の責任でない（計）度数：674　有効：16.9 パーセント

問 21.
(6)失業者でも世間並みの生活が送れるようにすること

変数値／選択肢	度数	パーセント	有効パーセント	累積パーセント
有効 1 明らかに政府の責任である。	327	8.2	8.2	8.2
2 どちらかといえば政府の責任である。	1480	37.1	37.1	45.3
3 どちらかといえば政府の責任でない。	1227	30.7	30.7	76.0
4 明らかに政府の責任でない。	439	11.0	11.0	87.0
8 わからない	518	13.0	13.0	100.0
合計	3991	100.0	100.0	

a．政府の責任である（計）度数：1807　有効：45.3 パーセント
b．政府の責任でない（計）度数：1666　有効：41.7 パーセント

問21.
(7)お金持ちの人と貧しい人とのあいだの所得の差を縮めること

	変数値／選択肢	度数	パーセント	有効パーセント	累積パーセント
有効	1 明らかに政府の責任である。	630	15.8	15.8	15.8
	2 どちらかといえば政府の責任である。	1103	27.6	27.6	43.4
	3 どちらかといえば政府の責任でない。	1069	26.8	26.8	70.2
	4 明らかに政府の責任でない。	627	15.7	15.7	85.9
	8 わからない	562	14.1	14.1	100.0
	合計	3991	100.0	100.0	

a．政府の責任である（計）度数：1733　有効：43.4パーセント
b．政府の責任でない（計）度数：1696　有効：42.5パーセント

問21.
(9)家の持てない人びとに世間並みの住居を提供すること

	変数値／選択肢	度数	パーセント	有効パーセント	累積パーセント
有効	1 明らかに政府の責任である。	263	6.6	6.6	6.6
	2 どちらかといえば政府の責任である。	1093	27.4	27.4	34.0
	3 どちらかといえば政府の責任でない。	1395	35.0	35.0	68.9
	4 明らかに政府の責任でない。	702	17.6	17.6	86.5
	8 わからない	538	13.5	13.5	100.0
	合計	3991	100.0	100.0	

a．政府の責任である（計）度数：1356　有効：34.0パーセント
b．政府の責任でない（計）度数：264　有効：6.6パーセント

問21.
(8)収入の少ない家庭出身の大学生に経済的な援助をおこなうこと

	変数値／選択肢	度数	パーセント	有効パーセント	累積パーセント
有効	1 明らかに政府の責任である。	502	12.6	12.6	12.6
	2 どちらかといえば政府の責任である。	1645	41.2	41.2	53.8
	3 どちらかといえば政府の責任でない。	974	24.4	24.4	78.2
	4 明らかに政府の責任でない。	385	9.6	9.6	87.8
	8 わからない	485	12.2	12.2	100.0
	合計	3991	100.0	100.0	

a．政府の責任である（計）度数：2147　有効：53.8パーセント
b．政府の責任でない（計）度数：1359　有効：34.1パーセント

問21.
(10)企業が環境破壊をしないように法律で規制すること

	変数値／選択肢	度数	パーセント	有効パーセント	累積パーセント
有効	1 明らかに政府の責任である。	2101	52.6	52.6	52.6
	2 どちらかといえば政府の責任である。	1301	32.6	32.6	85.2
	3 どちらかといえば政府の責任でない。	198	5.0	5.0	90.2
	4 明らかに政府の責任でない。	66	1.7	1.7	91.9
	8 わからない	325	8.1	8.1	100.0
	合計	3991	100.0	100.0	

a．政府の責任である（計）度数：3402　有効：85.2パーセント
b．政府の責任でない（計）度数：264　有効：6.6パーセント

問21.
(1)育児・子育てを支援すること

変数値／選択肢	度数	パーセント	有効パーセント	累積パーセント
有効 1 明らかに政府の責任である。	674	16.9	16.9	16.9
2 どちらかといえば政府の責任である。	1768	44.3	44.3	61.2
3 どちらかといえば政府の責任でない。	889	22.3	22.3	83.5
4 明らかに政府の責任でない。	281	7.0	7.0	90.5
8 わからない	379	9.5	9.5	100.0
合計	3991	100.0	100.0	

a. 政府の責任である（計）度数：2442　有効：61.2パーセント
b. 政府の責任でない（計）度数：1170　有効：29.3パーセント

問22. 社会保障をはじめとする政府の政策についてお聞きします。次の(1)〜(6)のA、B2つの対立する意見のうち、しいて言うと、あなたはどちらの意見に近いでしょうか？（○は1つ）
(1)A 税金や社会保険料などを引き上げても、国や自治体は社会保障を充実すべきだ
B 社会保障の水準がよくならなくとも、国や自治体は、税金や社会保険料を引き下げるべきだ

変数値／選択肢	度数	パーセント	有効パーセント	累積パーセント
有効 1 Aに近い$_a$	370	9.3	9.4	9.4
2 どちらかといえばAに近い$_a$	1813	45.4	45.9	55.2
3 どちらかといえばBに近い$_b$	1348	33.8	34.1	89.3
4 Bに近い$_b$	422	10.6	10.7	100.0
合計	3953	99.0	100.0	
欠損値 8 無回答	38	1.0		
合計	3991	100.0		

a. A意見（計）度数：2183　有効：55.2パーセント
b. B意見（計）度数：1770　有効：44.8パーセント

問22.
(2)A 社会保障の給付は、所得や財産などの多い人には制限すべきだ
B 社会保障の給付は、所得や財産に関係なく資格のある人すべてが受け取れるようにすべきだ

変数値／選択肢	度数	パーセント	有効パーセント	累積パーセント
有効 1 Aに近い$_a$	1108	27.8	28.0	28.0
2 どちらかといえばAに近い$_a$	1318	33.0	33.3	61.2
3 どちらかといえばBに近い$_b$	988	24.8	24.9	86.2
4 Bに近い$_b$	548	13.7	13.8	100.0
合計	3962	99.3	100.0	
欠損値 8 無回答	29	0.7		
合計	3991	100.0		

a. A意見（計）度数：2426　有効：61.2パーセント
b. B意見（計）度数：1536　有効：38.7パーセント

問22.
(3)A 社会保障の給付は、保険料などの支払とは無関係に、それが必要となる度合いに応じて受け取れるようにすべきだ
B 社会保障の給付は、保険料などの支払の実績に応じて、受け取れるようにすべきだ

変数値／選択肢	度数	パーセント	有効パーセント	累積パーセント
有効 1 Aに近い$_a$	518	13.0	13.1	13.1
2 どちらかといえばAに近い$_a$	1271	31.8	32.1	45.2
3 どちらかといえばBに近い$_b$	1416	35.5	35.8	81.0
4 Bに近い$_b$	753	18.9	19.0	100.0
合計	3958	99.2	100.0	
欠損値 8 無回答	38	0.8		
合計	3991	100.0		

a. A意見（計）度数：1789　有効：45.2パーセント
b. B意見（計）度数：2169　有効：54.8パーセント

問22.
(4)A 公的年金は世代間の助け合いなのだから，受け取る年金額が払った保険料に見合わなくてもやむをえない
B 公的年金であっても，損をする世代が出ないように，払った保険料に見合った年金が受け取れるようにすべきだ

変数値／選択肢	度数	パーセント	有効パーセント	累積パーセント
有効 1 Aに近い$_a$	158	4.0	4.0	4.0
2 どちらかといえばAに近い$_a$	603	15.1	15.2	19.2
3 どちらかといえばBに近い$_b$	1500	37.6	37.9	57.1
4 Bに近い$_b$	1697	42.5	42.9	100.0
合計	3958	99.2	100.0	
欠損値 8 無回答	33	0.8		
合計	3991	100.0		

a．A意見（計）度数：761　有効：19.2パーセント
b．B意見（計）度数：3197　有効：80.8パーセント

問22.
(6)A 生活保護は国民の権利だから，受ける資格のある人全員が権利としてもらうべきである
B 生活保護は，受ける資格のある人でも，なるべくもらわない方がよい

変数値／選択肢	度数	パーセント	有効パーセント	累積パーセント
有効 1 Aに近い$_a$	879	22.0	22.2	22.2
2 どちらかといえばAに近い$_a$	1743	43.7	44.0	66.3
3 どちらかといえばBに近い$_b$	983	24.6	24.8	91.1
4 Bに近い$_b$	352	8.8	8.9	100.0
合計	3957	99.1	100.0	
欠損値 8 無回答	34	0.9		
合計	3991	100.0		

a．A意見（計）度数：2622　有効：66.3パーセント
b．B意見（計）度数：1335　有効：33.7パーセント

問22.
(5)A 年金や医療や社会福祉サービスなども，なるべく民間部門（企業や民間非営利団体など）が供給したり運営したりすべきだ
B 年金や医療や社会福祉サービスなどは，なるべく公共部門（国や自治体）が責任をもって供給したり運営したりすべきだ

変数値／選択肢	度数	パーセント	有効パーセント	累積パーセント
有効 1 Aに近い$_a$	311	7.8	7.9	7.9
2 どちらかといえばAに近い$_a$	783	19.6	19.8	27.6
3 どちらかといえばBに近い$_b$	1698	42.5	42.9	70.5
4 Bに近い$_b$	1166	29.2	29.5	100.0
合計	3958	99.2	100.0	
欠損値 8 無回答	33	0.8		
合計	3991	100.0		

a．A意見（計）度数：1094　有効：27.6パーセント
b．B意見（計）度数：2864　有効：72.4パーセント

問23. 過疎地域などの農山村の住民と大都市の住民の間で，収入や生活の水準に差が出ないように，政府は積極的な対策をとるべきだと思いますか？ 次のA，B 2つの意見のうち，しいて言うと，あなたはどちらの意見に賛成でしょうか？（○は1つ）
A：地域によって収入や生活の水準に差が出ないよう，政府は，そのような対策をこれまで以上に積極的に行うべきだ
B：地域によって収入や生活の水準にある程度の差が出るのはやむを得ないので，今後は，そのような対策を積極的に行う必要はない

変数値／選択肢	度数	パーセント	有効パーセント	累積パーセント
有効 1 Aに賛成$_a$	696	17.4	17.5	17.5
2 どちらかといえばAに賛成$_a$	1611	40.4	40.5	58.1
3 どちらかといえばBに賛成$_b$	1409	35.3	35.5	93.5
4 Bに賛成$_b$	257	6.4	6.5	100.0
合計	3973	99.5	100.0	
欠損値 8 無回答	18	0.5		
合計	3991	100.0		

a．A意見（計）度数：2307　有効：58.1パーセント
b．B意見（計）度数：1666　有効：41.9パーセント

問24. むこう10年間のわが国の目標としては、次の1〜4のうちどれが一番重要だと思いますか？ また二番目に重要なのはどれですか？（数字を記入）

一番重要なもの

変数値／選択肢	度数	パーセント	有効パーセント	累積パーセント
有効 1 国内の秩序を維持すること	1066	26.7	26.7	26.7
2 重要な政府の決定にもっと人々の声を反映させること	1861	46.6	46.6	73.3
3 物価上昇をくいとめること	824	20.6	20.6	94.0
4 言論の自由を守ること	92	2.3	2.3	96.3
8 わからない	148	3.7	3.7	100.0
合計	3991	100.0	100.0	

問24. 二番目に重要なもの

変数値／選択肢	度数	パーセント	有効パーセント	累積パーセント
有効 1 国内の秩序を維持すること	1054	26.4	26.4	26.4
2 重要な政府の決定にもっと人々の声を反映させること	1057	26.5	26.5	52.9
3 物価上昇をくいとめること	1196	30.0	30.0	82.9
4 言論の自由を守ること	298	7.5	7.5	90.3
8 わからない	386	9.7	9.7	100.0
合計	3991	100.0	100.0	

問25. あなたは、次の(1)〜(5)の意見について賛成ですか、反対ですか？（○はそれぞれ1つ）

(1)女性が自立するためには、仕事を持つことが一番よい

変数値／選択肢	度数	パーセント	有効パーセント	累積パーセント
有効 1 賛成$_a$	1280	32.1	32.1	32.1
2 どちらかといえば賛成$_a$	1338	33.5	33.6	65.7
3 どちらともいえない	1195	29.9	30.0	95.7
4 どちらかといえば反対$_b$	115	2.9	2.9	98.5
5 反対$_b$	58	1.5	1.5	100.0
合計	3986	99.9	100.0	
欠損値 8 無回答	5	0.1		
合計	3991	100.0		

a．賛成（計）度数：2618　有効：65.7パーセント
b．反対（計）度数：173　有効：4.4パーセント

問25.
(2)家事や育児はもっぱら女性がおこなうべきである

変数値／選択肢	度数	パーセント	有効パーセント	累積パーセント
有効 1 賛成$_a$	258	6.5	6.5	6.5
2 どちらかといえば賛成$_a$	731	18.3	18.3	24.8
3 どちらともいえない	1675	42.0	42.0	66.8
4 どちらかといえば反対$_b$	752	18.8	18.9	85.7
5 反対$_b$	571	14.3	14.3	100.0
合計	3987	99.9	100.0	
欠損値 8 無回答	4	0.1		
合計	3991	100.0		

a．賛成（計）度数：989　有効：24.8パーセント
b．反対（計）度数：1323　有効：33.2パーセント

単純集計表

問25.
(3)専業主婦であることは，外で働いて収入を得ることと同じくらい大切なことだ

	変数値／選択肢	度数	パーセント	有効パーセント	累積パーセント
有効	1 賛成。	1637	41.0	41.1	41.1
	2 どちらかといえば賛成。	1293	32.4	32.4	73.5
	3 どちらともいえない	898	22.5	22.5	96.0
	4 どちらかといえば反対ь	111	2.8	2.8	98.8
	5 反対ь	48	1.2	1.2	100.0
	合計	3987	99.9	100.0	
欠損値	8 無回答	4	0.1		
合計		3991	100.0		

a．賛成（計）度数：2930　有効：73.5パーセント
b．反対（計）度数：159　有効：4.0パーセント

問25.
(4)子どもが3歳になるまでは母親が育てるべきだ

	変数値／選択肢	度数	パーセント	有効パーセント	累積パーセント
有効	1 賛成。	1442	36.1	36.2	36.2
	2 どちらかといえば賛成。	1152	28.9	28.9	65.1
	3 どちらともいえない	1077	27.0	27.0	92.1
	4 どちらかといえば反対ь	151	3.8	3.8	95.9
	5 反対ь	165	4.1	4.1	100.0
	合計	3987	99.9	100.0	
欠損値	8 無回答	4	0.1		
合計		3991	100.0		

a．賛成（計）度数：2594　有効：65.1パーセント
b．反対（計）度数：316　有効：7.9パーセント

問25.
(5)男の子は男の子らしく，女の子は女の子らしく育てるべきだ

	変数値／選択肢	度数	パーセント	有効パーセント	累積パーセント
有効	1 賛成。	1240	31.1	31.1	31.1
	2 どちらかといえば賛成。	985	24.7	24.7	55.8
	3 どちらともいえない	1285	32.2	32.2	88.0
	4 どちらかといえば反対ь	235	5.9	5.9	93.9
	5 反対ь	242	6.1	6.1	100.0
	合計	3987	99.9	100.0	
欠損値	8 無回答	4	0.1		
合計		3991	100.0		

a．賛成（計）度数：2225　有効：55.8パーセント
b．反対（計）度数：477　有効：12.1パーセント

問26．一般的に言って，あなたは，女性の働き方としてどういうかたちが最も望ましいと思いますか？　次のそれぞれの場合についてお答えください．（○はそれぞれ1つ）
(1)結婚して子どもがいない場合

	変数値／選択肢	度数	パーセント	有効パーセント	累積パーセント
有効	1 フルタイムで働く*	2341	58.7	58.7	58.7
	2 パートタイムで働く*	813	20.4	20.4	79.1
	3 専業主婦	71	1.8	1.8	80.8
	4 何とも言えない	764	19.1	19.2	100.0
	合計	3989	99.9	100.0	
欠損値	8 無回答	2	0.1		
合計		3991	100.0		

＊．働く（計）度数：3154　有効：79.1パーセント

問26.
(2)未就学の子どもがいる場合

	変数値／選択肢	度数	パーセント	有効パーセント	累積パーセント
有効	1 フルタイムで働く*	145	3.6	3.6	3.6
	2 パートタイムで働く*	957	24.0	24.0	27.6
	3 専業主婦	2119	53.1	53.1	80.8
	4 何とも言えない	767	19.2	19.2	100.0
	合計	3988	99.9	100.0	
欠損値	8 無回答	3	0.1		
合計		3991	100.0		

＊．働く（計）度数：1102　有効：27.6パーセント

問26.
(3)一番下の子どもが小学生である場合

	変数値／選択肢	度数	パーセント	有効パーセント	累積パーセント
有効	1 フルタイムで働く*	200	5.0	5.0	5.0
	2 パートタイムで働く*	2248	56.3	56.4	61.4
	3 専業主婦	791	19.8	19.8	81.2
	4 何とも言えない	749	18.8	18.8	100.0
	合計	3988	99.9	100.0	
欠損値	8 無回答	3	0.1		
合計		3991	100.0		

＊．働く（計）度数：2443　有効：61.4パーセント

問26.
(4)子どもたちがみんな成人して巣立っていった場合

	変数値／選択肢	度数	パーセント	有効パーセント	累積パーセント
有効	1 フルタイムで働く*	1532	38.4	38.4	38.4
	2 パートタイムで働く*	1281	32.1	32.1	70.5
	3 専業主婦	201	5.0	5.0	75.6
	4 何とも言えない	974	24.4	24.4	100.0
	合計	3988	99.9	100.0	
欠損値	8 無回答	3	0.1		
合計		3991	100.0		

＊．働く（計）度数：2813　有効：70.5パーセント

問27．次の(1)～(7)の考え方について，あなたは賛成ですか，反対ですか？（○はそれぞれ1つ）
(1)結婚したら，家族のために自分の個性や生き方をある程度犠牲にするのは当然だ

	変数値／選択肢	度数	パーセント	有効パーセント	累積パーセント
有効	1 賛成a	493	12.4	12.4	12.4
	2 どちらかといえば賛成a	1846	46.3	46.4	58.8
	3 どちらかといえば反対b	1173	29.4	29.5	88.3
	4 反対b	464	11.6	11.7	100.0
	合計	3976	99.6	100.0	
欠損値	8 無回答	15	0.4		
合計		3991	100.0		

a．賛成（計）度数：2339　有効：58.8パーセント
b．反対（計）度数：1637　有効：41.2パーセント

問27.
(2)いったん結婚したら，性格の不一致くらいで別れるべきではない

	変数値／選択肢	度数	パーセント	有効パーセント	累積パーセント
有効	1 賛成a	886	22.2	22.3	22.3
	2 どちらかといえば賛成a	1716	43.0	43.2	65.4
	3 どちらかといえば反対b	1009	25.3	25.4	90.8
	4 反対b	365	9.1	9.2	100.0
	合計	3976	99.6	100.0	
欠損値	8 無回答	15	0.4		
合計		3991	100.0		

a．賛成（計）度数：2602　有効：65.4パーセント
b．反対（計）度数：1374　有効：34.6パーセント

問27.
(3)結婚している者は，配偶者以外の異性と親密な関係になるべきではない

	変数値／選択肢	度数	パーセント	有効パーセント	累積パーセント
有効	1 賛成ₐ	2269	56.9	57.0	57.0
	2 どちらかといえば賛成ₐ	1224	30.7	30.7	87.7
	3 どちらかといえば反対ᵦ	348	8.7	8.7	96.5
	4 反対ᵦ	140	3.5	3.5	100.0
	合計	3981	99.7	100.0	
欠損値	8 無回答	10	0.3		
合計		3991	100.0		

a．賛成（計）度数：3493　有効：87.7 パーセント
b．反対（計）度数：488　有効：12.2 パーセント

問27.
(4)父親と母親がそろった家庭で育たないと，子どもは不幸になりやすい

	変数値／選択肢	度数	パーセント	有効パーセント	累積パーセント
有効	1 賛成ₐ	682	17.1	17.2	17.2
	2 どちらかといえば賛成ₐ	1535	38.5	38.6	55.8
	3 どちらかといえば反対ᵦ	1035	25.9	26.0	81.8
	4 反対ᵦ	724	18.1	18.2	100.0
	合計	3976	99.6	100.0	
欠損値	8 無回答	15	0.4		
合計		3991	100.0		

a．賛成（計）度数：2217　有効：55.8 パーセント
b．反対（計）度数：1759　有効：44.2 パーセント

問27.
(5)人は充実した人生をおくるには，子どもを持たなければならない

	変数値／選択肢	度数	パーセント	有効パーセント	累積パーセント
有効	1 賛成ₐ	561	14.1	14.1	14.1
	2 どちらかといえば賛成ₐ	1425	35.7	35.9	50.0
	3 どちらかといえば反対ᵦ	1136	28.5	28.6	78.6
	4 反対ᵦ	850	21.3	21.4	100.0
	合計	3972	99.5	100.0	
欠損値	8 無回答	19	0.5		
合計		3991	100.0		

a．賛成（計）度数：1986　有効：50.0 パーセント
b．反対（計）度数：1986　有効：50.0 パーセント

問27.
(6)自分の幸福を犠牲にしても子どもに尽くすのが親のつとめである

	変数値／選択肢	度数	パーセント	有効パーセント	累積パーセント
有効	1 賛成ₐ	514	12.9	12.9	12.9
	2 どちらかといえば賛成ₐ	1671	41.9	42.1	55.0
	3 どちらかといえば反対ᵦ	1338	33.5	33.7	88.7
	4 反対ᵦ	450	11.3	11.3	100.0
	合計	3973	99.5	100.0	
欠損値	8 無回答	18	0.5		
合計		3991	100.0		

a．賛成（計）度数：2185　有効：55.0 パーセント
b．反対（計）度数：1788　有効：45.0 パーセント

問27.
(7)子どもは，自分の幸福を犠牲にしても年老いた親の面倒をみるべきだ

	変数値／選択肢	度数	パーセント	有効パーセント	累積パーセント
有効	1 賛成ₐ	237	5.9	6.0	6.0
	2 どちらかといえば賛成ₐ	1208	30.3	30.4	36.4
	3 どちらかといえば反対ᵦ	1812	45.4	45.6	82.0
	4 反対ᵦ	714	17.9	18.0	100.0
	合計	3971	99.5	100.0	
欠損値	8 無回答	20	0.5		
合計		3991	100.0		

a．賛成（計）度数：1445　有効：36.4 パーセント
b．反対（計）度数：2526　有効：63.6 パーセント

問28. 次にあげるような点で，あなた自身の周囲への関わりはどうでしょうか？（○は1つ）
(1)困っている人が近くにいたら放っておけないほうだ

変数値／選択肢	度数	パーセント	有効パーセント	累積パーセント
有効				
1あてはまる。	838	21.0	21.0	21.0
2どちらかといえばあてはまる。	2266	56.8	56.8	77.9
3どちらかといえばあてはまらない。	737	18.5	18.5	96.4
4あてはまらない。	145	3.6	3.6	100.0
合計	3986	99.9	100.0	
欠損値 8無回答	5	0.1		
合計	3991	100.0		

a．肯定（計）度数：3104　有効：77.9 パーセント
b．否定（計）度数：882　有効：22.1 パーセント

問28.
(2)ボランティア活動には，自分から関わっていくほうだ

変数値／選択肢	度数	パーセント	有効パーセント	累積パーセント
有効				
1あてはまる。	239	6.0	6.0	6.0
2どちらかといえばあてはまる。	1108	27.8	27.8	33.8
3どちらかといえばあてはまらない。	1891	47.4	47.5	81.3
4あてはまらない。	744	18.6	18.7	100.0
合計	3982	99.8	100.0	
欠損値 8無回答	9	0.2		
合計	3991	100.0		

a．肯定（計）度数：1347　有効：33.8 パーセント
b．否定（計）度数：2635　有効：66.2 パーセント

問28.
(3)募金活動にはすすんで寄付をするほうだ

変数値／選択肢	度数	パーセント	有効パーセント	累積パーセント
有効				
1あてはまる。	458	11.5	11.5	11.5
2どちらかといえばあてはまる。	1653	41.4	41.5	53.0
3どちらかといえばあてはまらない。	1407	35.3	35.3	88.3
4あてはまらない。	468	11.7	11.7	100.0
合計	3986	99.9	100.0	
欠損値 8無回答	5	0.1		
合計	3991	100.0		

a．肯定（計）度数：2111　有効：53.0 パーセント
b．否定（計）度数：1875　有効：47.0 パーセント

問28.
(4)地域の行事や自治会，町内会活動によく参加するほうだ

変数値／選択肢	度数	パーセント	有効パーセント	累積パーセント
有効				
1あてはまる。	513	12.9	12.9	12.9
2どちらかといえばあてはまる。	1241	31.1	31.1	44.0
3どちらかといえばあてはまらない。	1397	35.0	35.1	79.1
4あてはまらない。	833	20.9	20.9	100.0
合計	3984	99.8	100.0	
欠損値 8無回答	7	0.2		
合計	3991	100.0		

a．肯定（計）度数：1754　有効：44.0 パーセント
b．否定（計）度数：2230　有効：56.0 パーセント

問29. 日本社会を次のような6つの階層に分けるとすると，あなたはどれに入りますか？（○は1つ）

	変数値／選択肢	度数	パーセント	有効パーセント	累積パーセント
有効	1 上	42	1.1	1.1	1.1
	2 中の上$_a$	329	8.2	8.3	9.3
	3 中の中$_a$	1693	42.4	42.6	51.9
	4 中の下$_a$	1240	31.1	31.2	83.1
	5 下の上$_b$	511	12.8	12.8	95.9
	6 下の下$_b$	162	4.1	4.1	100.0
	合計	3977	99.6	100.0	
欠損値	8 無回答	14	0.4		
合計		3991	100.0		

a. 中（計）度数：3262　有効：82.0パーセント
b. 下（計）度数：673　有効：16.9パーセント

問30. あなたは現在の生活に満足していますか，満足していませんか？（○は1つ）

	変数値／選択肢	度数	パーセント	有効パーセント	累積パーセント
有効	1 満足している$_a$	539	13.5	13.5	13.5
	2 どちらかといえば満足している$_a$	2131	53.4	53.5	67.0
	3 どちらかといえば不満である$_b$	1039	26.0	26.1	93.1
	4 不満である$_b$	277	6.9	6.9	100.0
	合計	3986	99.9	100.0	
欠損値	8 無回答	5	0.1		
合計		3991	100.0		

a. 満足（計）度数：2670　有効：67.0パーセント
b. 不満（計）度数：1316　有効：33.0パーセント

問31. 次の(1)～(5)の考え方について，あなたはどのように思いますか？（○はそれぞれ1つ）

(1)今の世の中は一般的にいって公平である

	変数値／選択肢	度数	パーセント	有効パーセント	累積パーセント
有効	1 そう思う$_a$	290	7.3	7.3	7.3
	2 どちらかといえばそう思う$_a$	1086	27.2	27.3	34.6
	3 どちらかといえばそう思わない$_b$	1722	43.1	43.3	77.8
	4 そう思わない$_b$	882	22.1	22.2	100.0
	合計	3980	99.7	100.0	
欠損値	8 無回答	11	0.3		
合計		3991	100.0		

a. 肯定（計）度数：1376　有効：34.6パーセント
b. 否定（計）度数：2604　有効：65.4パーセント

問31.
(2)現在の日本における所得の不平等は小さい

	変数値／選択肢	度数	パーセント	有効パーセント	累積パーセント
有効	1 そう思う$_a$	236	5.9	5.9	5.9
	2 どちらかといえばそう思う$_a$	988	24.8	24.9	30.8
	3 どちらかといえばそう思わない$_b$	1670	41.8	42.1	72.9
	4 そう思わない$_b$	1076	27.0	27.1	100.0
	合計	3970	99.5	100.0	
欠損値	8 無回答	21	0.5		
合計		3991	100.0		

a. 肯定（計）度数：1224　有効：30.8パーセント
b. 否定（計）度数：2746　有効：69.2パーセント

問31.
(3)今後，わが国の所得格差は拡大する方向に向かう

	変数値／選択肢	度数	パーセント	有効パーセント	累積パーセント
有効	1 そう思う	1080	27.1	27.3	27.3
	2 どちらかといえばそう思う	1815	45.5	45.8	73.1
	3 どちらかといえばそう思わない	781	19.6	19.7	92.9
	4 そう思わない	283	7.1	7.1	100.0
	合計	3959	99.2	100.0	
欠損値	8 無回答	32	0.8		
合計		3991	100.0		

a．肯定（計）度数：2895　有効：73.1 パーセント
b．否定（計）度数：1064　有効：26.9 パーセント

問31.
(4)勤勉な生活をこころがけ，高い社会的地位や評価を得るように生きたい

	変数値／選択肢	度数	パーセント	有効パーセント	累積パーセント
有効	1 そう思う	607	15.2	15.3	15.3
	2 どちらかといえばそう思う	1652	41.4	41.6	56.9
	3 どちらかといえばそう思わない	1323	33.1	33.3	90.2
	4 そう思わない	391	9.8	9.8	100.0
	合計	3973	99.5	100.0	
欠損値	8 無回答	18	0.5		
合計		3991	100.0		

a．肯定（計）度数：2259　有効：56.9 パーセント
b．否定（計）度数：1714　有効：43.1 パーセント

問31.
(5)あまり先のことは考えずに，その日，その日を楽しく過ごすような生活を送りたい

	変数値／選択肢	度数	パーセント	有効パーセント	累積パーセント
有効	1 そう思う	745	18.7	18.7	18.7
	2 どちらかといえばそう思う	1422	35.6	35.7	54.4
	3 どちらかといえばそう思わない	1146	28.7	28.8	83.2
	4 そう思わない	668	16.7	16.8	100.0
	合計	3981	99.7	100.0	
欠損値	8 無回答	10	0.3		
合計		3991	100.0		

a．肯定（計）度数：2167　有効：54.4 パーセント
b．否定（計）度数：1814　有効：45.6 パーセント

問32. 今のあなたの生活にとって重要だと思うものは何ですか？　次の1～8のうちどれが一番重要だと思いますか？　また二番目に重要なのはどれですか？（数字を記入）
一番重要なもの

	変数値／選択肢	度数	パーセント	有効パーセント	累積パーセント
有効	1 家族	3053	76.5	76.6	76.6
	2 趣味，遊び，習い事など	77	1.9	1.9	78.6
	3 お金，経済的基盤	478	12.0	12.0	90.6
	4 仕事，勤労	222	5.6	5.6	96.1
	5 信仰，宗教活動	41	1.0	1.0	97.2
	6 地域での活動やボランティア	3	0.1	0.1	97.2
	7 社会的信用，地位	16	0.4	0.4	97.6
	8 友人，仲間	94	2.4	2.4	100.0
	合計	3984	99.8	100.0	
欠損値	88 無回答	7	0.2		
合計		3991	100.0		

単純集計表

問32. 二番目に重要なもの

	変数値／選択肢	度数	パーセント	有効パーセント	累積パーセント
有効	1 家族	404	10.1	10.2	10.2
	2 趣味, 遊び, 習い事など	365	9.1	9.2	19.4
	3 お金, 経済的基盤	1481	37.1	37.5	56.9
	4 仕事, 勤労	700	17.5	17.7	74.6
	5 信仰, 宗教活動	63	1.6	1.6	76.2
	6 地域での活動やボランティア	55	1.4	1.4	77.6
	7 社会的信用, 地位	84	2.1	2.1	79.7
	8 友人, 仲間	802	20.1	20.3	100.0
	合計	3954	99.1	100.0	
欠損値	88 無回答	37	0.9		
合計		3991	100.0		

問33. 自分の人生があまり意味ないものに思えたり，嫌になったりすることがありますか？（○は1つ）

	変数値／選択肢	度数	パーセント	有効パーセント	累積パーセント
有効	1 よくある。	237	5.9	6.0	6.0
	2 ときどきある。	1610	40.3	40.4	46.4
	3 あまりない。	1486	37.2	37.3	83.7
	4 ほとんどない。	650	16.3	16.3	100.0
	合計	3983	99.8	100.0	
欠損値	8 無回答	8	0.2		
合計		3991	100.0		

a. ある（計）度数：1847　有効：46.4パーセント
b. ない（計）度数：2136　有効：53.6パーセント

問33付問. なぜそのような気分になるのでしょうか？ この中からその主な原因だと思うものをあげてください。（○は2つまで）

	変数値／選択肢〔該当者数：1847〕	度数	パーセント	有効パーセント
有効	1 自分の性格	432	23.4	23.4
	2 自分の健康上の問題	408	22.1	22.1
	3 自分の仕事上の問題	360	19.5	19.5
	4 自分の孤独や寂しさ	162	8.8	8.8
	5 自分の心身や疲労	372	20.1	20.2
	6 自分や家族の将来への不安	776	42.0	42.0
	7 家族や親族との関係上の問題	191	10.3	10.3
	8 近隣や友人の関係上の問題	41	2.2	2.2
	9 経済や社会の先行きに対する不安	439	23.8	23.8
	10 その他	18	1.0	1.0
欠損値	88 無回答	1	0.1	

問34. あなたの好きな政党はどこですか？【全員の方に】

	変数値／選択肢	度数	パーセント	有効パーセント	累積パーセント
有効	1 自由民主党	804	20.1	20.1	20.1
	2 民主党	171	4.3	4.3	24.4
	3 公明党	131	3.3	3.3	27.7
	4 自由党	61	1.5	1.5	29.2
	5 日本共産党	92	2.3	2.3	31.5
	6 社会民主党	109	2.7	2.7	34.3
	7 その他	7	0.2	0.2	34.5
	8 好きな政党はない	1853	46.4	46.4	80.9
	88 わからない	763	19.1	19.1	100.0
	合計	3991	100.0	100.0	

(問34で,「8」と答えた方に)
問34付問. 好きな政党がないと答えた人にお聞きします. それでは, しいて言うと, どの政党が好きですか？

	変数値／選択肢	度数	パーセント	有効パーセント	累積パーセント
有効	1 自由民主党	310	7.8	16.7	16.7
	2 民主党	159	4.0	8.6	25.3
	3 公明党	17	0.4	0.9	26.2
	4 自由党	30	0.8	1.6	27.8
	5 日本共産党	87	2.2	4.7	32.5
	6 社会民主党	67	1.7	3.6	36.2
	7 その他	8	0.2	0.4	36.6
	8 好きな政党はない	963	24.1	52.0	88.6
	88 わからない	212	5.3	11.4	100.0
	合計 (該当者)	1853	46.4	100.0	
欠損値	99 非該当	2138	53.6		
合計		3991	100.0		

【問34. 支持政党合算】

	変数値／選択肢	度数	パーセント	有効パーセント	累積パーセント
有効	1 自由民主党	1114	27.9	27.9	52.0
	2 民主党	330	8.3	8.3	60.3
	3 公明党	148	3.7	3.7	64.0
	4 自由党	91	2.3	2.3	66.3
	5 日本共産党	179	4.5	4.5	70.8
	6 社会民主党	176	4.4	4.4	75.2
	7 その他	15	0.4	0.4	75.6
	8 好きな政党はない	963	24.1	24.1	24.1
	88 わからない	975	24.4	24.4	100.0
	合計	3991	100.0	100.0	

フェイス・シート

F1. あなたの性別をお知らせください. (○は1つ)

	変数値／選択肢	度数	パーセント	有効パーセント	累積パーセント
有効	1 男性	1910	47.9	47.9	47.9
	2 女性	2081	52.1	52.1	100.0
	合計	3991	100.0	100.0	

F2. あなたの年齢をお知らせください. (数字を記入)

	年齢*	度数	パーセント	有効パーセント	累積パーセント
有効	20代	528	13.2	13.2	13.2
	30代	634	15.9	15.9	29.1
	40代	821	20.6	20.6	49.7
	50代	891	22.3	22.3	72.0
	60代	667	16.7	16.7	88.7
	70代	352	8.8	8.8	97.5
	80代	86	2.2	2.2	99.7
	90代	12	0.3	0.3	100.0
	合計	3991	100.0	100.0	

＊. 平均 (歳) : 49.5

F3. この3カ月間くらいのあなたの健康状態はいかがですか？ (○は1つ)

	変数値／選択肢	度数	パーセント	有効パーセント	累積パーセント
有効	1 健康である｡ₐ	1069	26.8	26.8	26.8
	2 まあ健康である｡	1858	46.6	46.6	73.4
	3 どちらともいえない	417	10.4	10.5	83.8
	4 あまり健康でない｡ᵦ	511	12.8	12.8	96.6
	5 健康でない｡ᵦ	134	3.4	3.4	100.0
	合計	3989	99.9	100.0	
欠損値	8 無回答	2	0.1		
合計		3991	100.0		

a. 健康である (計) 度数:2927　有効:73.4パーセント
b. 健康でない (計) 度数:645　有効:16.2パーセント

F4. あなたは現在, 結婚していますか, いませんか？ (○は1つ)

	変数値／選択肢	度数	パーセント	有効パーセント	累積パーセント
有効	1 未婚	614	15.4	15.4	15.4
	2 既婚 (初婚,再婚)*	2994	75.0	75.1	90.4
	3 離別*	123	3.1	3.1	93.5
	4 死別*	258	6.5	6.5	100.0
	合計	3989	99.9	100.0	
欠損値	8 無回答	2	0.1		
合計		3991	100.0		

＊. 既婚・離死別 (計) 度数:3375　有効:84.7パーセント

F4付問. 現在, あなたはご自分の親御さんと同居（同じ敷地内も含む）していますか（父母のどちらか一方でもあてはまれば○）？（○は1つ）

	変数値／選択肢	度数	パーセント	有効パーセント	累積パーセント
有効	1 父母の双方，または，いずれかと同居している	466	11.7	76.3	76.3
	2 父母のいずれとも同居していない	108	2.7	17.7	93.9
	3 両親ともに亡くなった	37	0.9	6.1	100.0
	合計	611	15.3	100.0	
欠損値	8 無回答	3	0.1		
	9 非該当	3377	84.6		
	合計	3380	84.7		
合計		3991	100.0		

【F5とF6は, F4で「2～4（既婚, 離・死別）」と答えた方のみ】
F5. 現在, あなたはご自身の親御さんと同居（同じ敷地内も含む）していますか（父母のどちらか一方でもあてはまれば○）？（○は1つ）

	変数値／選択肢	度数	パーセント	有効パーセント	累積パーセント
有効	1 父母の双方，または，いずれかと同居している	515	12.9	15.4	15.4
	2 父母のいずれとも同居していない	1841	46.1	55.2	70.6
	3 結婚前に，両親ともに亡くなっていた	93	2.3	2.8	73.4
	4 結婚後に，両親ともに亡くなった	889	22.3	26.6	100.0
	合計	3338	83.6	100.0	
欠損値	8 無回答	37	0.9		
	9 非該当	616	15.4		
	合計	653	16.4		
合計		3991	100.0		

(F5で, 「4」と答えた方に)
付問. あなたご自身の親御さんがご存命であられた頃, あなたは同居（同じ敷地内も含む）していましたか（父母のどちらか一方でもあてはまれば○）？（○は1つ）

	変数値／選択肢	度数	パーセント	有効パーセント	累積パーセント
有効	1 父母の双方，または，いずれかと同居していた	420	10.5	47.6	47.6
	2 父母のいずれとも同居していなかった	462	11.6	52.4	100.0
	合計	882	22.1	100.0	
欠損値	8 無回答	7	0.2		
	9 非該当	3102	77.7		
	合計	3109	77.9		
合計		3991	100.0		

F6. 現在, あなたは配偶者の親御さんと同居（同じ敷地内も含む）していますか（父母のどちらか一方でもあてはまれば○）？（○は1つ）

	変数値／選択肢	度数	パーセント	有効パーセント	累積パーセント
有効	1 父母の双方，または，いずれかと同居している	443	11.1	13.3	13.3
	2 父母のいずれとも同居していない	2020	50.6	60.7	74.1
	3 結婚前に，両親ともに亡くなっていた	86	2.2	2.6	76.6
	4 結婚後に，両親ともに亡くなった	777	19.5	23.4	100.0
	合計	3326	83.3	100.0	
欠損値	8 無回答	49	1.2		
	9 非該当	616	15.4		
	合計	665	16.7		
合計		3991	100.0		

(F6で,「4」と答えた方に)
付問. 配偶者の親御さんがご存命であられた頃,あなたは同居(同じ敷地内も含む)していましたか(父母のどちらか一方でもあてはまれば○)？(○は1つ)

	変数値／選択肢	度数	パーセント	有効パーセント	累積パーセント
有効	1 父母の双方,または,いずれかと同居していた	355	8.9	45.9	45.9
	2 父母のいずれとも同居していなかった	419	10.5	54.1	100.0
	合計	774	19.4	100.0	
欠損値	8 無回答	3	0.1		
	9 非該当	3214	80.5		
	合計	3217	80.6		
合計		3991	100.0		

【全員の方に】
F7. 現在一緒に住んでいる方のうちで,65歳以上の方はいらっしゃいますか？ あなたご自身も含めてお答えください。(○は1つ)

	変数値／選択肢	度数	パーセント	有効パーセント	累積パーセント
有効	1 いる	1760	44.1	44.1	44.1
	2 いない	2229	55.9	55.9	100.0
	合計	3989	99.9	100.0	
欠損値	8 無回答	2	0.1		
合計		3991	100.0		

F7付問. 65歳以上の方は何人いらっしゃいますか？(数字を記入)

	高齢者数(人)*	度数	パーセント	有効パーセント	累積パーセント
有効	1	1007	25.2	57.4	57.4
	2	706	17.7	40.2	97.6
	3	35	0.9	2.0	99.6
	4	7	0.2	0.4	100.0
	合計	1755	44.0	100.0	
欠損値	無回答(88)	5	0.1		
	非該当(99)	2231	55.9		
	合計	2236	56.0		
合計		3991	100.0		

＊. 平均(人):1.5

【全員の方に】
F8. あなたが現在お住まいの住居は,次のどれにあてはまりますか？(○は1つ)

	変数値／選択肢	度数	パーセント	有効パーセント	累積パーセント
有効	1 自分の持ち家(分譲マンションを含む)。	2346	58.8	58.8	58.8
	2 親の持ち家(分譲マンションを含む)。	725	18.2	18.2	77.0
	3 借家,賃貸住宅	712	17.8	17.9	94.9
	4 社宅・官舎・寮 $_b$	153	3.8	3.8	98.7
	5 その他 $_b$	51	1.3	1.3	100.0
	合計	3987	99.9	100.0	
欠損値	8 無回答	4	0.1		
合計		3991	100.0		

a. 持ち家(計) 度数:3071　有効:77.0パーセント
b. 持ち家以外(計) 度数:865　有効:23.0パーセント

(F8で,「1」と答えた方に)
付問. その住宅を取得するときに,親や親族の援助(相続も含む)を受けましたか?(○は1つ)

	変数値/選択肢	度数	パーセント	有効パーセント	累積パーセント
有効	1 主に自分の親(親族)から土地の提供,あるいは資金援助を受けた	626	15.7	26.9	26.9
	2 主に配偶者の親(親族)から土地の提供,あるいは資金援助を受けた	390	9.8	16.7	43.6
	3 両方の親(親族)から土地の提供,あるいは資金の援助を受けた	102	2.6	4.4	48.0
	4 親や親族の援助は受けなかった	1211	30.3	52.0	100.0
	合計	2329	58.4	100.0	
欠損値	8 無回答	17	0.4		
	9 非該当	1645	41.2		
	合計	1662	41.6		
合計		3991	100.0		

【全員の方に】
F9. あなたは,この市区町村に,どのくらいお住まいですか?(○は1つ)

	変数値/選択肢	度数	パーセント	有効パーセント	累積パーセント
有効	1 1年未満*	70	1.8	1.8	1.8
	2 1年以上-2年未満*	108	2.7	2.7	4.5
	3 2年以上-5年未満*	255	6.4	6.4	10.9
	4 5年以上-10年未満	376	9.4	9.4	20.3
	5 10年以上-20年未満	687	17.2	17.2	37.5
	6 20年以上	2492	62.4	62.5	100.0
	合計	3988	99.9	100.0	
欠損値	8 無回答	3	0.1		
合計		3991	100.0		

*. 5年未満(計)度数:433 有効:10.9パーセント

F10. あなたには,お子さんがいらっしゃいますか?(○は1つ)

	変数値/選択肢	度数	パーセント	有効パーセント	累積パーセント
有効	1 いる	3092	77.5	77.5	77.5
	2 いない	896	22.5	22.5	100.0
	合計	3988	99.9	100.0	
欠損値	8 無回答	3	0.1		
合計		3991	100.0		

F10付問1. お子さんは何人いらっしゃいますか?(数字を記入)

	子どもの数(人)*	度数	パーセント	有効パーセント	累積パーセント
有効	1	502	12.6	16.3	16.3
	2	1657	41.5	53.7	69.9
	3	772	19.3	25.0	94.9
	4	114	2.9	3.7	98.6
	5	27	0.7	0.9	99.5
	6	9	0.2	0.3	99.8
	7	5	0.1	0.2	100.0
	8	1	0.0	0.0	100.0
	合計	3087	77.3	100.0	
欠損値	無回答(88)	5	0.1		
	非該当(99)	899	22.5		
	合計	904	22.7		
合計		3991	100.0		

*. 平均(人):2.2 〔該当者数:3092〕

F10付問2. 一番下のお子さんは何歳ですか?(数字を記入)

	末子年齢*	度数	パーセント	有効パーセント	累積パーセント
有効	乳幼児(0-2歳)	246	6.2	8.0	8.0
	幼児(3-5歳)	196	4.9	6.4	14.3
	小学生(6-11歳)	328	8.2	10.6	25.0
	中学生(12-14歳)	213	5.3	6.9	31.9
	高校生(15-17歳)	240	6.0	7.8	39.6
	大学生以上(18歳-)	1863	46.7	60.4	100.0
	合計	3086	77.3	100.0	
欠損値	無回答(88)	6	0.2		
	非該当(99)	899	22.5		
	合計	905	22.7		
合計		3991	100.0		

*. 平均(歳):22.4 〔該当者数:3092〕

F10 付問3. 結婚されたお子さんはいらっしゃいますか？（いる場合）同居されていますか？ なお、二世帯住宅の場合も「同居」とします。（○は1つまたは2つ）

	変数値／選択肢〔該当者数：3092〕	度数	パーセント	有効パーセント
有効	1 いる（同居）	398	12.9	12.9
	2 いる（別居）	1017	32.9	33.0
	3 結婚した子どもはいない	1738	56.2	56.4
欠損値	8 無回答	8	0.3	

【全員の方に】

F11. あなたご自身が子どもの頃（15歳くらいまで），ご家族の経済状況はどうだったと思いますか？（○は1つ）

	変数値／選択肢	度数	パーセント	有効パーセント	累積パーセント
有効	1 余裕があった。	333	8.3	8.4	8.4
	2 やや余裕があった。	1231	30.8	30.9	39.3
	3 やや苦しかった。	1536	38.5	38.6	77.9
	4 苦しかった。	879	22.0	22.1	100.0
	合計	3979	99.7	100.0	
欠損値	8 無回答	12	0.3		
合計		3991	100.0		

a. 余裕があった（計）度数：1564　有効：39.3パーセント
b. 苦しかった（計）度数：2415　有効：60.7パーセント

F12. あなたは，現在何か所得のある仕事をしていますか？（○は1つ）

	変数値／選択肢	度数	パーセント	有効パーセント	累積パーセント
有効	1 現在，仕事をしている。	2675	67.0	67.1	67.1
	2 以前に仕事をしたことはあるが，今は働いていない。	1113	27.9	27.9	95.1
	3 まだ就学中（学生）で，常勤の仕事をしたことはない。	39	1.0	1.0	96.1
	4 これまで，所得のある仕事についたことはない。	157	3.9	3.9	100.0
	合計	3984	99.8	100.0	
欠損値	8 無回答	7	0.2		
合計		3991	100.0		

a. 就労経験あり（計）：3788　有効：95.1パーセント
b. 就労経験なし（計）：196　有効：4.9パーセント

F12付問1. 現在のあなたの仕事（現在働いていない場合は、過去に最も長く従事した仕事）はこの中のどれにあてはまりますか？（○は1つ）

	変数値／選択肢	度数	パーセント	有効パーセント	累積パーセント
有効	1 会社，団体等の役員。	298	7.5	7.9	7.9
	2 一般の雇用者。	2011	50.4	53.2	61.1
	3 臨時・パート・アルバイト	667	16.7	17.6	78.7
	4 派遣社員。	30	0.8	0.8	79.5
	5 自営業者。	507	12.7	13.4	92.9
	6 家族従業者。	200	5.0	5.3	98.2
	7 内職者。	69	1.7	1.8	100.0
	合計	3782	94.8	100.0	
欠損値	8 無回答	6	0.2		
	9 非該当	203	5.1		
	合計	209	5.2		
合計		3991	100.0		

a. 被用者（計）度数：3006　有効：79.5パーセント
b. 自営・内職者（計）度数：776　有効：20.5パーセント

F12 付問2. 職種はこの中のどれにあてはまりますか？（○は1つ）

変数値／選択肢	度数	パーセント	有効パーセント	累積パーセント
有効				
1 専門的・技術的職業	522	13.1	13.9	13.9
2 管理的職業	290	7.3	7.7	21.6
3 事務的職業	675	16.9	17.9	39.5
4 販売的職業	487	12.2	12.9	52.4
5 サービス的・保安的職業	469	11.8	12.5	64.9
6 運輸・通信的職業	171	4.3	4.5	69.4
7 技能労働者	396	9.9	10.5	79.9
8 一般作業員	516	12.9	13.7	93.7
9 農林漁業	194	4.9	5.2	98.8
10 その他	45	1.1	1.2	100.0
合計	3765	94.3	100.0	
欠損値 88 無回答	23	0.6		
99 非該当	203	5.1		
合計	226	5.7		
合計	3991	100.0		

F12 付問3. 勤務先（会社や団体の全体）の従業員数はどのくらいですか（でしたか）？（○は1つ）

変数値／選択肢	度数	パーセント	有効パーセント	累積パーセント
有効				
1 1人	172	4.3	4.7	4.7
2 2-4人	484	12.1	13.2	17.9
3 5-9人	364	9.1	9.9	27.8
4 10-29人	620	15.5	16.9	44.7
5 30-99人	601	15.1	16.4	61.1
6 100-299人	417	10.4	11.4	72.4
7 300-499人	162	4.1	4.4	76.8
8 500-999人	167	4.2	4.6	81.4
9 1000人以上	507	12.7	13.8	95.2
10 官公庁	176	4.4	4.8	100.0
合計	3670	92.0	100.0	
欠損値 88 無回答	118	3.0		
99 非該当	203	5.1		
合計	321	8.0		
合計	3991	100.0		

【F12で「1 現在，仕事をしている」に○をつけた方のうち，勤め人の方（付問1で2～4に○）に】
F12 付問4. あなたは労働組合に加入していますか？（○は1つ）

変数値／選択肢	度数	パーセント	有効パーセント	累積パーセント
有効				
1 加入している	535	13.4	28.8	28.8
2 加入していない	1320	33.1	71.2	100.0
合計	1855	46.5	100.0	
欠損値 8 無回答	43	1.1		
9 非該当	2093	52.4		
合計	2136	53.5		
合計	3991	100.0		

【配偶者がいる方（F4で「2 既婚（初婚，再婚）」に○をつけた方）に，いない方はF14へ】
F13. 現在のあなたの配偶者の仕事（現在働いていない場合は，過去に最も長く従事した仕事）はこの中のどれにあてはまりますか？（○は1つ）

変数値／選択肢	度数	パーセント	有効パーセント	累積パーセント
有効				
1 会社，団体等の役員。	363	9.1	12.1	12.1
2 一般の雇用者。	1345	33.7	44.9	57.0
3 臨時・パート・アルバイト。	492	12.3	16.4	73.5
4 派遣社員。	10	0.3	0.3	73.5
5 自営業者b	403	10.1	13.5	87.3
6 家族従業者b	181	4.5	6.0	93.3
7 内職者b	42	1.1	1.4	94.7
8 過去に一度も働いたことがない	98	2.5	3.3	98.0
88 わからない	60	1.5	2.0	100.0
合計	2994	75.0	100.0	
99 非該当	997	25.0		
合計	3991	100.0		

a．被用者（計）度数：2210　有効：73.8パーセント
b．自営・内職者（計）度数：626　有効：20.9パーセント

【F13で「1〜7」のいずれかに◯をつけた方に】
F13付問. 職種はこの中のどれにあてはまりますか？（◯は1つ）

	変数値／選択肢	度数	パーセント	有効パーセント	累積パーセント
有効	1 専門的・技術的職業	385	9.6	13.7	13.7
	2 管理的職業	319	8.0	11.3	25.0
	3 事務的職業	493	12.4	17.5	42.5
	4 販売的職業	406	10.2	14.4	56.9
	5 サービス的・保安的職業	247	6.2	8.8	65.7
	6 運輸・通信的職業	108	2.7	3.8	69.5
	7 技能労働者	270	6.8	9.6	79.1
	8 一般作業員	377	9.4	13.4	92.5
	9 農林漁業	171	4.3	6.1	98.5
	11 その他	41	1.0	1.5	100.0
	合計	2817	70.6	100.0	
欠損値	88 無回答	19	0.5		
	99 非該当	1155	28.9		
	合計	1174	29.4		
合計		3991	100.0		

【全員の方に】
F14. あなたが最後に卒業した学校は次のどれにあてはまりますか？（◯は1つ）

	変数値／選択肢	度数	パーセント	有効パーセント	累積パーセント
有効	1 義務教育卒業	933	23.4	23.4	23.4
	2 高等学校卒業	1807	45.3	45.3	68.7
	3 短期大学・高等専門学校卒業	551	13.8	13.8	82.5
	4 大学卒業	609	15.3	15.3	97.7
	5 大学院卒業	24	0.6	0.6	98.3
	6 その他	24	0.6	0.6	98.9
	8 わからない	43	1.1	1.1	100.0
	合計	3991	100.0	100.0	

F15. あなたの昨年1年間の収入（税込み）は，以下のどれに近いですか？（◯は1つ）

	変数値／選択肢	度数	パーセント	有効パーセント	累積パーセント
有効	1 なし	542	13.6	13.6	13.6
	2 70万円未満	347	8.7	8.7	22.3
	3 100万円位（70-150万円未満）	593	14.9	14.9	37.1
	4 200万円位（150-250万円未満）	465	11.7	11.7	48.8
	5 300万円位（250-350万円未満）	434	10.9	10.9	59.7
	6 400万円位（350-450万円未満）	298	7.5	7.5	67.1
	7 500万円位（450-550万円未満）	228	5.7	5.7	72.8
	8 600万円位（550-650万円未満）	173	4.3	4.3	77.2
	9 700万円位（650-750万円未満）	141	3.5	3.5	80.7
	10 800万円位（750-850万円未満）	115	2.9	2.9	83.6
	11 900万円位（850-1000万円未満）	88	2.2	2.2	85.8
	12 1100万円位（1000-1200万円未満）	52	1.3	1.3	87.1
	13 1300万円位（1200-1400万円未満）	19	0.5	0.5	87.6
	14 1500万円位（1400-1600万円未満）	11	0.3	0.3	87.8
	15 1700万円位（1600-1850万円未満）	9	0.2	0.2	88.1
	16 2000万円位（1850-2300万円未満）	11	0.3	0.3	88.3
	17 2300万円以上	10	0.3	0.3	88.6
	88 わからない	455	11.4	11.4	100.0
	合計	3991	100.0	100.0	

F16. あなたの世帯全体の昨年1年間の収入（税込み）は，以下のどれに近いですか？（○は1つ）

変数値／選択肢	度数	パーセント	有効パーセント	累積パーセント
有効 1 なし	24	0.6	0.6	0.6
2 70万円未満	41	1.0	1.0	1.6
3 100万円位（70-150万円未満）	117	2.9	2.9	4.6
4 200万円位（150-250万円未満）	250	6.3	6.3	10.8
5 300万円位（250-350万円未満）	322	8.1	8.1	18.9
6 400万円位（350-450万円未満）	368	9.2	9.2	28.1
7 500万円位（450-550万円未満）	346	8.7	8.7	36.8
8 600万円位（550-650万円未満）	286	7.2	7.2	43.9
9 700万円位（650-750万円未満）	284	7.1	7.1	51.1
10 800万円位（750-850万円未満）	272	6.8	6.8	57.9
11 900万円位（850-1000万円未満）	253	6.3	6.3	64.2
12 1100万円位（1000-1200万円未満）	226	5.7	5.7	69.9
13 1300万円位（1200-1400万円未満）	109	2.7	2.7	72.6
14 1500万円位（1400-1600万円未満）	72	1.8	1.8	74.4
15 1700万円位（1600-1850万円未満）	40	1.0	1.0	75.4
16 2000万円位（1850-2300万円未満）	43	1.1	1.1	76.5
17 2300万円以上	26	0.7	0.7	77.1
88 わからない	912	22.9	22.9	100.0
合計	3991	100.0	100.0	

索引

ア

ISSP 調査（Internatinal Social Survey Programme）　10, 19, 115, 223
アノミー　151
育児支援　134, 149, 266
一億総中流化　168
医療格差　30-35, 37, 264
医療資源　35-37, 264
岩澤美帆　116
イングルハート, R.　115, 223, 229
イングルハート指標　224-225, 239
ウィレンスキー, H. L.　97, 188, 244
上野千鶴子　98
SSM（Social Stratification and Social Mobility 社会階層と社会移動）調査　64
SSJ データアーカイブ（Social Science Japan Data Archive）　17
エスピン–アンデルセン, G.　19, 21, 97-98, 139, 141-142, 188, 196-197
大きな政府　203, 267, 272
大河内理論　224
大沢真理　98
オーロフ, A. S.　97

カ

介護経験　43, 57
介護サービス　41, 48-51, 264, 269, 271
介護の社会化　47, 56-58
介護保険　42, 51, 203, 269
階層化社会　168
階層帰属意識　173, 267

格差是正策　79
拡大家族　53
家族介護　44, 58
家族主義　21, 139-141
家族政策　114-117, 134
家族の失敗　142
価値意識　8
完全雇用　167
ギデンズ, A.　207
グラーフ, N. D.　223
ケア労働　128, 132
経済社会政策　80
公営　219
公共政策　63, 185
公共部門　203
貢献原則　197
高度産業社会　151
高度消費社会　151
高福祉　146, 149, 203, 209, 217, 219, 268
合理的選択理論（Rational Choice Theory）　210
合理的討論（Rational Discourse）　2
高齢化　17, 41, 113, 167
高齢者介護　41-44, 58
高齢世帯　44
ゴーティエ, A. H.　116
コーポラティズム　197
ゴールド・プラン（高齢者保健福祉推進十カ年戦略）　208
混合診療　29, 271

サ

再分配　270, 272

索引　323

――の媒介原理　163, 186, 188
産業的業績達成モデル　198, 202, 268
残余モデル（Residual Model）　197, 202
　　豪州型――　198, 268
　　米国型――　198, 268
GSS（General Social Survey）　115
ジェンダー　56, 97, 99, 117, 128, 270
　　――観　99, 110, 134, 266
　　――平等　79, 131
失業支援　149
社会意識　7-9
社会学　3, 113, 151
社会心理　7-10
社会政策　4-7, 79, 113, 139, 152, 185, 224
社会的価値　9
社会福祉基礎構造改革　41
社会福祉8法改正　208
社会保障　76, 149
　　――支出　17-19
社会民主主義レジーム　139, 142, 196
社会問題　160-161, 225
自由主義レジーム　139, 142, 197
住宅政策　63, 76-77, 265, 269
出生率　99
少子化　113
人口規模　69, 265
人口密度　69
神野直彦　244
スコット，J.　115
スティグマ感　264, 269
スンドストロム，E.　116
制度的再分配モデル（Institutional Redistributive Model）　196, 198, 202, 268
政府責任　19, 132
政府の範囲と水準　5
性別役割分業　21, 43, 56, 98, 107, 110, 265, 270

性役割分業　140-141, 145-146
選別主義　185
ソーントン，A.　115

タ

高田　洋　64
武川正吾　98, 209
橘木俊詔　98
脱家族化（De-familialization）　97
脱工業化（ポスト産業化）　141, 167, 223, 229
脱商品化（De-commodification）　19-21, 97, 188, 197, 203, 267, 272
脱物質的価値　224
地域格差是正　88, 92, 252-256, 259, 265
小さな政府　203
地方分権　243-244, 259
　　――論者　244, 259
津谷典子　116
ティトマス，R.　196, 202
低福祉低負担　203, 209
低負担　146, 149, 219, 268
デュルケム，E.　151
特定療養費　29

ナ

日本型福祉社会　98
　　――論　208
ニューエコノミー　140
年金制度の一元化　2
ノルド，E.　36

ハ

媒介原理　185
晩婚化　99, 140
BSA（British Sociological Association）　115
必要原則　163, 196, 265
貧困　73, 160

福祉国家　17, 79, 152, 165, 177, 185, 187
　──観　110
　──と家族　21
　──の規模　17-19
　──の特徴　270
　──レジーム論　97-99, 196
　日本の──の特徴　22
福祉社会　17, 177, 187
福祉社会学　4
福祉多元主義　208
福祉ミックス　208
福武　直　225
物質的価値　224
普遍主義　185
フラナガン, S.　223
ベック, U.　115, 140-141, 151
ボーゲル, E.　98
保守主義レジーム　139, 197
ポスト工業化社会　→脱工業化（産業化）
ポスト・マテリアリズム　17, 223, 268, 271
ホッファー, E.　151

マ

未婚化　99, 140

見田宗介　7-9
民営　218
民間部門　203

ヤ

夜警国家　162, 164, 267
山田昌弘　141
郵政民営化　2, 272
ユーベル, P.　36

ラ

ライフステージ　142, 172
リスク　139-142, 266, 270
　──認知　146, 152-154, 156, 160, 165, 267
　──の個人化　140
　──の普遍化　140
　──不安　153, 156, 158-159
リスク社会　223, 239
　──論　151
ルーマン, N.　151
労働政策　224-225
老老介護　44

あとがき

　本書は，現代日本における，社会政策に関する社会意識を計量社会学的に明らかにしようとした研究の成果である．社会政策に関する社会意識はすぐれて価値意識にかかわっている．社会政策が前提とする価値は，従来，規範的に議論されることが多かったが，本書ではこれを経験的に分析しようとした．こういった問いを発するようになった問題意識についてはすでに序章と終章で述べているので，ここでは繰り返さない．すでに校正も完了して刊行直前となったいまはただ，本書が読者からの忌憚のない批判の俎上に載せられることを俟つのみである．

　本書の分析で用いられているデータは，2000年に実施された「福祉と生活に関する意識調査」（SPSC調査）である．この調査は，本書の編者が研究代表者となった，1999-2001（平成11-13）年度の文部科学省科学研究費補助金（基盤研究A）による研究（「福祉社会の価値観に関する実証的研究」）の一部として実施された．この調査の結果は2001年の日本教育社会学会，日本社会福祉学会，日本社会学会で，科研費研究の研究分担者や研究協力者によって口頭報告された．また科研費報告書，ディスカッション・ペーパー，学術雑誌への投稿などの形でも発表されてきた．

　今回，幸運にも独立行政法人日本学術振興会2005（平成17）年度科学研究費補助金（研究成果公開促進費）の交付を受けることができたため，改めて研究成果を『福祉社会の価値意識――社会政策と社会意識の計量分析』として上梓することにした．学会報告や雑誌論文だけだと研究の全体像がなかなか見えにくいが，報告論文がこのような形で一堂に会することによって，まだ不十分な形でしかないことは重々承知しているが，現代日本社会における，社会政策に関する社会意識の全体像に一歩近づくことができたのではないかと秘かに思っている．

　SPSC調査の研究会は，編者のほかは，以下のメンバーから成り立っていた（50音順）．小渕高志（東北文化学園大学），上村泰裕（法政大学），神山英紀

（帝京大学），菊地英明（国立社会保障・人口問題研究所），小坂啓史（愛知学泉大学），下平好博（明星大学），白波瀬佐和子（筑波大学），祐成保志（札幌学院大学），高野和良（山口県立大学），田渕六郎（名古屋大学），田村誠（日本ガイダント㈱），野呂芳明（東京学芸大学），平岡公一（お茶の水女子大学），藤村正之（上智大学），三重野卓（山梨大学），森重雄（電気通信大学），山田昌弘（東京学芸大学）．

このほか研究会メンバーではなかったが，佐藤博樹（東京大学），石田浩（東京大学），山崎喜比古（東京大学），宮野勝（中央大学），森松末夫（中央調査社）の各氏からは研究を進めるうえでの有益な助言をいろいろといただいた．記して感謝する次第である．また小渕高志氏には研究会の事務局として長期にわたっていろいろと助けてもらった．本書に所収の単純集計表と索引も同氏の献身的な努力のたまものである．

本書は本来もう少し早く上梓されるべきであった．本書の刊行がこのように遅れてしまったのは，ひとえに編者の怠慢と要領の悪さの所為であるが，ようやくこのような形にまで漕ぎ着けることができたことには感慨もある．研究の準備期間から含めて考えれば，本書の出版は，足かけ8年以上に及ぶ長丁場のプロジェクトであった．この期間に研究会メンバーの全員がその勤務先か職位のいずれか，あるいはその双方を変えた．学界からビジネスに転じたひともいる．研究会の発足当初まだ大学院生であった諸君も1人残らず職に就いた．

現代社会は変化がめまぐるしい．このため現在の社会意識の状況は2000年のSPSC調査のときとは変わっている可能性がある．さいわい東京大学の社会学研究室では，科学研究費補助金による「公共社会学」構築の研究プロジェクトの一環として，2005年11月下旬から12月初めにかけて，SPSC調査と共通の質問項目を含む全国調査（「福祉と公平感に関するアンケート調査」）を実施している．本書のなかでも時系列的な変化の方向について示唆した箇所もあるが，この新しい調査とSPSC調査の比較によって，日本社会における社会意識の変化の方向性を確定することができることになっている．

本書は多数の人びとの厚意によって成り立っている．なかでも調査対象者として，貴重な時間を割いてSPSC調査に協力してくださった方々には，とくに心よりお礼を申し上げたい．私は社会調査の専門家ではないが，社会学者とし

て20年以上にわたって幾度となく調査を手がけてきた．調査の回数を重ねるごとに痛感するのは，調査後のデータ分析が非常に容易になってきた——20年前には大型計算機センターまででかけていって朝早く開館前から順番待ちのために並んで，夜遅くようやく打ち出すことのできた集計結果が，いまではノートパソコンのディスプレイの前でほんの10分もあれば手に入れることができるようになっている——のと反比例して，そもそも調査票に答えてもらうことが非常に困難になってきているということである．一票の重みというものをますます強く感じるようになっているだけに，調査対象となられた方の善意の協力に対してますます脱帽の思いがするのである．

　最後になったが，本書の編集及び刊行にさいして，東京大学出版会の宗司光治氏に格段のお世話になった．衷心からお礼を申し上げる．

2005年12月
青空に聳え立つ黄葉の銀杏並木を窓越しに見上げながら

武 川 正 吾

執筆者一覧（執筆順，＊印編者）

＊武川　正吾 (たけがわ　しょうご)	東京大学大学院人文社会系研究科教授
小渕　高志 (おぶち　たかし)	東北文化学園大学医療福祉学部専任講師
上村　泰裕 (かみむら　やすひろ)	法政大学社会学部専任講師
田村　誠 (たむら　まこと)	日本ガイダント株式会社副社長
高野　和良 (たかの　かずよし)	山口県立大学社会福祉学部教授
祐成　保志 (すけなり　やすし)	札幌学院大学社会情報学部専任講師
平岡　公一 (ひらおか　こういち)	お茶の水女子大学文教育学部教授
白波瀬佐和子 (しらはせ　さわこ)	筑波大学大学院システム情報工学研究科助教授
田渕　六郎 (たぶち　ろくろう)	名古屋大学大学院環境学研究科助教授
山田　昌弘 (やまだ　まさひろ)	東京学芸大学教育学部教授
藤村　正之 (ふじむら　まさゆき)	上智大学総合人間科学部教授
三重野　卓 (みえの　たかし)	山梨大学教育人間科学部教授
神山　英紀 (かみやま　ひでき)	帝京大学文学部専任講師

編者略歴
1955年 東京都に生まれる
1984年 東京大学大学院社会学研究科博士課程単位取得退学
現　在 東京大学大学院人文社会系研究科教授

主要著書
『地域社会計画と住民生活』(1992年，中央大学出版部)
『福祉国家と市民社会』(1992年，法律文化社)
『先進諸国の社会保障1　イギリス』(共編，1999年，東京大学
　出版会)
『福祉社会の社会政策』(1999年，法律文化社)
『社会政策のなかの現代』(1999年，東京大学出版会)
『福祉国家への視座』(共編，2000年，ミネルヴァ書房)
『企業保障と社会保障』(共編，2000年，東京大学出版会)
『高齢社会の福祉サービス』(共編，2001年，東京大学出版会)
『福祉社会――社会政策とその考え方』(2001年，有斐閣)
『福祉国家の変貌』(共編，2002年，東信堂)
『現代社会学における歴史と批判(上)グローバル化の社会学』
　(共編，2003年，東信堂)
『社会福祉の原理と思想』(共編，2003年，有斐閣)
『地域福祉計画』(共編，2005年，有斐閣)
『韓国の福祉国家・日本の福祉国家』(共編，2005年，東信堂)

福祉社会の価値意識
――社会政策と社会意識の計量分析――

2006年2月10日　初　版

［検印廃止］

編　者　武川正吾

発行所　財団法人　東京大学出版会

代表者　岡本和夫

113-8654 東京都文京区本郷 7-3-1 東大構内
電話 03-3811-8814　Fax 03-3812-6958
振替 00160-6-59964

印刷所　大日本法令印刷株式会社
製本所　牧製本印刷株式会社

Ⓒ 2006　Shogo Takegawa *et al*.
ISBN4-13-056061-1　Printed in Japan

Ⓡ〈日本複写権センター委託出版物〉
本書の全部または一部を無断で複写複製(コピー)することは，著作
権法上での例外を除き，禁じられています．本書からの複写を希望さ
れる場合は，日本複写権センター(03-3401-2382)にご連絡ください．

武川正吾 著	社会政策のなかの現代	A5・4800円
武川正吾 佐藤博樹 編	企業保障と社会保障	A5・4600円
京極高宣 武川正吾 編	高齢社会の福祉サービス	A5・3600円
武川正吾 塩野谷祐一 編	先進諸国の社会保障1 イギリス	A5・5200円
藤村正之 著	福祉国家の再編成	A5・4600円
白波瀬佐和子 著	少子高齢社会のみえない格差	A5・3800円
平岡公一 編	高齢期と社会的不平等	A5・5200円
塚原康博 著	高齢社会と医療・福祉政策	A5・4800円
渡辺秀樹 稲葉昭英 嶋﨑尚子 編	現代家族の構造と変容	A5・7800円
国立社会保障・人口問題研究所 編	社会保障制度改革	A5・3800円
国立社会保障・人口問題研究所 編	子育て世帯の社会保障	A5・4400円
国立社会保障・人口問題研究所 編	選択の時代の社会保障	A5・4400円

ここに表示された価格は本体価格です．御購入の際には消費税が加算されますので御了承下さい．